D1747848

»Lindenstraße«
1000 Folgen in
Text und Bild

Das Erste · WDR · GFF

Lindenstraße

1000 Folgen in Text und Bild

Schwarzkopf & Schwarzkopf Verlag

Inhaltsverzeichnis

Vorwort	7
Folgen 1 bis 1000	9
Das Who is who der »Lindenstraße«	1010
Die »Lindenstraße«-Gruppenbilder	1034
Die »Lindenstraße«-Starschnitte	1044
Das »Lindenstraße«-Fotoalbum	1052
Die »Lindenstraße«-Dreharbeiten	1076
Wichtige Rollen, inkl. Gast- und Nebenrollen	1086
Die Standfotografen der »Lindenstraße«	1087
Danksagung	1087
Impressum	1088

Vorwort

1000 Folgen »Lindenstraße« sind der Anlass für dieses wunderbare Buch. 1000 Folgen »Lindenstraße« – das sind in diesem Fall 1000 Seiten voll mit Bildern, 1000 Seiten voll mit Persönlichkeiten des deutschen Alltags und deren Geschichten; 1000 Seiten voll mit Liebe und Hass, Freud und Leid; 1000 Seiten mit geboren werden, älter werden und sterben. Genau das ist das Herrliche an diesem Buch: dass man die einzelnen Personen der »Lindenstraße« wachsen sieht, als wäre es ein Familienalbum, das Großmutter angelegt hat und das die Kinder weiterführen, um es eines Tages den Enkeln zu übergeben. Blättert man dieses Buch vom Anfang bis zum Ende durch, sieht man vielen unserer »Lindenstraße«-Helden über 20 Jahre hinweg beim Leben zu.

Ich kann nur danke sagen. Danke all' den Schauspielern, die über eine so lange Zeit treu und mit immer neuem Leistungswillen ihr Können und Teile ihrer Persönlichkeit der »Lindenstraße« zur Verfügung gestellt haben. Dank an all' diejenigen, die viele oder einige Jahre bei uns waren und mitgeholfen haben, den Mikrokosmos unserer Serie zu bereichern und zu gestalten. Danke auch an alle Mitarbeiter, von denen viele der »Lindenstraße« über lange Strecken ihres Berufslebens verbunden waren und sind.

Danke aber vor allem an die vielen Millionen Zuschauer, die von 1985 bis heute der »Lindenstraße« treu geblieben sind und damit entscheidend dazu beitragen, dass wir noch immer unsere Serie machen dürfen. Danke auch an die Zuschauer, die kommen und gehen und wiederkommen, weil sie doch neugierig sind, wie es dieser oder jener Figur in den letzten Wochen und Monaten ergangen ist.

Großen Dank aber auch an den Schwarzkopf & Schwarzkopf Verlag, der mit uns und für Sie, liebe Betrachterinnen und Betrachter, die Kühnheit aufbrachte, dieses Buch zu wagen – ein einmaliges Buch in der Geschichte des deutschen Fernsehens, so schön und unverwechselbar wie unsere Serie selbst.

Herzlichst
Ihr
Hans W. Geißendörfer

1 | Herzlich willkommen

8. DEZ 85

Hausmeister Egon übergibt den neuen Mietern Siegfried und Elfie die Wohnungsschlüssel. Die neugierige Else ist entsetzt, als sie im Hausflur einen Mäusekäfig entdeckt. ■ Für Elfie ist der Umzugstag kein Glückstag: Sigi muss zur Arbeit, sie verstaucht sich den Fuß und wird von Else wegen der Mäuse beschimpft. Sigi kommt spät in der Nacht mit der Hiobsbotschaft, dass gegen ihn wegen Verdacht auf Bestechlichkeit ermittelt wird. ■ Helga sorgt sich um die Kinder: Klaus hat Masern, Marion einen neuen Freund. Die abendliche Hausmusik ist kurz, sowohl Benny als auch Marion wollen noch weg. Marion will sich mit ihrem Freund Vasily treffen, von dem ihre Eltern aber noch nichts wissen. Als sie nach Mitternacht heimkehrt, will Hans seine Tochter wütend zur Rede stellen. Statt einer Antwort dreht sich Marion mit blutverschmiertem Gesicht zu ihm um.

Buch: Hans W. Geißendörfer, Barbara Piazza ■ Regie: Hans W. Geißendörfer ■ Kamera: Dieter Christ ■ Redaktion: Monika Paetow

2 | Hausarrest

15. DEZ 85

Erst nachdem die Polizei aufgetaucht ist, erzählt Marion von der Schlägerei in der vergangenen Woche. Den Namen ihres Freundes hält sie jedoch weiterhin geheim. Der kranke Klaus gewinnt bei einem Malwettbewerb der Sparkasse ein Fahrrad. Helga ist indes schockiert: Von Klausis Bild, auf dem sie wie eine Walküre aussieht, soll ein Poster angefertigt werden. ■ Stress bei Elfie und Sigi: Er ist wegen des laufenden Verfahrens nervös, sie eifersüchtig auf seine Ex-Freundin. Helga findet Elfie, die ohne Geld weglaufen wollte, weinend in der Waschküche. ■ Else beschimpft Philo, die ein Regal mit Lindenblütenhonig und Heimaterde zum Verkauf in den Hausflur stellt. ■ Missmut auch bei Schildknechts: Im Gegensatz zu ihrem Mann unterstützt Henny die Tenniskarriere von Tanja. Franz droht mit Ärger, wenn Henny die geplante Reportage über Tanja zulässt.

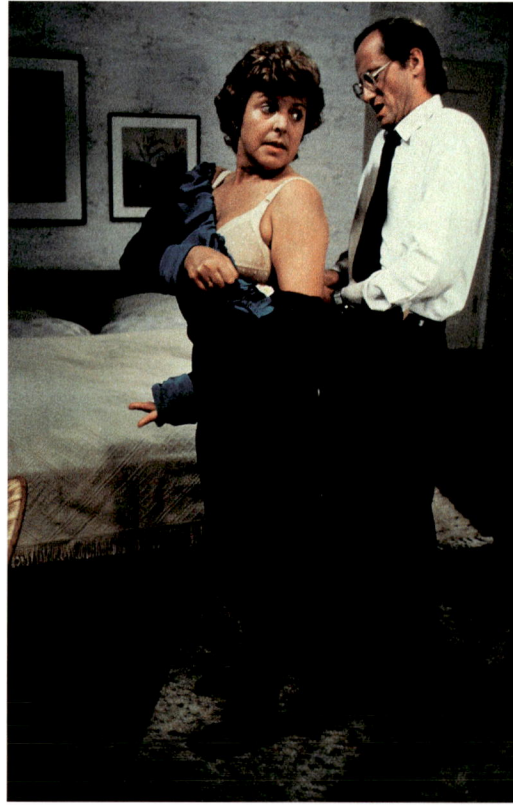

Bei den Dreharbeiten einer frühen LINDENSTRASSE-Folge

Buch: Hans W. Geißendörfer, Barbara Piazza ■ Regie: Hans W. Geißendörfer ■ Kamera: Dieter Christ ■ Redaktion: Monika Paetow

3 | Die Absage

22. DEZ 85

Henny verabredet hinter dem Rücken ihres Mannes einen Interviewtermin für Tanja. Daraus wird aber nichts, weil Tanja plötzlich stark allergisch auf die gesunden Nahrungsmittel ihrer Mutter reagiert. Franz meint, Henny habe sich seiner Meinung angeschlossen und deshalb das Interview abgesagt. Henny verschweigt die Wahrheit. ■ Sigi, der ein Telefongespräch von Joschi über dessen Handel mit Heimaterde belauscht hat, regt sich Elfie gegenüber fürchterlich auf und droht mit einer Anzeige. Es kommt zum Streit, und Elfie flüchtet sich zu Gabi in die WG. Bei der Versöhnung am Abend macht Sigi seiner Elfie einen Heiratsantrag. ■ Wegen Klausis Preisverleihung herrscht Wirbel bei Familie Beimer. Damit nicht genug: Als Hans von Else erfährt, dass Marion mit Vasily herumknutscht, will er seine Tochter zur Rede stellen. Marion aber hat keine Zeit für ihn.

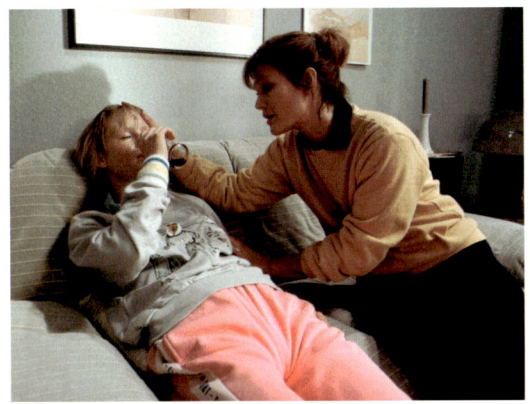

Buch: Hans W. Geißendörfer, Barbara Piazza ■ Regie: Hans W. Geißendörfer ■ Kamera: Dieter Christ ■ Redaktion: Monika Paetow

4 | Frohes Fest

29. DEZ 85

Henny gefällt Franz' Weihnachtsbaum nicht und holt einen neuen, was zu Streit führt. Schließlich verschenkt sie ihren, um einzulenken — nicht wissend, dass Franz seinen bereits wütend in den Müll geworfen hat. Die Versöhnung am Abend findet folglich ohne Baum statt. ■ Außer Chris und Gung sind alle WG-Bewohner über Weihnachten verreist. Während Gung bei Beimers zum Essen eingeladen ist, sitzt Chris traurig und betrunken vor dem Weihnachtsbaum, den ihr Henny geschenkt hat. ■ Hans und Helgas Einwänden zum Trotz verbringt Marion Weihnachten mit Vasily in Griechenland. Hans bringt vom Jugendamt zwei verwaiste Kinder mit nach Hause. Zum Abendessen sind Gung, Lydia und Berta eingeladen. Spät abends findet Helga im Bad einen Brief von Marion: Sie hat Helgas Antibabypillen mit nach Griechenland genommen und hofft, dass sie wirken.

Bei den Dreharbeiten einer frühen LINDENSTRASSE-Folge

Buch: Hans W. Geißendörfer, Barbara Piazza ■ Regie: Hans W. Geißendörfer ■ Kamera: Dieter Christ ■ Redaktion: Monika Paetow

5 | Unabsehbare Wendungen

5. JAN 86

Franz ist wütend über den Aufwand, den Henny und Tanja für die Silvesterfeier mit dem Tennisclubpräsidenten und Nossek betreiben. Als die Gäste schließlich viel zu spät und betrunken ankommen, rettet Franz jedoch charmant die Situation, was zur Versöhnung mit Tanja führt. ■ Friede und Freude bei Kronmayrs: Sigis Ex-Freundin hat ihre Intrige gegen Sigi gestanden und er ist rehabilitiert. Glücklich stimmt Sigi daher Elfies Wunsch zu, alle Hausbewohner zur Hochzeit einzuladen. ■ Gungs Versuche, Chris mit asiatischer Philosophie von ihren Problemen abzulenken, misslingen. Chris verlässt schluchzend das Zimmer. ■ Beimers sind besorgt: Die Pflegekinder müssen ins Heim und Marion hat sich nicht aus Griechenland gemeldet. ■ Schlechte Nachricht per Telefon: Else berichtet Philo, dass Joschi wegen des Verdachts auf Spionage in der DDR verhaftet wurde.

Buch: Hans W. Geißendörfer, Barbara Piazza ■ Regie: Hans W. Geißendörfer ■ Kamera: Dieter Christ ■ Redaktion: Monika Paetow

6 | Die Heimkehrer

12. JAN 86

Angeschlagen kommt Joschi aus der DDR zurück und berichtet von seinen Vernehmungen. Die DDR-Behörden haben nicht geglaubt, dass er nur Heimaterde mitbringen wollte. ■ Nach einem sechsmonatigen Amerikaaufenthalt kehren Frank und Carsten heim, um Medizin zu studieren. Da beide noch keinen Studienplatz haben, herrscht eine rivalisierende Stimmung. Später bringt Gottlieb den betrunkenen Frank zu Dressler, der bei seinem Sohn eine Herzschwäche diagnostiziert. Carsten warnt Elisabeth vor Dressler. Seiner Meinung nach wird er sie niemals heiraten. ■ Marion kommt zur Freude ihrer Eltern aus Griechenland zurück. Sie erzählt aber nichts und reagiert sehr gereizt auf einen Streich ihrer Brüder. Als sie auch noch mit den Eltern streitet, verbarrikadiert sie sich im Bad und kündigt ihren Auszug an. Hans nimmt sich vor, mit Vasily zu sprechen.

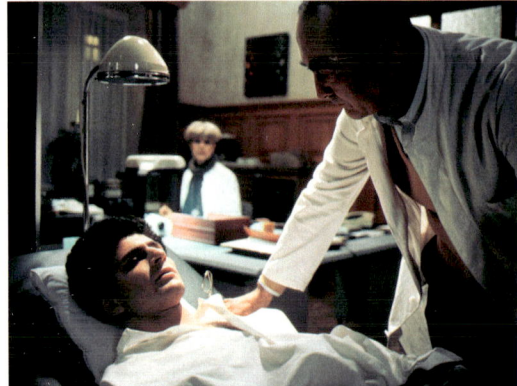

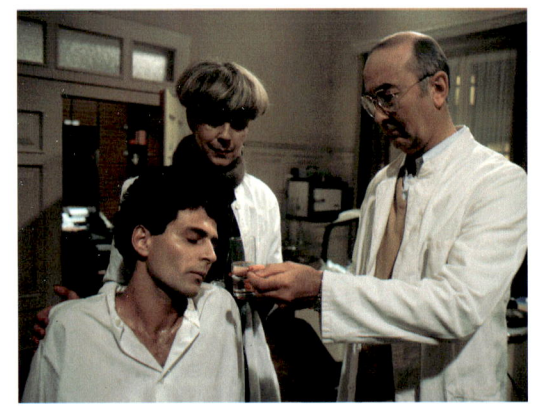

Buch: Hans W. Geißendörfer, Barbara Piazza ■ Regie: Hans W. Geißendörfer ■ Kamera: Dieter Christ ■ Redaktion: Monika Paetow

7 | Ein Unglück kommt selten allein | 19. JAN 86

Henny sorgt sich wegen Meikes Appetitlosigkeit. Meike gesteht Dressler, dass sie Hennys Essen nicht mag und sich nur mit Schokolade am Leben hält. ■ Carsten hat keinen Studienplatz bekommen und wird von Elisabeth getröstet. ■ Else erfährt zufällig, dass die Hausverwaltung jahrelang zuviel Heizungsgeld berechnet hat. Sie lässt sich mit einem neuen Schreibtisch bestechen. ■ Obwohl Elfie dagegen ist, möchte Sigi auf jeden Fall Joschi wegen Betrugs mit der Heimaterde anzeigen. ■ Von Vasily hört Hans, dass Marion und er bereits auf der Hinreise gestritten hatten und Marion es vorzog, die Zeit allein in der Jugendherberge zu verbringen. Ein dreitägiger Skiurlaub, mit dem Hans seine Helga überrascht, endet kurz nach der Abfahrt mit einem Totalschaden des Wagens. Mit Marion gibt es erneut Streit. Hans beschließt, nun andere Saiten aufzuziehen.

Buch: Hans W. Geißendörfer, Barbara Piazza ■ Regie: Hans W. Geißendörfer ■ Kamera: Dieter Christ ■ Redaktion: Monika Paetow

8 Bargeld

26. JAN 86

Elisabeth ist überzeugt, dass Ludwig mit Tenge-Wegemann wegen eines Studienplatzes für Frank kungelt. Empört spioniert sie ihm hinterher und konfrontiert ihn schließlich mit ihren vermeintlichen Beweisen. Ludwig, der lediglich einen Heiratsantrag und eine Ferienwohnung als Geschenk vorbereitet hat, ist tief enttäuscht von ihr. ■ Hans sorgt sich ums Geld, bemerkt aber erfreulicherweise einen Fehler in der Heizkostenabrechnung. Danach hat er ca. 7000 Mark zu viel bezahlt. Marion leidet unter der Trennung von Vasily, der bereits eine neue Freundin hat. Immerhin kommt es zur Versöhnung zwischen ihr und ihrem Vater. ■ Joschi ist fassungslos, dass ihn jemand wegen Betruges angezeigt hat. ■ Elfie und Sigi haben alle Hausbewohner zu ihrer Hochzeit eingeladen. Berta fragt Elisabeth abends, ob sie hingeht, aber die hat momentan andere Probleme.

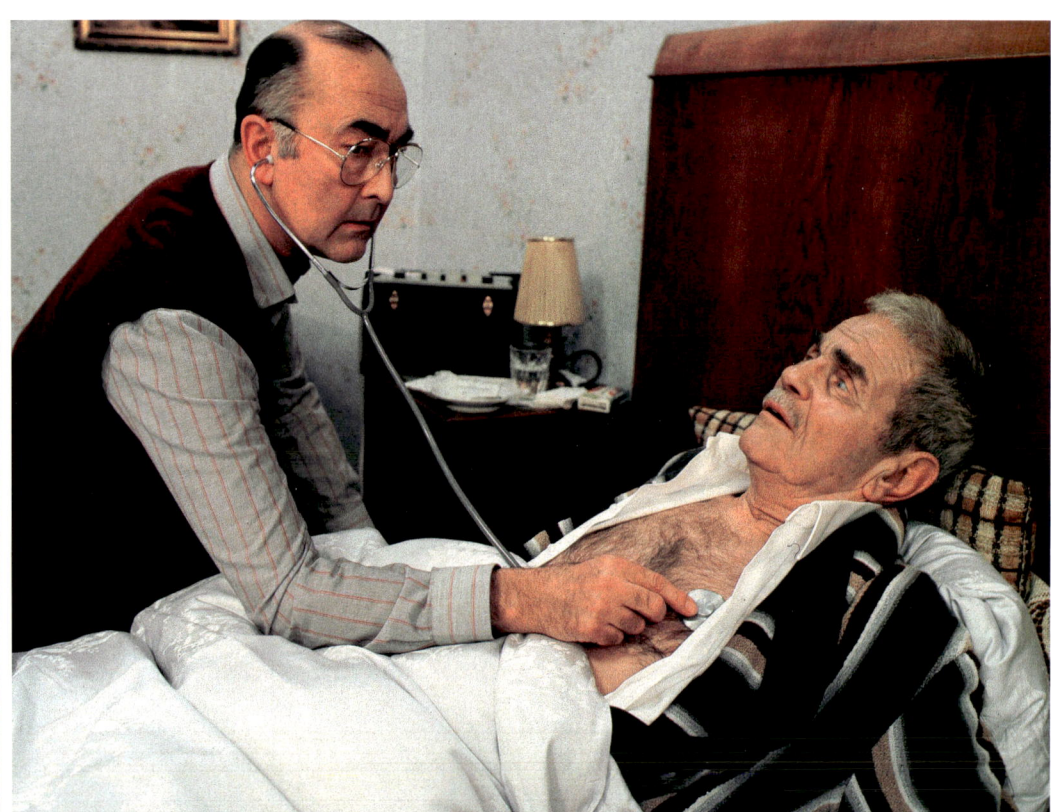

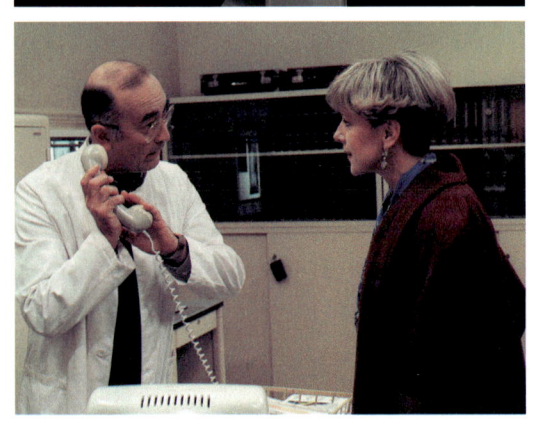

Buch: Hans W. Geißendörfer, Barbara Piazza ■ Regie: Hans W. Geißendörfer ■ Kamera: Dieter Christ ■ Redaktion: Monika Paetow

9 | Die Hochzeit

2. FEB 86

Alle Versöhnungsversuche von Elisabeth schlagen fehl. Ludwig will nichts Privates mehr mit ihr zu tun haben. Als dann auch noch Beate einen Schulverweis bekommt und wieder bei ihr einzieht, ist Elisabeth mit den Nerven am Ende. ■ Nachdem Hans das zu viel gezahlte Geld von der Heizkostenabrechnung bei der Hausverwaltung eingefordert hat, muss Else ihren Schreibtisch wieder abgeben. Weinreb glaubt ihr nicht, dass sie niemandem etwas erzählt hat. ■ Die Hochzeit von Elfie und Sigi wird groß mit allen Hausbewohnern im »Akropolis« gefeiert. Marion hilft Vasily und seinen Eltern bei der Dekoration des Saales und träumt dabei von ihrer eigenen Hochzeit. Joschi, der nicht weiß, dass Sigi ihn angezeigt hat, schenkt dem Hochzeitspaar eine kostbare alte Bibel aus Familienbesitz. Chris muss sich übergeben, und Elena vermutet sofort eine Schwangerschaft.

Buch: Hans W. Geißendörfer, Barbara Piazza ■ Regie: Hans W. Geißendörfer ■ Kamera: Dieter Christ ■ Redaktion: Monika Paetow

10 Gin und die Folgen

■ Berta wird als Abteilungsleiterin im Wäschegeschäft entlassen und in den Versand versetzt. Darauf kündigt sie ihren Job ganz. Ihre Arbeitslosigkeit will sie jedoch vor ihrer Mutter geheim halten. ■ Elisabeth klagt Isolde ihr Leid: Dressler ist nach wie vor sehr reserviert ihr gegenüber und Beate hängt nur herum. Isolde beschließt kurzerhand, Beate als Hilfskraft im Frisörsalon anzustellen. Elisabeth ist dankbar. Abends packt Isolde die Sachen von Hubert zusammen, da der beruflich für einige Zeit ins Ausland muss. ■ Dressler bestätigt Chris' Schwangerschaft. Wegen ihrer Trinkerei empfiehlt er ihr allerdings einen Abbruch. Wolf, der Vater des Kindes, geht erst gar nicht davon aus, dass Chris das Kind auf die Welt bringenx will. Aber sie hat entschieden: Chris will das Baby und wirft ihren gesamten Alkoholvorrat in den Mülleimer.

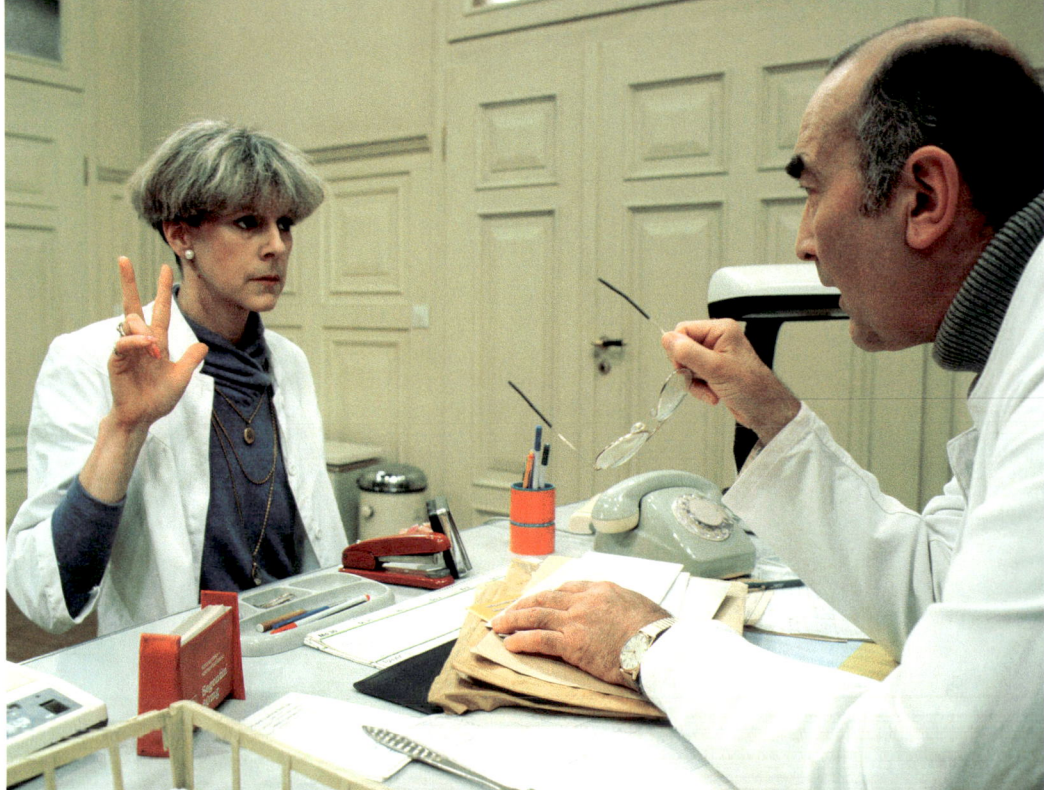

Buch: Hans W. Geißendörfer, Barbara Piazza ■ Regie: Hans W. Geißendörfer ■ Kamera: Dieter Christ ■ Redaktion: Monika Paetow

11 | Die Drift

16. FEB 86

Lydia weiß immer noch nichts von Bertas Arbeitslosigkeit. Die geht wie gewohnt aus dem Haus und belegt verschiedene VHS-Kurse. In einem Segelkurs trifft sie Gottlieb. Die beiden sind sich sehr zugetan. Ihr erstes zartes Anbändeln wird später im Treppenhaus von Henny beobachtet. ■ Chris' Versuch, einen »kalten Entzug« durchzustehen, schlägt wegen der starken Schmerzen fehl. Nun holt sie doch Dressler zu Hilfe. ■ Nossek bringt Henny die gute Botschaft von Tanjas Sieg bei den Bezirksjugendmeisterschaften. Im Freudentaumel küssen sich die beiden, was Franz zufällig sieht. Henny versucht, sich Franz zu erklären. Aber der ist sauer. Die Nachricht vom Mineralwasserfund auf einer Wiese, die ihr und Gottlieb gehört, erzählt sie ihm daher erst abends. Henny sorgt sich, dass Gottlieb einmal Berta heiratet. Dann müsste sie die Gewinne teilen.

Buch: Hans W. Geißendörfer, Barbara Piazza ■ Regie: Hans W. Geißendörfer ■ Kamera: Dieter Christ ■ Redaktion: Monika Paetow

12 Die Überschwemmung

Lydia ist schockiert, als sie beim Frisör Elses Lästereien über Berta und Gottlieb mit anhört. Die beiden wiederum haben es endlich geschafft, gemeinsam essen zu gehen, und verbringen einen schönen Abend im »Akropolis«. ■ Bei Schildknechts herrscht dagegen wegen Hennys Knutscherei mit Nossek noch immer dicke Luft. ■ Elfie trifft sich spontan mit Gabi im »Akropolis« und vergisst beim Verlassen der Wohnung, das Badewasser abzustellen. Strahlend erzählt sie Gabi von ihrer Schwangerschaft, von der Sigi noch nichts weiß. Währenddessen läuft in der Wohnung die Wanne über und tropft in Lydias Wohnung. Als Sigi das Ausmaß der Überflutung realisiert, läuft er zornig ins »Akropolis« und zerrt Elfie cholerisch aus der Menge. Empört beißt sie ihm in die Hand und brüllt ihn an. Eine schwangere Frau, so ihr Vorwurf, dürfe man nicht so behandeln.

Buch: Hans W. Geißendörfer, Barbara Piazza ■ Regie: Hans W. Geißendörfer ■ Kamera: Dieter Christ ■ Redaktion: Monika Paetow

13 Ohne Liebe geht es nicht

2. MÄR 86

Elfie ist scheinschwanger. Dressler erklärt Sigi, dass er mit Elfie darüber reden und ihr helfen muss. Hilfe kann Sigi im Moment nicht anbieten; dazu hat ihn Elfie zu sehr verletzt. Immerhin schafft er es, den latenten Streit beizulegen. ■ Wolf heuert als Musiker auf einer Kreuzfahrt an und lässt Chris allein. ■ Beates Bitte um einen Ausbildungsvertrag geht in Isoldes anderen Problemen unter. Ihr Mann bestätigt Isoldes Vermutung, dass er eine Affäre hat. Beate findet die verzweifelte Isolde abends im Salon und tröstet sie. ■ Familie Beimer wird von einem Unbekannten bedroht: Erst findet Helga einen toten Fisch im Briefkasten, dann sind die Reifen des neuen Wagens zerstochen. Hans und Helga glauben, dass ein »Kunde« von Hans mit ihm abrechnen will. Höhepunkt: Abends fliegt ein Stein durchs Fenster mit der Nachricht »Das ist erst der Anfang!"

Buch: Hans W. Geißendörfer, Barbara Piazza ■ Regie: Hans W. Geißendörfer ■ Kamera: Dieter Christ ■ Redaktion: Monika Paetow

14 | Die Söhne

Unbekannte haben Beimers Auto mit Farbe verunstaltet. Hans verdächtigt Herrn Probst, den er einst ins Gefängnis gebracht hat. Als Klaus verschwindet, ist die Sorge um so größer. Ein türkischer Müllmann bringt den Ausreißer abends nach Hause. Klaus wollte seinen Teddy aus dem Müll retten und ist den ganzen Tag dem Müllwagen gefolgt. ■ Frank erzählt Ludwig, dass er sein Medizinstudium aufgibt. Daraufhin sieht Ludwig rot. Er lässt seine Enttäuschung an Elisabeth aus und greift anschließend zur Flasche. ■ Während Franz immer frustrierter wird, sieht man Henny immer öfter mit Nossek. ■ Bei einem Streit zwischen Chris und Phil kommt es zu Handgreiflichkeiten. Phil stößt Chris heftig gegen das Bett und verschwindet. Chris bekommt daraufhin starke Bauchschmerzen und versucht, Dressler zu erreichen. Am Ende ihrer Kräfte robbt sie ins Treppenhaus.

Buch: Hans W. Geißendörfer, Barbara Piazza ■ Regie: Hans W. Geißendörfer ■ Kamera: Dieter Christ ■ Redaktion: Monika Paetow

15 | Ina

16. MÄR 86

In der Klinik sieht Carsten, dass es sich bei der Patientin INA (Abk. für Identitätsnachweis nicht auffindbar) um Chris handelt. Er ruft Gabi an, die sofort herbei eilt. Chris hatte eine Fehlgeburt, und sowohl die Polizei als auch der Sozialdienst sind verständigt. Dadurch könnten Benno und Gabi Probleme bekommen — wegen Unterlassung der Meldepflicht und verbotener Untervermietung. Wenig später steht die Polizei vor der Tür. ■ Wie Lydia weiß auch Gottlieb nichts von Bertas Arbeitslosigkeit. Als Lydia von ihren Versuchen berichtet, Berta telefonisch im Geschäft zu erreichen, untersagt ihr Berta mit einer Ausrede weitere Anrufe. Bei Beimers wendet sich die Situation zum Guten. Probst sitzt wieder hinter Gittern und Hans hat ein interessantes Jobangebot aus Portugal. Bis auf Marion sind alle Familienmitglieder für einen Umzug nach Lissabon.

Bei den Dreharbeiten einer frühen LINDENSTRASSE-Folge

Buch: Hans W. Geißendörfer, Barbara Piazza ■ Regie: Hans W. Geißendörfer ■ Kamera: Dieter Christ ■ Redaktion: Monika Paetow

16 | Lissabon

23. MÄR 86

Für Beimers heißt das Ziel ihrer Träume weiterhin Portugal. Mitten im Vorbereitungsstress für den Ortswechsel will Phil die gehetzte Helga überreden, bei ihm Haushaltsartikel zu ordern. Auf die Schnelle bestellt sie zehnmal Toilettenpapier. Abends hat Hans' neuer Chef zu einer Party geladen. Auf dem Weg entdeckt Hans ein verwahrlostes Mädchen, das ihn sprechen will. Hans will sich darum kümmern und schickt Helga ohne ihn zur Party. ■ Wolf hat sein Engagement als Bordmusiker beendet und besucht Chris. Er entschuldigt sich, dass er ihr in der schweren Zeit nicht beigestanden hat. ■ Ludwig meint noch immer, Elisabeth schnüffele hinter ihm her. Er bricht den Kontakt ab. Abends liegt Elisabeth ohnmächtig auf dem Boden. Carsten findet sie und ruft Dressler um Hilfe. Der hält das Ganze für einen Trick Elisabeths und weigert sich, zu kommen.

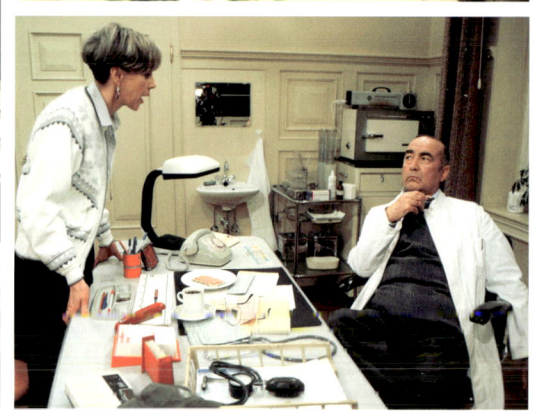

Buch: Hans W. Geißendörfer, Barbara Piazza ■ Regie: Hans W. Geißendörfer ■ Kamera: Dieter Christ ■ Redaktion: Monika Paetow

17 | Die Anzeige

30. MÄR 86

Dressler hat Elisabeth gekündigt. Im Gegenzug zeigt sie ihn wegen unterlassener Hilfeleistung an. Ein Kripobeamter stellt Dressler deshalb zur Rede. Der zeigt, dass er sehr wohl Hilfe leisten kann, und diagnostiziert bei dem geschockten Beamten einen Leberschaden. ■ Chris kommt aus dem Krankenhaus. Leider kümmert sich Wolf nicht so intensiv um sie, wie sie es erwartet hat. ■ Hans hat das Mädchen vergangene Woche vor dem Selbstmord bewahrt. Er erkennt, wie sinnvoll sein Job im Jugendamt ist, und begräbt alle Portugal-Pläne. Marion und Vasily vertragen sich wieder, während Benny mit heimlichen Videoaufnahmen der Nachbarn ein ernstes Vater-Sohn-Gespräch heraufbeschwört. Schock bei der Lieferung des von Helga bestellten Toilettenpapiers: Sie hat versehentlich zehn Industriepaletten geordert. Hans tobt, aber Phil besteht auf der Lieferung.

Buch: Hans W. Geißendörfer, Barbara Piazza ■ Regie: Hans W. Geißendörfer ■ Kamera: Dieter Christ ■ Redaktion: Monika Paetow

18 Am Weiher

6. APR 86

Gabi und Elfie streiten darüber, wer den nervigeren Partner hat. Chris kommt total betrunken dazu und meint, sie sollten den spießigen Streit beenden. Trotz ihres Alkoholpegels will Chris später einen Ausflug unternehmen, schläft aber schon im Treppenhaus ein. ■ Elena ist noch immer krank. Marion bedient daher im »Akropolis«, während Philo aushilfsweise kocht. Benny wird erwischt, als er Chris filmt. Die schläft mit leicht geöffneten Beinen im Hausflur. Nach heftiger Diskussion mit seinen Eltern holt Benny überraschend Chris in die Wohnung. ■ Beim Glas Wein berichtet Lydia dem erstaunten Sigi, was Else so alles über seine Frau erzählt. Daraufhin stellt Sigi nicht Else, sondern Elfie zur Rede. Berta kommt angetrunken von einem Treff mit Gottlieb und wird von Lydia mit vorwurfsvollen Worten empfangen. Berta hat genug und droht mit ihrem Auszug.

Buch: Hans W. Geißendörfer, Barbara Piazza ■ Regie: Hans W. Geißendörfer ■ Kamera: Dieter Chnrist ■ Redaktion: Monika Paetow

19 Geheimnisse

13. APR 86

Das Verhältnis zwischen Dressler und Elisabeth wird immer kühler. Inzwischen siezen sie sich sogar. Berta hat Probleme, ihre Mutter aus ihrem Leben heraus zu halten. Lydia kann etwa kaum akzeptieren, dass sich ihre Tochter allein von Dressler untersuchen lassen will. Ludwig diagnostiziert eine Lungenentzündung, Berta erzählt ihm von ihrer Arbeitslosigkeit. Später erfährt auch Lydia davon und entscheidet, dass Berta Klavierstunden geben soll. ■ Franz kann sich nicht gegen Henny durchsetzen. Im Flur wird ein Heimtrainer für Tanja installiert. ■ Helga sieht mit wenig Begeisterung, dass sich Hans als Hobby-Psychologe an Chris versucht. Benny findet Chris toll und besucht sie in der WG. Er will sie dringend etwas fragen, weiß aber nicht wie. Als Helga ihn später dort sucht, lässt Gabi sie nicht in Chris' Zimmer. Sie soll warten. Helga schwant Böses.

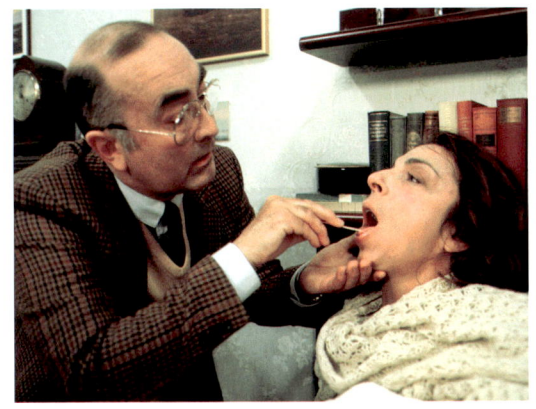

Buch: Hans W. Geißendörfer, Barbara Piazza ■ Regie: Hans W. Geißendörfer ■ Kamera: Dieter Christ ■ Redaktion: Monika Paetow

20 | Verwirrung der Gefühle | 20. APR 86

Gabi ist als Kandidatin für den Betriebsrat aufgestellt worden. Phil macht ihr einmal mehr Komplimente. Mehr noch: Am Abend gesteht er ihr, dass er sie noch immer liebt. Probleme mit der Liebe beschäftigen auch Gung: Ausgerechnet Beate, die er eigentlich nicht mag, hat sich in ihn verguckt. ■ Derweil ertränken Franz und Benno ihr Frauenleid im »Akropolis«: Benno ist eifersüchtig auf Gabis Karriere, Franz auf Nebenbuhler Nossek.

Außerdem stört es ihn, dass Henny ständig seine Autorität untergräbt. Meike kommt mit Tanja nicht klar, die hemmungslos ihren Egoismus auslebt. ■ Marion und Benny stylen sich für Beates Namenstagsparty. Helga und Hans beobachten besorgt, dass Benny sich immer mehr fürs weibliche Geschlecht interessiert. Das wiederum würde sich Elisabeth für Carsten wünschen. Vergeblich versucht sie, ihn mit einem Mädchen zu verkuppeln.

Abbildungen links und unten: Bei den Dreharbeiten einer frühen LINDENSTRASSE-Folge

Buch: Hans W. Geißendörfer, Barbara Piazza ■ Regie: Hans W. Geißendörfer ■ Kamera: Dieter Christ ■ Redaktion: Monika Paetow

21 | Der Vater

27. APR 86

Benno will unbedingt ein Haus kaufen. Gabi ist davon wenig begeistert: Sie interessiert sich im Moment wenig für Benno, geschweige denn für ein Haus. Dafür steckt sie all ihre Energie in den Versuch, Phil zu erobern. ■ Beate kommt völlig fertig in den Salon. Else unterstellt ihr, dass sie sich des Nachts mit Männern herumtreibt. Dabei hatte Dressler sie zu ihrem sterbenden Vater ins Krankenhaus gefahren. Später spricht sie mit Elisabeth über ihren Vater. Nur zögerlich erzählt ihre Mutter von dem Mann, den sie einmal sehr geliebt hat. ■ Else teilt Joschi mit, dass sie als Zeugin im Prozess gegen ihn aussagen und die Wahrheit ans Licht bringen wird. ■ Hans und Helga streiten sich lautstark um Lippenstiftspuren an Hans' Hemd. Benny filmt das Ganze. Als er seinen Eltern das Ergebnis vorführt, schämen sie sich über ihr kindisches Verhalten.

Buch: Hans W. Geißendörfer, Barbara Piazza ■ Regie: Hans W. Geißendörfer ■ Kamera: Dieter Christ ■ Redaktion: Monika Paetow

Nibelungentreue

Gabi ist sauer auf Benno. Der hat für den Hauskauf einen Teil ihres Geldes genommen. Benno macht sich davon, und Gabi geht mit Phil ins Bett. Um ein Haar werden sie von Benno erwischt, der später reumütig zurück kehrt. Arglos erzählt er Phil, wie sehr er Gabi liebt. Wolf öffnet im »Akropolis« der offenbar verblendeten Gabi die Augen: Phil sei definitiv nicht an einer Beziehung mit ihr interessiert. ■ Elses Überzeugungsversuche fruchten wenig. Gottlieb wird nicht gegen Joschi aussagen. Berta ist wieder gesund und verkündet Gottlieb freudestrahlend ihren Entschluss, ihn auf seiner langen Segelreise zu begleiten. ■ Joschis Prozess steht an, und er trifft Vorkehrungen für den Fall, dass er wirklich ins Gefängnis muss. Im Bett weint Philo fürchterlich und sagt ihm, er habe nichts falsch gemacht. Dass es so gekommen ist, sei allein ihre Schuld.

Buch: Hans W. Geißendörfer, Barbara Piazza ■ Regie: Hans W. Geißendörfer ■ Kamera: Dieter Christ ■ Redaktion: Monika Paetow

23 | Heimaterde

Miese Stimmung im Hause Bennarsch. Philo hat vor Gericht zugegeben, dass sie die Heimaterde mit normaler — und damit wertloser — Erde vermischt hat. Joschi macht ihr deshalb heftige Vorwürfe. ■ Joschi will später die Bibel zurück holen, die er Kronmayrs zur Hochzeit geschenkt hat. Sigi erklärt, dass er das Buch der Bücher bereits für 4.800 Mark verkauft habe. Einziger »Trost« für Joschi: Diese Ausgabe war mindestens 50.000 Mark wert; Sigi hat sich wohl übers Ohr hauen lassen. Bei Else beißt Joschi auf Granit — sie will sich nicht mit ihm versöhnen. ■ Gung hat weiter Probleme mit Beate. Gabi dagegen ist sich sicher, dass Phil mehr will als nur eine flüchtige Liaison. Nach spontanem Sex mit Phil begegnet Gabi im Flur einer attraktiven und fast unbekleideten Dame, die offensichtlich in Phils Zimmer gewartet hat. Gabi rastet aus.

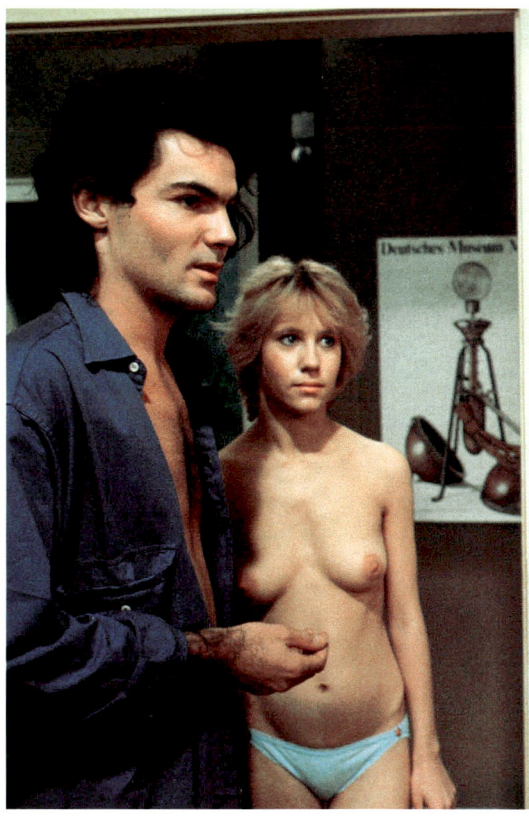

Buch: Hans W. Geißendörfer, Barbara Piazza ■ Regie: Hans W. Geißendörfer ■ Kamera: Dieter Christ ■ Redaktion: Monika Paetow

24 | Verlassene Seelen

Elisabeth hat zur Zeit kein Glück: Ludwig blockt ein klärendes Gespräch ab und Berta hat ihren Job übernommen. Auch mit Beate verscherzt es sich Elisabeth. Die erfährt, dass ihre Mutter in ihrem Tagebuch gelesen hat. Was Elisabeth nicht weiß: Beate hat 20.000 Pfund und ein Landhaus geerbt. ■ Gabi und Elfie haben ihren Streit beigelegt und bringen sich auf den neuesten Stand. Elfie berichtet von ihren Problemen mit Sigi, während Gabi sich fürchterlich über Phils »Frauenkartei« aufregt. Hier sind alle seine Girls mit Adressen, Eigenschaften und Bewertungen aufgelistet. Gabi will sich dafür an Phil rächen. ■ Else ärgert sich über den neuen Riegel an der Bennarsch-Tür; damit ist ihr der Zugang verwehrt. Zu ihrem Verdruss ist Egon auf Joschis Seite. Sigi will sich von Elfie für den Fall scheiden lassen, dass sie wieder eine Arbeit aufnimmt.

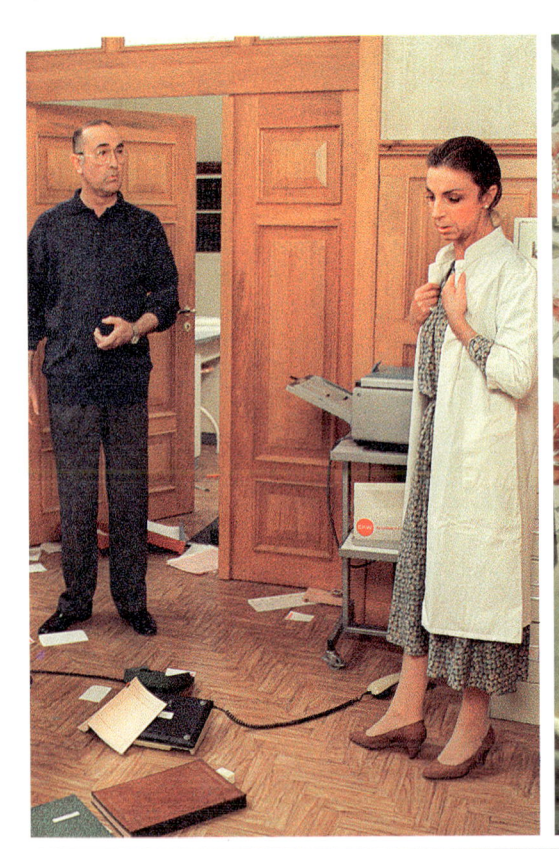

Bei den Dreharbeiten einer frühen LINDENSTRASSE-Folge

Buch: Hans W. Geißendörfer, Barbara Piazza ■ Regie: Hans W. Geißendörfer ■ Kamera: Dieter Christ ■ Redaktion: Monika Paetow

25 | Liebe?

Die Probleme von Sigi und Elfie eskalieren. Nach Beschimpfungen im »Akropolis« kommt es in der Wohnung zu Handgreiflichkeiten. Sigi schlägt seine Frau, woraufhin Elfie in die WG flüchtet. Als Sigi sie dort später sucht, wirft ihn Benno hinaus. ■ Gottlieb und Berta wollen heiraten — letztere in Weiß. Schließlich ist Berta noch Jungfrau. Mutter Nolte will Gottlieb vorher bei Dressler durchchecken lassen. Sie will nur einen kerngesunden Schwiegersohn in die Arme schließen. ■ Elisabeth hofft weiter auf eine Aussöhnung mit Ludwig. Um auf dem Laufenden zu bleiben, benutzt sie Else als Informationsquelle — was Ludwig missfällt. Carsten versucht, seine Mutter von ihrem Drang zu Dressler zu lösen. ■ Else beobachtet Hennys und Nosseks Abschiedsküsse. Da Franz schläft, schleicht Henny gleich weiter zu Nossek — und merkt nicht, dass Franz sie beobachtet.

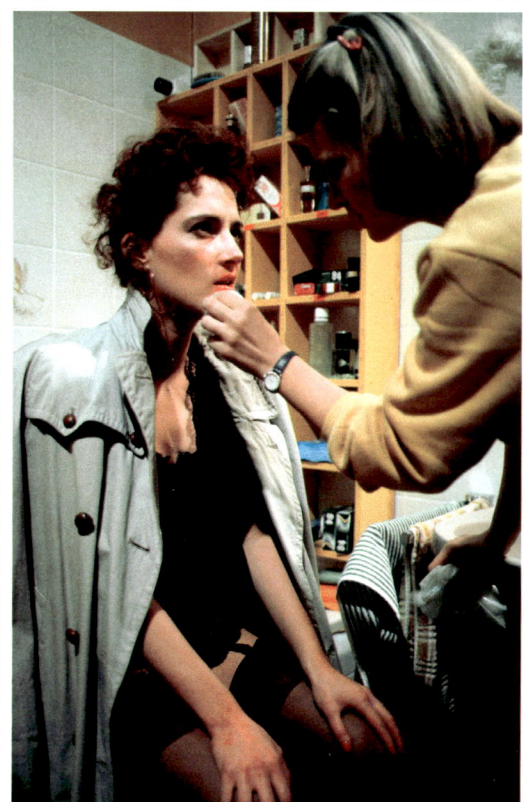

Buch: Hans W. Geißendörfer, Barbara Piazza ■ Regie: Hans W. Geißendörfer ■ Kamera: Dieter Christ ■ Redaktion: Monika Paetow

26 Neurosen

Ludwig besucht die »kranke« Elisabeth — obwohl er weiß, dass sie nur simuliert. Die Grundstimmung zwischen den beiden entspannt sich langsam. Im Hausflur trifft Dressler auf Lydia, die sich für die gründliche Untersuchung von Gottlieb bedankt. Sigi hat ebenfalls ein medizinisches Problem und bittet den Arzt zu kommen. ■ Elfie liegt teilnahmslos im Bett. Offensichtlich wurde sie wieder geschlagen. Dressler redet Sigi ins Gewissen und rät ihm dringend zu einer Therapie. Dressler schafft es später, Elfie aus ihrer Apathie zu holen. ■ Henny will bei Gottlieb weitere 30.000 Mark für Testbohrungen auf ihrer Wiese locker machen — vergeblich. Gottlieb braucht das Geld für sein Boot, seine Reise und die Hochzeit, von der Henny bislang nichts wusste. Meike bekommt am Abend mit, wie Henny nunmehr Nossek um das Geld bittet. Der will es sich überlegen.

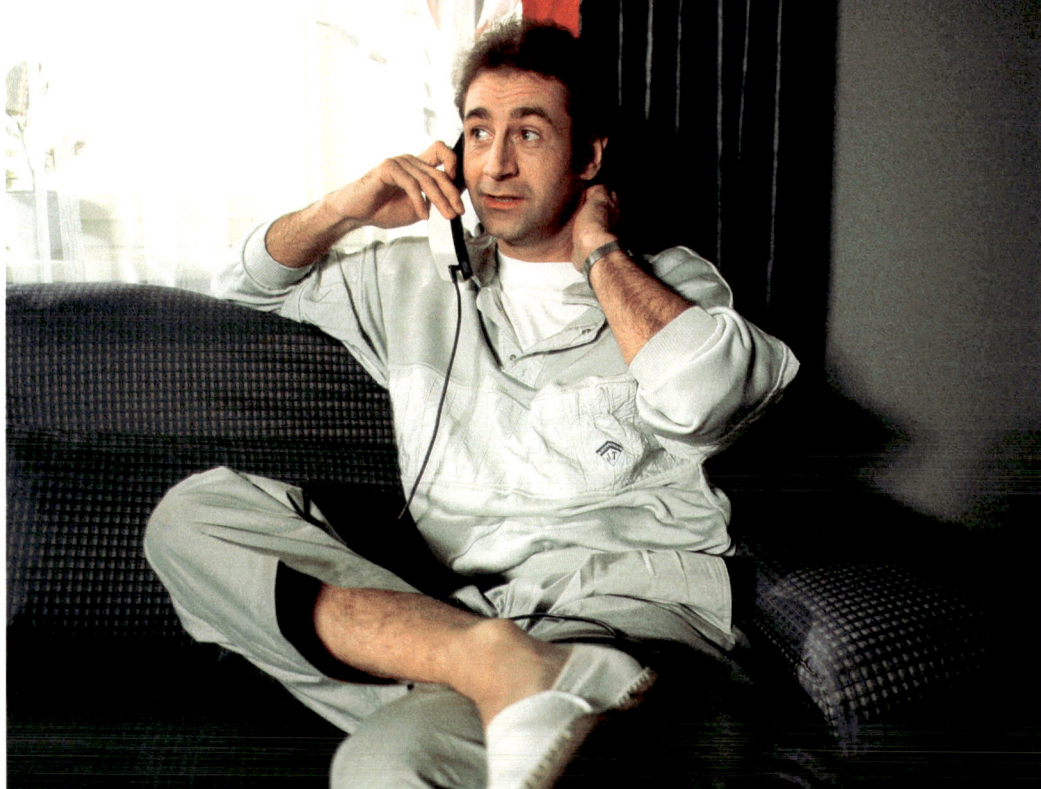

Buch: Hans W. Geißendörfer, Barbara Piazza ■ Regie: Hans W. Geißendörfer ■ Kamera: Dieter Christ ■ Redaktion: Monika Paetow

27 | Geld

8. JUN 86

Meike beobachtet, wie Nossek 30.000 Mark an Henny übergibt und dass die beiden sich anschließend innig küssen. Diese Erlebnisse erzählt sie Gottlieb. Der stellt seine Tochter postwendend zur Rede — allerdings ohne Erfolg. Henny will unbedingt weitere Testbohrungen vornehmen lassen. Woher das Geld dafür kommt, ist ihr egal. ■ Gottlieb, Berta und Lydia bereiten die Hochzeit vor, die in zwei Wochen stattfinden soll. Gabi soll zu diesem Anlass Lydias altes Hochzeitskleid umarbeiten und Ludwig ist als Trauzeuge geplant. ■ Während Gabi noch immer Distanz zu Benno hält, kommt es zwischen Sigi und Elfie zu einer Aussprache. Sigi versucht, sich und seine Situation zu erklären. Letztendlich stimmt er sogar Elfies Arbeit zu. ■ Frank teilt seinem Vater mit, dass er sein Medizinstudium geschmissen hat. Außer sich vor Wut wirft ihn Ludwig daraufhin hinaus.

Buch: Hans W. Geißendörfer, Barbara Piazza ■ Regie: Hans W. Geißendörfer ■ Kamera: Dieter Christ ■ Redaktion: Monika Paetow

28 | Das Hochzeitskleid

15. JUN 86

Franks »Entmündigung« schreitet voran. Ludwig nimmt seinem Sohn sogar die Haustürschlüssel ab. Frank fleht ihn an, ihm zu helfen. Ludwig aber wird zu einem Notfall gerufen und macht sich ohne ein weiteres Wort auf den Weg. ■ Gottlieb sucht eine Urlaubsvertretung für seinen Kiosk. Philo schlägt vor, Else für diese Aufgabe anzuheuern. Die kann ihr Glück kaum fassen. Endlich nimmt sie jemand ernst und traut ihr etwas zu. ■ Abends präsentiert Gabi der nervösen Berta das Hochzeitskleid. Gemeinsam mit Bianca richtet sie Berta als Braut her. Als Gabi später weinend aus der Küche läuft, erklärt Benno den Grund. Auch Gabi hätte gern eine Hochzeit in Weiß, nur fehle der Mann. ■ Franz sucht das Gespräch mit Henny. Er will wissen, wie es weitergehen soll und schenkt ihr eine teure Kette. Sie gibt ihm die Kette jedoch zurück — sie will keinen Neuanfang.

Buch: Hans W. Geißendörfer, Barbara Piazza ■ Regie: Hans W. Geißendörfer ■ Kamera: Dieter Christ ■ Redaktion: Monika Paetow

29 | Bande fürs Leben

22. JUN 86

Berta und Gottlieb feiern ihre Hochzeit mit fast allen Hausbewohnern im »Akropolis«. Die Harmonie wird indes getrübt. Else meckert über das griechische Essen, greift Lydia und Gottlieb an und spricht dann über den Ehebruch von Henny. Die verlässt daraufhin das Lokal. Auch Else muss gehen; Gottlieb befördert sie hinaus. ■ Verfahrene Situation: Gabi erzählt Benno, dass sie ein Verhältnis mit Phil hatte. Als Phil leugnet, ohrfeigt ihn Gabi. Nun droht Benno seinerseits Phil Schläge an. Der beteuert, dass zwischen ihm und Gabi nie etwas gelaufen ist. Gabi wolle sich nur aufspielen. Benno weiß nicht, wer von beiden lügt. ■ Henny packt die Taschen und zieht zu Nossek. Als Franz droht, sich scheiden zu lassen, macht Henny reinen Tisch: Sie habe Franz nie geliebt und will jetzt nach ihren eigenen Wünschen leben. Für Tanja ist der Umzug ein Schock.

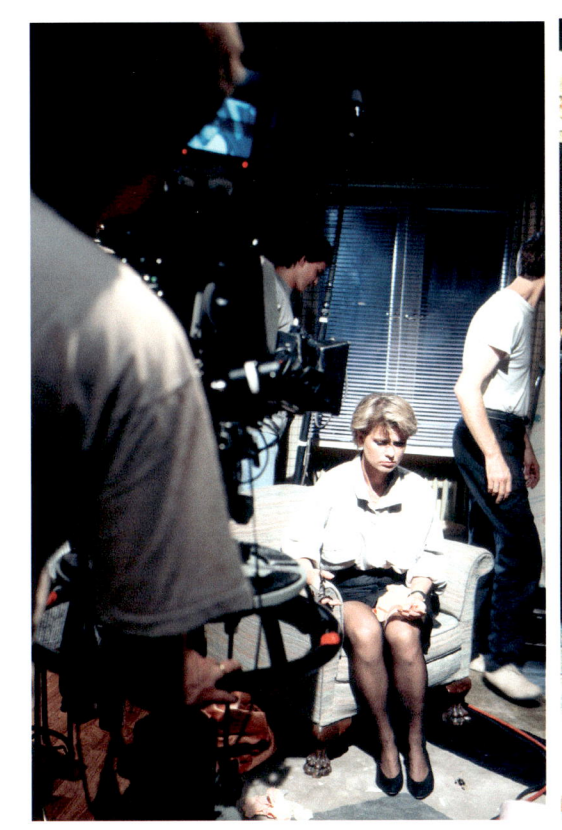

Abbildungen links und unten: Bei den Dreharbeiten einer frühen LINDENSTRASSE-Folge

Buch: Hans W. Geißendörfer, Barbara Piazza ■ Regie: Hans W. Geißendörfer ■ Kamera: Dieter Christ ■ Redaktion: Monika Paetow

30 | Kampfschreie

29. JUN 86

Henny und Tanja wohnen bei Nossek. Franz leiht sich von Gottlieb 15.000 Mark, um Henny »auszulösen«. Henny ist über dieses Vorgehen mehr als empört. ■ Gabi zeigt Benno die Karteikartensammlung mit Phils Eroberungen. Benno rastet aus und stürzt sich auf Phil. Bei der Schlägerei holt Phil mit einer Flasche aus und verletzt Benno schwer. Der muss ins Krankenhaus. Damit nicht genug: Benno soll aussagen, das Ganze sei nur ein Unfall gewesen. ■ Seit langem freuen sich Berta und Gottlieb auf ihre Reise nach Ancona. Die ist aber schon nach wenigen Kilometern zu Ende. Gottlieb bringt es einfach nicht übers Herz, Henny und seine Enkel in dieser schwierigen Zeit allein zu lassen. ■ Im Bett fällt Else ein, dass sie das Bügeleisen in der Praxis nicht abgeschaltet hat. Eilig läuft sie hinüber. Im Behandlungsraum wird sie von hinten niedergeschlagen.

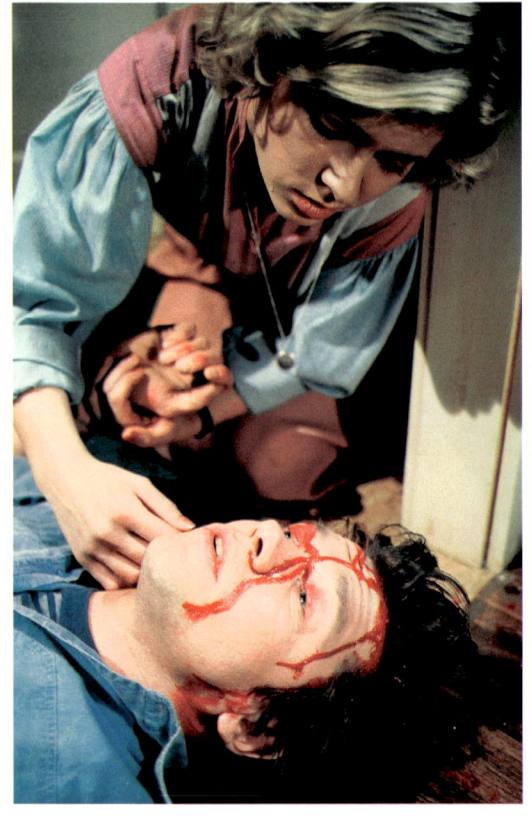

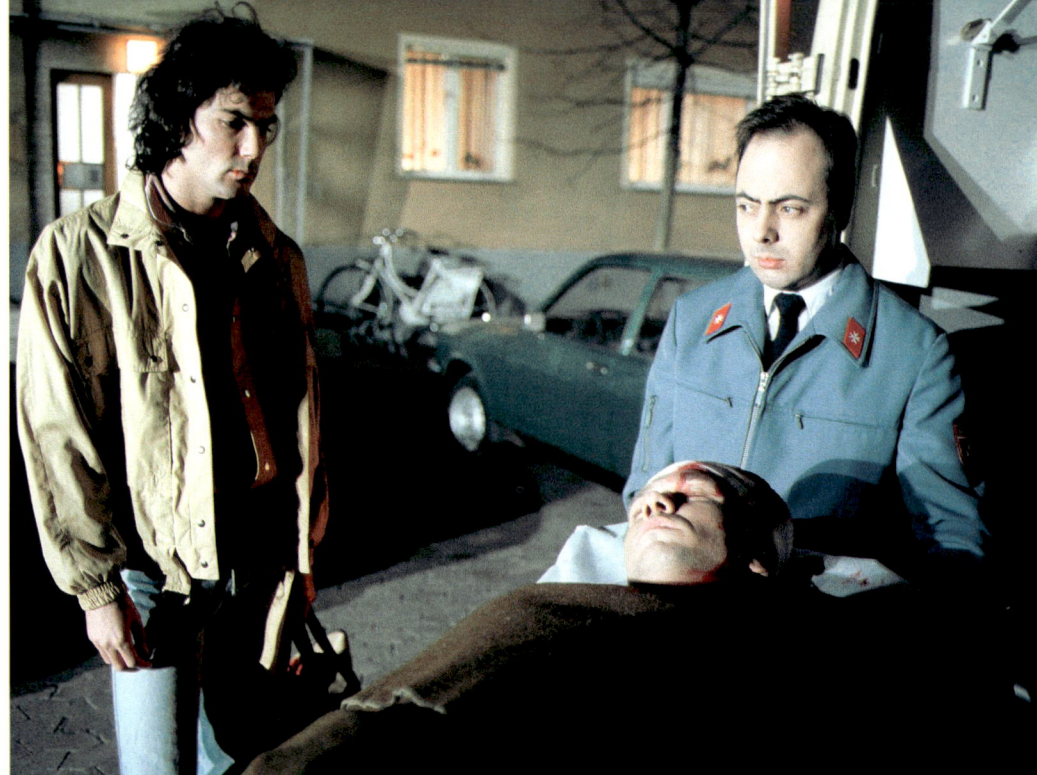

Buch: Hans W. Geißendörfer, Barbara Piazza ■ Regie: Hans W. Geißendörfer ■ Kamera: Dieter Christ ■ Redaktion: Monika Paetow

31 | Die Vertreibung

6. JUL 86

Frank wird verdächtigt, Else niedergeschlagen und Betäubungsmittel entwendet zu haben. Dressler will seinem Sohn mit Geld und einem Flugticket zur Flucht verhelfen. Wegen eines Notfalls bittet er seine Sprechstundenhilfe, Frank den Brief zu bringen. Währenddessen wird Frank von Else identifiziert und verhaftet. Ludwig bangt, jemand könne den Brief finden und ihn wegen Fluchthilfe anzeigen. So weit kommt es nicht. Seine Sprechstundenhilfe hat den Brief liegen lassen. ■ Benno wäre fast an einer Hirnblutung gestorben und muss noch mindestens drei Wochen im Krankenhaus bleiben. Gabi setzt derweil Phil unter Druck. Wenn er nicht geht, will sie die Kartei mit den Frauen und Phils Anmerkungen den jeweiligen Damen zugänglich machen. ■ Berta und Gottlieb haben sich versöhnt. Mitten in der Nacht klingelt Henny und fragt, ob sie bei ihnen bleiben darf.

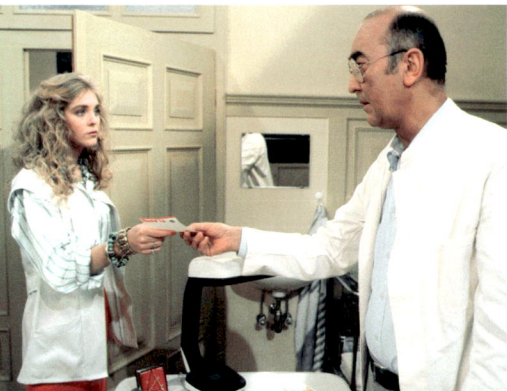

Buch: Hans W. Geißendörfer, Barbara Piazza ■ Regie: Hans W. Geißendörfer ■ Kamera: Dieter Christ ■ Redaktion: Monika Paetow

32 | Birne Philomena

13. JUL 86

Berta fühlt sich durch Hennys Anwesenheit eingeengt. Sie hat keine ruhige Minute mehr für sich und Gottlieb. Wütend verlässt sie die Wohnung und geht zu ihrer Mutter. Lydia rät ihr zu Geduld. Derweil hat Gottlieb ein ausführliches Gespräch mit Henny. ■ Tanja lebt nun allein bei Nossek. Franz wirft ihm vor, seine Ehe zerstört zu haben und sich an Tanja heran zu machen. Nossek weist dies energisch von sich. Franz verlangt schließlich, dass Tanja zurück kommt. Die aber will nicht. ■ Helga hat vergessen, dass Hans seinen Chef nebst Gattin zum Essen mitbringt. Nun ist Improvisation angesagt. Tatsächlich zaubert sie mit Hilfe der Kinder ein herrliches Essen. Zum Dessert gibt es Zimtbirnen. Später geht bei Beimers das große Erbrechen los — anscheinend waren die Birnen verdorben. Schlimm: Helga hat Frau Hütthusen drei Nachschläge aufgeschwatzt.

Buch: Hans W. Geißendörfer, Barbara Piazza ■ Regie: Ilse Hofmann ■ Kamera: Kurt Mikler ■ Redaktion: Monika Paetow

33 | Gift

20. JUL 86

Versöhnung bei Stefan und Henny: Er gibt ihr das Geld zurück, und Henny zahlt Gottlieb seine 15.000 Mark. Stefan schlägt ein gemeinsames Wochenende in Venedig vor. Tanja freut sich — und erkennt zu spät, dass der Vorschlag ihrer Mutter galt. ■ Lydia erzählt Berta und Gottlieb, dass sie heute einen größeren Betrag auf ihr Konto überwiesen hat. So können die beiden doch noch ihre verschobene Hochzeitsreise antreten. ■ Ein Brauereimitarbeiter erklärt Panaiotis, dass der Bierumsatz im Lokal zu gering ist. Sollte das so bleiben, muss entweder die Pacht erhöht werden oder die Kündigung steht ins Gasthaus. ■ Bei Beimers besteht Verdacht auf Salmonellenvergiftung. Wütend gibt Hans der geschockten Philo die restlichen Birnen zurück. Gekränkt isst Philo den Rest. Sie will beweisen, dass die Birnen gut sind. Derweil schwebt Frau Hütthusen in Lebensgefahr.

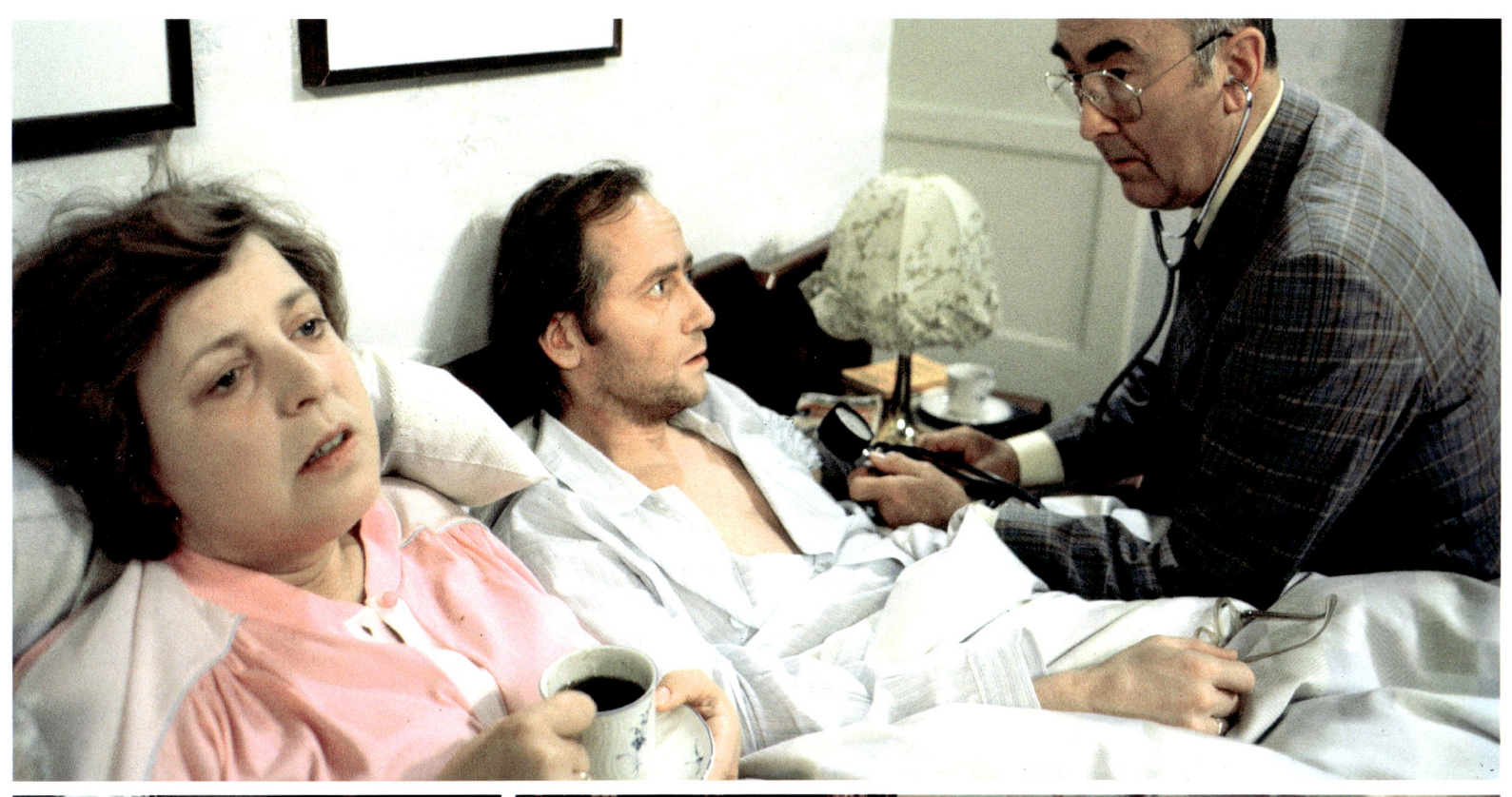

Buch: Hans W. Geißendörfer, Barbara Piazza ■ Regie: Ilse Hofmann ■ Kamera: Kurt Mikler ■ Redaktion: Monika Paetow

34 | Thema mit Variationen

27. JUL 86

Beimers sind tatsächlich an Salmonellen erkrankt. Frau Hütthusen ist zwar außer Lebensgefahr, aber Hans soll den abgesagten Keniaurlaub der beiden bezahlen. Damit wären fast 10.000 Mark fällig. Der Tag endet besser, als er anfing: Hütthusen gesteht, dass sich seine Frau die Salmonellen bei einem Restaurantbesuch eingefangen hat. ■ Meike ist traurig, dass Gottlieb und Berta ihre Reise nun antreten wollen. Die Trennung der Eltern setzt ihr sehr zu. Franz trifft Henny im Aufzug und erklärt ihr, dass Meike nicht mehr in Nosseks Wohnung darf. Mehr noch: Er droht, auch Tanja dort heraus zu holen. ■ Elisabeth erzählt Ludwig, dass ihr Frank aus der U-Haft geschrieben hat. Er bittet Ludwig um einen Besuch. ■ Gabi war bei Dressler und traut sich nicht, Benno zu besuchen. Den Grund dafür nennt sie im Gespräch mit Wolf. Sie ist schwanger — und zwar von Phil.

Buch: Hans W. Geißendörfer, Barbara Piazza ■ Regie: Ilse Hofmann ■ Kamera: Kurt Mikler ■ Redaktion: Monika Paetow

35 Das Geständnis

3. AUG 86

Da Franz dem Alkohol zuspricht und sich zunehmend gehen lässt, beantragt Henny das vorläufige Sorgerecht für Meike. Meike will aber ihren Vater unter keinen Umständen allein lassen. ■ Ludwig entlässt seine Sprechstundenhilfe und stellt Elisabeth wieder ein. Privat bleiben die beiden jedoch weiter auf Distanz. ■ Benny ist sitzen geblieben. Er will aber nicht die Klasse wiederholen, sondern vom Gymnasium abgehen. Als Helga ihn behutsam nach seinen Plänen fragt, fällt er ihr weinend um den Hals. ■ Gabi fürchtet sich vor Bennos Heimkehr aus dem Krankenhaus. Er weiß noch nichts von ihrer Schwangerschaft. Sie hat zudem Angst, dass er sie verlässt — jetzt, wo sie weiß, wie sehr sie ihn liebt. Beim Abendessen mit Kronmayrs verquatscht sich Chris. Bennos Freude über das werdende Leben schlägt aber rapide um, als er erfährt, dass Phil der Vater ist.

Buch: Hans W. Geißendörfer, Barbara Piazza ■ Regie: Ilse Hofmann ■ Kamera: Kurt Mikler ■ Redaktion: Monika Paetow

36 | Schockbehandlung

10. AUG 86

Ludwig und Elisabeth bekommen Vorladungen zu Franks Prozess. Sie sollen als Zeugen aussagen. ■ Benno möchte, dass Gabi das Kind abtreibt. Schließlich ist Phil der Vater. Dressler rät ihm, zuerst über eine Adoption nachzudenken. Später erfährt Benno, dass seine Firma pleite gegangen ist. Er ertränkt seinen gesammelten Frust im Alkohol. ■ Helga meint es sei Zeit für ein »Männergespräch« zwischen Hans und dem heftig pubertierenden Benny. Hans berichtet später, dass Benny bereits alles wusste. Mehr noch: Er hat ihm sein Heft angeboten für den Fall, dass Hans nicht mehr auf dem Laufenden ist. ■ Henny zieht mit Tanja in Gottliebs leerstehende Wohnung. Sie erklärt Franz, dass sie nicht zu ihm zurück kommen wird. Henny verbittet sich von Tanja, vor Nossek in Unterwäsche herum zu laufen. Tanja kontert, er würde dabei ja nichts Neues sehen.

Buch: Hans W. Geißendörfer, Barbara Piazza ■ Regie: Ilse Hofmann ■ Kamera: Kurt Mikler ■ Redaktion: Monika Paetow

37 Die Herausforderung

Gabi zeigt Benno einen Brief von Phil. Der hat eine große Erbschaft gemacht und erklärt, wie sehr er Gabi liebt. Weil Benno noch immer keinen Job hat, macht ihm Gabi einen Vorschlag: Er könne Phil auf Schmerzensgeld verklagen. ■ Hinter Schloss und Riegel: Frank wurde zu zweieinhalb Jahren Haft verurteilt. ■ Tanja und Henny kommunizieren nur noch schriftlich. Als Henny weg ist, macht sich Tanja an Stefan heran. Nach einem Kuss stellt Stefan jedoch klar, dass er mit Henny liiert ist. Das Abendessen beendet Tanja mit einer Kampfansage an Henny. Sie liebt Nossek und die mit der besseren Kondition wird gewinnen. Das sei meist die Jüngere. ■ Franz flüchtet sich in den Alkohol. So zeigt er kaum Gegenwehr, als die Sozialarbeiterin Ingelbert samt Gerichtsvollzieher vor der Tür steht und Meike abholen will. Das Problem: Meike ist nirgends zu finden.

Bei den Dreharbeiten einer frühen LINDENSTRASSE-Folge

Buch: Hans W. Geißendörfer, Barbara Piazza ■ Regie: Ilse Hofmann ■ Kamera: Kurt Mikler ■ Redaktion: Monika Paetow

38 | Verbotene Liebe

24. AUG 86

Franz erkennt den Ernst der Lage und versucht, Ordnung in sein Leben zu bringen. Eine Haushälterin soll ihm helfen, den Auflagen des Jugendamtes nachzukommen. Dadurch könnten seine Kinder wieder bei ihm wohnen — was besonders Meike freut. ■ Benno teilt Phil telefonisch seine Forderung nach Schadenersatz mit. Chris packt wütend Wolfs Sachen für den Sperrmüll zusammen. Per Postkarte hatte er ihr erklärt, dass er seine Traumfrau gefunden habe und sich von Chris trennen wolle. ■ Helga stellt fest, dass Benny ein waches Auge auf Tanja geworfen hat. Sie versucht, jeden Kontakt zu unterbinden. Enttäuscht nimmt Helga zur Kenntnis, dass Hans anscheinend ihren 20. »Kennenlerntag« vergessen hat. Als er sie mit Rosen und einer Perlenkette überrascht, ist der Familienfrieden gesichert. Unterdessen geht Benny zu Nossek, um mit ihm über Tanja zu reden.

Buch: Hans W. Geißendörfer, Barbara Piazza ■ Regie: Ilse Hofmann ■ Kamera: Kurt Mikler ■ Redaktion: Monika Paetow

39 Nächtlicher Donnerschlag

31. AUG 86

Benno hilft Lydia beim Tapezieren. Der Kaffee, den sie in der Arbeitspause serviert, hat es in sich. Benno kann nachts nicht schlafen. Als er aus Lydias Wohnung ein lautes Geräusch hört, steht er auf und läuft hoch. Da Lydia nicht öffnet, alarmiert er Else samt Generalschlüssel. ■ Dressler und Elisabeth kommen sich wieder näher. Nachdem sie zusammen gegessen haben, tauschen sie Zärtlichkeiten aus. Dabei werden sie von Benno und Else unterbrochen. Die sind auf der Suche nach Hilfe für Lydia. ■ Benny ist schwer in Tanja verliebt, aber die hat nur Augen für Nossek. Sie ärgert sich, dass Benny mit Nossek gesprochen hat, und liest Marion hämisch eines von Bennys Gedichten an sie vor. Marion verteidigt ihren Bruder. Als sie Benny von Tanjas Auftritt erzählt, schließt der sich weinend in seinem Zimmer ein. Wenig später verschwindet er spurlos.

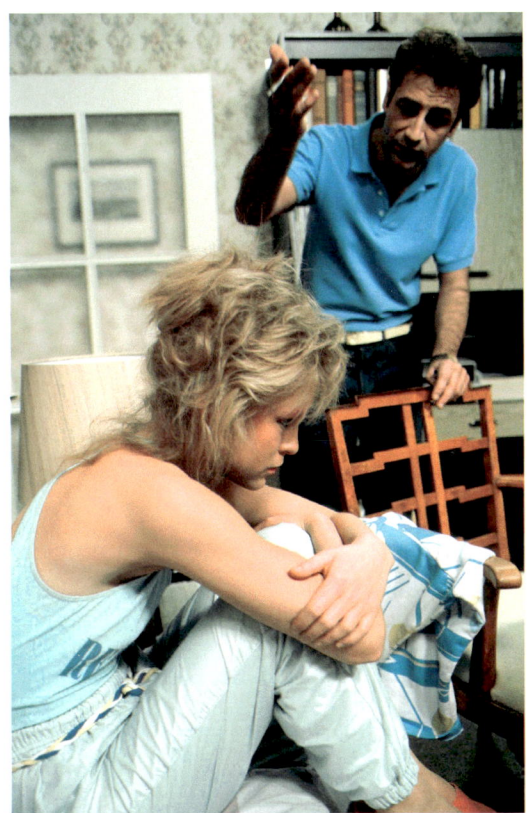

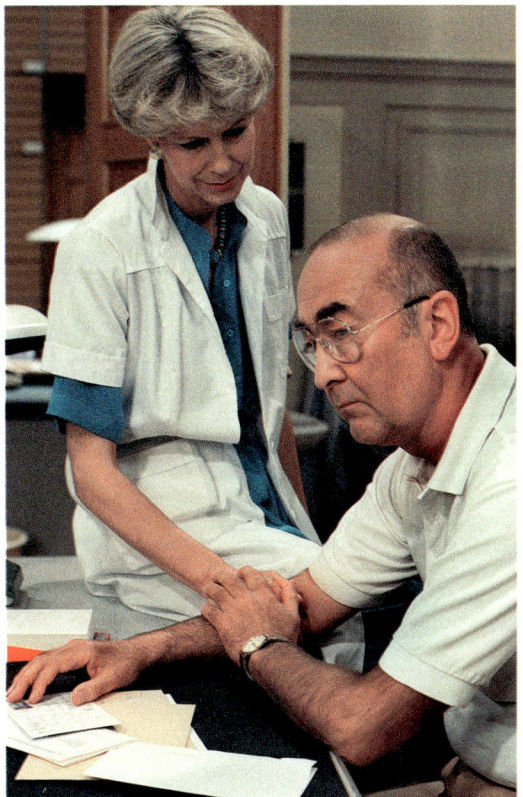

Buch: Hans W. Geißendörfer, Barbara Piazza ■ Regie: Ilse Hofmann ■ Kamera: Kurt Mikler ■ Redaktion: Monika Paetow

40 | Tränen auf der Geburtstagstorte | 7. SEP 86

Meike hat Geburtstag und den Wunsch, dass sich ihre Familie wie früher zum Kaffeetrinken versammelt. Henny stimmt schweren Herzens zu. Leider lassen die Rollerskates, die Nossek für Meike besorgt hat, Franz' Kinderrollschuhe alt aussehen. Franz wittert eine Intrige von Henny und verlässt die Runde. Traurig schließt sich Meike ein und isst den Kuchen allein. ■ Phil zahlt Benno 20.000 Mark Schmerzensgeld. Der erklärt sich vertraglich bereit, auf weitere Forderungen zu verzichten. Nebenbei erfährt Phil, dass er Vater wird. Gabi aber lässt sich auf kein weiteres Gespräch mit ihm ein. ■ Nach dem Zuckerschock ist Lydia wieder zu Hause, will aber keine Betreuung. ■ Benny bleibt spurlos verschwunden. Abends klingelt ein Polizeibeamter von der Vermisstenstelle. Sie haben einen Jungen gefunden und bitten Hans und Helga, die Leiche zu identifizieren.

Buch: Hans W. Geißendörfer, Barbara Piazza ■ Regie: Ilse Hofmann ■ Kamera: Kurt Mikler ■ Redaktion: Monika Paetow

41 Mutterliebe

14. SEP 86

Tanja versucht, Nossek mit einem neuen Freund eifersüchtig zu machen. Zugleich droht sie, zum konkurrierenden Tennisclub Concordia zu wechseln — es sei denn, alles geschieht nach ihren Wünschen. Durch eine Intrige, in die sie die arglose Meike hineinzieht, gelingt ihr ein Ausflug mit Stefan. Nachdem Tanja sowohl Meike als auch Henny getäuscht hat, versöhnen sich die beiden wieder. ■ Erfolgreicher Streik im Friseursalon: Bianca und Beate erkämpfen einen regulären Lehrvertrag für Beate. Isolde gibt sich geschlagen. ■ Der tote Junge in der letzten Woche war nicht Benny. Helga macht sich weiter Sorgen, denn ihr Sohn bleibt verschwunden. Als Hans später mit einem Brief von Benny nach Hause kommt, überlegt Helga nicht lange. Sie packt die Koffer und will ihrem Sohn sofort nach Portugal nachreisen. In der Eile vergisst sie die Euroschecks.

Buch: Hans W. Geißendörfer, Barbara Piazza ■ Regie: Ilse Hofmann ■ Kamera: Kurt Mikler ■ Redaktion: Monika Paetow

42 | Die Frau in Weiß

Frühmorgens ruft Helga aufgelöst aus Portugal an. Sie hat Benny nicht gefunden. Dafür wurden ihr Pass und Geld gestohlen. Hans will ihr telegrafisch Geld überweisen. Die Überraschung ist groß, als sie am späten Nachmittag mit Herrn Gomez vor der Tür steht. Der Spanier hat für ihr Flugticket gebürgt. Und Benny? Sie hat ihn doch noch gefunden — und es geht ihm gut. Er kommt zurück, sobald der Sohn des Fischers genesen ist. ■ Phil versucht vergeblich mit Gabi zu sprechen. Als Benno nach Hause kommt, wirft er Phil aus der Wohnung. ■ Henny erwischt Nossek in flagranti mit einer in Weiß gekleideten Dame. Er gesteht, einfach nicht treu sein zu können. Henny ist tief enttäuscht und beschließt, die Affäre zu beenden und sich nun wieder Franz zuzuwenden. Der aber lässt sie abblitzen. Henny droht ihm daraufhin, dass er die Kinder nie wieder sehen wird.

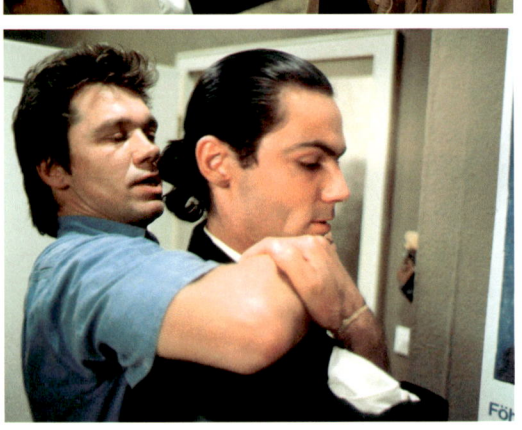

Buch: Hans W. Geißendörfer, Barbara Piazza ■ Regie: Ilse Hofmann ■ Kamera: Kurt Mikler ■ Redaktion: Monika Paetow

43 | Die Gezeiten der Gefühle

28. SEP 86

Ludwig will die Praxis verkaufen. Das möchte ihm Elisabeth am liebsten ausreden. Nach einem Gespräch mit Meike besucht Ludwig erstmals seinen Sohn im Gefängnis. Obwohl Frank sich sehr freut, möchte er keine Hilfe von Ludwig annehmen. Wenn er aus dem Gefängnis kommt, will er sein Leben selbst in die Hand nehmen — ohne Unterstützung des Vaters. ■ Das Haus, in dem sich Isoldes Friseursalon befindet, soll zwangsversteigert werden. Nach einem Schockmoment entwickelt Isolde einen Plan. ■ Nossek macht Henny klar, dass es ein »wir« nicht gibt, gab oder geben wird. Meike lässt nichts unversucht, ihre Eltern wieder zu vereinen. Am besten ginge das, indem sie ganz schnell ganz krank wird. Während Franz mit Angelika im Bett liegt, steigt sie halbnackt in Gottliebs Kühlschrank. Ein Fuß bricht ab, die Kühlschranktür fällt zu — und Meike sitzt in der Falle.

Buch: Hans W. Geißendörfer, Barbara Piazza ■ Regie: Ilse Hofmann ■ Kamera: Kurt Mikler ■ Redaktion: Monika Paetow

44 | Erpressung

Meike ist seit einer Woche bewusstlos. Henny und Franz machen sich Vorwürfe und treffen sich am Krankenbett. Meikes Plan scheitert aber: Franz möchte sich nicht mehr mit Henny arrangieren. ■ Das Gerede über Meikes »Selbstmordversuch« gipfelt in einer Unterschriftenaktion von Sigi. Sein Ziel: Schildknechts soll das Sorgerecht entzogen werden. Durch diese Aktion kommt es erneut zum Zerwürfnis zwischen Elfie und Gabi, während Hans den Brief in den Müll wirft. ■ Isolde schlägt ihrem untreuen Mann vor, den Salon samt Haus zu kaufen. Da das Gespräch unterbrochen wird, erklärt sie ihr Vorhaben per Telegramm. Und teilt ihm gleich mit, dass sie ihn nicht mehr liebt. ■ Franz willigt ein, dass Tanja an einem Tennislehrgang in Amerika teilnimmt — alleine. Als sie auflegt, fallen sie und Nossek sich in die Arme. Der Weg ist frei für zwei schöne Wochen.

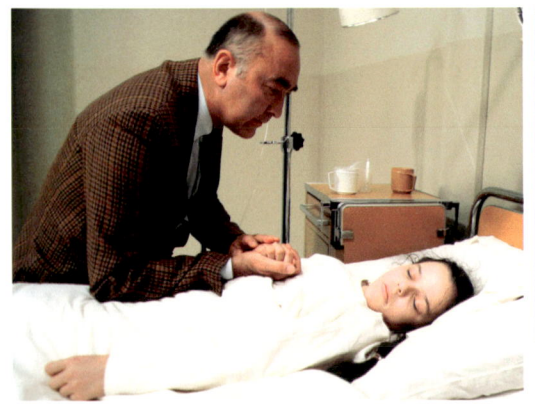

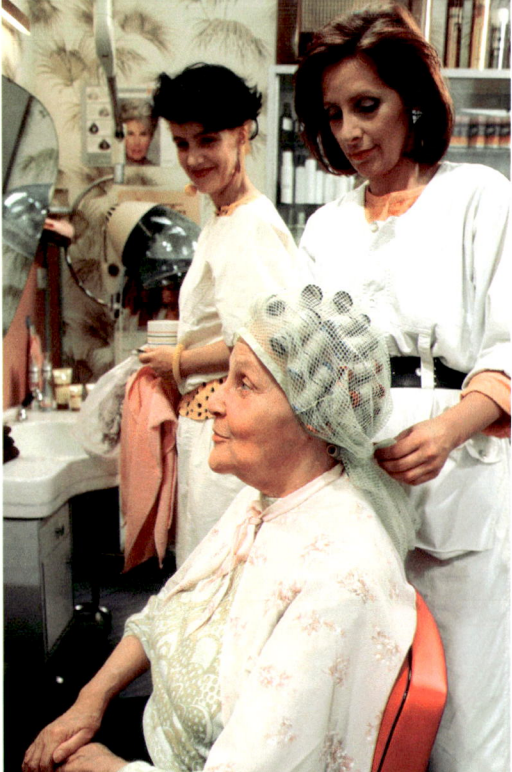

Buch: Hans W. Geißendörfer, Barbara Piazza ■ Regie: Ilse Hofmann ■ Kamera: Kurt Mikler ■ Redaktion: Monika Paetow

45 Ein Fiebertraum

Gabi und Elfie boykottieren Sigis Unterschriftenaktion und verbrennen alle Briefe. Nach dem Streit der vergangenen Woche stärkt die Aktion ihre Freundschaft — allen Unterschieden zum Trotz. ■ Hubert will das Haus nicht kaufen. Nun ist guter Rat teuer — im wahrsten Sinne. Isolde fragt Familie Sarikakis, ob sie sich nicht beteiligen will. Schließlich steht auch ihnen die Kündigung bevor. Allein: Den Griechen fehlt das Geld. ■ Meike kommt heute nach Hause. Mit Dresslers Hilfe setzt sie durch, dass sie zu Franz ziehen darf. Henny ist darüber gekränkt. Nachmittags spricht Meike im Fiebertraum vom glücklichen Zusammensein der gesamten Familie. ■ Henny will zu Nossek. In der Wohnung stellt sie fest, dass er unterwegs ist. Als sie eine Hotelbestätigung findet, wird ihr klar, dass Nossek mit Tanja in San Francisco ist. Sie bricht weinend zusammen.

Buch: Hans W. Geißendörfer, Barbara Piazza ■ Regie: Ilse Hofmann ■ Kamera: Kurt Mikler ■ Redaktion: Monika Paetow

46 | Der Schlüssel steckt innen

19. OKT 86

An seinem Geburtstag erzählt Sigi, dass ihm eine Beförderung in Aussicht gestellt wurde. Den Zusatz, dass es sich um eine Stelle in Rosenheim handelt, hört Elfie nicht. ■ Lydia liest auf Bertas Urlaubskarte, dass zwei Amerikaner als Crew angeheuert wurden. Sofort schrillen bei Lydia die Alarmglocken. Ihre Recherche ergibt, dass es sich tatsächlich um zwei gesuchte Raubmörder handelt. ■ Meike hat den Lebensmut verloren und beschäftigt sich immer mehr mit dem Thema Tod. Dressler meint, Henny und Franz könnten ihr nur gemeinsam helfen. ■ Tanjas Rückkehr endet im Desaster: Franz verprügelt Nossek und fordert Tanja zum Gehen auf. Tanja verlässt die Wohnung und will zu Nossek. Als sie versucht, mit ihrem Schlüssel zu öffnen, ruft Henny, es habe keinen Zweck. Nossek hat den Schlüssel stecken lassen und auch sie nicht herein gelassen.

Buch: Hans W. Geißendörfer, Barbara Piazza ■ Regie: Ilse Hofmann ■ Kamera: Kurt Mikler ■ Redaktion: Monika Paetow

47 | Der Schmuck der Lydia Nolte

26. OKT 86

Getrennte Familie: Meike lebt bei Franz — und Tanja bei ihrer Mutter. Nossek blitzt mit seinen Versöhnungsversuchen bei Henny ab. Daraufhin verlangt er das geliehene Geld zurück. Henny will es ihm baldmöglichst geben. Einen innigen Liebesbrief an Stefan verbrennt sie. ■ Dressler bittet Meike um Unterstützung bei Problemen mit seinem Filius. Als Meike ihn ins Gefängnis begleitet, erkennt sie, dass dies nur ein Trick war. Dressler will sie mit allen Mitteln aus ihrer Passivität holen. ■ Gabis Versuch, Benno wegen seiner finanziellen Probleme zu trösten, endet mit einer Versöhnung im Bett. Später geht er zu Lydia, um einen Diaprojektor abzubauen. Beim Einpacken erzählt er gut gelaunt von Gabi. Während Lydia von Berta berichtet, greift er versehentlich in die falsche Schublade und sieht Lydias Schmuck. Benno greift zu und steckt ihn unbemerkt ein.

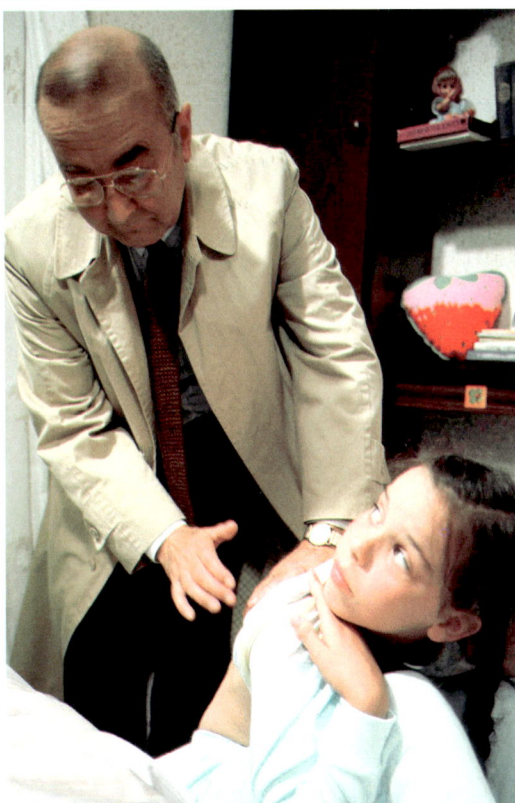

Buch: Hans W. Geißendörfer, Barbara Piazza ■ Regie: Ilse Hofmann ■ Kamera: Kurt Mikler ■ Redaktion: Monika Paetow

48 | Männertränen

Lydia vermutet Benno hinter dem Diebstahl. Sie spricht ihn an, aber er beteuert seine Unschuld. Nachdem er sich vergeblich bei der Polizei stellen wollte, plagt ihn das schlechte Gewissen. Reumütig und unter Tränen gesteht er Lydia den Diebstahl und gibt den Schmuck zurück. Sie verzichtet auf eine Anzeige. ■ Während Beate und Gung übers Wochenende an den Bodensee fahren, will Familie Beimer ihren ältesten Sohn in Portugal abholen. Marion möchte lieber mit einer Freundin eine Radtour nach Österreich unternehmen. Kaum sind die Eltern weg, verabredet sie sich mit einem gewissen Thomas für die Tour. ■ Da Franz mit Angelika verreist ist, wohnt Meike bei Tanja und Henny, mit der sie sich wieder besser versteht. Beim Abendessen stehen plötzlich Gottlieb und Berta vor der Tür. Berta sieht sehr mitgenommen aus. Alle wollen wissen, was passiert ist.

Buch: Hans W. Geißendörfer, Barbara Piazza ■ Regie: Ilse Hofmann ■ Kamera: Kurt Mikler ■ Redaktion: Monika Paetow

49 | Honig und Salz

Da Berta und Gottlieb wieder zu Hause sind, ist die Wohnung definitiv zu eng. Henny muss gehen. Sie wirft Angelika hinaus und zieht zurück in die eheliche Wohnung. Nossek ist wütend, dass er seinen Trainerjob verloren hat. Franz beschuldigt ihn der »Unzucht mit Abhängigen«. Henny erfährt, dass Franz sich scheiden lassen will. ■ Joschi erleidet einen Herzinfarkt, will aber auf keinen Fall ins Krankenhaus. Er besteht auf ausschließlicher Behandlung mit Honigmilch, Salz und Steinöl. ■ Hans telegrafiert, dass Familie Beimer noch eine Woche in Portugal bleibt. Marion erfährt davon nichts — sie ist noch in Österreich unterwegs. ■ Aufgeregt nimmt Elisabeth eine Einladung Ludwigs zum Essen an. Doch statt des erwarteten Heiratsantrages kommt eine ganz andere Mitteilung: Carsten ist schwul. Elisabeth erstarrt in Fassungslosigkeit.

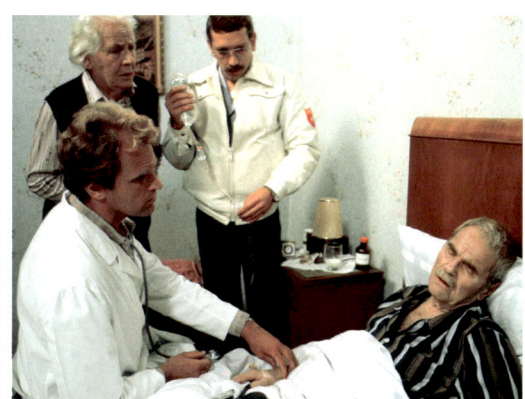

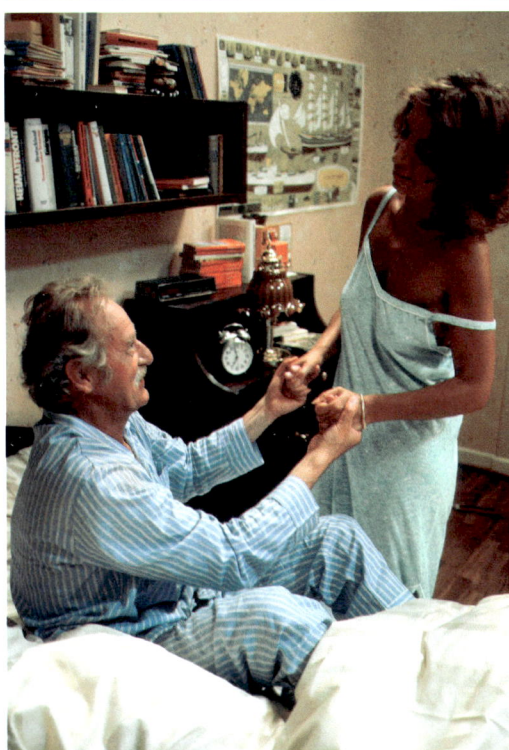

Buch: Hans W. Geißendörfer, Barbara Piazza ■ Regie: Ilse Hofmann ■ Kamera: Kurt Mikler ■ Redaktion: Monika Paetow

50 | Der Tod und die Haselbärchen | 16. NOV 86

Joschi erzählt Meike das Gleichnis vom »Tod und den Haselbärchen«. Noch am selben Tag stirbt er einen friedlichen Tod. Mit Hilfe Dresslers bahrt ihn Philo auf dem Wohnzimmertisch auf. ■ Elisabeth ist noch immer am Boden zerstört und sucht nach Erklärungen für Carstens Homosexualität. Als er mit Gert aus dem Urlaub zurück kehrt, will Elisabeth seinen Freund gar nicht erst kennen lernen. Mit viel Geduld legt Carsten dar, dass Gert kein Ungeheuer ist. ■ Gabi meint, dass Benno die Tankstelle übernehmen könne, da der Pächter in Pension geht. Isolde und die Sarikakis' wollen nun versuchen, das Haus zu ersteigern. ■ Familie Beimer kommt aus Portugal in die leere Wohnung zurück. Else informiert Hans, er möge sich bei der Polizei melden. Dort erfährt er, dass Marion einen Unfall hatte und mit gebrochenem Bein im Innsbrucker Krankenhaus liegt.

Buch: Martina Petrik ■ Regie: Ilse Hofmann ■ Kamera: Kurt Mikler ■ Redaktion: Monika Paetow

51 Drei Ohrfeigen

Helga und Hans machen sich Sorgen um Marion, die noch in der Klinik liegt. Benny bringt seine Eltern auf andere Gedanken. Er verlangt ein eigenes Zimmer, da er mit Klausi nicht mehr zusammen wohnen möchte. Gerne würde er in den unbenutzten Hobbyraum im Keller ziehen. ■ Weil Henny und Franz streiten, flüchtet Meike zu Joschis Leichenschmaus ins »Akropolis«. Vasily fragt Hans, ob er Marion besuchen könne. Hans erklärt, dass Marion nicht mit einer Frau, sondern mit einem Freund unterwegs war. ■ Gottlieb hat die Schulden bei Nossek inzwischen bezahlt. Als Henny in Stefans leere Wohnung geht, stößt sie auf eine mit Herzchen verzierte Videokassette und legt sie ein. Der Schock ist groß, als sie Tanja beim Striptease sieht. ■ Am Abend geht Henny zu Nossek, der sie freudig begrüßt. Die Freude ist von kurzer Dauer: Wütend gibt sie ihm drei Ohrfeigen.

Buch: Martina Petrik ■ Regie: Ilse Hofmann ■ Kamera: Kurt Mikler ■ Redaktion: Monika Paetow

52 | Joschi im Himmel

Gemeinsam mit Elena und Panaiotis ersteigert Isolde das Haus für 897.000 Mark. ■ Meike malt ein Bild mit dem Titel »Joschi im Himmel« und schenkt es Philo. Seit Joschis Tod scheint deren Lebenswille gebrochen. Sie sitzt in der Stube und hält Zwiegespräche mit ihrem toten Mann. ■ Henny erzählt Franz von dem Videoband, das Stefan von Tanja angefertigt hat. Gemeinsam stellen sie Nossek zur Rede. Tanja versichert, dass sie alles freiwillig gemacht hat — aus Liebe. Trotzdem will Franz Anzeige erstatten. Nossek macht sich ernsthaft Sorgen um seine Zukunft als Trainer. Tanja aber trifft sich nach wie vor heimlich mit ihm. Abends entdeckt sie in Nosseks Schlafzimmer einen ganzen Karton mit Kopien des Tapes. Als er sein Vorhaben rechtfertigt, ihre private Vorstellung kommerziell zu nutzen, wird es auch ihr zuviel. Schreiend läuft Tanja hinaus.

Bei den Dreharbeiten einer frühen LINDENSTRASSE-Folge

Buch: Hans W. Geißendörfer, Martina Petrik ■ Regie: Ilse Hofmann ■ Kamera: Kurt Mikler ■ Redaktion: Monika Paetow

53 | Die Wellen der Brandung ...

7. DEZ 86

Beim Blick durch Bennys Schulhefte entdeckt Helga, dass er Lern-Probleme hat. Abends versuchen Hans und Helga, Benny die Bedeutung eines Schulabschlusses klar zu machen. Benny aber will sein Leben selbst bestimmen. ■ Isoldes Geldsorgen nehmen kein Ende. Ihr fehlen jene 17.000 Mark, mit denen sie den Kredit beim Hauskauf überzogen hat. Isolde will per Scheckbetrug an das Konto ihres Mannes herankommen. Mit Biancas Hilfe fälscht sie seine Unterschrift und eilt zur Bank. Doch das Konto ihres Mannes ist aufgelöst. ■ Auch Else Kling ist völlig verstört. Griese hat behauptet, sie hätte die Kundschaft des Kiosks vergrault. ■ Nossek vernichtet alle Videotapes. Er hat Angst, überhaupt keinen Trainerjob mehr zu bekommen. Schildknechts verzichten, auch im Hinblick auf Tanja, auf eine Anzeige. Tanja indes will sich rächen und der Polizei ein Tape geben.

Buch: Hans W. Geißendörfer, Barbara Piazza, Maria Elisabeth Straub und Friderike Vielstich ■ Regie: Lutz Konermann ■ Kamera: Kurt Mikler ■ Redaktion: Monika Paetow

54 | Spätes Glück

14. DEZ 86

Die Bank droht Isolde Panowak mit gerichtlichen Schritten, falls sie die restlichen 17.000 Mark nicht binnen 24 Stunden zahlt. Isolde sieht keinen Ausweg und fährt mit Bianca nach Bad Wiessee in die Spielbank. Tatsächlich gewinnt sie das Geld. ■ Dressler macht — nach gutem Zureden durch Lydia — seiner »Cinderella« endlich einen Heiratsantrag. Elisabeth ist selig. Noch am selben Abend teilen Elisabeth und Ludwig die Neuigkeit Beate mit. Die aber hat Liebeskummer: Gung will nichts von ihr wissen. ■ Tanja hat Anzeige gegen Nossek erstattet und die letzte verräterische Videokassette der Polizei ausgehändigt. Ein Kriminalbeamter verhört die ahnungslosen Eltern. Später beraten Henny und Franz über das weitere Vorgehen. Während dessen klingelt der Postbote und bringt ein Einschreiben. Inhalt: Ein Arzt soll Tanja auf ihre Jungfräulichkeit untersuchen.

Buch: Hans W. Geißendörfer, Barbara Piazza, Maria Elisabeth Straub und Friderike Vielstich ■ Regie: Lutz Konermann ■ Kamera: Kurt Mikler ■ Redaktion: Monika Paetow

55 | Lydias Augen

21. DEZ 86

Henny und Franz bekommen zeitgleich per Post die Scheidungsklage. Dazu die Vorladung vom Untersuchungsrichter in Sachen Nossek. Franz beschließt, Henny und Tanja zu Dr. Dressler zu begleiten, der den Jungfräulichkeitstest bei Tanja vornehmen soll. ■ Marion Beimer kommt aus der Klinik. Sie hat große Probleme, den Tod ihres Freundes Thomas zu verarbeiten. Mit viel Liebe versuchen Helga und Hans ihrer Tochter beizustehen. ■ Gabi und Benno freuen sich gemeinsam an Gabis wachsendem Bauch. Doch Benno hat nach wie vor Schwierigkeiten damit, dass das Kind von Phil und nicht von ihm ist. Er klagt Lydia sein Leid, die ihm vorschlägt, Gabi noch vor der Geburt zu heiraten; so trüge das Kind in jedem Fall seinen Namen. Benno steckt Gabi den Ring an den Finger und fragt sie, ob sie ihn dazunehmen wolle. Gabi umarmt ihn glücklich.

Buch: Hans W. Geißendörfer, Barbara Piazza, Maria Elisabeth Straub und Friderike Vielstich ■ Regie: Lutz Konermann ■ Kamera: Kurt Mikler ■ Redaktion: Monika Paetow

56 Fest der Liebe

28. DEZ 86

Tanja wird Zeugin eines Gesprächs zwischen Nossek und dem Präsidenten des Tennisclubs. Danach wird Nossek nie wieder in einem seriösen Club einen Job finden. Tanja beschließt, ihre Anzeige zurückzuziehen. Gleichzeitig möchte sie nun doch auf ein Internat. Für Henny bedeutet Tanjas Abkehr vom Tennis das Ende ihrer Träume. Ausgerechnet zu Weihnachten erreicht damit die Stimmung bei Familie Schildknecht ihren Tiefpunkt. ■ Philo lebt nur noch in Erinnerungen an Joschi. Immerhin kann Meike sie ermuntern, in die Mitternachtsmesse zu gehen. ■ Gabi und Benno feiern ein altbayerisches Weihnachtsfest. Ihre Zweisamkeit wird von Chris gestört, die plötzlich völlig betrunken in der Tür steht. Wolf, der mit ihr ein Engagement in Garmisch hatte, hat sie schnöde im Stich gelassen. Nur mit Mühe kann Benno verhindern, dass sich Chris an Wolfs Sachen vergreift.

Buch: Hans W. Geißendörfer, Barbara Piazza, Maria Elisabeth Straub und Friderike Vielstich ■ Regie: Lutz Konermann ■ Kamera: Kurt Mikler ■ Redaktion: Monika Paetow

57 Knallbonbons

Vor ihrer Abreise ins Internat spricht Tanja letztmals mit Nossek. Der reagiert nur kühl und ironisch. Noch schlimmer: Er hat das Gespräch von einer Anwältin mithören lassen. Tanja stürzt davon. In der Waschküche findet Marion die völlig aufgelöste Tanja und lädt sie zur Silvesterparty der Beimers ein. ■ In der WG hat Chris die Sachen von Wolf in Kisten verpackt. Sie will nichts mehr von ihm wissen. Benno und Gabi feiern am Silvesterabend ganz allein in der Küche — angesichts von Gabis Bauch in trauter Dreisamkeit. ■ Für Dr. Dressler und Elisabeth läuten die Hochzeitsglocken. Trauzeugen sind Lydia und Frank. Frank hat Urlaub aus der Strafanstalt bekommen. Carsten hat ein festliches Abendessen vorbereitet, und es wird eine heitere Feier. Eine Überraschung bei Grieses landet Lydia mit ihrem Wunsch fürs neue Jahr: Sie wünscht sich ein Enkelkind.

Buch: Hans W. Geißendörfer, Barbara Piazza, Maria Elisabeth Straub und Friderike Vielstich ■ Regie: Lutz Konermann ■ Kamera: Kurt Mikler ■ Redaktion: Monika Paetow

Kinder, Kinder ...

Berta ist nun selbst ganz angetan von der Idee, ein Kind zu bekommen. Sie versucht, auch Gottlieb für die Familienpläne zu begeistern. Der zweifelt zwar angesichts ihres Alters, will aber Dr. Dressler fragen. Lydia strickt derweil schon mal Strampelhöschen. ■ Henny will ihr Leben wieder in den Griff bekommen und an frühere Zeiten anknüpfen. Tanja aber ist im Internat in Bonn, und Franz und Meike gehen ihr aus dem Weg. Henny wird immer einsamer und verzweifelter. ■ Benno zeigt Gabi einen Holzwagen, den er für ihr Baby gebaut hat. Das bringt ihn auf eine Idee: Künftig will er sein Geld ganz mit dem Bau von Holzspielzeug verdienen. Während des Essens bespricht die versammelte WG Bennos Idee. ■ Beate weigert sich weiterhin, mit Elisabeth zu Dressler zu ziehen. Dressler rät seiner Frau, Beate keinesfalls gegen deren Willen zum Umzug zu nötigen.

Buch: Hans W. Geißendörfer, Barbara Piazza, Maria Elisabeth Straub und Friderike Vielstich ■ Regie: Lutz Konermann ■ Kamera: Kurt Mikler ■ Redaktion: Monika Paetow

59 | Wie man sich bettet...

Elisabeth zieht zu Dr. Dressler — allein. Carsten will mit Gert in der Wohnung seiner Mutter bleiben, und auch Beate möchte unabhängig sein. Bliebe die Frage nach einer Bleibe. Da in der WG kein Platz ist, fragt Beate bei Philo nach. Die lehnt eine Untervermietung ab, weil sie die letzten Tage allein leben möchte. Schließlich gehe sie in einigen Wochen sowie für immer »nach oben.« Angesichts dieser Aussicht zieht Beate zu Benny. ■ Helga geht das Hausfrauendasein auf die Nerven. Jeder will etwas von ihr, und am Ende sind doch alle unzufrieden. Als ihr Hans vorhält, sich nicht genug um Benny zu kümmern, platzt ihr der Kragen. Sie will Ferien von der Familie nehmen und sich zwei Wochen auf einer Schönheitsfarm erholen. ■ Gabi ist im Mutterschaftsurlaub und genießt ihr Leben. Benno baut derweil eifrig an einem Holzwagen und seiner neuen Karriere.

Buch: Hans W. Geißendörfer, Barbara Piazza, Maria Elisabeth Straub und Friderike Vielstich ■ Regie: Lutz Konermann ■ Kamera: Kurt Mikler ■ Redaktion: Monika Paetow

60 | Erziehungsprinzipien

25. JAN 87

Henny verlangt im Friseursalon einen radikalen Kurzhaarschnitt. Als Isolde und Bianca ihr die Frisur ausreden wollen, bricht Henny in Tränen aus. Sie hat Angst vor der Einsamkeit. Später muss Henny zum Scheidungsanwalt. Dort geht es um die Details der Trennung. ■ Carsten und Gert haben Elisabeths alte Wohnung übernommen. Im Gespräch mit Elisabeth erfährt Dr. Dressler die Hintergründe für das gestörte Verhältnis zu Beate: Deren Vater hat Elisabeth direkt nach der Geburt des Kindes verlassen. ■ Beate wohnt im Hobbyraum der Beimers. Dafür ist Benny samt Schlagzeug zurück ins Jungenzimmer. Helga spricht darauf hin mit Elisabeth. Die Frauen vereinbaren, dass Beate im Haushalt hilft, wenn Helga in Urlaub fährt. Der beginnt schneller als erwartet: Helga macht sich davon und berichtet Hans telefonisch, dass sie in ein oder zwei Wochen zurück kommt.

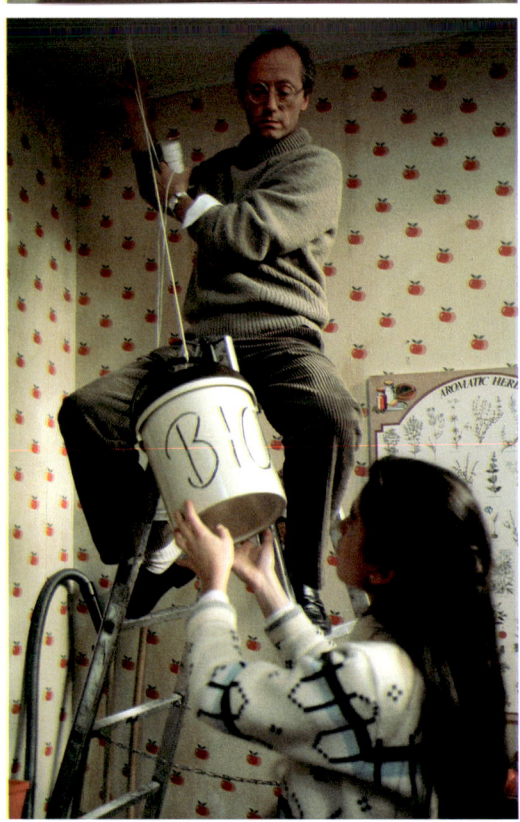

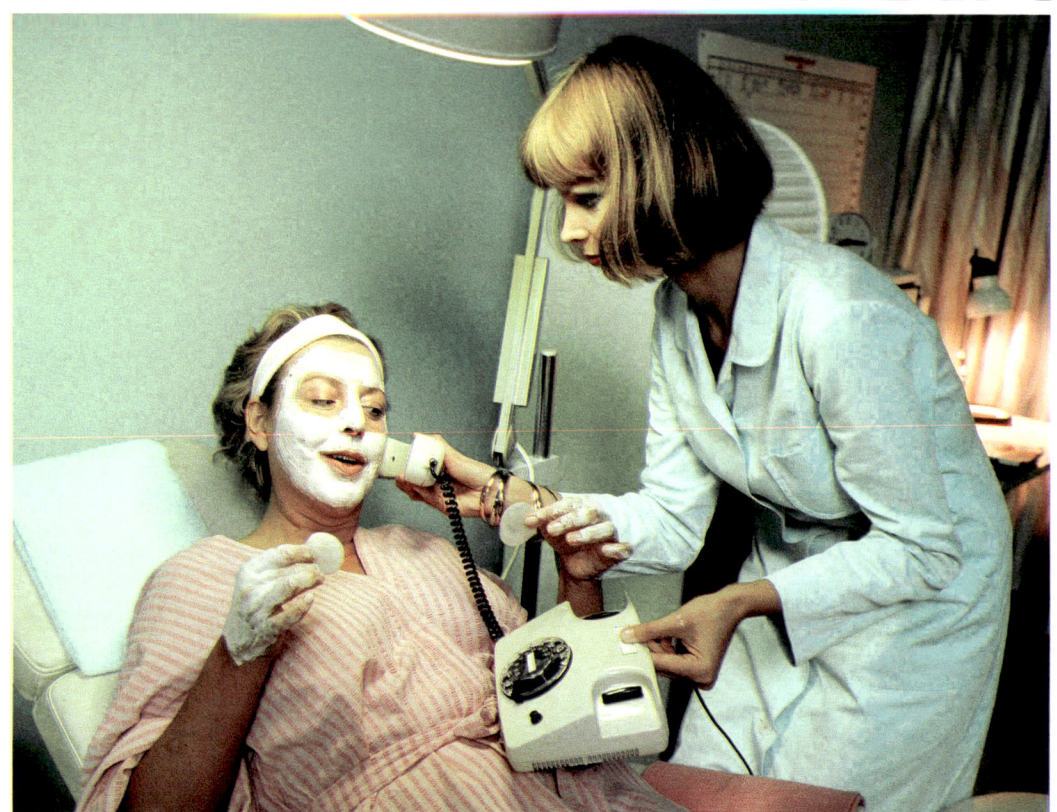

Buch: Hans W. Geißendörfer, Barbara Piazza, Maria Elisabeth Straub und Friderike Vielstich ■ Regie: Lutz Konermann ■ Kamera: Kurt Mikler ■ Redaktion: Monika Paetow

61 | Hilfe!

Beate und Benny kümmern sich intensiv um den Haushalt. Für Hans kochen sie ein Festmenü, weil er zum Abteilungsleiter befördert wurde. Unerwartet kehrt Helga von ihrer Schönheitsfarm zurück. Und überraschend schlägt sie vor, dass Beate in die Beimer-Wohnung ziehen könne. ■ Henny ist völlig verzweifelt und schreibt einen Abschiedsbrief an ihren Vater. Sie will nicht mehr weiter leben und bittet Gottlieb, sich um die Kinder zu kümmern. Dann schiebt sie den Brief unter Grieses Wohnungstür hindurch. Im Schlafzimmer schluckt sie nach kurzem Zögern Tabletten samt Rotwein. ■ Gottlieb und Berta erkundigen sich bei Dr. Dressler nach den Risiken einer Schwangerschaft — und die sind kalkulierbar. Die gute Laune bei Grieses schwindet, als sie nach Hause kommen und Gottlieb den Brief von Henny findet. In Hennys Wohnung stoßen sie auf die bewusstlose Frau.

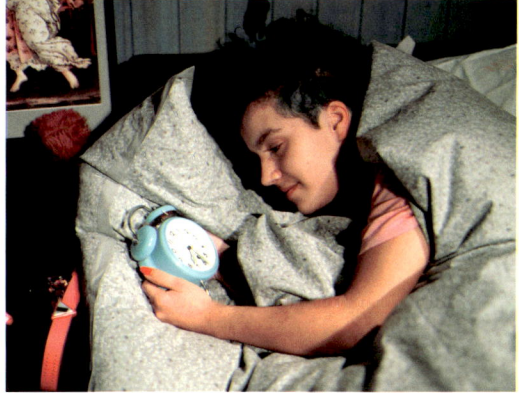

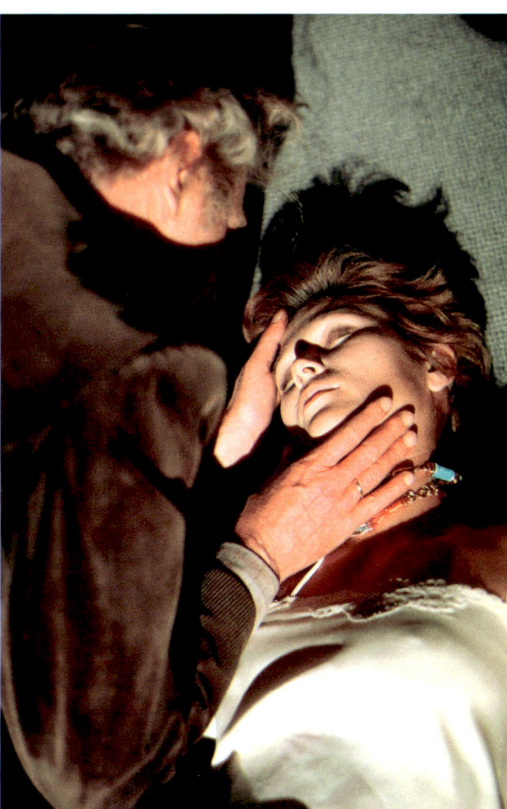

Buch: Hans W. Geißendörfer, Barbara Piazza, Maria Elisabeth Straub und Friderike Vielstich ■ Regie: Lutz Konermann ■ Kamera: Kurt Mikler ■ Redaktion: Monika Paetow

62 | So fern der Morgen vom Abend... | 8. FEB 87

Hennys Tod hat die Familie tief getroffen. Statt sich zu trösten, machen gegenseitige Vorwürfe die Runde. Bei der Beerdigung gibt ein Großteil der Lindensträßler Henny das letzte Geleit. ■ In der WG ist Gabis Cousine Anna zu Besuch. Voller Stolz erzählt sie, dass ihr Mann Friedhelm gute Aussichten hat, beruflich aufzusteigen. ■ Im Friseursalon Panowak ist Hennys Tod das Thema des Tages. Alle sind betroffen. Während Isolde auf der Beerdigung ist, bleiben Beate und Bianca allein im Salon zurück. Nossek kommt dazu und sucht Trost bei Bianca. Beate lässt die beiden allein. Spät abends betreten Benny und Beate leicht beschwipst und kichernd das Haus. In der Wohnung wartet Helga derweil ungeduldig auf Bennys Rückkehr. Sie befürchtet, dass sich ihr Sohn mit Beate im Hobbykeller vergnügt. Als sie nachschaut, öffnet ihr Benny betont lässig die Tür.

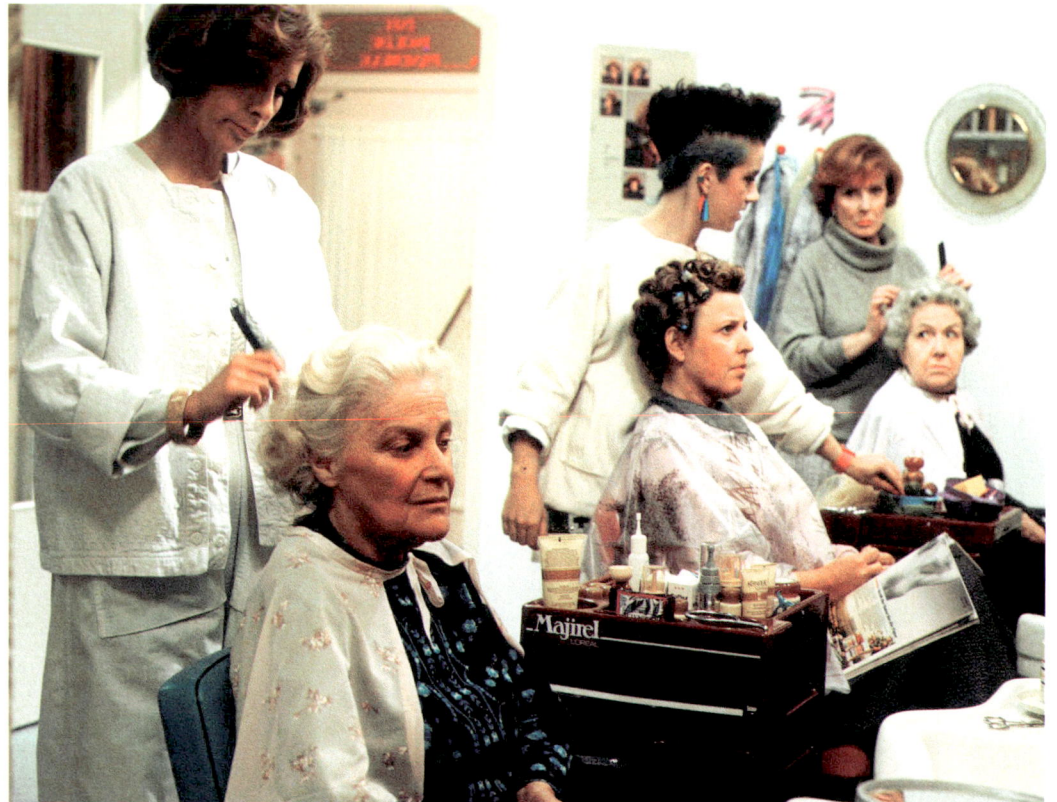

Buch: Hans W. Geißendörfer, Maria Elisabeth Straub ■ Regie: Lutz Konermann ■ Kamera: Kurt Mikler ■ Redaktion: Monika Paetow

63 | Gegenwind

Doppelter Umzug bei den Beimers: Beate zieht vom Hobbyraum mit in Marions Zimmer, Benny dagegen zurück in den Keller. Helga ist darüber erleichtert. Zum einen hat sie die Kontrolle über die Beziehung zwischen Benny und Beate, zum anderen hofft sie, dass Beate die noch immer traurige Marion ablenken wird. ■ Düstere Stimmung bei den Schildknechts: Meike ist sehr blass und lustlos. Franz kann sie nur mit Mühe überreden, zur Schule zu gehen. Zwischen Gottlieb und Franz herrscht noch immer Hochspannung, und Tanja kapselt sich zunehmend ab. ■ Benno hat seinen ersten Holzwagen abgeliefert und gut dabei verdient. Lydia und Phil kommen zu Besuch, und als Lydia von der geplanten Hochzeit spricht, reagiert Phil entrüstet. Er möchte nicht, dass sein Kind mit Bennos Nachnamen auf die Welt kommt. Mehr noch: Er droht, die Hochzeit zu verhindern.

Buch: Hans W. Geißendörfer, Maria Elisabeth Straub ■ Regie: Lutz Konermann ■ Kamera: Kurt Mikler ■ Redaktion: Monika Paetow

64 | Fest mit Haken

22. FEB 87

Ein echter Festtag: Benno und Gabi geben sich heute in der Kirche das Ja-Wort. Mitten in die Zeremonie platzt der angetrunkene Phil. Der erklärt lauthals, das Kind in Gabis Bauch stamme von ihm. Der Priester verweist auf die standesamtlich bereits vollzogene Trauung sowie auf sein Hausrecht. Phil weigert sich trotzdem, zu gehen. Da ergreift Lydia die Initiative und führt ihn aus dem Gotteshaus. ■ Nach der Trauung bleibt Marion allein in der Kirche zurück. Der junge Priester Matthias ist ein aufmerksamer Zuhörer und bietet Marion auch für künftige Gespräche Zeit an. ■ Währenddessen findet im »Akropolis« Lydias Party statt — ihr Hochzeitsgeschenk für Benno und Gabi. Nochmals kommt es zu Schwierigkeiten mit Phil, aber der Abend endet schließlich trotz allem noch friedlich. Während alle ausgelassen tanzen, bricht Meike plötzlich zusammen.

Buch: Hans W. Geißendörfer, Maria Elisabeth Straub ■ Regie: Lutz Konermann ■ Kamera: Kurt Mikler ■ Redaktion: Monika Paetow

65 | Erste Liebe | 1. MÄR 87

Franz und Dr. Dressler machen sich Sorgen um Meike. Es besteht Verdacht auf eine anämische Abwehrschwäche. Untersuchungen bei einem Spezialisten sollen Klarheit bringen. Tanja beschließt, ihr Leben wieder in die Hand zu nehmen und die Familie zusammen zu halten. ■ Noch am selben Abend laden Gottlieb und Berta zu einem versöhnlichen Abendessen ein. Die Erwachsenen aber tun sich schwer. Nach dem Essen bringt Meike einen Teller mit Kerzen. Sie möchte, dass alle sich an den Händen fassen und an Henny denken — so, wie sie es bei Philo gelernt hat. ■ Nossek hat ein Auge auf Bianca geworfen und erzählt ihr von einem Freund, der Chefmaskenbildner an der Oper sei. Bianca will selbst wieder als Maskenbildnerin arbeiten. ■ Aufregung im Hause Beimer: Benny und Beate sind gemeinsam in den Hobbykeller gezogen.

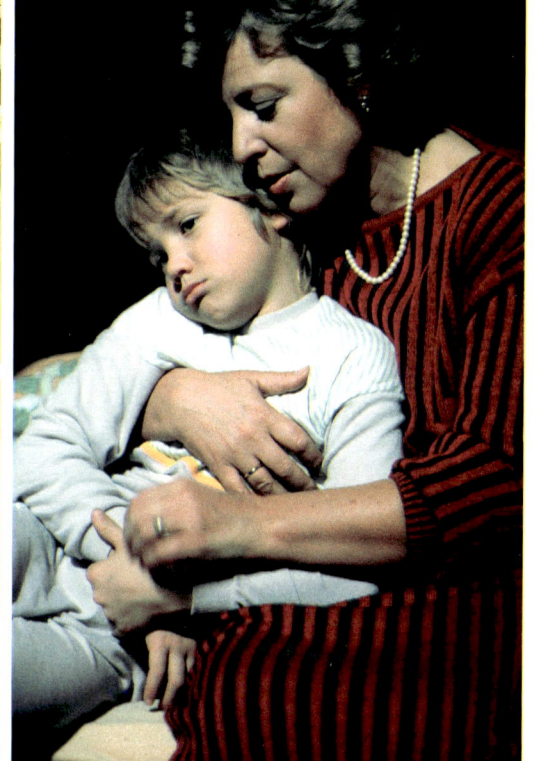

Buch: Hans W. Geißendörfer, Maria Elisabeth Straub ■ Regie: Lutz Konermann ■ Kamera: Kurt Mikler ■ Redaktion: Monika Paetow

66 | Die schwere Stunde

8. MÄR 87

Meike hat Leukämie. Dr. Dressler rät Franz, Ruhe zu bewahren, da bei Kindern eine 50-prozentige Heilungschance bestehe. Meike hat sich derweil im Lexikon über die Krankheit informiert. Sie bittet Franz, niemandem die Wahrheit über ihre Krankheit zu sagen. ■ Beate hat einen Brief Marions entdeckt, der an einen jungen Priester namens Matthias gerichtet ist. Benny erhält Nachhilfestunden von Carsten. Beim Abendessen erzählt Benny seinen Eltern arglos von Carstens Freund. Helga ist von dieser Nachricht wenig begeistert. Später verabreden sich Benny und Beate im Hobbykeller. ■ Gabi sehnt das Ende der Schwangerschaft herbei. Anna, die von ihrer eigenen Schwangerschaft erzählt, nervt Gabi ebenso wie das Gezeter Elses über eine geplatzte Milchtüte im Treppenhaus. Als Chris später mit Gabi allein ist, setzen bei ihr vorzeitig heftige Geburtswehen ein.

Buch: Hans W. Geißendörfer, Maria Elisabeth Straub ■ Regie: Lutz Konermann ■ Kamera: Kurt Mikler ■ Redaktion: Monika Paetow

67 Die Farbe der Hoffnung

15. MÄR 87

Gabi und Benno haben einen Sohn. Offen ist noch der Name des Babys: Benno ist für Max, Gabi für Julian. Ein Problem ist die Raumfrage, da Gabi das Zimmer von Chris übernehmen will. ■ Franz informiert Tanja über das Ergebnis der jüngsten Untersuchungen: Meike hat eine akute myeloische Leukämie, bei der die Heilungsaussichten gering sind. Sie muss sofort ins Krankenhaus. Franz bricht in Tränen aus. ■ Isolde erhält alarmierende Post: Ihr Mann kommt aus Afrika zurück. In der Aufregung färbt sie Elisabeths Haare knallgrün. Die droht mit einer Schadensersatzklage. Dressler amüsiert sich jedoch köstlich über das Malheur. ■ Bianca soll endlich Nosseks Freund von der Oper treffen. Als der sich verspätet, wittert Bianca einen Trick und rauscht ab. Aus dem Lift kommt ihr ein Herr entgegen — der avisierte Maskenchef. Aber Nossek verhindert das Gespräch.

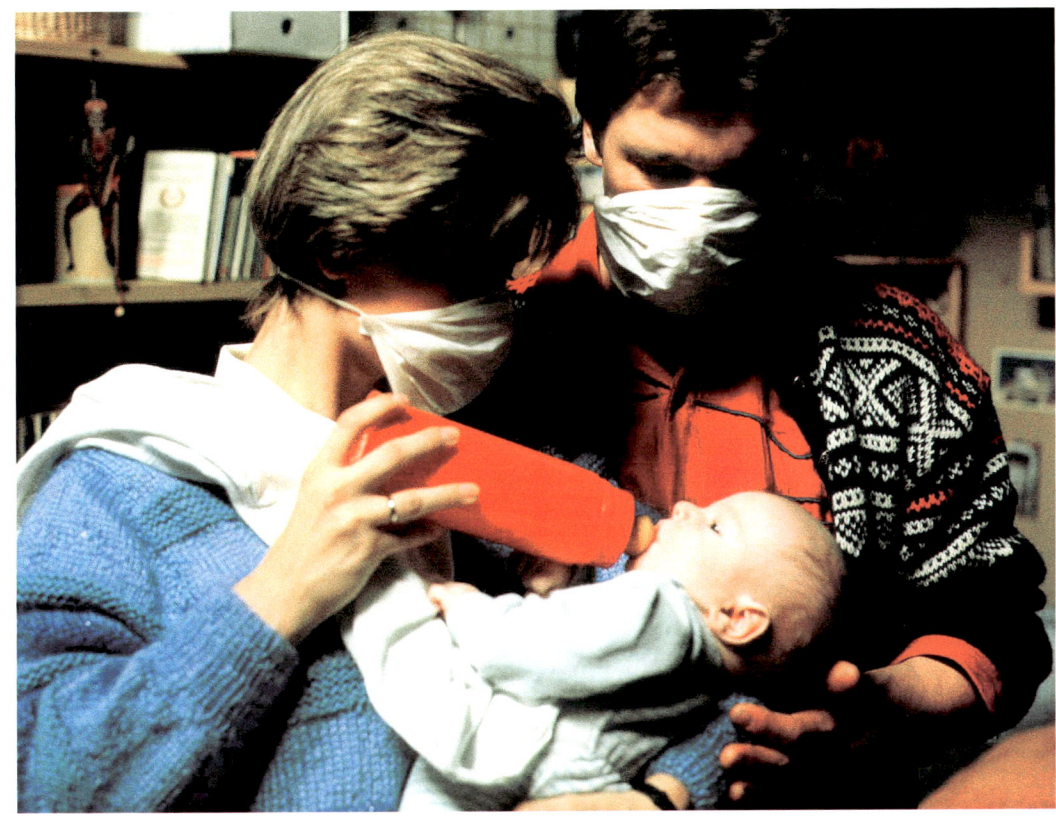

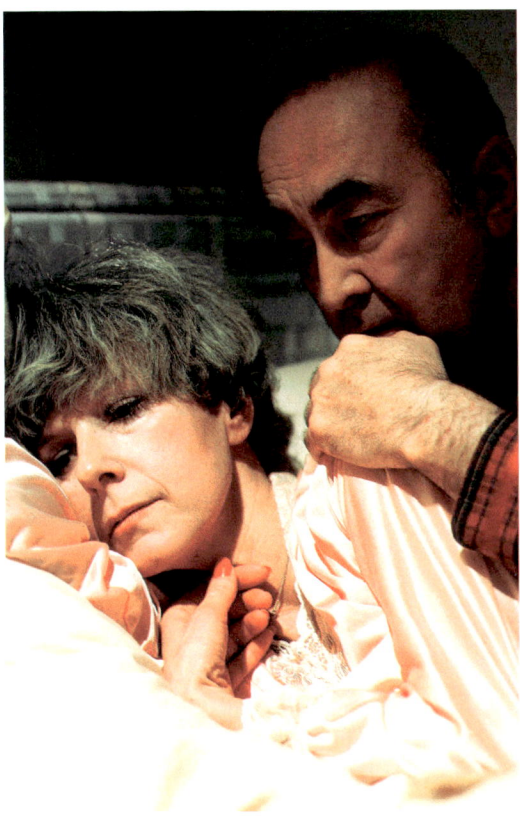

Buch: Hans W. Geißendörfer, Maria Elisabeth Straub ■ Regie: Lutz Konermann ■ Kamera: Kurt Mikler ■ Redaktion: Monika Paetow

68 Das Versprechen

22. MÄR 87

In der Praxis sucht Elisabeth Hilfe bei Ludwig. Ihr Gespräch wird zweimal unterbrochen: von Anna, die zu einer Routineuntersuchung kommt, und von Philo, die um Sterbehilfe bittet. Dressler erfährt die Ursache für Elisabeths Depressionen. Sie meint, dass ihr Verhalten der Grund für Carstens Homosexualität ist. Dressler rät ihr, ihren Sohn zu akzeptieren, wie er ist. ■ Die WG platzt aus allen Nähten. Eine Lösung zeichnet sich ab, als Lydia anbietet, dass Chris bei ihr einziehen könne. Wenn Chris halbtags im Haushalt arbeiten würde, könnte sie mietfrei wohnen und bekäme zusätzlich etwas Geld. ■ Griese malt Bilder, die er zu einem Bilderbuch für Meike zusammen stellen will. Berta ist gerührt über seine Anteilnahme. ■ In einer anderen Welt: Philo verspricht ihrem verstorbenen Mann, an ihrem goldenen Hochzeitstag ein Versprechen einzulösen.

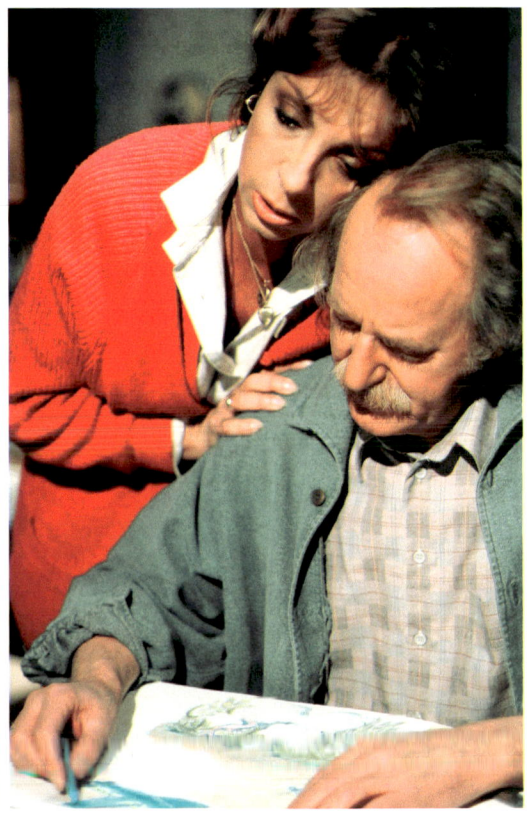

Buch: Hans W. Geißendörfer, Maria Elisabeth Straub ■ Regie: Lutz Konermann ■ Kamera: Kurt Mikler ■ Redaktion: Monika Paetow

69 | Die goldene Hochzeit

29. MÄR 87

Bevor Philo am Tag der goldenen Hochzeit ihrem Joschi folgt, hat sie einiges zu erledigen: Zunächst besucht sie Meike im Krankenhaus. Dann versucht sie, zu beichten und sich ihre Sünde — Selbstmord — vorab vergeben zu lassen. Zudem sammelt sie allen Dreck und Müll in ihrer Wohnung und karrt den Unrat vor Elses Wohnungstür. Schließlich setzt sie sich in den Sessel und hält die Luft an — sie wird ohnmächtig. Mit Dresslers Hilfe ist Philo schnell wiederhergestellt, beklagt sich aber heftig, dass man sie nicht habe sterben lassen. ■ Marion zieht es zu Matthias in die Kirche. Obwohl die beiden nur allgemein über den Sinn des Lebens reden, ist deutlich eine starke Zuneigung von beiden Seiten zu spüren. ■ Helga hat beschlossen, wieder zu arbeiten. Beate zieht bei Beimers aus und quartiert sich bei ihrem Bruder Carsten und seinem Freund Gert ein.

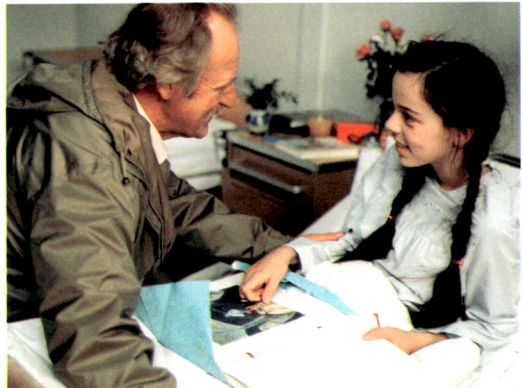

Buch: Hans W. Geißendörfer, Maria Elisabeth Straub ■ Regie: Ron Jones ■ Kamera: Dieter Christ ■ Redaktion: Monika Paetow

70 | Reiner Tisch

Helga spricht mit Benny über den geplanten Hauskauf. Sie will wieder arbeiten, um den Kauf zu finanzieren. Da ruft Matthias an und möchte Marion sprechen. Helga weiß von nichts und wird von Benny eingeweiht. Marion verabredet sich später mit Matthias. ■ Benny besucht Beate im Friseursalon, um sich für abends zu verabreden. Nur widerwillig sagt Beate zu. Im »Akropolis« macht sie ihm klar, dass sie sich von ihm trennen will. Benny reagiert verständnislos. Beate sagt ihm daraufhin ganz offen, dass sie ihn nicht liebt und vermutlich nie geliebt hat. ■ Gabi und Benno sind glücklich mit ihrem Max. Chris ist dagegen genervt von so viel »heiler Welt«. Später hockt sie in Lydias Küche und fabriziert ein ziemliches Chaos. Abends kommt Lydia von einem Besuch bei Dr. Dressler nach Hause und erzählt, dass Frank in zwei Wochen vorzeitig entlassen wird.

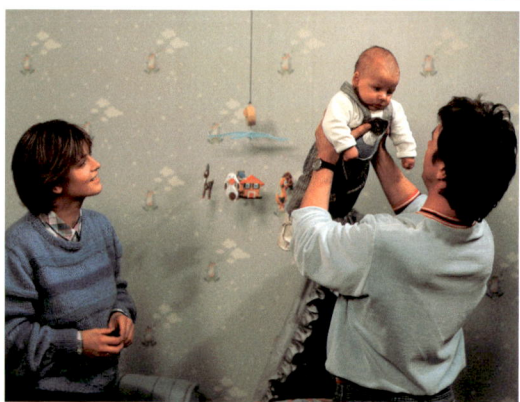

Buch: Hans W. Geißendörfer, Maria Elisabeth Straub ■ Regie: Ron Jones ■ Kamera: Dieter Christ ■ Redaktion: Monika Paetow

Der kleine Kolibri und die Sonne

71 | 12. APR 87

Benny versucht den ganzen Tag, Beate anzusprechen. Als die drei Friseurinnen sich mit Elisabeth im »Akropolis« treffen, stürzt Benny auf Beate zu. Der Versuch, eine Annäherung in Gang zu bringen, scheitert jedoch. ■ Franz ist ganz erschüttert, wie gelassen Meike mit ihrer Krankheit umgeht. Wie Tanja hat er das unstete Gefühl, seiner Tochter nicht helfen zu können. Ihr Arzt denkt dagegen über eine Blutwäsche als Therapie nach. ■ Bianca bedankt sich bei Nossek. Durch seine Vermittlung hat sie an der Oper eine Stelle in Aussicht. Stefan nutzt die Gunst der Stunde, nimmt sie in den Arm und küsst sie. ■ Im »Akropolis« will unterdessen Beate ihre Mutter dazu überreden, Isolde Geld zu leihen. Doch Elisabeth ist davon nicht so ganz überzeugt. Nachts erhält Isolde ein Telegramm — ihr Mann hatte einen Herzinfarkt, sie soll sofort nach Afrika kommen.

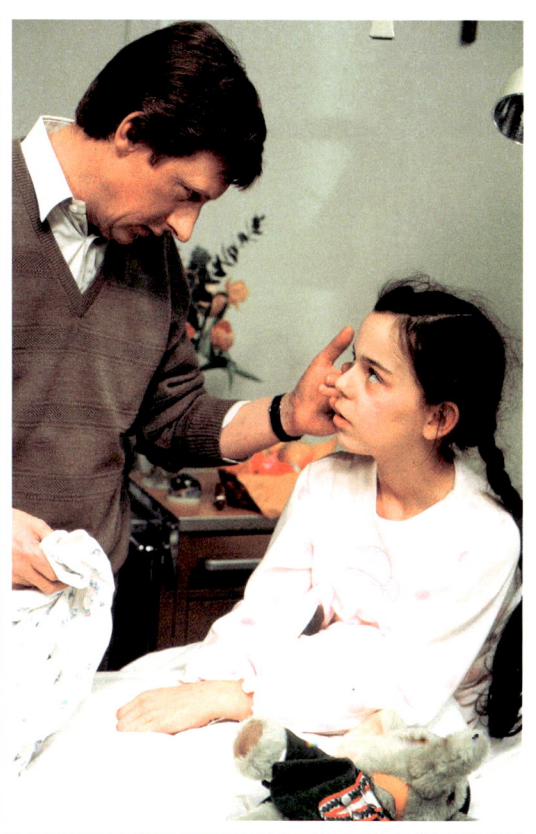

Buch: Hans W. Geißendörfer, Maria Elisabeth Straub ■ Regie: Ron Jones ■ Kamera: Dieter Christ ■ Redaktion: Monika Paetow

72 | Wirklichkeit und Phantasie

19. APR 87

Heute wird Frank auf Bewährung entlassen. Elisabeth versucht, Frieden mit Dresslers Sohn zu schließen. Der will sich ein Zimmer nehmen und aus seiner jüngsten Vergangenheit keinen Hehl machen. Die Frage ist, ob ihn Frau Tibor dennoch als Mieter akzeptiert. ■ Franz und Tanja richten, unterstützt von Berta und Gottlieb, das Pflegezimmer für Meike her. Zwischen Gottlieb und Franz kommen erneut heftige Vorwürfe hoch. Tanja schlägt sich diesmal auf die Seite von Franz — schließlich habe Griese den Brief von Henny zu spät entdeckt. ■ Anna bittet Gabi, ihr in einem Schnellkurs das Nähen beizubringen. Sie will sich ein paar schöne Umstandskleider machen. Gabi sorgt sich derweil um die Ehe der Zieglers, aber Anna behauptet, es sei alles in Ordnung. ■ Isolde erhält die Nachricht, dass ihr Mann Hubert gestorben ist. Mit einem Schock bricht sie zusammen.

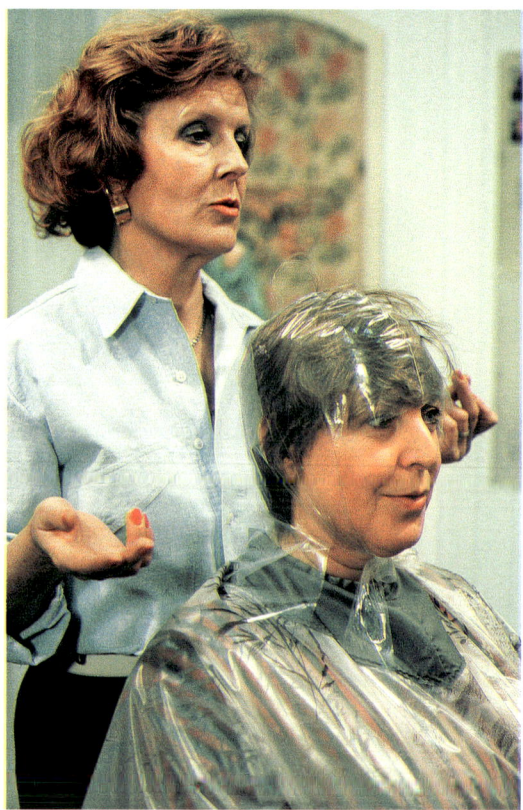

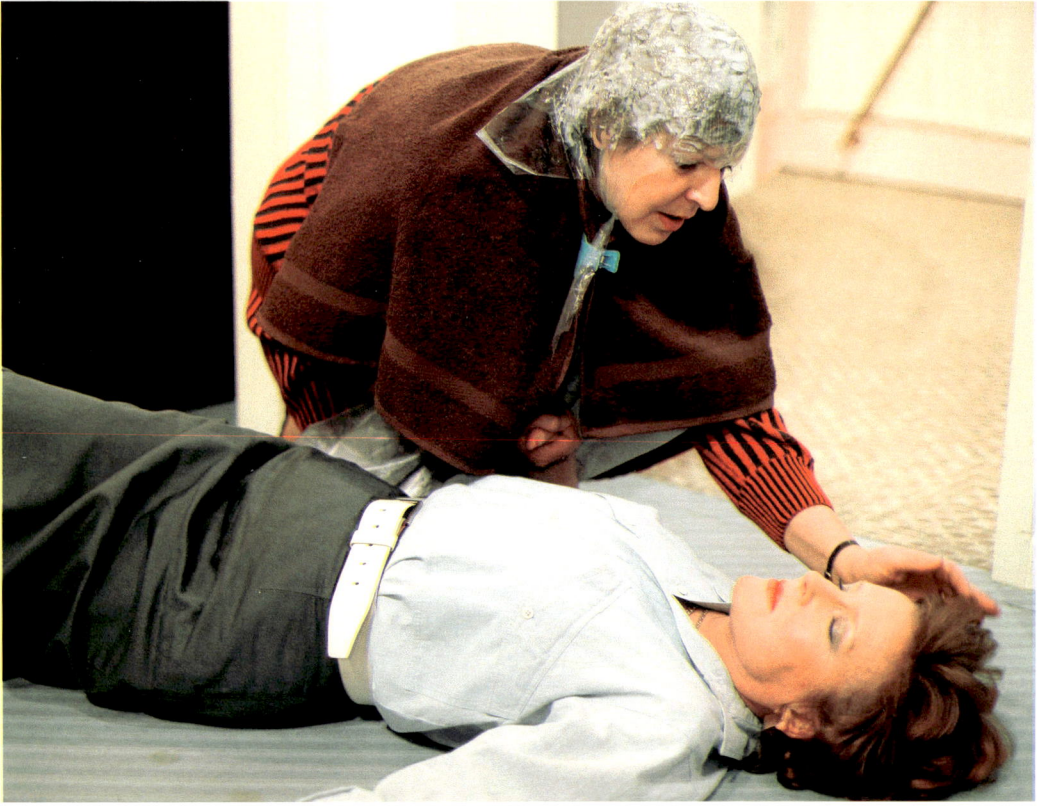

Buch: Hans W. Geißendörfer, Barbara Piazza, Maria Elisabeth Straub und Friderike Vielstich ■ Regie: Ron Jones ■ Kamera: Dieter Christ ■ Redaktion: Monika Paetow

73 | Von Liebe

26. APR 87

Franks Vermieterin hat sehr verständnisvoll auf Franks »Geständnis« reagiert und ihn als Mieter akzeptiert. ■ Liebevoller Empfang für Meike: Die kommt aus der Klinik nach Hause. Vor allem durch ihre Bezugspersonen soll sie neuen Lebensmut gewinnen. ■ Benny baggert weiterhin bei Beate. Die erklärt ihm mehrfach, er sei zu jung für sie — was Benny nicht beeindruckt. Klausi bekommt einen Cockerspaniel geschenkt und versteckt ihn im Hobbykeller. Abends entdecken Hans und Helga den jaulenden Welpen. Nur widerstrebend erklärt sich Helga mit dem vierbeinigen Familienzuwachs einverstanden. ■ Marion besucht Matthias auf ein Glas Tee. Das Gespräch verläuft wenig harmonisch; die beiden streiten. Marion macht sich davon mit der Bemerkung, dass sie sich endgültig verabschieden wolle. Unterdessen warten Helga und Hans auf die Rückkehr ihrer Tochter.

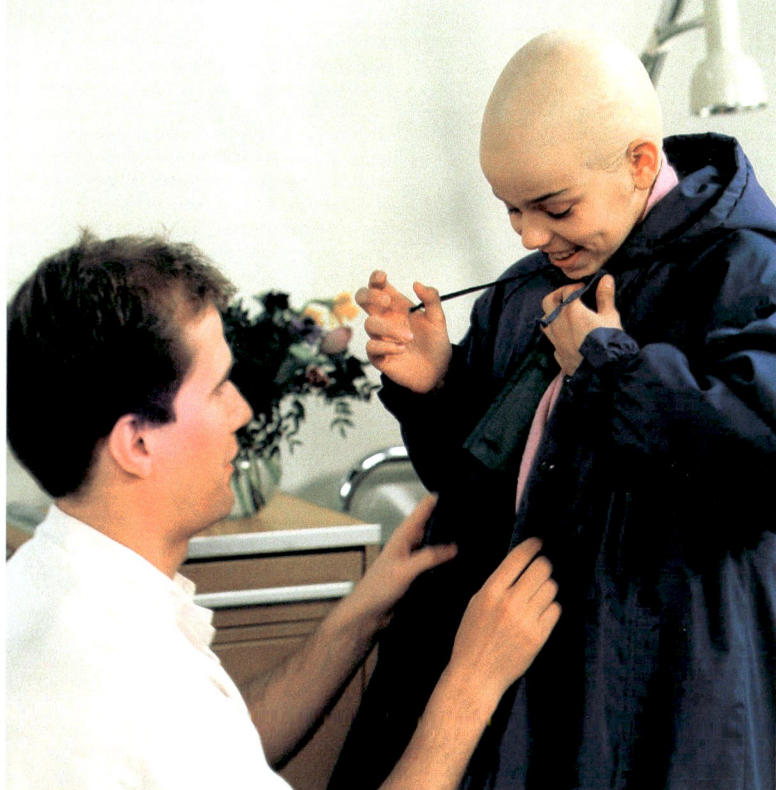

Buch: Hans W. Geißendörfer, Barbara Piazza, Maria Elisabeth Straub und Friderike Vielstich ■ Regie: Ron Jones ■ Kamera: Dieter Christ ■ Redaktion: Monika Paetow

74 Spekulationen

Benny leidet noch immer unter Liebeskummer. Nur seine Aktivitäten in Sachen Umwelt lenken ihn ein wenig ab. Im Hinterhof hat er einen Komposthaufen angelegt. Außerdem möchte er bei der Umweltgruppe »Robin Wood« mitarbeiten. Hans überrascht die Familie, indem er spontan ein Haus kauft. ■ Der Betreuungsplan für Meike steht: Wenn Tanja und Franz unterwegs sind, kümmert sich Carsten um das kranke Mädchen. Danach wechseln sich Vater und Schwester am Krankenbett ab. Tanja will nicht zurück in die Schule gehen. Franz ist damit einverstanden. ■ Eventuell liegt es an einer einstigen Unterleibsentzündung, dass Berta nur bedingt fruchtbar ist. Eine Untersuchung im Krankenhaus soll hier Klarheit bringen. ■ Bianca verteilt im Salon rote Nelken an die Kundinnen. Else trägt ihre Nelke voller Stolz, bis Griese sie auf die politische Bedeutung aufmerksam macht.

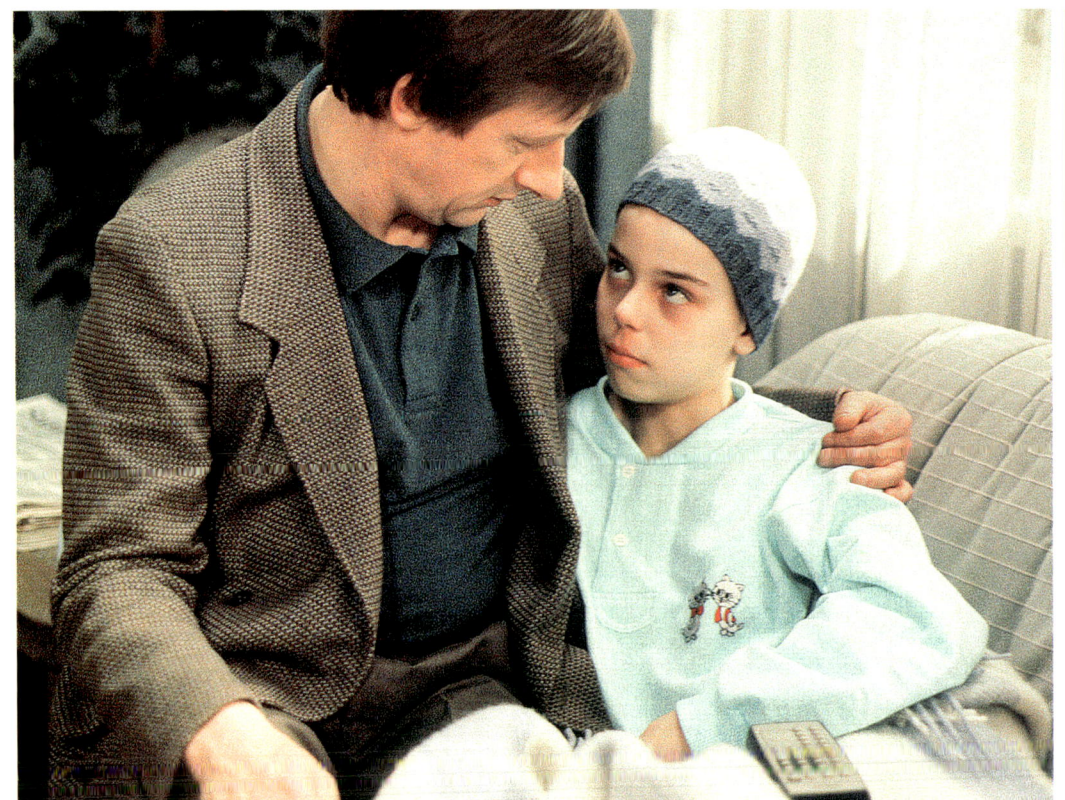

Buch: Hans W. Geißendörfer, Barbara Piazza, Maria Elisabeth Straub und Friderike Vielstich ■ Regie: Ron Jones ■ Kamera: Dieter Christ ■ Redaktion: Monika Paetow

75 | Die Stimme der Natur | 10. MAI 87

Phil verlangt regelmäßige Besuchszeiten für seinen Sohn Max. Benno und Gabi machen ihm klar, dass er seit der Hochzeit keinen Anspruch auf das Kind hat. ■ Lydia veranstaltet ein Willkommensessen für Frank. Berta ist derweil am Ende ihrer Nerven: Sie ist unfruchtbar — was sie Lydia aber nicht sagen will. ■ Nossek kauft Isolde eine »wertlose« afrikanische Maske für 50 Mark ab, die er wenig später einem Interessenten für 5.500 Mark anbietet. Bianca verlässt angesichts dieses Geschäftsgebarens empört seine Wohnung. ■ Während Marion und Matthias sich erneut verabreden, hält Bennys Pechsträhne an. Er kann nur ehrenamtlich bei »Robin Wood« arbeiten. Und Helga findet eine Englischarbeit, in der er nur groß »fuck it« quer übers Papier geschrieben hat. Doch es kommt noch dicker: Die Lehrerkonferenz hat ein Schulverbot über Benny verhängt.

Buch: Hans W. Geißendörfer, Barbara Piazza, Maria Elisabeth Straub und Friderike Vielstich ■ Regie: Ron Jones ■ Kamera: Dieter Christ ■ Redaktion: Monika Paetow

76 | Das Angebot

17. MAI 87

Hans möchte vom Kaufvertrag zurücktreten. Panowski verlangt in diesem Fall 40.000 Mark — und versucht, Helga ins Boot zu holen. Er bietet ihr eine Stelle an, wohl wissend, dass Helga einen Job sucht. Doch die lehnt ab. Unterdessen hat sich Marion in Matthias verliebt. ■ Frank berichtet Chris, dass er Schauspieler werden will. Er hat bereits Kontakt zu seiner in Übersee lebenden Mutter — einer Schauspielerin — aufgenommen. Seinem Vater erzählt Frank von alledem aber nichts — Dressler würde den Kontakt sofort untersagen. ■ Nur mit Mühe kann Stefan die misstrauische Bianca überzeugen, dass er Isolde mit dem Kauf der Maske nicht übers Ohr hauen wollte. ■ Weil Friedhelm oft beruflich unterwegs ist, fühlt sich Anna allein und taucht regelmäßig in der WG auf. Nachts weckt Gabi voller Panik Benno: Max liegt mit blau angelaufenem Gesicht im Bettchen.

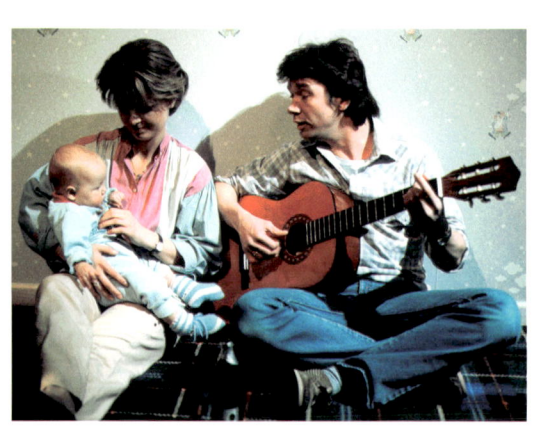

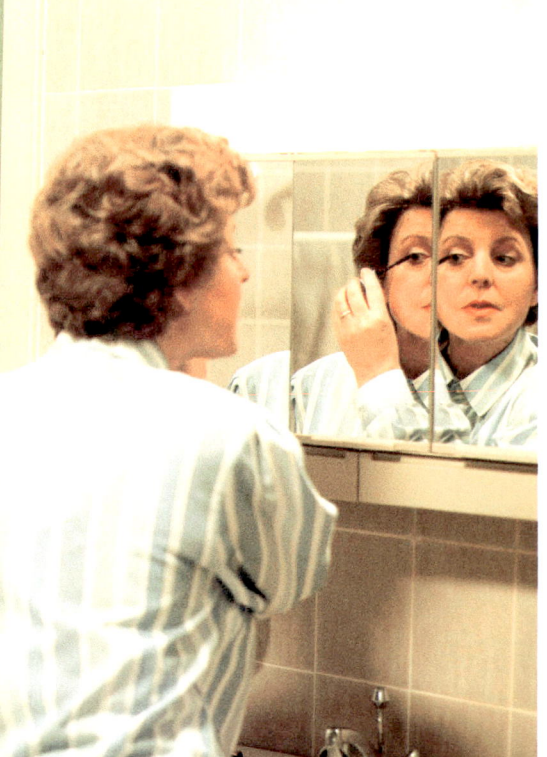

Buch: Hans W. Geißendörfer, Barbara Piazza, Maria Elisabeth Straub und Friderike Vielstich ■ Regie: Ron Jones ■ Kamera: Dieter Christ ■ Redaktion: Monika Paetow

77 | Widersagst Du dem Bösen? | 87
24. MAI

Bei den Vorbereitungen zu Max' Taufe erfährt Lydia, dass Berta keine Kinder bekommen kann. Für Bertas Mutter bricht eine Welt zusammen. Nach der Taufzeremonie — Lydia und Ludwig sind die Paten — wird beim Griechen gefeiert. Marion trifft sich mit Matthias. Die geplante Aussprache mündet in leidenschaftliche Küsse. ■ Meike macht Berta den Vorschlag, ein Kind zu adoptieren. Franz erwägt, sich nach diesem Schuljahr beurlauben zu lassen. ■ Hans plagt sich immer noch mit dem Hauskauf herum. Makler Panowski besteht auf Zahlung der 40.000 Mark. ■ Max ist wieder gesund. Sein Asthmaanfall von letzter Woche lag an den Ausdünstungen des neuen Teppichbodens. Phil macht Benno trotzdem den Vorwurf, er wolle Max umbringen. Benno rastet aus und schlägt Phil zu Boden. Darüber hinaus beschuldigt er Gabi, noch immer Gefühle für ihren Ex-Lover zu haben.

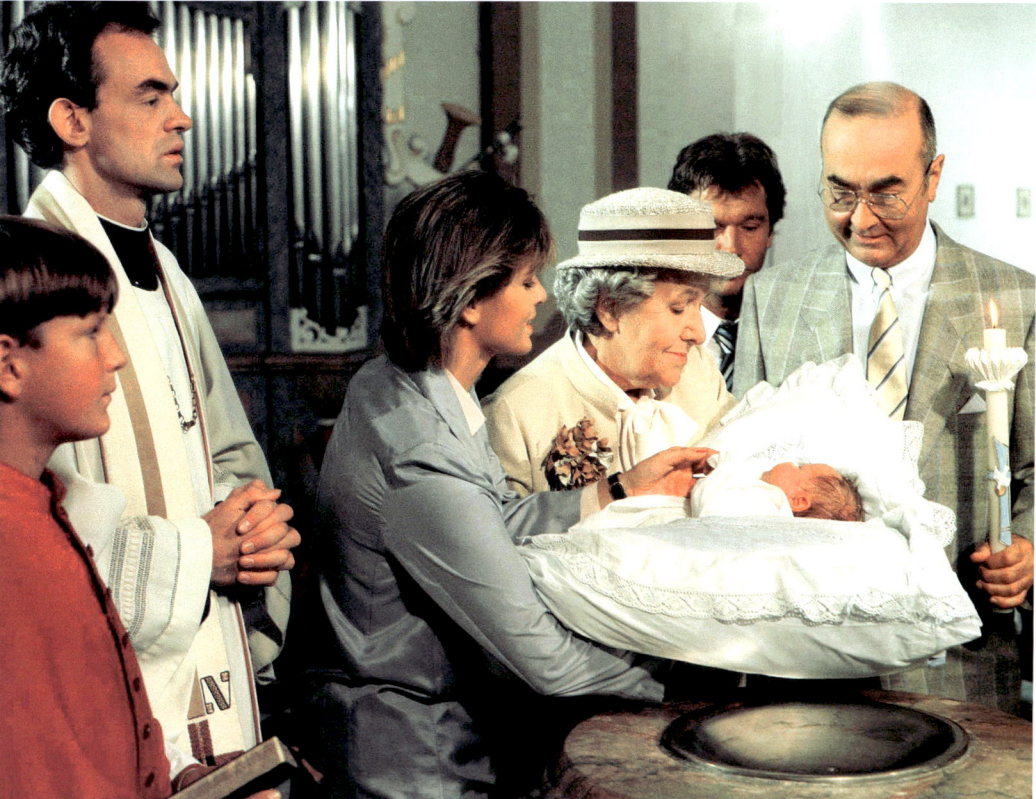

Buch: Hans W. Geißendörfer, Barbara Piazza, Maria Elisabeth Straub und Friderike Vielstich ■ Regie: Ron Jones ■ Kamera: Dieter Christ ■ Redaktion: Monika Paetow

78 | Die letzte Chance

31. MAI 87

Angesichts der großen Nachfrage wollen Benno und Gung das Geschäft mit den Holzwagen ausbauen. Ideal wäre eine Werkstatt in der Garage im Hinterhof. Weniger glücklich ist Gabi: Ihr wurde im Zuge der Rationalisierung gekündigt. ■ Helga, Hans, Benny und Klaus wollen den Himmelfahrtstag in ihrem neuen Haus verbringen. Dort entdecken sie ungebetene Gäste. Eine Vatertagstruppe hat das Haus in Beschlag genommen. Viel schlimmer als der Trinktrupp ist ein großer Riss, der sich vom Fußboden bis zur Decke zieht. Derweil trifft sich Marion mit Matthias. Wegen seines Gelübdes will er sich von ihr trennen. Stattdessen umarmen sich die beiden. ■ Meikes Zustand hat sich verschlechtert. Sie muss zurück in die Klinik. Für Meike geht es darum, einen geeigneten Spender zu finden. Beim Abschied erzählt sie Philo, sie habe Joschi im Traum gesehen.

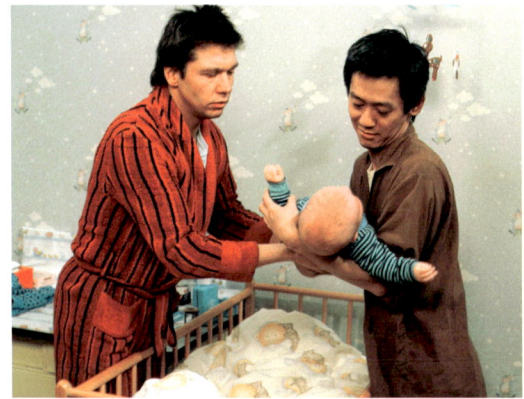

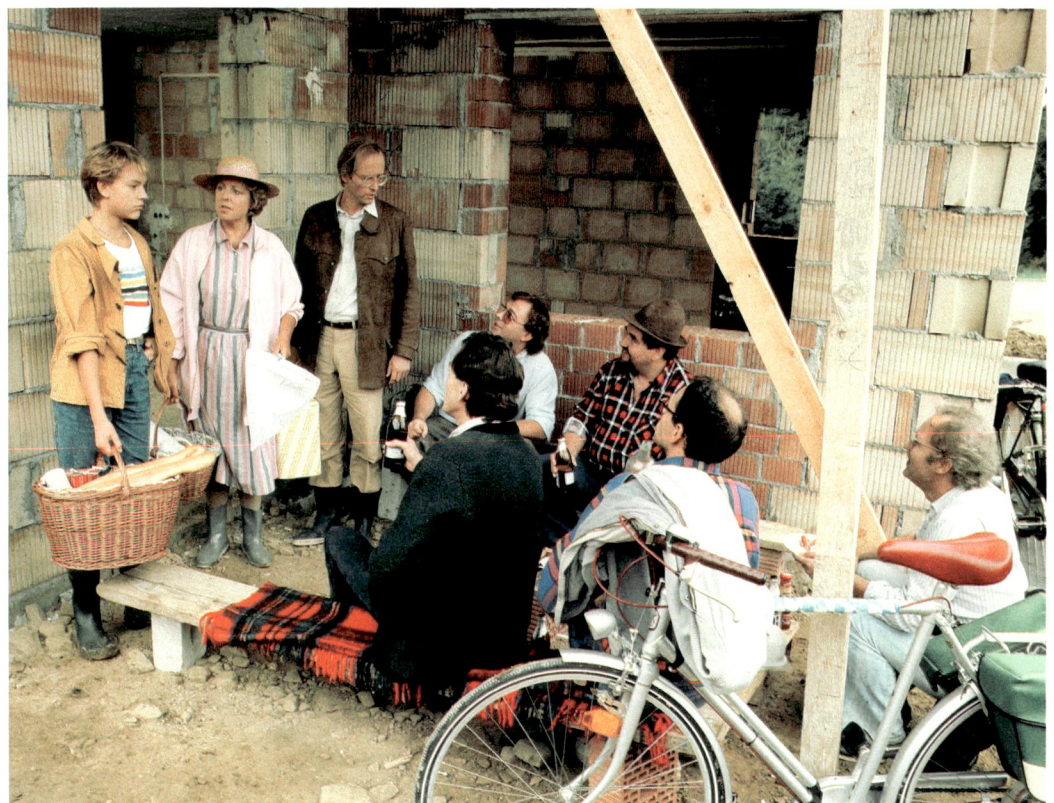

Buch: Hans W. Geißendörfer, Barbara Piazza, Maria Elisabeth Straub und Friderike Vielstich ■ Regie: Ron Jones ■ Kamera: Dieter Christ ■ Redaktion: Monika Paetow

79 Mitgefühl

7. JUN 87

Tanja bleibt nach der Knochenmarkentnahme noch für zwei Wochen zur Beobachtung in der Klinik. Tanja ist Meikes letzte Hoffnung; sie leidet unter starken Schmerzen. Später hat Meike eine Bitte an Franz. Er soll ihr helfen, schneller zu Joschi in den Himmel zu kommen. ■ Marion büffelt für ihr Abitur. Hans und Helga erhalten Besuch von Makler Panowski. Hans droht mit dem Bauamt, sollte der Vertrag nicht aufgelöst werden. Der Makler kündigt seinerseits einen Zahlungsbefehl in Höhe von 28.000 Mark an. Anscheinend aber gibt es Unstimmigkeiten in den Papieren — Hoffnung für die Beimers. ■ Else hat einen Vierer im Mittwochslotto. Griese muss feststellen, dass er in der Sorge um Meike vergessen hat, Elses Tippschein zu registrieren. Nun zahlt er den Gewinn aus eigener Tasche. Er empfiehlt ihr, den gesamten Betrag gleich noch einmal einzusetzen.

Buch: Hans W. Geißendörfer, Hans-Jürgen Pullem ■ Regie: Ron Jones ■ Kamera: Dieter Christ ■ Redaktion: Monika Paetow

80 | Der Gewinn

14. JUN 87

Helga feiert mit Marion deren letzte Abiturprüfung. Grund zum Anstoßen könnte es auch für Hans geben. Das Bauamt akzeptiert seine Beschwerde. Sollte Hans beim Hauskauf betrogen worden sein, wäre der Vertrag nichtig. ■ Franz liest nächtelang Bücher über Sterbehilfe. Mit Marion besucht er Meike und Tanja im Krankenhaus. Meike geht es besser, und Tanja wird nächste Woche entlassen. Marion erzählt Tanja, dass sie nach dem Abitur für eine Woche nach Paris fährt. Sie solle doch einfach mitkommen. ■ Das Geschäft mit den Holzwagen kommt ins Rollen. Die Werkstatt wird nun in die Garage verlegt — was Else gar nicht passt. Dafür ereilt sie das Lottoglück. Sie gewinnt 31.000 Mark. Griese überbringt die Nachricht und erhält einen Kuss. Zur Einweihungsparty in der Garage kommt dann auch Else vorbei. Beim Walzer mit Gung verliert sie die Besinnung.

Buch: Hans W. Geißendörfer, Hans-Jürgen Pullem ■ Regie: Ron Jones ■ Kamera: Dieter Christ ■ Redaktion: Monika Paetow

81 Kinder der Musen

21. JUN 87

Else spricht mit einem Berater über Anlagemöglichkeiten für ihren Gewinn. Der Mann rät zu Reisefonds. Else ist davon wenig begeistert. ■ Beate möchte sich mit 150.000 Mark an Isoldes Salon beteiligen. Um an ihr Erbe zu kommen, braucht sie Elisabeths Einwilligung. Elisabeth will darüber nachdenken. Sie bittet Beate aber auch zu überlegen, ob sie sich ihrer Sache wirklich sicher ist. ■ Beim Abendessen mit Dresslers geht es um das Thema Sterbehilfe. Franz ist bereit, Meikes Wunsch nachzukommen. Ludwig und Elisabeth wollen ihn davon abbringen. Franz will im Gegenzug von Ludwig wissen, ob er Meike helfen würde zu sterben. ■ Berta spricht mit Gabi über eine mögliche Adoption. Chris und Frank erzählen Lydia von ihren Theaterplänen. Gegen Lydias ausdrücklichen Wunsch übernachtet Frank heimlich bei Chris. Lydia bekommt es zufällig mit und ist entrüstet.

Buch: Hans W. Geißendörfer, Hans-Jürgen Pullem ■ Regie: Ron Jones ■ Kamera: Dieter Christ ■ Redaktion: Monika Paetow

82 | Kinderwünsche

28. JUN 87

Nach einer Aussprache machen sich Gottlieb und Franz auf den Weg zu Meike. Franz erfährt von Frau Dr. Sperber, dass Meikes Heilungschancen gut stehen, wenn sie die aktuelle kritische Phase übersteht. Daheim sprechen Berta und Gottlieb erstmals offen über Adoption. Obwohl Gottlieb meint, sie seien dafür zu alt, will er sich informieren. Im Gegensatz zu Franz freut sich Tanja über ein Kaufangebot für die »Mineralwasserwiese«. ■ Marion genießt ihre heimliche Liebe zu Matthias. Der Priester steckt dagegen in einem Gewissenskonflikt. Benny malt Aufkleber gegen Atomenergie und Hans triumphiert, weil der Hauskauf vom Notar für ungültig erklärt wurde. ■ Gert und Carsten planen eine eigene Theatergruppe. Beates Mithilfe und finanzielle Unterstützung lehnt Carsten ab. ■ Lydia untersagt Chris zum allerletzten Mal die nächtlichen Besuche von Frank.

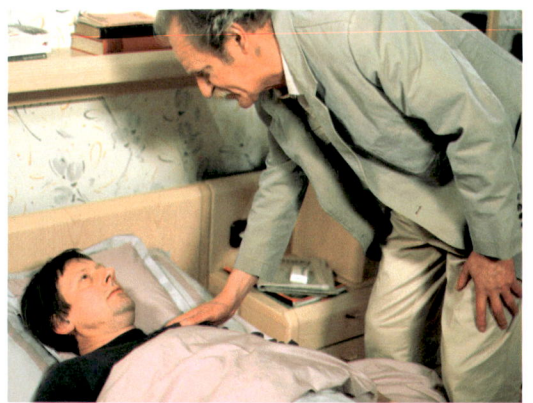

Buch: Hans W. Geißendörfer, Friderike Vielstich ■ Regie: Ron Jones ■ Kamera: Dieter Christ ■ Redaktion: Monika Paetow

83 | Fieber

5. JUL 87

Meikes Zustand hat sich rapide verschlechtert, sie wird wohl bald sterben. Tanja soll Franz daran erinnern, dass er ihr auf dem letzten Weg helfen wollte. Franz wiederum fragt bei Tanja nach. Wird sie ihn verurteilen, wenn er aus echter Liebe gegen das Gesetz verstößt? ■ Nossek bietet Isolde an, die Wohnung über dem Salon als Fotostudio zu mieten. Er würde die Miete für zehn Jahre im voraus bezahlen: 120.000 Mark. Damit wären Isoldes Geldprobleme in Sachen Salonrenovierung vom Tisch. ■ Benno und Gung präsentieren ihrem begeisterten Kunden das bestellte Holzspielzeug. Er will sie weiter empfehlen. Beim Abendessen berichtet Lydia der WG von Bertas Adoptionsgedanken. ■ Else plant, vom Lottogewinn einen Waschsalon im Keller einzurichten. Egon erhält die Kündigung. Der neue Hausbesitzer meint, der Hausmeister sei überflüssig. Egon ist geschockt.

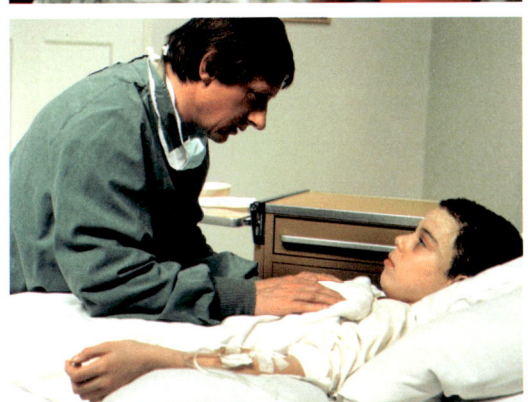

Buch: Hans W. Geißendörfer, Friderike Vielstich ■ Regie: Ron Jones ■ Kamera: Dieter Christ ■ Redaktion: Monika Paetow

84 Das Mädchen mit den roten Haaren

12. JUL 87

Verwundert nehmen Else und Egon zur Kenntnis, dass ausgerechnet Phil der neue Hausbesitzer ist. Egons Stelle bleibt gestrichen, gegen den Waschsalon hat Phil nichts einzuwenden. Gabi bietet er an, die Miete zu senken und die gewerbliche Nutzung der Garage zu erlauben — aber nur, wenn er Max regelmäßig sehen darf. Falls nicht, wird er ihr kündigen. ■ Benny filmt Helga, die im Stil einer Kochsendung das Abendessen zubereitet. Marion bekommt zum bestandenen Abitur die Reise nach Paris geschenkt. Hans und Helga hören mit Schrecken, wer mitfahren soll: Matthias. ■ Meike hat große Schmerzen. Sie weiß, dass sie sterben wird und freut sich auf Henny und Joschi. Franz will ihr dabei helfen. Bevor er erneut in die Klinik geht, sucht er eine Kapelle auf und bittet vorab um die Vergebung seiner Schuld. Als er später zu Meike kommt, ist sie bereits tot.

Buch: Hans W. Geißendörfer, Friderike Vielstich ■ Regie: Ron Jones ■ Kamera: Dieter Christ ■ Redaktion: Monika Paetow

85 | Glaube, Liebe, Hoffnung...

19. JUL 87

Meike wurde neben Henny beigesetzt. Franz fühlt sich leer, sein Leben erscheint ihm sinnlos. Tanja bietet an, sich mehr Zeit füreinander nehmen. Von Joschi will Philo erfahren haben, dass Meike bereits im Himmel ist. Die beiden wollen den verschollenen Sohn suchen. Während des Fernsehabends meint Philo, in einem russischen Kapitän ihren Sohn Paul zu erkennen. ■ Lydia überrumpelt den Sachbearbeiter für Adoptionsentscheide und erreicht einen Termin in zwei Wochen. Abends treffen Carsten, Gert und Beate bei Lydia auf Chris und Frank. Da alle begeistert vom Theater sind, wollen sie eine eigene Gruppe aufbauen. ■ Phil versucht erneut, mit Gabi und Benno zu reden. Als sie ihn abblitzen lassen, überreicht er die Kündigung. Benno verweist auf den Mieterschutzbund. Daraufhin untersagt Phil ihm die gewerbliche Nutzung der Garage — und zwar ab sofort.

Buch: Hans W. Geißendörfer, Friderike Vielstich ■ Regie: Ron Jones ■ Kamera: Dieter Christ ■ Redaktion: Monika Paetow

Das Zölibat

Philo ist sicher, in dem Kapitän ihren Sohn erkannt zu haben. Hans hilft ihr dabei, weitere Informationen einzuholen. ■ Diskussionen vor der Reise nach Paris: Helga erklärt Marion, dass Matthias wohl ernste Absichten hat. Hans wiederum erfährt von Matthias, dass dieser Marions Liebe testen und danach eine Entscheidung treffen will. ■ Beate bittet Elisabeth, ihren Erbteil für die Theatergruppe nutzen zu dürfen. Später bespricht sie mit Sarikakis die Möglichkeit eines Kneipentheaters. Panaiotis ist begeistert und will sich beim Gewerbeamt erkundigen. ■ Nossek und Bianca können Isolde nicht zu einer modernern Saloneinrichtung überreden. Nossek lässt sich unter einem Vorwand einen Spieltisch liefern. Bianca wird misstrauisch. ■ Elisabeth und Ludwig beraten Reisepläne, als es klingelt. Überraschend steht Ludwigs Ex-Frau Nina Winter in der Tür.

Buch: Hans W. Geißendörfer, Friderike Vielstich ■ Regie: Ron Jones ■ Kamera: Dieter Christ ■ Redaktion: Monika Paetow

87 Erinnerungen

Phil kommt als erster Kunde in Elses Waschsalon. Er bietet Egon an, ihm drei Monatsmieten zu erlassen, wenn er die Arbeit als Hausmeister sofort einstellt. Egon geht darauf nicht ein – was Phil veranlasst, die Salonmiete zu verdoppeln. Auch bei Benno kommt er in Sachen Besuchsrecht nicht weiter. Phil schaltet auf stur. ■ Franz hat Tanja seinen Anteil an der Wiese überschrieben. Er wird morgen verreisen. Tanja ist traurig, dass er sie nicht mitnehmen will. ■ Berta und Gottlieb erkundigen sich bei Hans über die Adoption ausländischer Kinder. ■ Ninas Auftauchen bringt alle durcheinander. Elisabeth vermutet gegenüber Beate, dass Ludwig noch Gefühle für Nina hat und dass mit deren Schauspielkarriere etwas nicht stimmt. Das Stück »Orphee« wurde nur einmal aufgeführt. Ludwig wird spät zu einem »Notfall« gerufen. Elisabeth soll nicht auf ihn warten.

Buch: Hans W. Geißendörfer, Friderike Vielstich ■ Regie: Michael Günther ■ Kamera: Gerhard Reichert ■ Redaktion: Monika Paetow

Die Vergangenheit kommt zurück

Marion kehrt aus Paris zurück und wird von Helga mit Fragen überschüttet. Marion ist begeistert von der Stadt und möchte dort Architektur studieren. ■ Ludwig und Nina haben ein Verhältnis. Ludwig gesteht, von Nina fasziniert zu sein. Elisabeth verlangt von ihm herauszufinden, wen er wirklich liebt. Bis dahin soll Ludwig im Gästezimmer schlafen. ■ Ein Herr von »Terre des Hommes« klärt Grieses über die Adoption eines ausländischen Kindes auf. Gottlieb gesteht Tanja, dass ihm der Gedanke an ein fremdländisches Kind nicht gefällt. Tanja hat geträumt, dass es Franz nicht gut geht. Sie zeigt Gottlieb ein Foto mit einer griechischen Landschaft. Auf der Rückseite hatte Franz seinerzeit geschrieben, dass er dorthin zurückkehren wird, wenn es ihm einmal schlecht geht. Tanja ist sicher, ihren Vater dort zu finden. Morgen will sie sich auf den Weg machen.

Buch: Hans W. Geißendörfer, Friderike Vielstich ■ Regie: Michael Günther ■ Kamera: Gerhard Reichert ■ Redaktion: Monika Paetow

89 Die Frau am Steuer

Berta will einen Jungen aus Mexiko adoptieren. Sie fährt nach Rotterdam, um die Adoption in die Wege zu leiten. Gottlieb erfährt, dass die Formalitäten für den Verkauf der »Mineralwasserwiese« abgeschlossen sind. Das Geld wird zwischen Tanja und ihm aufgeteilt. ■ Nach langer Suche findet Tanja ihren Vater tatsächlich in Griechenland. Sie fallen sich in die Arme. ■ Aufregung um Hund »Beimer«: Nachdem er den ganzen Tag verschwunden war, bringt Else ihn abends gesund und munter zu Klausi. Helgas Onkel Franz hat sich dagegen einen Oberschenkelhalsbruch zugezogen und wird für ein paar Wochen zu Beimers ziehen. ■ Elisabeths Aussprache mit Nina bringt keine Einigung. Abends spricht Elisabeth mit Beate. Das Gespräch wird von einem Anruf unterbrochen: Ludwig hatte einen Unfall und liegt im Krankenhaus. Die Fahrerin des Wagens ist tot.

Buch: Hans W. Geißendörfer, Friderike Vielstich ■ Regie: Michael Günther ■ Kamera: Gerhard Reichert ■ Redaktion: Monika Paetow

Schenkt man sich Rosen...

Auch Nina ist nach dem Unfall aus der Klinik entlassen worden. Die getötete Frau war eine Freundin. Carsten hat über ein Detektivbüro Fotos von Ludwigs Ex-Frau als Oben-ohne-Bedienung erhalten. Elisabeth will die Fotos zurück halten, um Ludwig nicht ganz zu verlieren. Doch es kommt anders. Ein Streit zwischen Elisabeth und Ludwig eskaliert. Sie ohrfeigt ihn und erwähnt die Fotos. Daraufhin will Ludwig sich scheiden lassen. ■ Grieses fahren nach Mexiko, um das Adoptivkind Manoel abzuholen. Gottlieb spricht mit Egon, der während der vierwöchigen Reise den Kiosk übernimmt. Egon aber hat nur Augen für Isolde. Später legt er ihr Rosen vor den Salon. Else stellt ihn zur Rede. Als Egon leugnet, schlägt sie ihm die Rosen um den Kopf. ■ Marion und Benny geben eine Geburtstagsparty für Matthias. Beate erscheint zur allgemeinen Überraschung mit Vasily.

Buch: Hans W. Geißendörfer, Maria Elisabeth Straub ■ Regie: Michael Günther ■ Kamera: Gerhard Reichert ■ Redaktion: Monika Paetow

91 Der Antrag

30. AUG 87

Nossek macht Bianca einen Heiratsantrag, und auch Beate und Vasily sind glücklich liiert. Nur Elisabeth und Ludwig stehen vor den Trümmern ihrer Ehe. ■ Else hat die Fenster des Kiosks abgeklebt, um Egon die Sicht auf den Frisörsalon zu nehmen. Egon nutzt Elses kurze Abwesenheit, um Isolde Rosen vor die Tür zu legen — vergebens. Isolde erzählt später von der Freude über die Blumen, die ihr ein Unbekannter geschenkt hat. ■ Nach der Rückkehr aus Griechenland stehen bei Tanja und Franz die Zeichen auf Neubeginn: Die Wohnung wird neu aufgeteilt und Franz neu eingekleidet. ■ Benno hat die Werkstatt in den Hinterhof verlegt. Von Lydia erhält er den Auftrag, den »Top Banana Stuhl« — einen Multifunktionsstuhl — für Manoel zu bauen. Spät abends klingelt die schwangere Anna. Ihr Mann hat sie geschlagen. Sie bittet Gabi und Benno, bei ihnen bleiben zu dürfen.

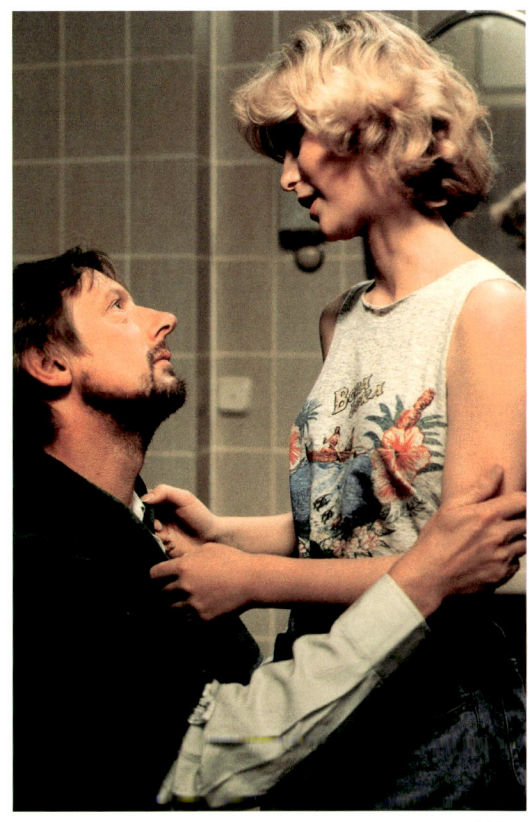

Buch: Hans W. Geißendörfer, Maria Elisabeth Straub ■ Regie: Michael Günther ■ Kamera: Gerhard Reichert ■ Redaktion: Monika Paetow

Der Verehrer

Egon gesteht Isolde, dass er der heimliche Verehrer ist. Die ist geschockt, bewahrt aber die Fassung. ■ Marion will in Berlin studieren und ist überglücklich, dass Matthias mitkommen will. Benny braucht Geld für seinen Film. Er verdient sich knapp die Hälfte des Betrages und überredet Helga, ihm den Rest des Geldes zu geben. ■ Gegen Annas Willen hat Dressler gegen Friedhelm Anzeige erstattet. Anna liegt im Krankenhaus. Später meldet sich die Klinik und teilt mit, dass es Probleme mit Annas Kind gibt. Die werdende Mutter will von Dressler wissen, ob Friedhelms Schläge ihrem Kind geschadet haben. ■ Da Nina immer noch auf ihr Geld aus Amerika wartet, hilft Ludwig ihr mit einem Scheck über 5.000 Mark. Elisabeth schaut fassungslos zu. Frank will Nina sein Zimmer überlassen, da er ohnehin meistens bei Chris ist. Die hat jedoch bei Lydia gekündigt.

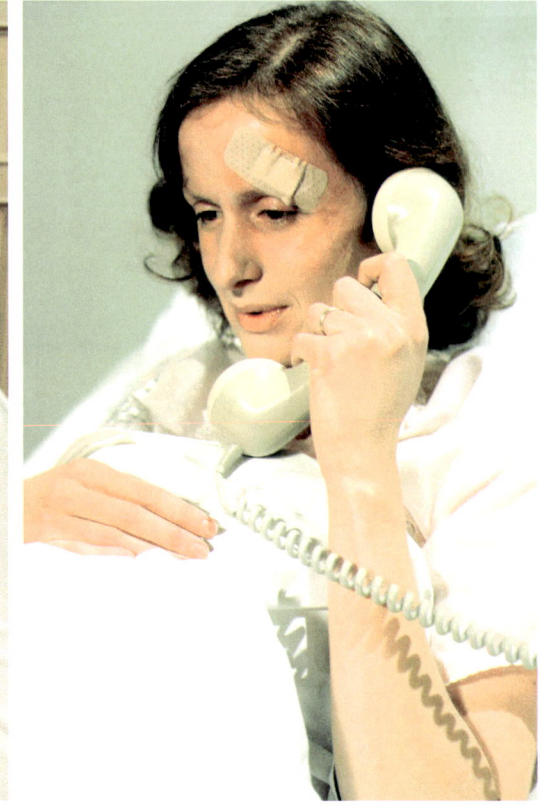

Buch: Hans W. Geißendörfer, Maria Elisabeth Straub ■ Regie: Michael Günther ■ Kamera: Gerhard Reichert ■ Redaktion: Monika Paetow

93 Rien ne va plus

Benno verzweifelt an Lydias »Top Banana Stuhl«. Ein Lichtblick: Der Mieterschutzverein teilt mit, dass ihre Kündigung unwirksam ist — falls sie den Erpressungsversuch beweisen können. Anna zieht derweil zu ihnen. Beim Verhör hat sie die Wahrheit über Friedhelms brutales Verhalten erzählt. Trotz seiner Taten hat Anna ihm gegenüber ein schlechtes Gewissen. ■ Frank konfrontiert Nina mit den Nacktfotos und dem Gerede über sie. Nina geht ohne Erklärung. ■ Helga, Hans, Marion und Matthias wollen gerade Bennys fertigen Film anschauen, als Philo mit dem Hochseefischer-Beitrag vorbei kommt. Sie ist überzeugt, ihren Sohn gefunden zu haben. Hans will ihr helfen den Kapitän ausfindig zu machen. ■ Nach einem heftigen Streit mit Ludwig steht Elisabeth abends bei Carsten, Gert und Beate vor der Tür. Es ist aus mit Ludwig und sie fragt, ob sie bleiben darf.

Buch: Hans W. Geißendörfer, Maria Elisabeth Straub ■ Regie: Michael Günther ■ Kamera: Gerhard Reichert ■ Redaktion: Monika Paetow

94 | Feuerprobe

Elisabeth registriert geschockt, dass Ludwig mit Nina in sein Ferienhaus am Tegernsee gefahren ist. ■ Bei der Salonereröffnung macht Isolde ihrem Verehrer Egon klar, ab sofort auf Blumengaben zu verzichten. Else geht derweil Bianca an. Sie glaubt, Egons Verehrung gelte ihr. ■ Nossek verkündet im Salon überraschend seine Verlobung mit Bianca und lädt abends zu einer Feier ins »Akropolis«. Bianca, die von der Verlobung nichts wusste, macht ihm später eine Szene. Nossek entschuldigt sich. Bianca schlägt vor, dass sie vorerst für sechs Monate zusammenziehen — als Feuerprobe. ■ Anna hat unbändige Angst vor Friedhelms Rache und will deshalb nicht allein wohnen. Benno dagegen hat genug von Annas Anwesenheit. Abends krümmt Anna sich vor Schmerzen. Als es klingelt, überfällt sie die Angst, dass Friedhelm vor der Tür steht. Panisch ruft sie Gabi an.

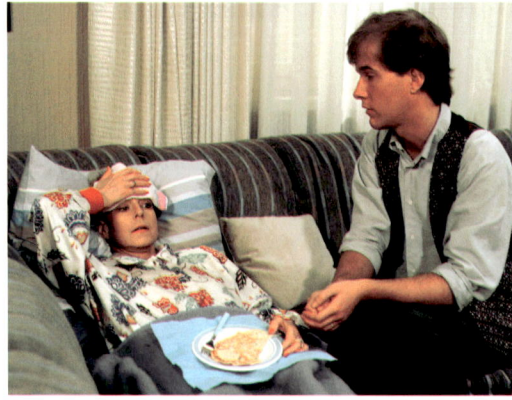

Buch: Hans W. Geißendörfer, Maria Elisabeth Straub ■ Regie: Michael Günther ■ Kamera: Gerhard Reichert ■ Redaktion: Monika Paetow

95 Bienvenido

27. SEP 87

Nina hat beschlossen, Ludwig zu verlassen. Sie liebt ihn nicht und will ohne ihn, dafür aber mit Sohn Frank, zurück nach Amerika. Ludwig ist tief verletzt. Derweil verschiebt Elisabeth ihren Auszug und schickt Carsten und Beate wieder weg. ■ Helga und Benny zeigen ihren Kochfilm einem Redakteur des Bayerischen Rundfunks. Der Fernsehmann ermuntert Benny, weiter zu machen, will den Film aber nicht kaufen. Die beiden sind enttäuscht. Zu alledem zieht Onkel Franz vorübergehend bei Beimers ein. ■ Matthias erwägt, sein Priesteramt aufzugeben. ■ Gottlieb und Berta kommen mit dem total verängstigten Manoel nach Hause. Als Lydia sich von ihm verabschieden will, entdeckt sie, dass sich der Junge in einer Ecke des Zimmers erleichtert hat. Berta zweifelt, ob Manoel sich an sie gewöhnen wird. Gottlieb meint, es sehe nicht sehr hoffnungsvoll aus.

Buch: Hans W. Geißendörfer, Maria Elisabeth Straub ■ Regie: Michael Günther ■ Kamera: Gerhard Reichert ■ Redaktion: Monika Paetow

Spiele

Langsam schmilzt das Eis zwischen Berta und Manoel. Doch es wird noch lange dauern, bis sich der Junge eingewöhnt hat. Ludwig versucht, sich mit Elisabeth zu versöhnen. Sie schließt sich im Schlafzimmer ein und bricht weinend, zusammen als er sie »Cinderella« nennt. ■ Philo ist sich sicher, dass ihr Sohn nächste Woche in Hamburg eintreffen wird. ■ Nossek will an einem Fotowettbewerb zum Thema »Nachbarn« teilnehmen. Bianca schlägt »Beate himmelt Vasily an« als Motiv vor. ■ Die Theaterprobe eskaliert, als Chris und Carsten sich länger als nötig küssen. Frank und Gert verlassen sauer das »Akropolis«. Später entbrennt ein heftiger Streit zwischen Chris und Frank. Lydia wirft ihn hinaus. Chris droht, mit ihm zu gehen, packt einige Sachen zusammen, drückt Lydia die Schlüssel in die Hand und verlässt mit Frank die Wohnung. Lydia bleibt allein zurück.

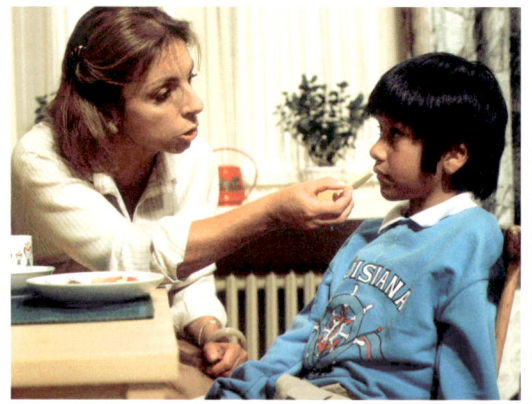

Buch: Hans W. Geißendörfer, Maria Elisabeth Straub ■ Regie: Michael Günther ■ Kamera: Gerhard Reichert ■ Redaktion: Monika Paetow

97 Das Knie des Kapitäns

Lydia ist mit einem Mal sehr einsam und bittet Chris, zu ihr zurück zu ziehen. Chris will sich darauf nur einlassen, wenn Frank mit darf. ■ Ludwig hofft auf eine Versöhnung mit Elisabeth. Die aber will die Scheidung. Schließlich könne er nicht davon ausgehen, dass jede Wunde heilt. ■ Helga und Benny starten einen neuen Versuch, ihren Film zu verkaufen. Matthias und Hans unterhalten sich über Marions berufliche Zukunft — und über Matthias' Heiratspläne. Klausi und Manoel spielen viel miteinander — was Berta freut. Zudem bringt Klausi seinem neuen Freund nebenbei Deutsch bei. ■ Philo trifft jenen russischen Kapitän in Hamburg, in dem sie ihren Sohn vermutet. Der kann sich nicht an sie erinnern. Philo erzählt von einer Narbe am Knie, die ihr Sohn hatte, und bittet den Kapitän, ihr sein Knie zu zeigen. Dort ist tatsächlich eine Narbe zu sehen.

Buch: Hans W. Geißendörfer, Maria Elisabeth Straub ■ Regie: Michael Günther ■ Kamera: Gerhard Reichert ■ Redaktion: Monika Paetow

98 | Ungeheure Forderungen

18. OKT 87

Philo berichtet Ludwig von ihrem Sohn. Sie will zu ihm nach Russland übersiedeln. ■ Franz ist frustriert vom Schulalltag, der nicht zu eigenem Denken anregt. Er möchte deshalb in eine andere Schulform wechseln. ■ Klausi und Manoel toben durch die Wohnung. Marion ist genervt und ohrfeigt Manoel. Berta hat Angst, dass Manoel sich nun wieder zurück zieht. Helga hat zugesagt, mit ihrer Familie an einer Fernsehproduktion mitzuwirken. Marion und Hans lassen sich erst durch die 1000 Mark Honorar überzeugen. Matthias erzählt Marion von seinem Versetzungsgesuch nach Berlin. Marion ist nicht so begeistert wie erwartet. Er hätte vorher mit ihr sprechen sollen. ■ Vasily teilt seiner Mutter mit, dass er Beate heiraten möchte. Elena ist prinzipiell gegen die Hochzeit mit einer Deutschen, doch Vasily stört das nicht: Er möchte so leben, wie er es will.

Buch: Hans W. Geißendörfer, Monika Hey ■ Regie: Michael Günther ■ Kamera: Gerhard Reichert ■ Redaktion: Monika Paetow

99 | Teamarbeit

25. OKT 87

Da Anna nun in die WG einzieht, kann die Mieterhöhung ohne Probleme finanziert werden. Benno ist genervt: Als er Gabi gerade stolz seine Konstruktionszeichnungen für den »Top Banana Stuhl« zeigt, kommt ein Anruf aus der Klinik. Bei Anna wird die Geburt eingeleitet. Gabi eilt sofort los. Benno bietet Egon an, zeitweilig in seiner Firma zu arbeiten. Else wettert gegen diesen Vorschlag. ■ Aufregung bei Beimers wegen der Fernsehaufnahmen: Hans versucht, die nervöse Helga zu beruhigen, Marion und Benny sind genervt. ■ Im »Akropolis« laufen die Vorbereitungen für die Theaterpremiere. Vasily sagt Panaiotis, dass er Beate liebt und sie heiraten wird. Panaiotis macht ihm klar, dass er dann sein Haus verlassen muss. Vasily hadert mit sich selbst — und sagt Beate schließlich, dass sie ihn in Ruhe lassen soll. Er will nichts mehr mit ihr zu tun haben.

Buch: Hans W. Geißendörfer, Monika Hey ■ Regie: Michael Günther ■ Kamera: Gerhard Reichert ■ Redaktion: Monika Paetow

100 | Erfolge

1. NOV 87

Klaus und Manoel haben Hundekot in Zeitungspapier gewickelt, zünden das Ganze vor Elses Tür an und klingeln. Else tritt, zu Klaus und Manoels Vergnügen, mit Elan das brennende Kotpäckchen aus. ■ Marion will allein nach Berlin gehen. Matthias weint verzweifelt. ■ Gabi besucht Anna, die eine Tochter bekommen hat. Obwohl sie immer noch von einer funktionierenden Familie mit Friedhelm träumt, erschrickt sie, als er plötzlich im Raum steht. Während sie das Baby schnell ins Babyzimmer bringt, geht er wieder. Anna ist enttäuscht. ■ Bei der Premierenfeier des Theaterstücks weicht Elisabeth nicht von Ludwigs Seite. Chris verträgt sich wieder mit Lydia. Panaiotis, der Vasily bereits der Tochter seines Freundes versprochen hat, will sein Wort nicht brechen. Das möchte Vasily auch nicht — schließlich hat er sich gerade heimlich mit Beate verlobt.

Buch: Hans W. Geißendörfer, Monika Hey ■ Regie: Michael Günther ■ Kamera: Gerhard Reichert ■ Redaktion: Monika Paetow

101 | Fremde Lieben?

8. NOV 87

Manoel fühlt sich abgelehnt, weil Gottlieb seinetwegen nicht auf Weltreise gehen kann. Mit Else bekommt Manoel Ärger, als er mit Klausi den Fahrstuhl blockiert und von den Bewohnern Geld fürs Mitfahren verlangt. ■ Else erscheint bei Isolde im Salon und verlangt das Geld für die Blumensträuße zurück, die Egon ihr zu »Dekorationszwecken« besorgt hatte. In diese Unterhaltung platzt Nossek: Seine Fotos wurden beim Wettbewerb abgelehnt. Schuld sei Bianca, die ihn zum Fotografieren getrieben habe. ■ Elena besteht darauf, dass die Tradition und die Absprachen mit dem Heimatdorf eingehalten werden. Sie hat Daphne samt Eltern eingeladen und hofft, dass ihr Sohn sich fügen und Daphne heiraten wird. Beate und Vasily aber setzen Panaiotis und Elena unter Druck: Falls sie ihrer baldigen Hochzeit nicht zustimmen, wird das junge Paar noch diese Nacht abhauen.

Buch: Hans W. Geißendörfer, Hans-Jürgen Pullem ■ Regie: Michael Günther ■ Kamera: Gerhard Reichert ■ Redaktion: Monika Paetow

102 | Eine Art Tauschgeschäft

15. NOV 87

Die Eltern Sarikakis scheinen der Heirat zuzustimmen. Vasily und Beate ahnen nicht, dass heute die Ankunft Daphnes und ihrer Eltern ansteht. Während Vasily und Panaiotis bei Elisabeth offiziell um Beates Hand anhalten, empfängt Elena die griechischen Gäste. Vasily ist von Daphne begeistert. Mehr noch: Er küsst sie. ■ Helga fiebert der Sendung entgegen, in der sie mitgewirkt hat. Außer Benny sitzt die ganze Familie vor dem Fernseher und kommentiert den Beitrag. Helga strahlt vor Stolz über das Lob ihrer Lieben. ■ Else hat sich von Benny überzeugen lassen, Biowaschmittel auszuprobieren. Während des Waschgangs schleichen sich Klausi und Manoel heran und werfen bunte Tabletten ins Pulverfach. Das Resultat: farbige Bettwäsche. Else schiebt die Schuld natürlich auf das Biowaschmittel, läuft zu Beimers und knallt ihnen die Wäsche vor die Füße.

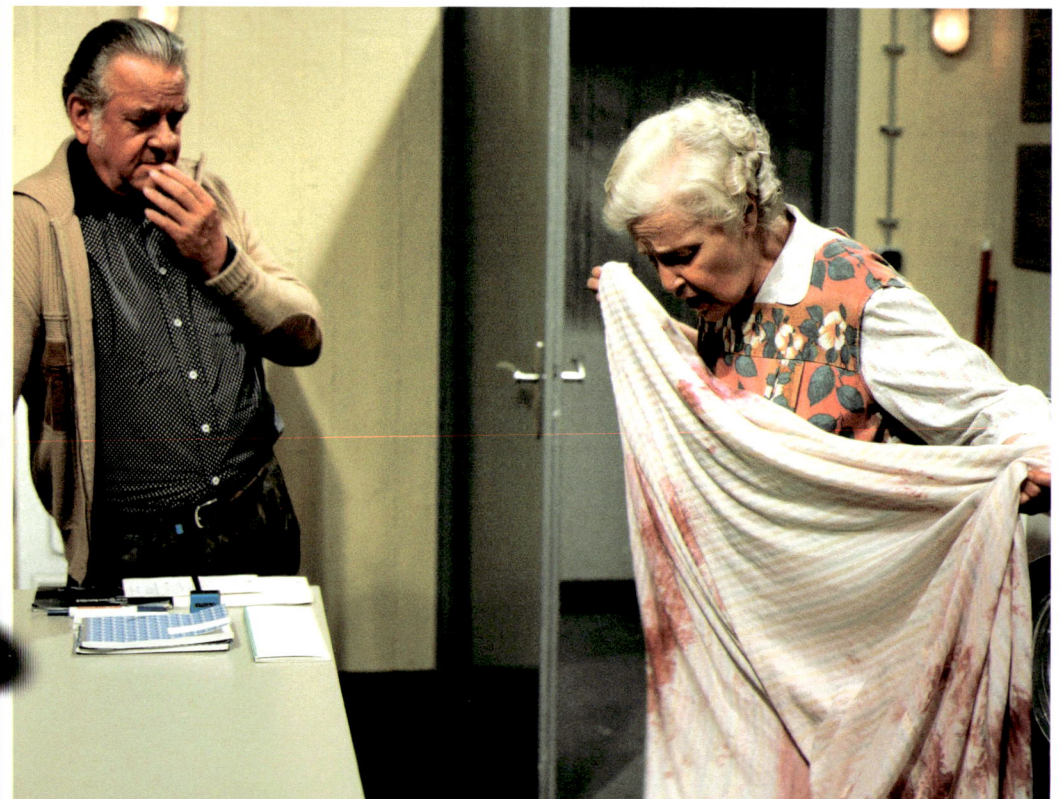

Buch: Martina Borger, Hans W. Geißendörfer ■ Regie: Michael Günther ■ Kamera: Gerhard Reichert ■ Redaktion: Monika Paetow

103 | Hochzeitsvorbereitungen

22. NOV 87

Daphne ist seit zwei Jahren heimlich mit einem Mann aus ihrem Dorf verlobt und wird Vasily daher nicht heiraten. Elena muss nun wohl oder übel Beate als Schwiegertochter akzeptieren. Elisabeth sorgt sich, weil immer weniger Patienten in die Sprechstunde kommen. Sie wirft Dressler vor, er lasse sich seit Ninas Verschwinden gehen. ■ Anna ist mit ihrer Tochter Sarah in die WG eingezogen. Plötzlich steht Friedhelm vor der Tür und bittet sie, zu ihm zurückzukommen. Aber Anna glaubt nicht, dass er sich wirklich ändern kann. ■ Benno ist bedrückt. Ein Kunde hat seinen Auftrag storniert. Hans will im Amt nachfragen, ob Benno statt dessen einen Auftrag für ein Kinderheim bekommt. Matthias taucht völlig verstört bei Marion auf. In einem anonymen Brief wurde er aufgefordert, seine Affäre mit ihr zu beenden. Andernfalls werde die Diözese eingeschaltet.

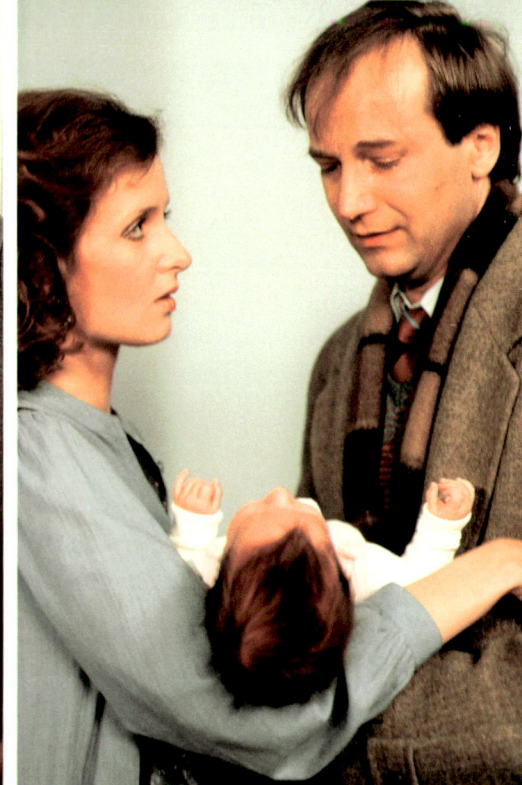

Buch: Hans W. Geißendörfer, Hans-Jürgen Pullem ■ Regie: Michael Günther ■ Kamera: Gerhard Reichert ■ Redaktion: Monika Paetow

104 | Entdeckungen

29. NOV 87

In der Theatergruppe kommt es zum Zerwürfnis zwischen Chris und Frank. Auch Carsten und Gert haben Probleme, weil Robert Engel — ein alter Freund Carstens — zu Besuch ist. Zur Vorstellung kommen nur vier Besucher — das Ende der Theatergruppe scheint besiegelt. ■ Philo erzählt Gottlieb, dass Joschi sich nicht mehr meldet. Gerade jetzt, wo sie ihn so dringend braucht, schweigt er. Das Rote Kreuz hat ihr bestätigt, dass der russische Kapitän tatsächlich ihr Sohn ist. Da dieser nicht nach Deutschland kommt, möchte sie zu ihm nach Russland ziehen. ■ Helga, Hans und Klausi fahren zur Hochzeit von Vasily und Beate. Marion und Benny bleiben zu Hause. Matthias berichtet Marion, dass er dem Bischof alles erzählt habe und nun sein Priesteramt aufgeben muss. Später entdeckt Marion, dass Matthias den Erpresserbrief selbst verfasst hat.

Buch: Hans W. Geißendörfer ■ Regie: Michael Günther ■ Kamera: Gerhard Reichert ■ Redaktion: Monika Paetow

105 | Die Hexe

6. DEZ 87

Matthias' Liebe zu Marion hat ihn dazu getrieben, den anonymen Brief zu schreiben. Er versucht, mit ihr Kontakt aufzunehmen. Marion aber blockt ab. Die »Mini Pigs« proben derweil weiter im Hobbykeller. Mit Else hat Benny ein Abkommen: Sie erhält täglich 10 Mark für Watte und duldet dafür den Lärm. ■ Die Theatergruppe löst sich auf. Chris und Frank trennen sich, und auch die Beziehung von Gert und Carsten ist nicht mehr zu kitten. Gert ist eifersüchtig, weil Robert mit in die gemeinsame Wohnung eingezogen ist, und verlässt Carsten. ■ Elena behauptet, Beate sei eine Hexe. Als Beweis dient Beates Hochzeitskleid, das einen Brandfleck über dem Herzen hat. Elena bangt um Vasily und hängt im Lokal Kruzifixe auf. Abends kehren Vasily und Beate aus Griechenland zurück. Als Beate ins Lokal kommt, fällt zu Elenas Entsetzen ein Kruzifix herunter.

Buch: Martina Borger, Hans W. Geißendörfer ■ Regie: Ron Jones ■ Kamera: Dieter Christ ■ Redaktion: Monika Paetow

106 | Der Simulant und das Chaos

13. DEZ 87

Beate und Vasily wohnen nun bei Carsten. Beate arbeitet tagsüber weiterhin in Isoldes Salon und hilft abends in der Kneipe. Argwöhnisch bemerkt Elena, dass kaum noch Gäste im Lokal sind. Beates Idee, ein Kneipentheater zu öffnen, weist sie schroff ab. ■ Philo will nach Leningrad reisen. Von einem Mitarbeiter des Roten Kreuzes erfährt sie jedoch, dass es noch Monate dauern kann, bis sie alle Papiere beisammen hat. So lange will sie auf keinen Fall warten. ■ Benny und Marion fordern Onkel Franz auf, seine Unordnung zu beseitigen, da heute die Eltern zurückkommen. Franz verstaut den Müll in Schubladen und Schränken — und verschwindet vorerst. Bei ihrer Rückkehr erfahren Hans und Helga auch die Sache mit Matthias' Brief. Weil Onkel Franz später erneut über Schmerzen klagt, lässt ihn Helga weiter bei sich wohnen — gegen den Rat von Hans und Benny.

Buch: Martina Borger, Hans W. Geißendörfer ■ Regie: Ron Jones ■ Kamera: Dieter Christ ■ Redaktion: Monika Paetow

107 | Abschied

Matthias erklärt Marion, dass der Brief nur ein Vorwand für sein Ausscheiden aus der Kirche war. Marion schlägt eine vorläufige Trennung vor, mit der sich Matthias nur schwer abfinden kann. Onkel Franz erhält ein längliches Paket und erklärt Else, dass es sich um eine Überraschung für seinen Neffen handle. ■ Frank erklärt dem geschockten Dressler, dass er am nächsten Tag mit seiner Mutter nach Amerika gehen wird und übergibt einen Abschiedsbrief von Nina. ■ Die ganze WG hilft Benno, den Großauftrag fürs Kinderheim fertigzustellen. Sogar Chris arbeitet gegen Bezahlung mit. Nachdem sich Anna erst geweigert hatte, Weihnachten bei Friedhelm zu verbringen, tut es ihr kurze Zeit darauf doch Leid. Friedhelm betrinkt sich derweil im »Akropolis«. Als Friedhelm über die Straße taumelt, bemerkt er Anna und Sarah. Zornig geht er auf die beiden zu.

Buch: Martina Borger, Hans W. Geißendörfer ■ Regie: Ron Jones ■ Kamera: Dieter Christ ■ Redaktion: Monika Paetow

108 | Oh, Tannenbaum …

27. DEZ 87

Anna bittet Dressler, die Anzeige gegen ihren Mann zurückzuziehen. Dressler aber bleibt hart: Ein Mann, der wiederholt eine schwangere Frau zusammen schlägt, müsse bestraft werden. ■ Weil sich die Kinder um den Baum kümmern sollen, steht zum Entsetzen der Eltern eine Plastiktanne im Beimerschen Wohnzimmer. Kurz vor der Bescherung kommt Matthias samt Geschenk für Marion. Helga lädt ihn ein, den Heiligen Abend mit ihnen zu verbringen. Derweil bringt Lydia die atheistische Chris dazu, mit ihr ein Weihnachtslied zu singen. ■ Berta hat ein besonderes Geschenk für Gottlieb: ein Flugticket nach Nassau/Bahamas. Sie hatte auf die Annonce eines Yachteigners geantwortet, der jemanden für die Passage nach Hamburg sucht. Gottlieb ist begeistert. Genau wie Klaus: Als der das Geschenk von Onkel Franz auspackt, hält er ein Luftgewehr in der Hand.

Buch: Martina Borger, Hans W. Geißendörfer ■ Regie: Ron Jones ■ Kamera: Dieter Christ ■ Redaktion: Monika Paetow

109 | Der Wurm

3. JAN 88

Klaus fordert ein neues Geschenk, da ihm Hans das Gewehr abgenommen hat. Beate bereitet für die Silvesterfeier im »Akropolis« den Salat zu. Mit Unbehagen hört Elena, dass Beate und Vasily ein eigenes Lokal eröffnen wollen. Während der Feier muss Else ihren Egon beaufsichtigen. Der hat Isolde im Blick. Tanja eröffnet ihrem Vater, dass sie nach den Ferien nicht mehr in die Schule gehen will. ■ Gefühle bei Grieses: Gottlieb würde wegen Berta auf die Fahrt verzichten. Doch die lehnt ab. Egon wird den Kiosk führen. Kurz vor Mitternacht verabschiedet sich Elisabeth, um den Jahreswechsel mit ihrem Mann zu verbringen. Doch sie sucht ihn vergeblich — das Haus ist verlassen. ■ Die Party im »Akropolis« nimmt eine neue Wendung: Mehrere Gäste entdecken Würmer in ihrem Salat. Elena unterstellt Beate, das Getier absichtlich in den Salat getan zu haben.

Buch: Martina Borger, Hans W. Geißendörfer ■ Regie: Ron Jones ■ Kamera: Dieter Christ ■ Redaktion: Monika Paetow

110 | Reisen ins Ungewisse

10. JAN 88

Elena hat sich bei Beate und Vasily entschuldigt. Da erscheint ein Herr vom Gewerbeaufsichtsamt und erklärt, dass eine anonyme Anzeige wegen unzureichender Hygiene vorliege. Nach einer Inspektion ermahnt er zu größerer Sauberkeit. Elena wirft Beate erneut vor, für alles Unglück der Familie verantwortlich zu sein. ■ Gute Laune bei Tanja. Sie hat mit der Schule aufgehört und führt, bis sie einen Praktikumsplatz gefunden hat, den Haushalt. ■ Marion reist nach Berlin ab, und Onkel Franz bezieht ihr Zimmer. Viel zu spät erscheint Matthias bei den Beimers. Marion hatte ihm eine falsche Abreisezeit genannt. Auch Philo verabschiedet sich, um in die UdSSR zu fahren. Sie redet ein letztes Mal mit Joschi, dann nimmt sie ihr Gepäck, verlässt die Wohnung und fährt mit dem Bus zum Großmarkt. Dort klettert sie in einen LKW mit russischer Aufschrift.

Buch: Martina Borger, Hans W. Geißendörfer ■ Regie: Ron Jones ■ Kamera: Dieter Christ ■ Redaktion: Monika Paetow

111 | Tarnungen

17. JAN 88

Philo wurde halb erfroren im LKW gefunden und in eine Nervenheilanstalt eingewiesen. Lydia und Chris besuchen die alte Frau. Die erkennt die beiden zwar wieder, meint aber, in Leningrad zu sein. Lydia und Chris beschließen, Philo aus der Klinik zu holen. ■ Nossek präsentiert seinen neuen Sportwagen. Angeblich ist er durch eine Erbschaft zu Geld gekommen. Isolde sorgt sich um ihre eigenen Finanzen und überredet Bianca, dass sie Nossek den Salon zum Kauf anbietet. Überrascht stellt Bianca fest, dass Nossek im Fotoatelier ein illegales Spielkasino betreibt. ■ Franz will den Job hinschmeißen, weil die Schüler nicht mitarbeiten. Tanja schlägt ihm vor, sich beurlauben zu lassen. ■ Carsten öffnet einer »alten Frau« die Tür. Die gibt sich als Chris zu erkennen. Nach diesem Experiment ist Chris entschlossen, Philo aus dem Heim zu entführen.

Buch: Martina Borger, Hans W. Geißendörfer ■ Regie: Ron Jones ■ Kamera: Dieter Christ ■ Redaktion: Monika Paetow

112 | Alles Lüge

24. JAN 88

Berta untersagt Egon, im Kiosk weiter anzuschreiben. Lydia berichtet sie, dass Manoel ab September in eine Übergangsklasse für Ausländer gehen wird. ■ Sarikakis sind schockiert über die Hetzparolen an der Fassade. Bei einer Versammlung diskutieren die Mieter Philos Zukunft. Schließlich wird Hans' Vorschlag, zuerst die rechtliche Lage zu klären und mit dem behandelnden Arzt zu sprechen, akzeptiert. Vasily lädt für nächste Woche zum Fischessen. Er will beweisen, dass an den Verleumdungen nichts dran ist. ■ Isolde will den Salon für 200.000 Mark an Bianca verkaufen. Nossek erklärt sich bereit, ihr die Hälfte zu leihen, die andere bekommt sie von der Bank. Als Benninger anruft, geht Nossek noch einmal kurz weg. Spät in der Nacht ist er noch immer nicht zurück gekehrt. Bianca findet ihn im Fotoatelier — geschlagen, gefesselt und bewusstlos.

Buch: Martina Borger, Hans W. Geißendörfer ■ Regie: Ron Jones ■ Kamera: Dieter Christ ■ Redaktion: Monika Paetow

113 | Wo man singt ...

31. JAN 88

Bianca kümmert sich um Nossek. Angeblich weiß er nicht, wer ihn letzte Woche zusammengeschlagen hat. Bianca erzählt allen, er sei verreist. Nossek will bald in die Schweiz fahren, damit er Bianca das Geld für den Salon geben und Isolde endlich nach Ischia abreisen kann. ■ Onkel Franz überredet Klaus zu Schießübungen. Als der aus Versehen die Türscheibe zertrümmert, nimmt Onkel Franz die Schuld auf sich. ■ Elisabeth ist verzweifelt: Ludwig wendet sich immer mehr dem Alkohol zu. Anna und Friedhelm sagt er, dass er vor Gericht nicht für Friedhelm aussagen wird, und wirft sie hinaus. ■ Die ausländerfeindlichen Parolen nehmen kein Ende. Aus Solidarität kommen alle Nachbarn zum Fischessen. Während Panaiotis auf Hans' Dankesrede antwortet, wird es den ersten Gästen schlecht. Auch Helga geht es nicht gut. Hans überlegt, ob der Fisch vergiftet war.

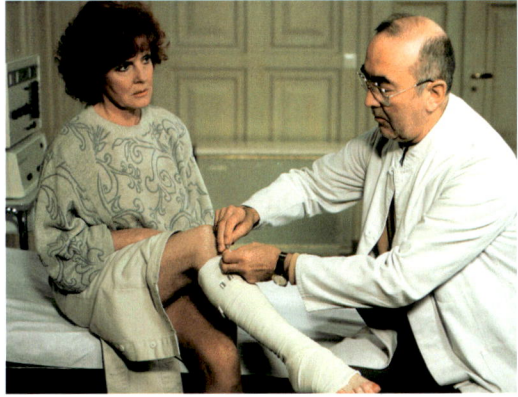

Buch: Hans W. Geißendörfer, Maria Elisabeth Straub ■ Regie: Ron Jones ■ Kamera: Dieter Christ ■ Redaktion: Monika Paetow

114 | Das Urteil

7. FEB 88

Philo muss in der Klinik bleiben. Ludwig kann und will die Verantwortung nicht übernehmen. Chris spricht ihn offen auf sein Alkoholproblem an. Auch Elisabeth will nicht tatenlos zusehen. Er aber meint, sie solle ihn endlich verlassen. ■ Das »Akropolis« darf nach behördlicher Inspektion wieder geöffnet werden. Elena will Beate ihr Kreuz schenken. Als Beate ablehnt, ist für Elena klar, dass sie eine Hexe ist. Kurz darauf entschuldigt sich Beate und legt das Kreuz an. Elena staunt. ■ Während Anna im Prozess gegen Friedhelm die Aussage verweigert, belasten Gabi und Ludwig ihn schwer. Er wird zu zwölf Monaten auf Bewährung verurteilt. Auf dem Flur gibt Friedhelm ihr die Schuld, weil sie die Aussage verweigert hat. Abends möchte Anna mit Friedhelm reden. Auf dem Weg dorthin wird sie von einem Wagen geblendet, der zudem direkt auf sie zurast.

Buch: Hans W. Geißendörfer, Maria Elisabeth Straub ■ Regie: Ron Jones ■ Kamera: Dieter Christ ■ Redaktion: Monika Paetow

115 | Die Entführung

Chris gelingt es, Philo aus der Klinik zu entführen. Wenig später schläft Philo ein — für immer. Ludwig füllt betrunken den Totenschein aus. Carsten kümmert sich um Chris, die weinend zusammenbricht. ■ Bianca versucht Nossek zu überreden, sie mit in die Schweiz zu nehmen. ■ Gabi versteht nicht, warum Anna ihren Mann wegen des Tötungsversuches letzte Woche nicht anzeigt. Hülsch bringt Gabi ein Friedensangebot von Phil. Die Kündigung ist aufgehoben, die Garage darf ab sofort gewerblich genutzt werden und für Max wurde ein Treuhandkonto eingerichtet. ■ Onkel Franz lässt sich von Egon eine neue Stockplakette von Schloss Neuschwanstein an seinem Wanderstock anbringen. Er hat die alte verloren, weiß aber nicht wo. Stolz präsentiert er Beate seinen Stock. Kurz darauf findet Beate beim Putzen der »Akropolis"-Küche die verlorene Plakette.

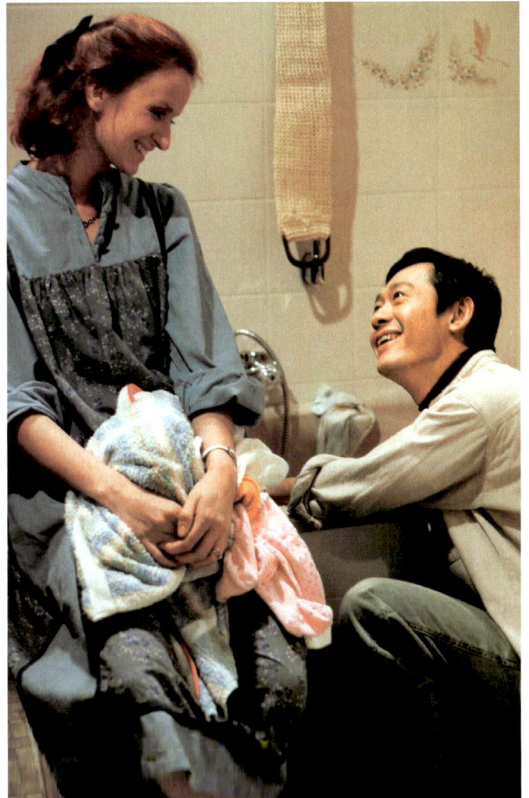

Buch: Hans W. Geißendörfer, Maria Elisabeth Straub ■ Regie: Ron Jones ■ Kamera: Dieter Christ ■ Redaktion: Monika Paetow

116 | Der arme Onkel

21. FEB 88

Berta hat endlich Nachricht von Gottlieb erhalten. Es ist jetzt auf See und es geht ihm gut. Der Brief war drei Wochen unterwegs. ■ Bianca versucht vergeblich, Nosseks Aufenthaltsort heraus zu finden. Isolde tröstet Bianca. Sie will allerdings am Wochenende nach Ischia fahren und hat den Verkauf einem Immobilienbüro übertragen. Bianca ist geschockt. Plötzlich steht Benninger im Laden und lässt Nossek ausrichten, dass er das Geld jetzt haben kann. ■ Onkel Franz war verantwortlich für die Hetzaktionen gegen die Sarikakis. Helga ist empört, Benny verlangt eine öffentliche Entschuldigung in der Zeitung. Hans will sich um Schadensersatz für Panaiotis kümmern, der auf eine Anzeige verzichtet. Benny durchsucht heimlich Onkel Franz' Schreibtisch. Er merkt, dass sich etwas hinter der Schublade befindet, fasst hinein und schreit vor Schmerzen auf.

Buch: Hans W. Geißendörfer, Maria Elisabeth Straub ■ Regie: Ron Jones ■ Kamera: Dieter Christ ■ Redaktion: Monika Paetow

117 | Verbotene Früchte

Tanja schwärmt von Gomera, Franz von seiner Kollegin Vera. Spät abends beobachtet Else, wie Tanja und Franz sich in Unterwäsche zuprosten und auf den Mund küssen. ■ Ebenso betrunken wie vergeblich versucht Ludwig, die Hand von Benny zu verbinden. Benny erzählt von der Rattenfalle und den 24.000 Mark im Schreibtisch. Das Geld wurde als Schadensersatz für die Sarikakis' verwendet. Elisabeth schließt die Praxis und versucht, dem alkoholisierten Ludwig ins Gewissen zu reden. ■ Bianca vergrault mit Beate potenzielle Käufer und informiert Isolde, dass sich bislang niemand zum Kauf entschieden hat. Die frisch verliebte Isolde bietet Bianca einen Preisnachlass an. Abends gesteht Nossek, ein reicher Mann zu sein und will Bianca das Geld schenken. Das möchte sie aber nicht. Nach einem Anruf muß Nossek dringend weg. Bianca bleibt verwirrt zurück.

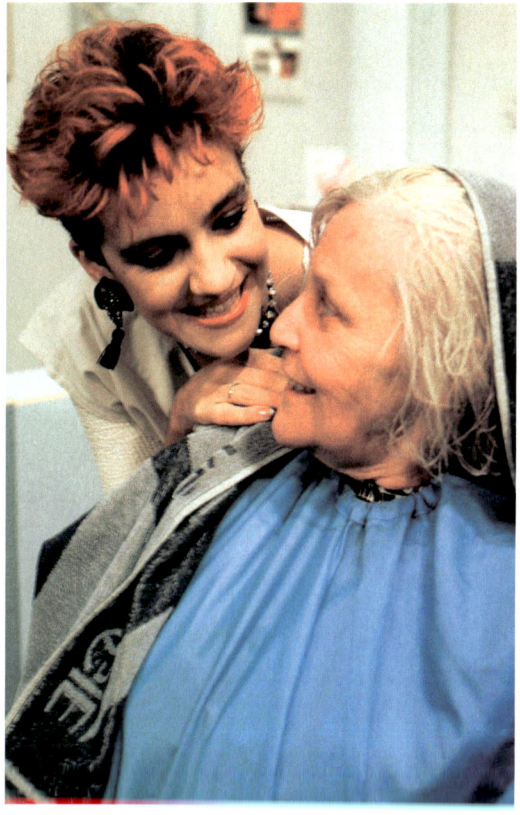

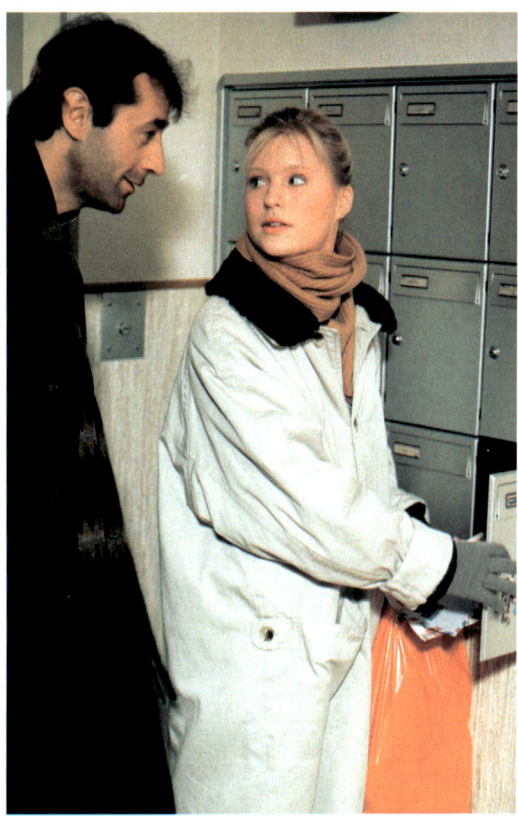

Buch: Hans W. Geißendörfer, Maria Elisabeth Straub ■ Regie: Ron Jones ■ Kamera: Dieter Christ ■ Redaktion: Monika Paetow

118 | Vo Dao

6. MÄR 88

Helgas Gefrierschrank hat unfreiwillig auf Abtauen geschaltet. Sie verschenkt ihren Vorrat an die Nachbarn. Beim Abendessen erzählt Berta, dass sie lange nichts von Gottlieb gehört hat. Sie sorgt sich sehr. ■ Gung führt Anna in Va Dao, eine vietnamesische Meditation, ein. Benno versucht vergeblich, mit Gabi über ein zweites Kind zu sprechen. ■ Bianca bespricht die Kaufmodalitäten mit dem Immobilienmakler. 80.000 Mark kann sie sofort bezahlen, den Rest in monatlichen Raten von 1.500 Mark. Bianca ist froh, dass Isolde so verliebt in ihren Enrico ist, sonst hätte sie nie einem Mietkauf zugestimmt. ■ Franz gesteht Tanja, dass er sich verliebt hat. Tanja wiederum ist froh, dass ihr Vater das Thema von sich aus anspricht — schließlich tratscht es Else ja auch überall herum. Als ihr klar wird, dass Franz von Vera redet, ist sie sehr enttäuscht.

Buch: Hans W. Geißendörfer, Maria Elisabeth Straub ■ Regie: Ron Jones ■ Kamera: Dieter Christ ■ Redaktion: Monika Paetow

119 | Mitbringsel

13. MÄR 88

Manoel muss wieder die Klasse wechseln. Lydia glaubt, dass Berta ihn zu lasch erzieht. ■ Chris kommt völlig durchnässt heim. Aus Versehen ist sie in den Strahlbereich eines Wasserwerfers geraten. Nachts bekommt Chris Fieber, und Lydia ruft bei Dresslers an. Hier gibt es keine Hilfe: Ludwig ist angeblich selbst krank. Im Fieber spricht Chris von ihrer gewalttätigen Mutter. ■ Friedhelm wartet, bis Anna allein ist. Er überreicht ihr einen Scheck und will sie zurück. Aber Anna hat die Scheidung eingereicht. Als Anna nicht nachgibt, beschimpft er sie, zerreißt den Scheck und verlässt wutentbrannt die Wohnung. Anna ist stolz auf sich, weil sie zum ersten Mal hart geblieben ist. ■ Vera und Celin kommen zum Abendessen. Celin sagt, Tanja soll ihren Vater vor Vera warnen, sie sei schlecht und werde ihn zerstören. Franz dürfe nie wieder mit ihr sprechen.

Buch: Hans W. Geißendörfer, Maria Elisabeth Straub ■ Regie: Ron Jones ■ Kamera: Dieter Christ ■ Redaktion: Monika Paetow

120 | Tricks

20. MÄR 88

Onkel Franz überrumpelt die Beimers und zieht mitsamt Möbeln bei ihnen ein. Hans regt sich auf, er wird ihm morgen einen Platz im Altersheim besorgen. Franz macht erst einmal auf »lieben Onkel«. Vergebens: Solange der alte Mann nicht weicht, zieht Benny in den Hobbykeller. ■ Celin fragt, ob Tanja ihren Vater vor Vera gewarnt hat. Aber Tanja ist der Meinung, dass Franz sich seine Freunde selber aussuchen kann. Nachdem Celin versucht, sie zu küssen, ohrfeigt sie ihn. Vera soll demnächst bitte ohne ihren Sohn kommen. ■ Lydia schlägt Chris als Deutschlehrerin für Manoel vor. Berta ist von dieser Idee nicht begeistert. Von Gottlieb hat sie seit Wochen nichts gehört. Als sie erfährt, dass der Funkkontakt zum Schiff abgebrochen ist, macht sie sich Sorgen. Helga rät, stattdessen die männerfreie Zeit zu genießen, und genau das will Berta tun.

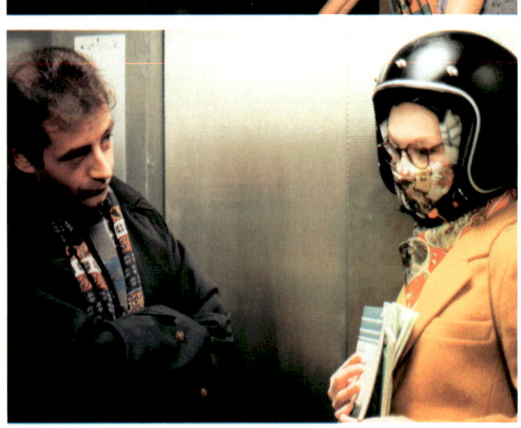

Buch: Hans W. Geißendörfer, Maria Elisabeth Straub ■ Regie: Ron Jones ■ Kamera: Dieter Christ ■ Redaktion: Monika Paetow

121 — Der vergessene Geburtstag

Berta ist entsetzt über Egons Buchhaltung. Sie erfährt, dass Gottliebs Yacht den Kurs geändert hat. Manoel will zum Heiligen Christopherus beten. Lydia tröstet Berta, während Chris, Carsten und Robert eine Kontaktanzeige für Lydia verfassen. ■ Beate hilft im »Akropolis«, da Elena in Griechenland weilt. Nossek will heute von Bianca wissen, ob sie ihn heiraten wird. Benninger berichtet von einer Betriebsprüfung im Verein. Später fahren Bianca und Nossek im offenen Cabrio los. Nossek ist sich sicher, dass Bianca »Ja« sagt. Plötzlich trifft ihn etwas im Gesicht. Er blutet stark und hält sich das Auge. ■ Nachdem Hans und die Kinder den ganzen Tag so getan haben, als hätten sie Helgas Geburtstag vergessen, gibt es nachmittags eine große Überraschung: Klaus singt in Begleitung der »Mini Pigs« das Lied »Meine Mama« und rührt Helga damit zu Tränen.

Buch: Hans W. Geißendörfer, Maria Elisabeth Straub ■ Regie: Ron Jones ■ Kamera: Dieter Christ ■ Redaktion: Monika Paetow

122 | Das Gelbe vom Ei

3. APR 88

Nossek wird sein Augenlicht auf Dauer verlieren. Er glaubt, von Benninger angeschossen worden zu sein, da Nossek ihn seit fünf Jahren wegen Unterschlagung erpresst. Entsetzt trennt sich Bianca von ihm. Sie fühlt nur noch Mitleid. Solange er hilflos ist, wird sie sich deshalb um ihn kümmern. ■ Klaus liegt teilnahmslos im Bett. Helga spürt, dass er etwas auf dem Herzen hat. Onkel Franz drängt Klaus, nichts von den Schießübungen zu erzählen, da man sie sonst beide einsperren würde. Als Klaus hört, dass Nossek erblindet ist, geht er traurig zurück ins Bett. Helga ist gerührt, dass Onkel Franz dem stark fiebernden Klaus heimlich Schokolade bringt. ■ Die WG versinkt förmlich in Ostereiern. Anna ist in Gung verliebt und flirtet heftig mit ihm. Spät schleicht sie sich in sein Bett. Schließlich habe Gung erklärt, sie dürfe sich etwas von ihm wünschen.

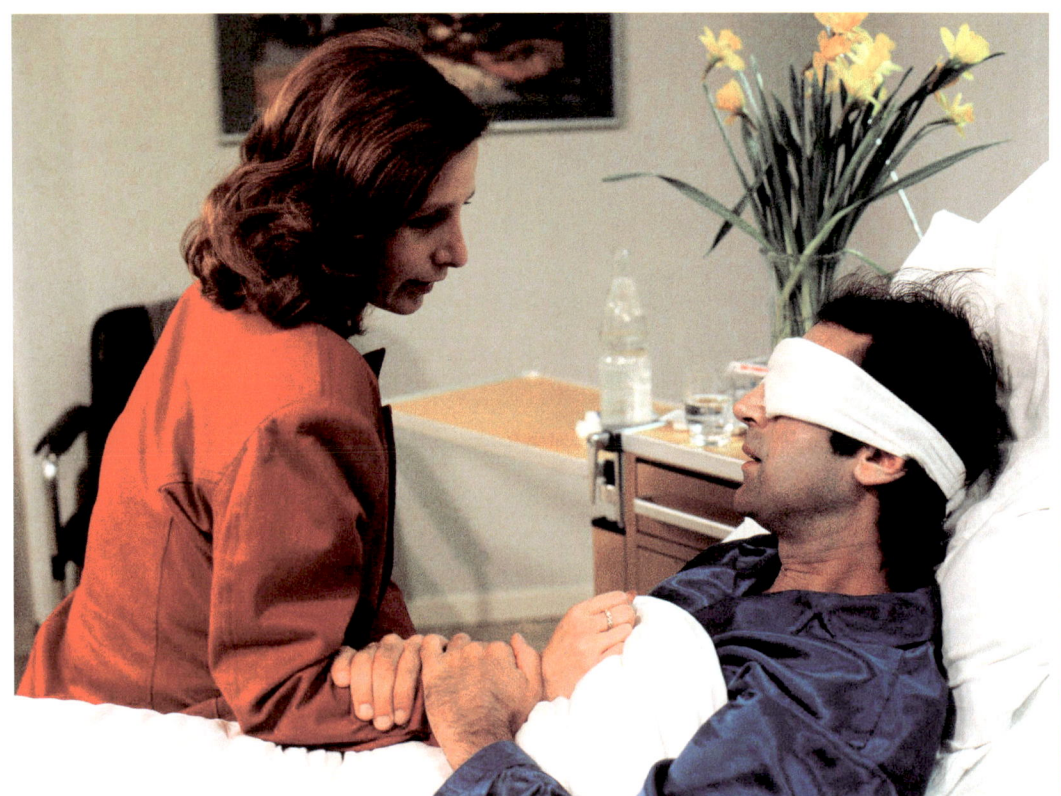

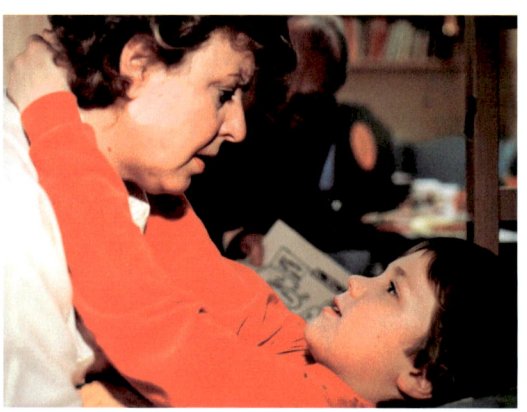

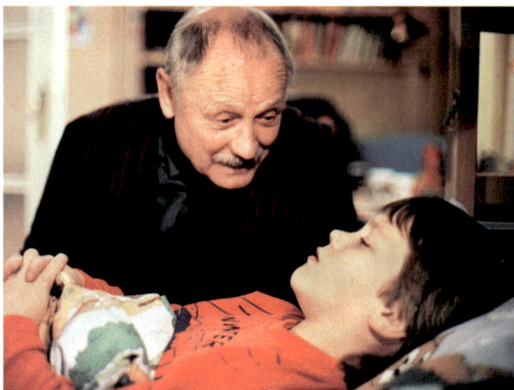

Buch: Hans W. Geißendörfer, Maria Elisabeth Straub ■ Regie: Kaspar Heidelbach ■ Kamera: Kurt Mikler ■ Redaktion: Monika Paetow

123 | Lydia und die Männer

Hans und Helga werden hellhörig, als Klaus auffallend oft nach Nossek und dessen Erblindung fragt. Endlich gibt er zu, auf Nossek geschossen zu haben. Hans und Helga sind geschockt, Onkel Franz macht sich aus dem Staub. ■ Carsten, Robert und Chris haben einen Herrn von Salen-Priesnitz für Lydia ausgesucht. Die ist davon wenig angetan. Lydia berichtet Chris entsetzt von Dressler, der sich immer mehr gehen lässt. Chris hat eine Idee: Unter dem Vorwand, Lydia schwebe in Lebensgefahr, holt sie Ludwig in Lydias Wohnung. Sie liegt blutverschmiert und reglos auf dem Boden. Dressler soll Lydia helfen, aber er starrt sie nur an. ■ Friedhelm schafft es nicht, Anna von der Scheidung abzubringen. Demonstrativ küsst diese Gung, und Friedhelm verschwindet. Gung stellt derweil klar, dass sie nur Freunde sind. Er ist in seine Kollegin Katharina verliebt.

Buch: Hans W. Geißendörfer, Maria Elisabeth Straub ■ Regie: Kaspar Heidelbach ■ Kamera: Kurt Mikler ■ Redaktion: Monika Paetow

124 | Der erste Schritt

17. APR 88

Onkel Franz kommt ins Altersheim. Er weist jegliche Verantwortung für Nosseks »Missgeschick« von sich. Glücklich zieht Benny zurück in sein Zimmer. Klaus versucht, eine Entschuldigung an Nossek aufzunehmen, aber er weiß nicht was er sagen soll. Helga besucht Nossek. Als sie Klaus' Cassette hören, läuft sie weinend aus dem Zimmer. ■ Elisabeth bedankt sich bei Lydia für den Versuch, Ludwig mit dem vorgetäuschten Unfall zur Raison zu bringen. Leider hat es überhaupt nicht funktioniert. Elisabeth weint sich bei Lydia und Chris aus. Berta macht sich unterdessen große Sorgen um Gottlieb. ■ Franz wird zum Opfer seiner Schüler, die ihm böse Streiche spielen. Vera findet seine Idee, sich an eine andere Schule versetzen zu lassen, gut. Am Stadtrand sind die Menschen ihrer Meinung nach freundlicher. Franz fragt, ob sie zu ihm ziehen möchte.

Buch: Hans W. Geißendörfer, Maria Elisabeth Straub ■ Regie: Kaspar Heidelbach ■ Kamera: Kurt Mikler ■ Redaktion: Monika Paetow

125 | Röslein auf der Heide

24. APR 88

Vera feiert Geburtstag bei Schildknechts. Franz wird vermutlich zum Sommer hin versetzt. Er fragt erneut, ob sie mit ihm zusammen ziehen möchte. Aber Vera will nicht. Sie hat Angst, Celin zu verlieren. Tanja ist es recht: Sie mag weder Vera noch Celin. ■ Bianca hat Angst vor Nosseks Entlassung in zwei Wochen. Sie sagt Beate, dass sie ihn nicht mehr lieben könne. Beate drängt sie, die Meisterprüfung zu machen, damit sie ihre Lehre fortsetzen kann. Von Nossek fordert Bianca, die Verbindung zu Benninger zu kappen. Für Nossek aber ist Geld das Einzige, was ihm bleibt. ■ Beate nimmt Elisabeth, die am Ende ihrer Kraft ist, mit zu sich. Ludwig bemerkt in seinem Alkoholwahn nicht, dass er Spiritus verschüttet. Als er mit brennender Zigarette im Sessel einschläft, fällt ihm diese aus der Hand. Die mit Spiritus durchtränkte Zeitung entzündet sich.

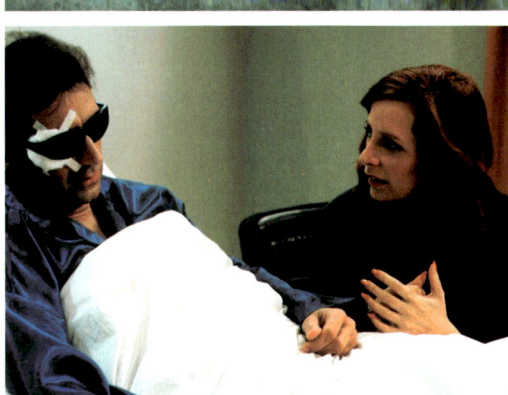

Buch: Martina Borger, Hans W. Geißendörfer ■ Regie: Kaspar Heidelbach ■ Kamera: Kurt Mikler ■ Redaktion: Monika Paetow

126 | Zitternde Hände

Beate und Vasily ziehen in die ehemalige Kronmayr-Wohnung. Beate hat Ludwig letzte Woche gerettet, als sie Elisabeths Schlaftabletten holen wollte. Bianca kommt mit der Mitteilung, dass sie zur Meisterprüfung zugelassen wurde. ■ Manoel berichtet Lydia von der ersten Deutschstunde mit Chris. Unbemerkt verschluckt er eine Wespe und wird in den Hals gestochen. Panisch ruft Lydia den betrunkenen Ludwig herbei. Mit einem Luftröhrenschnitt rettet er Manoels Leben. Abends meldet sich Gottlieb. Berta ist glücklich, ihn endlich zu hören. Ihre Freude wird jedoch rasch getrübt. ■ Unverhofft steht Onkel Franz vor der Tür. Er überrumpelt Helga und nistet sich wieder ein. Hans bugsiert ihn kurz darauf hinaus. Klaus schleicht in Nosseks Krankenzimmer. Ohne auf dessen Fragen zu reagieren, legt er sein Stofftier aufs Bett und verschwindet unerkannt.

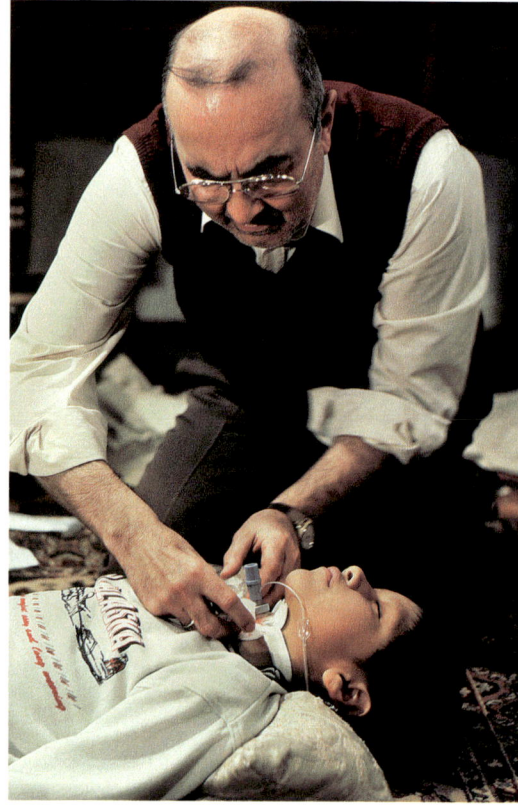

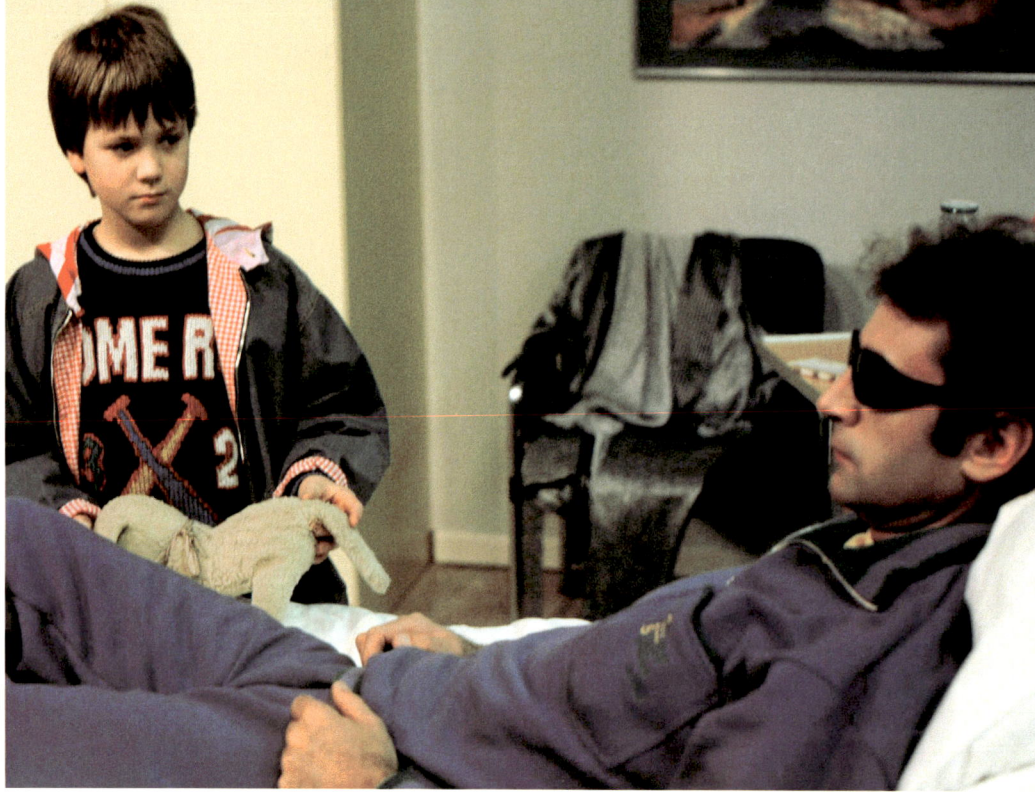

Buch: Martina Borger, Hans W. Geißendörfer ■ Regie: Kaspar Heidelbach ■ Kamera: Kurt Mikler ■ Redaktion: Monika Paetow

127 | Scherben bringen Glück

8. MAI 88

Bianca holt den erblindeten Nossek nach Hause. Sie wird sich um ihn kümmern, denn in ein Heim für Blinde will er auf keinen Fall umsiedeln. ■ Vera zieht nun doch mit Celin zu Schildknechts. Tanja will schnellstmöglich für ein Jahr nach Gomera verschwinden. Als Vera einen Brief von Celin verliert, steckt Tanja ihn ein. Sie liest heimlich den poetischen Liebesbrief, während Vera mit Celin telefoniert, und versteckt ihn in ihrem Zimmer. ■ Berta ist enttäuscht. Gottlieb wird bis September auf See bleiben. Lydia glaubt, Gottlieb flüchte vor dem Familienleben. Berta ist sich indes sicher, dass eine andere Frau dahinter steckt. Bei Manoels Nachuntersuchung erfährt sie, dass Dressler ab Montag wieder praktizieren wird und beschlossen hat, dem Alkohol abzuschwören. Später erhält Ludwig telefonisch die Mitteilung, ihm werde die Approbation entzogen.

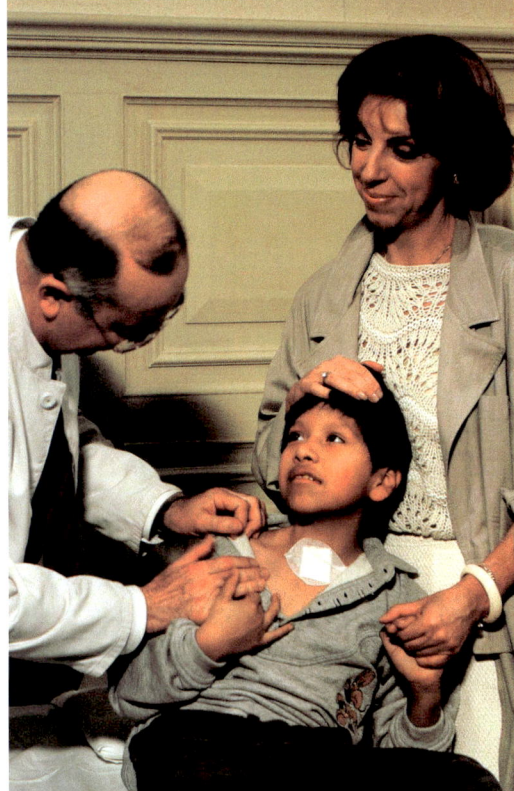

Buch: Martina Borger, Hans W. Geißendörfer ■ Regie: Kaspar Heidelbach ■ Kamera: Kurt Mikler ■ Redaktion: Monika Paetow

128 | Demonstrationen

Die Bewohner der Lindenstraße unterstützen Ludwig tatkräftig bei seinem Verhör durch einen Abgeordneten der Ärztekammer. Letztendlich wird das Disziplinarverfahren gegen ihn eingestellt. Ludwig bedankt sich und stößt mit Mineralwasser an. Auch das Verhältnis zu Elisabeth entspannt sich. ■ Anna will gerade Gung verführen, als auf einmal Gabi und Friedhelm im Raum stehen. Beim Gespräch mit Friedhelm flippt Anna aus und stürmt wütend aus der Wohnung. Friedhelm solle sie endlich in Ruhe lassen: Es sei aus. ■ Chris kommt in lädiertem Zustand von einer Demo zurück und berichtet von einem Übergriff der Polizei. Lydia kann das nicht glauben und versucht, die Polizisten in Schutz zu nehmen. Mitten in der Nacht schellt es bei Lydia. Sie öffnet zwei Polizisten die Tür. Sie fordern Lydia auf, sofort Chris zu wecken. Die schläft tief und fest.

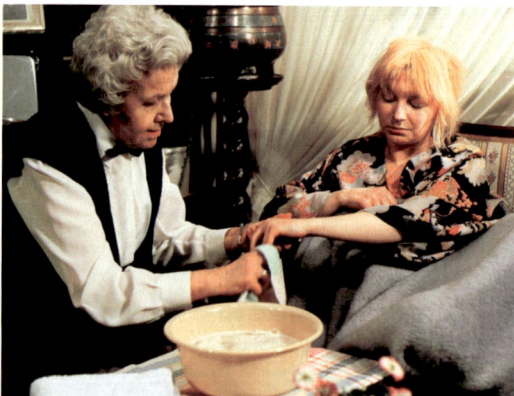

Buch: Martina Borger, Hans W. Geißendörfer ■ Regie: Kaspar Heidelbach ■ Kamera: Kurt Mikler ■ Redaktion: Monika Paetow

129 | Der 80. Geburtstag

22. MAI 88

Chris erzählt Tanja von ihrer Zeugenvernehmung letzte Woche. Tanja berichtet, dass sie nach Gomera gehen wird. ■ Aus Schuldgefühl geht Klaus täglich mit Nossek spazieren. Nossek fordert von Benninger ein höheres Schweigegeld. Benninger fragt, was passiert, wenn er nicht zahlt — und schleicht sich während Nosseks Antwort hinaus. Als Nossek bemerkt, dass er weg ist, ruft er panisch Bianca an. Die ist sauer, dass Nossek seine Erpressungsversuche fortsetzt. Der größere Schock folgt abends: Ein Unbekannter packt sie von hinten und hält ihr den Mund zu. ■ Obwohl sie ihren 80. Geburtstag nicht feiern wollte, ist Lydia trotzdem ein wenig enttäuscht — niemand hat Zeit für sie. Um so größer ist die Freude, als Berta sie abends ins »Akropolis« lotst. Dort warten bereits alle Nachbarn auf sie. Lydia ist überwältigt. Berta beschließt, Gottlieb zu suchen.

Buch: Martina Borger, Hans W. Geißendörfer ■ Regie: Kaspar Heidelbach ■ Kamera: Kurt Mikler ■ Redaktion: Monika Paetow

130 | Blinde Wut

29. MAI 88

Bianca konnte sich letzte Woche gerade noch retten. Aufgrund ihrer Aussage wurden sowohl Benninger als auch Nossek verhaftet. Nossek, der gestern aus der U-Haft entlassen wurde, ist ziemlich sauer auf sie. Sie hat ihn verpfiffen. Nossek versteht nicht, dass sie es aus Liebe getan hat und wirft sie hinaus. Später holt er eine Pistole aus einem Versteck und hält sie abwägend in der Hand. ■ Gabi setzt eine Maibowle für abends an und freut sich für Gung, der schwer verliebt in Katharina ist. Allerdings solle er Anna endlich klarmachen, dass er nichts von ihr will. Gung aber meint, dass er das bereits getan hat. Abends trifft Anna zufällig auf Gung und Katharina. Von Benno erfährt sie, wie verliebt Gung ist. Anna läuft bestürzt in ihr Zimmer. ■ Berta verabschiedet ihre Lieben, um Gottlieb zu suchen. Sie ist sich sicher, ihn bald zu finden.

Buch: Martina Borger, Hans W. Geißendörfer ■ Regie: Kaspar Heidelbach ■ Kamera: Kurt Mikler ■ Redaktion: Monika Paetow

131 Klare Verhältnisse

Nossek fürchtet Benningers Rache und trägt ständig eine Pistole mit sich herum. Beim Besuch an Hennys Grab kann Bianca die Waffe an sich nehmen und unbemerkt vergraben. Nossek erzählt sie, die Pistole weggeworfen zu haben. Der ist zunächst sauer, beruhigt sich aber, als ihn Bianca endlich wieder einmal küsst. Klausi schenkt Nossek schweren Herzens seinen Hund »Beimer«. Bianca meint, Nossek könne dieses Geschenk nicht annehmen. ■ Auf Gabis Rat hin macht Anna dem verdutzten Gung eine Szene — in Anwesenheit von Katharina. Anna geht es danach besser. Die Sache mit Gung ist damit erledigt. ■ Berta findet nach langer Suche endlich das Schiff ihres Mannes. Sie will zu Gottlieb laufen. Bevor sie sich bemerkbar machen kann, beobachtet sie, wie eine leicht bekleidete Frau zu Gottlieb aufs Deck kommt. Die beiden umarmen sich.

Buch: Martina Borger, Hans W. Geißendörfer ■ Regie: Kaspar Heidelbach ■ Kamera: Kurt Mikler ■ Redaktion: Monika Paetow

132 | Korbinian

Traurig ziehen Berta und Manoel in die ehemalige Bennarsch-Wohnung. Als Berta ihrer Mutter von der anderen Frau erzählt, tröstet Lydia sie. ■ Bianca ist schwanger. Während sie sich gegen das Kind entscheidet, teilt Else die Neuigkeit dem werdenden Vater mit. Überglücklich bittet er Bianca, zu ihm zu kommen. Das Kind bedeutet ihm alles, er hat sogar schon einen Namen: Korbinian. Später geht versehentlich eine Flasche Champagner zu Bruch. Gutgelaunt will Nossek neuen besorgen. Beate und Bianca sehen ihn auf sich zukommen. Das herannahende Auto bemerkt er nicht. Die beiden rufen, er solle stehen bleiben, aber er hört sie anscheinend nicht. Nossek wird von dem Wagen erfasst und bleibt regungslos auf der Straße liegen. ■ Elisabeth und Dressler machen sich auf die Reise. Nach einer Entziehungskur in der Schweiz soll es weiter nach Italien gehen.

Buch: Martina Borger, Hans W. Geißendörfer ■ Regie: Kaspar Heidelbach ■ Kamera: Kurt Mikler ■ Redaktion: Monika Paetow

133 | Explosionen

19. JUN 88

Bianca wohnt seit einer Woche bei Beate und Vasily. Sie bittet Beate, sie zu Nosseks Beerdigung zu begleiten. Bianca hat unterdessen beschlossen, ihr Leben total umzukrempeln. Als erstes möchte sie den Salon verkaufen und irgendwo anders neu beginnen. Ob sie es schafft, das Kind abzutreiben, weiß Bianca allerdings nicht. Nossek hatte sich doch so darauf gefreut. ■ Tanja packt für Gomera. Franz versucht vergeblich, sie aufzuhalten. Nach einer weiteren unschönen Szene mit Celin zeigt sie Franz den Liebesbrief, den Celin seinerzeit an Vera geschrieben hat. Franz verlangt eine Erklärung. Doch Vera schweigt. ■ Unerwartet steht Onkel Franz vor Helga und bittet, wieder einziehen zu dürfen. Das »Problem« sei ja beseitigt, Nossek ist tot. Helga reagiert empört. Klausi ist traurig über Nosseks Tod, freut sich aber, dass er »Beimer« wieder hat.

Buch: Martina Borger, Hans W. Geißendörfer ■ Regie: Kaspar Heidelbach ■ Kamera: Kurt Mikler ■ Redaktion: Monika Paetow

134 | Naturinstinkte

26. JUN 88

Bianca hat am 7.7.88 ihre Meisterprüfung. Keinen Termin hat sie in Sachen Abtreibung. Hier ist sie noch unentschieden. ■ Franz hat sich von Vera überzeugen lassen, dass das Gedicht lediglich Celins pubertärer Fantasie entsprang. Der Abschied von Franz und Tanja ist tränenreich. Später ziehen Vera und Celin bei Franz ein. Nach einem Kinobesuch geht Franz noch ins »Akropolis«. Vera findet in der Wohnung einen Brief von Celin. Er kommt gegen seine Eifersucht nicht an und ist gegangen. ■ Hans ist frustriert: Die Arbeit im Amt türmt sich, und seinen Urlaub kann er auch nicht nehmen. Helga ist darüber enttäuscht. Hans flüchtet ins »Akropolis« und trifft dort Franz. Als sie später betrunken ins Haus kommen, macht Hans sogleich Anna an und schwärmt von ihren Beinen. Franz meint entrüstet, er sei doch ein solider Ehemann. Hans ist sich da nicht sicher.

Buch: Martina Borger, Hans W. Geißendörfer ■ Regie: Kaspar Heidelbach ■ Kamera: Kurt Mikler ■ Redaktion: Monika Paetow

135 Wechselbäder

Helga ist enttäuscht, dass Hans nicht mit in den Urlaub fahren kann. Anna bittet Hans unterdessen um Rat. Er wirkt verlegen und entschuldigt sich für sein Verhalten in der letzten Woche. Helga meint, er hätte ruhig etwas netter zu Anna sein können. Helga macht sich einmal mehr große Sorgen um Marion. Hans sieht das Ganze gelassen. Abends telefoniert sie mit ihr und erfährt, dass Marion nach Neapel fährt, anstatt nach München zu kommen. ■ Berta ist enttäuscht von Gottlieb. In einem Brief lügt er sie offen an. Lydia berichtet aufgeregt von einem Anruf Gottliebs, aber das interessiert Berta nicht mehr. Sie hat andere Probleme. Berta muss den Lebensunterhalt verdienen und will ihren Führerschein machen. ■ Als Gabi endlich einem zweiten Kind zustimmt, ist Benno Feuer und Flamme. Er überredet sie, Max' Mittagsschlaf für die Fortpflanzung zu nutzen.

Buch: Martina Borger, Hans W. Geißendörfer ■ Regie: Kaspar Heidelbach ■ Kamera: Kurt Mikler ■ Redaktion: Monika Paetow

136 | Rückschläge

10. JUL 88

Bianca hat ihre Meisterprüfung bestanden. Am Abend will sie allein bleiben. Sie hat sich zur Abtreibung entschlossen und denkt traurig an Stefan. ■ Helga ist besorgt über Marions Verhalten und fährt kurzerhand nach Berlin. Nachts ruft sie Hans an und berichtet aufgeregt, dass Marion verschwunden ist. ■ Da Celin noch mit Vera sprechen möchte, gehen Franz und Hans schon ins »Akropolis«. Celin gesteht Vera, dass er sich auf nichts mehr konzentrieren kann; er denkt immer an sie und Franz. Vera entgegnet, dass er sich nicht so abhängig von ihr machen darf. Sie liebt Franz, aber Celin ist ihr trotzdem sehr wichtig. Das stimmt: Ihre Zärtlichkeiten gehen in einen Zungenkuss über. Franz spricht derweil mit Hans über Vera und Celin. Er ist zuversichtlich, was Celin betrifft. Hans beobachtet aufmerksam Anna, die mit Friedhelm in den Biergarten kommt.

Buch: Martina Borger, Hans W. Geißendörfer ■ Regie: Kaspar Heidelbach ■ Kamera: Kurt Mikler ■ Redaktion: Monika Paetow

137 | Happy Birthday

17. JUL 88

Bianca ist deprimiert: Sie grübelt, ob sie das Kind hätte behalten sollen. Außerdem muss sie 80.000 Mark an den Tennisclub zurückzahlen. Überraschend trifft Isolde mit Enrico ein und hat gleich die Lösung: Beate soll Bianca das Geld leihen. Sie selbst stellt Bianca das Atelier zur Verfügung, und mit den Mieteinnahmen kann Bianca dann Beate das Geld zurückzahlen. ■ Helga kommt beruhigt aus Berlin zurück. Mit Marion steht alles zum Besten. ■ Anna hat Geburtstag, und Friedhelm geht mit ihr essen. Er überzeugt sie davon, mit ihm in Urlaub zu fahren, und lotst sie in seine Wohnung — um ihr Fotos vom Ferienhaus zu zeigen. Dann aber wird er zudringlich und küsst sie gegen ihren Willen. Anna möchte sofort nach Hause, aber Friedhelm schließt die Tür ab. Hier sei sie zu Hause. Falls nicht, solle sie doch versuchen, sich den Schlüssel zu holen …

Buch: Martina Borger, Hans W. Geißendörfer ■ Regie: Kaspar Heidelbach ■ Kamera: Kurt Mikler ■ Redaktion: Monika Paetow

138 | Alpträume

Zwischen Carsten und Robert kommt es zum Streit, woraufhin Robert die Wohnung verlässt. Im Hausflur trifft er Manoel, der Berta bei einem Besuch im Zoo verloren hat. Gemeinsam warten die beiden auf Bertas Rückkehr. Zum Dank lädt Berta ihn zum Abendessen ein. ■ Gabi wacht von Annas Weinen und Schreien auf und geht zu ihr. Anna leidet unter Alpträumen. Friedhelm hat sie geschlagen, genau wie in der letzten Woche. Anna ist mit den Nerven am Ende, sie hatte geglaubt, Friedhelm habe sich geändert. Gabi tröstet sie und versucht ihr klar zu machen, dass Friedhelm krank ist. Seit sie ihn angezeigt hat, traut sie sich kaum noch aus dem Haus. ■ Weil Franz und Vera allein nach Portugal fahren wollen, läuft Celin Amok. Wütend macht er sich aus dem Staub. Nachts ruft Celin an und droht, etwas Schreckliches zu tun, wenn Vera und Franz ihn nicht mitnehmen.

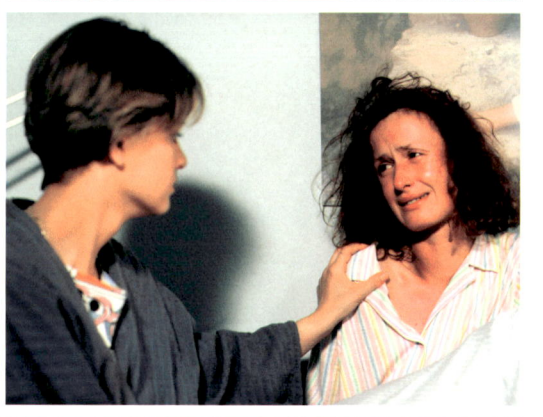

Buch: Martina Borger, Hans W. Geißendörfer ■ Regie: Kaspar Heidelbach ■ Kamera: Kurt Mikler ■ Redaktion: Monika Paetow

139 | Ein Meer von Blumen

31. JUL 88

Helga fährt mit den Jungs in Urlaub. Hans bleibt allein zu Hause. Beim Müllwegbringen begegnet er Anna und schaut ihr fasziniert nach. ■ Vera ist nervös wegen der Portugalreise. Franz versucht, sie zu beruhigen. An einer Autobahnraststätte kehrt Vera jedoch um und lässt den fassungslosen Franz ohne Auto zurück. Celin erwartet sie bereits. Die Wohnung ist mit Blüten ausgelegt, in dem Blumenmeer steht »Vera und Celin«. Die beiden fallen sich in die Arme. Celin wusste, dass sie ihn nie verlassen würde. Als Franz ankommt, ist Vera verschwunden. ■ Carsten reicht es. Er wirft Robert raus. Der bittet Berta, in Gottliebs Wohnung bleiben zu können. Er möchte aus dem Kiosk einen Taschenbuchladen machen. Berta findet die Idee gut. Sie will Gottlieb telegrafieren, und wenn er nicht innerhalb von drei Tagen antwortet, kann Robert den Laden aufmachen.

Buch: Martina Borger, Hans W. Geißendörfer ■ Regie: Kaspar Heidelbach ■ Kamera: Kurt Mikler ■ Redaktion: Monika Paetow

140 | Vera und Celin

7. AUG 88

Chris wird an einer Schauspielschule angenommen. Sie rät Carsten, per Zeitungsanzeige einen Mitbewohner zu suchen. ■ Berta hat zu Lydias Entsetzen mit Gottlieb abgeschlossen. Robert und Egon machen sich an die Renovierung des Kiosks. Robert möchte, dass sich sein Taschenbuchkiosk von allen anderen unterscheidet. ■ Unverhofft steht Vera nach einer Woche vor Franz' Tür. Glücklich fallen die beiden sich in die Arme. Vera gesteht, dass Celin nicht ihr Sohn, sondern ein ehemaliger Schüler ist, mit dem sie ein Verhältnis hatte. Sie bittet Franz um eine zweite Chance. Die letzte Woche hatte sie mit Celin verbracht. Sie ist sich sicher, dass er ihre Beziehung zu Franz nun akzeptiert. Falsch gedacht: Celin droht Vera wegen Unzucht mit Abhängigen anzuzeigen, falls sie sich weiter mit Franz trifft. Er gibt ihnen genau eine Woche, um sich zu entscheiden.

Buch: Martina Borger, Hans W. Geißendörfer ■ Regie: George Moorse ■ Kamera: Kurt Mikler ■ Redaktion: Monika Paetow

141 | Der Untermieter

14. AUG 88

Franz und Vera haben sich versöhnt. Mehr noch: Franz macht der überraschten Vera einen Heiratsantrag. Entspannung auch an anderer Stelle: Celin bittet Franz weinend um Verzeihung. Er wird Vera nicht anzeigen. Er hat verstanden, dass sie ihn nicht mehr liebt. ■ Friedhelm ist psychisch verwirrt und wird verhaftet. Anna liest einen Brief von ihm: Er glaubt, zwei Persönlichkeiten zu haben, will bestraft werden und bittet Anna, dass sie Sarah niemals von seiner dunklen Seite erzählt. ■ Ganze Horden interessieren sich für Carstens Zimmer. Als es ihm zuviel wird, entscheidet er sich spontan für den Mann, der neben ihm steht. Zorro strahlt. Er wusste, dass er heute Glück haben würde. Kurz darauf ist Carsten jedoch genervt seinem neuen Mitwohner. Das schlägt in Entsetzen um, als der ungepflegte Zorro fragt, ob er Carstens Zahnbürste mitbenutzen kann.

Buch: Martina Borger, Hans W. Geißendörfer ■ Regie: George Moorse ■ Kamera: Kurt Mikler ■ Redaktion: Monika Paetow

142 | Beginn einer Affäre?

21. AUG 88

Hans uns Anna laufen sich mehrfach über den Weg. Abends will Hans ihr noch ein Buch über Scheidungen geben, findet es aber nicht gleich. Es knistert zwischen den beiden. Anna sagt, dass sie ihn gerne wiedersehen möchte. ■ Während Robert seinen Buchkiosk eröffnet, plant Chris einen Sitzstreik gegen Waffen in Europa. Sie hat ein Transparent mit der Aufschrift »Waffen raus aus Europa« über die Strasse gespannt und verursacht einen Verkehrsstau. Die Polizei trägt sie weg. ■ Zorro treibt Carsten mit seinem Spleen für Sperrmüll zur Weißglut. Schließlich reicht es ihm. Er zerreißt den Mietvertrag, um Zorro vor die Tür zu setzen. Zorro droht — wenn auch auf charmante Weise — mit einem langen Rechtsstreit; sein Bruder ist Anwalt. Letzten Endes versöhnt er Carsten mit einem exquisiten Essen. Er hat das Essen auf Rechnung seines Bruders gekauft.

Buch: Martina Borger, Hans W. Geißendörfer ■ Regie: George Moorse ■ Kamera: Kurt Mikler ■ Redaktion: Monika Paetow

143 | Paare

Helga kommt früher als erwartet aus dem Urlaub zurück. Sie hat Anna zum Abendessen eingeladen. Die Unterhaltung wird ausschließlich von Helga getragen. Anna und Hans fühlen sich beide sichtlich unwohl. ■ Auf Grund akuter Geldprobleme geht die WG zum Blutspenden. Hans erzählt Benno von einer Behindertenwerkstatt, die einen Vorarbeiter sucht. Abends wird Gabi beim Tanzen schwindelig, sie glaubt, sie sei schwanger. Benno ist überglücklich. ■ Vasily und Panaiotis streiten: Vasily will Veränderung — Panaiotis das Altbewährte. Beim Sirtaki schlägt Beate dann Panaiotis vor, in Nosseks Atelier eine Tanzschule zu eröffnen. Sie erzählt, dass Bianca als Maskenbildnerin nach Ulm geht und sie ihm das Atelier auf jeden Fall vermieten würde. Panaiotis aber meint, sie müsse sich etwas anderes ausdenken, um ihn und Elena aus dem »Akropolis« zu vertreiben.

Buch: Hans W. Geißendörfer, Maria Elisabeth Straub ■ Regie: George Moorse ■ Kamera: Kurt Mikler ■ Redaktion: Monika Paetow

144 | Die herrliche Leichtigkeit des Lebens | 4. SEP 88

Nach einem Anruf von Gottlieb drängt Lydia ihre Tochter, ihm die Heimkehr so leicht wie möglich zu machen. Berta will aber keinesfalls mehr mit ihm unter einem Dach leben und meint, Robert solle bis zu Gottliebs Ankunft in der Wohnung bleiben. ■ Isolde überlegt, den Salon von Bianca zurück zu kaufen. Die wechselt nach Ulm. Panaiotis hat sich inzwischen doch für eine Tanzschule entschieden. Er klärt mit Bianca die Modalitäten, um das Atelier zu mieten. ■ Schwarzer Tag für Benno: Abgesehen davon, dass er den Job im Behindertenheim bekommt, scheint alles schief zu gehen: Gabi ist nicht schwanger. Und beim Blutspenden in der letzten Woche wurde festgestellt, dass er HIV-positiv ist. Bennos Gedanken fahren Achterbahn. ■ Anna und Hans treffen sich in der WG. Sie erzählt, dass sie kaum an Friedhelm denkt, obwohl er aus der U-Haft entlassen wurde.

Buch: Hans W. Geißendörfer, Maria Elisabeth Straub ■ Regie: George Moorse ■ Kamera: Kurt Mikler ■ Redaktion: Monika Paetow

145 | Häschen in der Grube

11. SEP 88

Benno und Gabi sind am Boden zerstört. Seine Krankheit macht ihnen große Angst. Gabi befürchtet, dass sie sich ebenfalls angesteckt hat und meldet auch Max zum Test an. Während Benno nach dem »Wieso« fragt, beschäftigt Gabi das »Woher«. Nachts wirft er sie aus dem Zimmer. Er erträgt ihre Furcht vor Berührung nicht. ■ Elisabeth kehrt aus dem Urlaub zurück und erzählt ihrem Sohn glücklich von Ludwigs erfolgreicher Entziehungskur. ■ Berta hat schlechte Nachrichten für Robert. Gottlieb hat seine Rückkehr angekündigt. Abends sieht Berta dann Gottlieb im Taxi ankommen. Er schleicht sich in die Wohnung, will Berta überraschen. Überrascht wird dann er selbst, als er Robert in seinem Bett vorfindet. Berta kommt hinzu, erklärt, dass sie mit Manoel nun unten wohnt, bietet Robert an, bei ihr zu übernachten und verschwindet aus der Wohnung. Gottlieb ist fassungslos.

Buch: Hans W. Geißendörfer, Maria Elisabeth Straub ■ Regie: George Moorse ■ Kamera: Kurt Mikler ■ Redaktion: Monika Paetow

146 | Besuch aus Berlin

18. SEP 88

Berta konfrontiert Gottlieb mit seiner Affäre. Gottlieb bestreitet alles und möchte, dass Berta zu ihm zurück zieht. Aber Berta denkt gar nicht daran. Sie hat gelernt, nicht auf ihn zu zählen, und ihn längst hinter sich gelassen. ■ Marion ist mit einigen Freunden auf der Durchreise. Sie übernachten alle bei Beimers. Helga ist enttäuscht, dass sie Marion keine Minute für sich hat. Hans und Anna schauen sich tief in die Augen, als er in der WG Kartoffeln leihen will. Im Schlaf spricht Hans von Anna. Helga ist verwundert — er träumt von einer Anna? ■ Panaiotis und Vasily streiten fast wieder, weil Vasily mehr Verantwortung möchte. Panaiotis lässt ihn ein bisschen zappeln und teilt ihm dann mit, dass er ihm die gesamte Verantwortung für das Lokal überträgt. Beate und Vasily freuen sich sehr. Die Bühne wird zur »Agora« — einem Kleinkunstforum.

Buch: Hans W. Geißendörfer, Maria Elisabeth Straub ■ Regie: George Moorse ■ Kamera: Kurt Mikler ■ Redaktion: Monika Paetow

147 | Der erste Tanz

25. SEP 88

Gabi und Benno klären Anna, Gung und Ludwig darüber auf, dass sich Benno mit HIV infiziert hat. Allen anderen wollen sie die Ansteckung durch eine Blutkonserve erst einmal verschweigen. ■ Gottlieb fordert eine zweite Chance von Berta. Die aber wüsste nicht, warum sie sich darauf einlassen sollte. Gottlieb interessiert, was zwischen Berta und Robert läuft. ■ Panaiotis ist enttäuscht, dass Bianca nicht zur Eröffnung der Tanzschule kommt. Aber Bianca mag keine Abschiede, sie wird morgen früh nach Ulm umziehen. Derweil nähern sich Hans und Anna beim Tanzen an. Anna versucht standhaft zu bleiben. Nach dem Fest entschließen sie sich jedoch unabhängig voneinander zu einem Spaziergang und treffen sich auf der Straße. Leidenschaftlich küssen sie sich in einem Hauseingang. Benny, der gerade heim kommt, entdeckt Hans und ruft schockiert: »Paps?!«

Buch: Hans W. Geißendörfer, Maria Elisabeth Straub ■ Regie: George Moorse ■ Kamera: Kurt Mikler ■ Redaktion: Monika Paetow

148 | Bora-Bora

Anna zieht aus, betont aber, dass es nichts mit Benno zu tun hat. Sie fängt am Montag wieder an zu arbeiten und muss ihr Leben in den Griff bekommen. Gabi ist aufgelöst. Zwar fiel ihr Test negativ aus, aber sie hat Angst, dass der Virus noch nicht nachweisbar ist. Benno hat sich bei der Arbeit verplappert und wurde fristlos gekündigt. ■ Hans spricht mit Benny über seine Gefühle für Anna und seine Liebe zu Helga. Benny will auf seinen Vater aufpassen. Abends holt er ihn total betrunken aus dem »Akropolis«. Auf der Straße bricht Hans in Tränen aus. ■ Else bekommt mit, wie Ludwig der verzweifelten Gabi Mut zuspricht. Else fordert daraufhin Gabis Auszug und beschimpft Carsten als schwulen Verursacher. Später telefoniert sie mit der Hausverwaltung und lässt Phil ausrichten, dass eine gewisse G. Z. Aids hat. Egon verlässt angewidert den Raum.

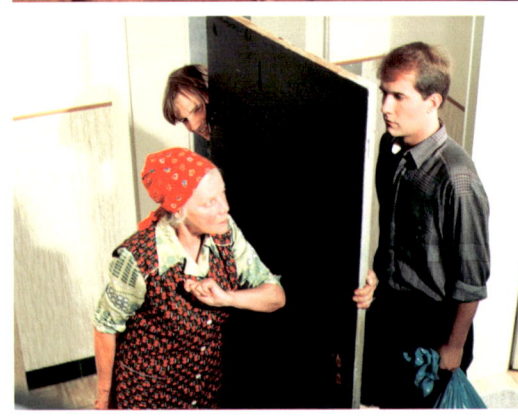

Buch: Hans W. Geißendörfer, Maria Elisabeth Straub ■ Regie: George Moorse ■ Kamera: Kurt Mikler ■ Redaktion: Monika Paetow

149 | Träume

Benno will wegen der hohen Kosten nicht gegen seine Kündigung klagen. Hülsch kommt mit Phils Mutter, um Max wegen Gabis angeblicher Aidserkrankung abzuholen. Benno flippt aus und wirft die Tür zu. Als Benno mit Gabi schlafen möchte, hat sie Angst und weint fürchterlich. Benno fragt, wie lange sie das noch durchhalten werden. ■ Berta gesteht ihrem Mann, dass sie in Robert verliebt ist. Gottliebs Diavortrag am Abend über die Atlantiküberquerung wird zu einem Liebesgeständnis an Berta. Er ist nur an Land gegangen, um bald wieder mit ihr hinaus zu fahren. Berta sieht das anders und verlässt das Lokal. Es gebe nunmal Träume, die man sich nicht erfüllen könne. ■ Chris und Zorro haben sich gefunden. Abends kommt es zu Zärtlichkeiten, die von dem betrunkenen Carsten jäh unterbrochen werden. Er vermisst Robert und legt sich zwischen Chris und Zorro.

Buch: Hans W. Geißendörfer, Maria Elisabeth Straub ■ Regie: George Moorse ■ Kamera: Kurt Mikler ■ Redaktion: Monika Paetow

150 | Das Zeichen

16. OKT 88

Gabi bringt Max zu Anna. Sie wird heute mit Benno in sein Heimatdorf fahren. Gabi ist sehr angespannt und fast am Ende ihrer Nerven. In der jetzigen Situation muss sie bei Benno jedes Wort auf die Goldwaage legen. ■ Anna hat Hans heimlich eine Bibernellrose hinter den Scheibenwischer geklemmt. Im Gegenzug steht der abends mit einem Strauß vor ihrer Tür. Die beiden fallen übereinander her. Zuhause gibt sich Hans dann äußerst wortkarg. Helga hat nach der »Agora«-Eröffnung im »Akropolis« blendende Laune und kuschelt sich an ihn. Und will etwas wissen. Warum er ihr so lange nicht mehr gesagt habe, dass er sie liebe? Hans hat gar nicht zugehört und fragt abwesend: »Was?« Helga schaut ihn entsetzt an. ■ Zorro wird, obwohl er sich mit Händen und Füßen wehrt, von Chris und Carsten zwangsgebadet. Dabei besprechen sie eine geplante Protestaktion.

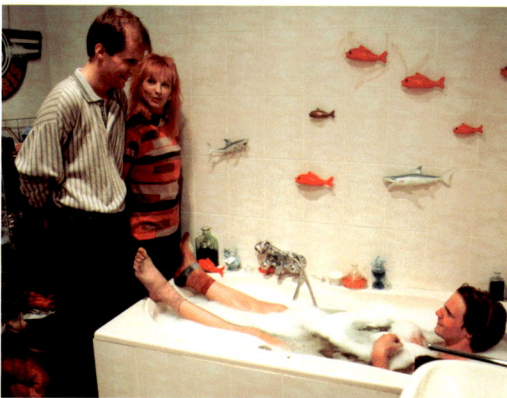

Buch: Hans W. Geißendörfer, Maria Elisabeth Straub ■ Regie: George Moorse ■ Kamera: Kurt Mikler ■ Redaktion: Monika Paetow

151 | Aus heiterem Himmel?

23. OKT 88

Besorgt berichtet Helga ihrer Tochter von ihrem Verdacht, dass Hans eine Affäre mit Anna hat. Der löst dieses Verhältnis jedoch gerade auf, weil er mit der Situation nicht klar kommt. Benny und Hans beschließen, nie wieder darüber zu reden. ■ Gottlieb sagt Berta, dass sie das Wichtigste in seinem Leben ist und er sie niemals gehen lassen würde. Benno will Gottlieb die Mithilfe am Schiffsbau wegen seiner HIV-Infektion absagen. Gottlieb tut es Leid für Benno. Er übergeht die Absage und will ihm monatlich 2.500 Mark zahlen. Benno fehlen die Worte. ■ Benno ist beeindruckt von Gottlieb, der ihn als einziger im Haus nicht als Monstrum sieht. Gabi drückt ihm daraufhin ein Kondom in die Hand und entkleidet sich. Benno beschließt, jeden im Haus zu fragen, ob er ausziehen soll. Er ist gespannt. Wird ihm das tatsächlich jemand ins Gesicht sagen?

Buch: Hans W. Geißendörfer, Maria Elisabeth Straub ■ Regie: George Moorse ■ Kamera: Kurt Mikler ■ Redaktion: Monika Paetow

152 | Maultaschen

30. OKT 88

Benno und Gabi informieren alle Nachbarn. Außer Else ist niemand für ihren Auszug. Augenscheinlich haben Phil und sein Hausverwalter gelogen. ■ Helga trifft Anna im Treppenhaus. Sie bittet sie in die Wohnung und sagt ihr, dass sie Bescheid weiß. Anna meint weinend, dass sie niemanden verletzen wollte. Sie kann aber nichts dafür, dass sie Hans liebt. Am Abend konfrontiert Helga ihren Mann mit dem Thema und hält ein Plädoyer für ihre 20-jährige Ehe. Hans gibt zu, dass er Anna liebt. Ihm ist klar, dass er sich entscheiden muss, ob er bei ihr und den Kindern bleibt oder … Helga schaut ihn ängstlich an. ■ Chris, Carsten und Zorro planen ihre »Leimaktion« weiter. Carsten will wissen, wer das finanzieren soll. Schließlich kann er nicht immerzu Elisabeth anpumpen. Zorro und Chris sehen das lockerer, schließlich haben Ludwig und Elisabeth genug Geld.

Buch: Hans W. Geißendörfer, Maria Elisabeth Straub ■ Regie: George Moorse ■ Kamera: Kurt Mikler ■ Redaktion: Monika Paetow

153 | Wenn ich ein Vöglein wär ...

Chris, Carsten und Zorro besprechen die »Leimaktion« der nächsten Woche. Carsten meint, ihr Vorhaben sei letztendlich Nötigung. Bei Chris zieht jedoch einzig sein Argument, dass der Leim ins Abwasser fließt. Zorro zählt entnervt die Vor- und Nachteile der Aktion auf. ■ Helga hat Hans verziehen. Sie ist glücklich, dass er nicht nur wegen der Kinder bei ihr geblieben ist. ■ Bevor sie in die Kur fährt, versucht Lydia wiederholt, mit Berta über Gottlieb zu sprechen. Aber für Berta ist das Thema erledigt. Lydia soll sich keine Sorgen machen, Berta ging es noch nie so gut wie im Moment. Später kommt sie völlig aufgestylt in Roberts Zimmer und singt ein Playback zu »New York«. Robert ist begeistert. Als sie ihm jedoch um den Hals fällt und ihn küssen will, weist er sie ab und flüchtet aus der Wohnung. Berta bleibt frustriert zurück.

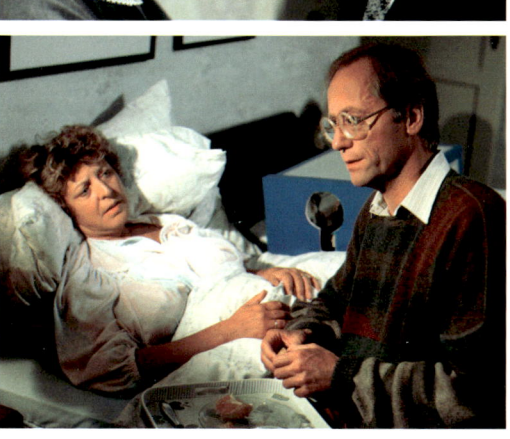

Buch: Hans W. Geißendörfer, Maria Elisabeth Straub ■ Regie: George Moorse ■ Kamera: Kurt Mikler ■ Redaktion: Monika Paetow

154 Wahre Freundschaft

13. NOV 88

Die Leimaktion fällt aus — zu gefährlich. Chris und Carsten schützen den wütenden Zorro vor sich selbst, indem sie ihn im Bad einsperren. Als die beiden später nach Hause kommen, ist Zorro weg. Abends ruft die Polizei an: Falls Zorro auftaucht, soll er sich sofort bei ihnen melden. Chris ist fassungslos und hofft, dass Zorro die Aktion nicht alleine durchgezogen hat. ■ Robert flüchtet vor Bertas Annäherungsversuchen und zieht aus. Berta ist enttäuscht. Robert erklärt, dass er sie nicht verletzen wollte, aber er sei nun mal schwul. Gottlieb und Manoel überraschen die geknickte Berta mit einem Abendessen. Als Gottlieb geht, bedankt sie sich mit einem Kuss auf die Wange. ■ Ludwig diagnostiziert bei Benno eine Lungenentzündung und schickt ihn zu einem Spezialisten. Benno resigniert. Auch Ludwig nimmt das Schicksal des jungen Mannes mit.

Buch: Hans W. Geißendörfer, Maria Elisabeth Straub ■ Regie: George Moorse ■ Kamera: Kurt Mikler ■ Redaktion: Monika Paetow

155 | Umarmungen

20. NOV 88

Wohnungsrenovierung inklusive neuem Bett bei Beimers: Der Neuanfang soll auch äußerlich dokumentiert werden. Nach der Einweihung des Bettes schlägt Helga einen Familien-Skiurlaub vor. Außer Marion sind alle begeistert. ■ Zorro zeigt sich unversöhnlich. Carsten und Chris konnten jedoch nicht ahnen, dass er sich befreit, betrinkt und dann den Verkehr lahm legt. Zorro fühlt sich von ihnen verraten und hintergangen. Schlussendlich vertragen sie sich doch wieder. ■ Benno hat eine schwere Lungenentzündung, aber ins Krankenhaus will er auf keinen Fall. Er bittet Gabi, nächste Woche mit ihm in die Berge zu fahren. Während Gabi arbeitet, schreibt er sein Testament. Er wird Max das Haus in den Bergen vererben. Als Gabi heim kommt, hat Benno hohes Fieber, Atemprobleme und spricht aufgeregt im Traum. Ludwig weist ihn nun doch ins Krankenhaus ein.

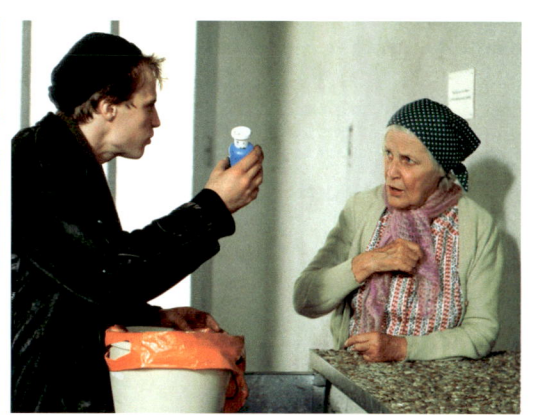

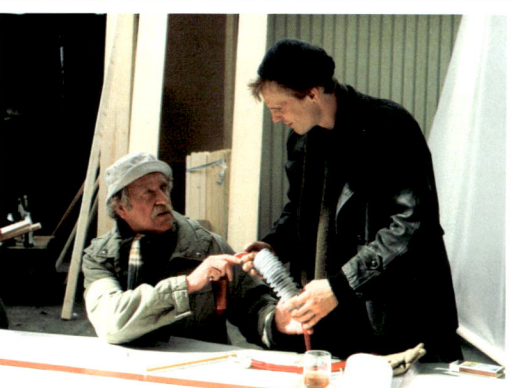

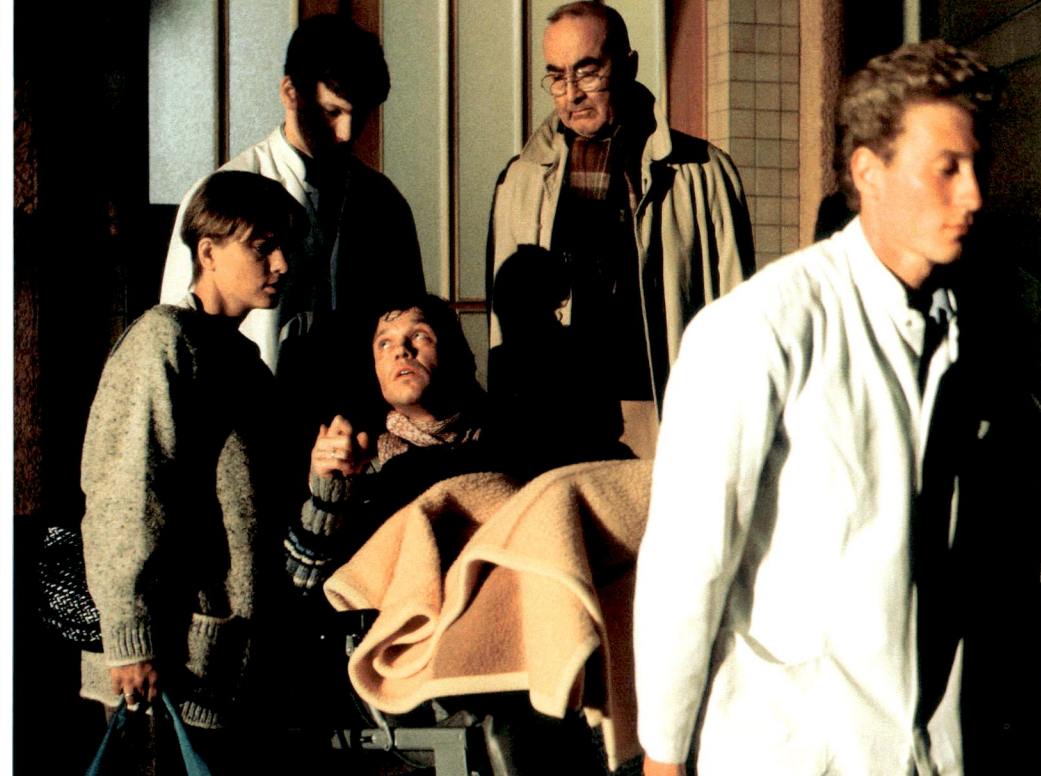

Buch: Martina Borger, Hans W. Geißendörfer ■ Regie: George Moorse ■ Kamera: Kurt Mikler ■ Redaktion: Monika Paetow

156 | Der erste Schnee

27. NOV 88

Berta ist glücklich: Sie hat die Führerscheinprüfung bestanden. Gottlieb freut sich mit ihr. Als sie später zu ihm kommt, versteckt er einen Brief vor ihr. Berta antwortet nicht auf seine Frage, ob sie je wieder zu ihm zieht. Andererseits legt sie ihr Nachthemd in sein Bett. Schließlich versöhnen sich die beiden. ■ Schlechte Stimmung bei Beimers: Marion will nicht zum Fest kommen. Hans ist genervt von Matthias, die Plätzchen verbrennen wie jedes Jahr, und Helga hat keine Lust auf die Vorweihnachtszeit. ■ Gabi und Benno fahren in die Berge. Auf dem Wiesenhuberhof angekommen, schwelgt Benno in Erinnerungen. Er ist sehr glücklich, in den Bergen zu sein. Gabi hat Angst um ihn, aber Benno tröstet sie. Benno redet vom Schnee, er weiß, dass er heute Nacht sterben wird. Gabi weint. Aneinander gekuschelt liegen sie im Bett, als Benno das Licht löscht.

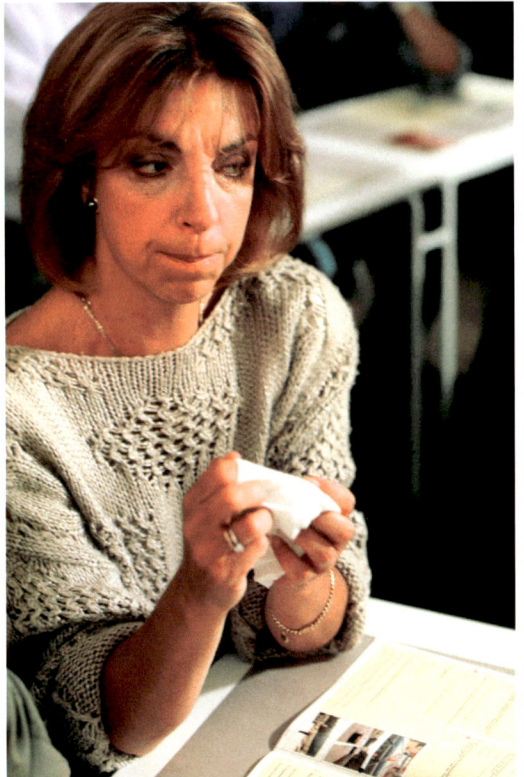

Buch: Hans W. Geißendörfer, Maria Schüller ■ Regie: George Moorse ■ Kamera: Kurt Mikler ■ Redaktion: Monika Paetow

157 | Laura

Nach Bennos Beerdigung verliest Lydia dessen Testament. Das Haus in Aiching bekommt Max, den Rest Gabi. Sie soll das Haus bis zu Max' Volljährigkeit verwalten. Bis dahin darf es nicht verkauft werden. Rosi, die sich einige Tage um Gabi kümmern wird, gerät mit ihrer Tochter aneinander. ■ Tanja kommt aus Gomera zurück. Sie ist geschockt über Bennos Tod. Sie berichtet Gottlieb, dass es Franz und Vera gut geht. Beide sind verliebt wie am ersten Tag. Als Celin vorbeikommt, macht Tanja ihm klar, dass Vera nichts mehr von ihm will. Wortlos verlässt er die Wohnung.
■ Berta zieht zurück in die eheliche Wohnung. Gottlieb liebt sie und verspricht, nie wieder allein loszuziehen. Zufällig findet Berta den Brief von einer Laura. Die hofft, dass Gottlieb seine Eheprobleme gelöst hat und freut sich auf ihr Treffen im März. Berta schaut Gottlieb erstaunt an.

Buch: Hans W. Geißendörfer ■ Regie: Nikolai van der Heyde ■ Kamera: Dieter Christ ■ Redaktion: Monika Paetow

158 | Die Wahrheit schmerzt immer

11. DEZ 88

Mit Bestürzung registriert Anna, dass Friedhelm nun aushilfsweise im Supermarkt arbeitet. Gabi ist heilfroh über Rosis heutige Abreise. Doch so schnell wird nichts daraus. Rosi verbrüht sich absichtlich den Fuß und hofft nun auf Aufenthaltsverlängerung. Als Anna später schon wieder schlecht ist, vermutet Gabi eine Schwangerschaft — was ja eigentlich nicht sein könne. Anna blickt sie entsetzt an. ■ Tanja will Journalistin werden. Von einem Redakteur bekommt sie ein Praktikum in Aussicht gestellt. ■ Gottlieb spricht mit Robert über die Auflösung des Vertrages. Er soll den Kiosk wieder einrichten. Nachdem Gottlieb vergeblich versucht hat, sich mit Berta zu versöhnen, kommt es zum Streit. Gottlieb sagt ihr, dass er nur aus Mitleid wieder mit ihr zusammen sein wollte. Manoel kommt verstört in die Küche und fragt, ob Papa jetzt wohl für immer geht.

Buch: Hans W. Geißendörfer ■ Regie: Nikolai van der Heyde ■ Kamera: Dieter Christ ■ Redaktion: Monika Paetow

159 | Abschied im Advent

18. DEZ 88

Anna ist schwanger. Elisabeth tröstet die weinende werdende Mutter und erfährt, dass Hans der Vater des Kindes ist. Gabi will wissen, warum Anna beim Arzt war. Ihrer Mutter Rosi hat Gabi ans Herz gelegt, ihren Mann über Weihnachten nicht allein zu lassen. Rosi überrascht mit der Nachricht, dass Hubert zu ihnen nach München kommt. ■ Benny stellt seinen Eltern Kornelia vor. Matthias ist enttäuscht, dass Marion in Paris bei Dominique weilt und auch Weihnachten nicht nach München kommt. ■ Gottlieb hat die finanzielle Seite der Trennung geregelt. Mit Berta überlegt er, was nach Gottliebs Rückkehr falsch gelaufen ist. Dann verabschiedet sich Gottlieb; er will zu Laura zurück kehren. Manoel schenkt ihm einen Talismann und bekommt dafür Gottliebs Schal. Traurig fragt Manoel seine Mutter, ob sie meint, dass Gottlieb jemals wiederkommen wird.

Buch: Hans W. Geißendörfer ■ Regie: Nikolai van der Heyde ■ Kamera: Dieter Christ ■ Redaktion: Monika Paetow

160 | Die Bescherung

25. DEZ 88

Onkel Franz kommt herbei, wünscht gesegnete Weihnachten und drückt Helga zwei Päckchen in die Hand. Hans erkennt an der Rose auf dem einem Paket, dass es von Anna ist. Helga wundert sich über das liebevolle Geschenk. Der Familienabend entwickelt sich anders, als Helga es sich gewünscht hat: Benny geht noch zu Kornelia und Klaus zu Manoel. ■ Klaus versucht vergeblich, Manoel zu trösten. Schließlich bittet er Else um Hilfe. Die verkleidet sich als Weihnachtsmann und schafft es, Manoel zum Lachen zu bringen. Vera berichtet Berta von Gomera. Franz hat den Maler in sich entdeckt und überlegt, den Schuldienst endgültig zu quittieren. ■ Gabi denkt traurig an Benno. Gung schlägt vor, neben Anna auch Chris, Zorro und Carsten einzuladen. Gabi ist genervt von Hubert. Geschockt vernimmt sie die Nachricht, dass Hubert und Rosi ganz zu ihr ziehen wollen.

Buch: Hans W. Geißendörfer, Maria Elisabeth Straub ■ Regie: Nikolai van der Heyde ■ Kamera: Dieter Christ ■ Redaktion: Monika Paetow

161 | Am Ende eines langen Jahres

1. JAN 89

Gabi sucht genervt eine Wohnung für ihre Eltern. Sie erklärt, Anna werde wieder einziehen. Als Anna sieht, dass Hans und Helga ins »Akropolis« gehen, will sie auch dorthin. Gabi beantwortet weinend Kondolenzschreiben und denkt an Benno. ■ An ihrem zweiten Hochzeitstag teilt Ludwig seiner Frau mit, dass er die Praxis aufgeben möchte. Elisabeth hatte gehofft, dass Carsten sie eines Tages übernehmen könnte. ■ Silvesterparty im »Akropolis«: Beimers sind wegen eines Skiunfalls vorzeitig aus dem Urlaub zurück. Helga bemerkt sehr wohl Hans' Blicke, als er Anna entdeckt. Onkel Franz begleitet, zu Egons Unmut, Else, nachdem er den Tag mit ihr verbracht hat. Matthias beobachtet, wie Ludwig später Friedhelm die Tür weist und läuft ihm nach. Die beiden machen einen Spaziergang. Das neue Jahr wird mit Feuerwerk und Tanz auf der Lindenstraße begrüßt.

Buch: Hans W. Geißendörfer, Maria Elisabeth Straub ■ Regie: Nikolai van der Heyde ■ Kamera: Dieter Christ ■ Redaktion: Monika Paetow

162 | Engels Abgang

Gasttochter Dominique wird von ihrem Vater zu den Beimers gebracht. Während sie sich auf Anhieb sehr wohl fühlt, will er sie wieder mitnehmen, weil die Umgebung seinen Maßstäben nicht entspricht. Hans macht Anna erneut klar, dass es keine zufälligen Treffen mehr geben darf. Diese Hoffnung macht Anna zunichte, als sie ihm mitteilt, dass sie wieder zu Gabi zieht. ■ Onkel Franz hört zufrieden zu, wie Else und Egon sich seinetwegen streiten. Egon macht es sich kurzerhand mit ein paar Männermagazinen in der leeren Nossek-Wohnung gemütlich. ■ Manoel wirkt deprimiert, weil mit Robert eine weitere Bezugsperson aus seinem Leben verschwindet. Berta ist außer sich vor Angst, als Manoel plötzlich verschwunden ist. Nach langer Suche erfährt sie von Klaus, dass er per Autostopp zu Lydia nach Garmisch wollte. Berta reagiert mit Entsetzen.

Buch: Hans W. Geißendörfer, Maria Elisabeth Straub ■ Regie: Nikolai van der Heyde ■ Kamera: Dieter Christ ■ Redaktion: Monika Paetow

163 | Familienplanung

15. JAN 89

Familienplanungsgespräch bei Beate und Vasily: Er hätte nichts gegen ein Kind, aber Beate will ihre Lehre zu Ende machen. Isolde kehrt mit Ehemann Enrico heim. Elenas Bruder Dimitris versteckt sich in der Küche und wartet, bis Elena allein ist. Er ist in Diebstahl und Schmuggelei verwickelt. Panaiotis flippt aus und verlangt, dass Dimitris verschwindet. Elena droht, mit ihrem Bruder zu gehen, wenn Panaiotis ihn wirklich weg schickt. ■ Manoel, der eine Woche bei seiner Oma in Garmisch war, kehrt zurück. Berta ist froh, dass er wieder da ist. Sie redet ihm ins Gewissen, dass er nicht einfach weglaufen und trampen kann. Lydia wird im Krankenwagen zurück nach Garmisch gebracht. Berta bleibt bei ihr, bis es ihr besser geht. Manoel kann solange bei Beimers wohnen. ■ Stress bei Klings: Else hat Onkel Franz in ihrer Wohnung aufgenommen.

Buch: Hans W. Geißendörfer, Maria Elisabeth Straub ■ Regie: George Moorse ■ Kamera: Dieter Christ ■ Redaktion: Monika Paetow

164 | Der Brief

22. JAN 89

Ein Brief für Hans — ohne Absender mit Münchner Poststempel — sorgt für Aufregung. Liebeszeilen von Anna? Hans hat nichts dagegen, dass Helga den Brief zerreißt. Trotzdem machen sich später beide an den Schnipseln zu schaffen und stellen fest, dass es nur ein Werbeschreiben war. ■ Berta versichert Manoel nach Gottliebs und Roberts Weggang, dass sie immer bei ihm bleiben wird. ■ Familie Sarikakis hilft Dimitris. Die gestohlen Videorecorder werden in Nudelkartons verpackt. Vasily schlägt einen deutschen Mittelsmann vor, um die Ware nach Griechenland zu bringen. Enttäuscht sehen Else und Onkel Franz, dass die Tanzschule geschlossen ist. Als sie Geräusche hören, vermuten sie Einbrecher und informieren Panaiotis. Der unternimmt nichts, daher will Else die Polizei anrufen. Aber Panaiotis drückt auf die Gabel und meint, sie solle das besser nicht tun.

Buch: Hans W. Geißendörfer, Maria Elisabeth Straub ■ Regie: George Moorse ■ Kamera: Dieter Christ ■ Redaktion: Monika Paetow

165 | Spione

Anna zieht zurück in die WG, Isolde und Enrico in die Bennarsch-Wohnung. Rosi und Hubert stellen Gabi pikiert zur Rede, da sie nichts von der frei stehenden Wohnung erzählt hat. Gabi versucht zu verhindern, dass Berta ihnen Lydias Wohnung anbietet — vergeblich. ■ Franz fährt Wäsche aus, hat aber sonst nur Augen für sein neues Bild und Vera. ■ Else und Onkel Franz beobachten die Tanzschule. Onkel Franz vermutet, dass in den Kartons verdorbene Nudeln lagern. Er will die Gesundheitsbehörden informieren. Egon erfährt derweil aus der Zeitung von einem Schmugglerring und vermutet eine Verbindung zu den Sarikakis'. Er sagt Panaiotis auf den Kopf zu, dass sich in den Kartons gestohlene Videorecorder befinden. Anzeigen oder erpressen will er die Griechen aber nicht. Auf Panaiotis' Frage, was er dann wolle, antwortet Egon nur, er solle mal nachdenken.

Buch: Hans W. Geißendörfer, Maria Elisabeth Straub ■ Regie: George Moorse ■ Kamera: Dieter Christ ■ Redaktion: Monika Paetow

166 | Mummenschanz

Die ehemalige Nossek-Wohnung ist Dimitris' neues Versteck. Egon wird die Ware nach Griechenland bringen, sobald sie ein Zeichen aus Patras bekommen. Beate ist wütend, weil Vasily, Elena und Panaiotis sie nicht in ihre Geheimnisse einweihen. ■ Chris und Zorro helfen Berta beim Ausräumen von Lydias Wohnung. Chris und Carsten streiten, weil er aus Versehen 100 Mark, die Chris versteckt hatte, wegwirft. Abends bereitet Berta alles für Manoels morgigen Geburtstag vor, als die Klinik anruft. Lydia wird nicht mehr lange leben. Weinend sackt Berta zusammen und umarmt Manoel, der sich die Ohren zuhält. ■ Tanja entdeckt im Kopfstand, dass Franz Bilder kopfüber viel intensiver wirken und bringt ihn dazu, es ihr gleich zu tun. Beim Maskenball im »Akropolis« ist Franz eifersüchtig, weil jeder mit Vera tanzen möchte. Er schnappt sich Carsten zum Tango.

Buch: Hans W. Geißendörfer, Maria Elisabeth Straub ■ Regie: George Moorse ■ Kamera: Dieter Christ ■ Redaktion: Monika Paetow

167 | Gipslos glücklich

12. FEB 89

Hans und Helga sind glücklich: Der Gips kommt heute ab. Berta bittet Klaus um Hilfe. Er soll bei Manoel bleiben, der große Angst hat, dass Lydia stirbt. Bei Dressler treffen Hans und Helga auf Anna. Es entsteht eine äußerst unangenehme Stille. Als sie später entdecken, dass Benny eine Entschuldigung gefälscht hat, flippt Hans aus. ■ Anna nimmt Elisabeths Angebot, bis zur Geburt ihres Kindes in der Wohnung am Starnberger See zu wohnen, dankend an. ■ Gabi ist entsetzt über Annas Auszug. Sie wird wütend, weil Hubert nicht gefragt hat, wohin Anna geht. Als sie von Elisabeth den Aufenthaltsort erfährt, fühlt sie sich übergangen. Nachdem sie erst vermutet, das Kind sei von Friedhelm, versucht sie mehr aus Elisabeth herauszubekommen. Aber die hat Anna versprochen, nichts zu sagen. Das Kind muss also von jemand anderem sein, aber von wem?

Buch: Hans W. Geißendörfer, Maria Elisabeth Straub ■ Regie: George Moorse ■ Kamera: Dieter Christ ■ Redaktion: Monika Paetow

168 | Geheimnisse

Anna schreibt Gabi, wer der Vater ihres Kindes ist. Als Gabi den Brief erhält, ruft sie ihre Cousine an und rät ihr, Hans alles zu sagen. ■ Dominique flirtet ein wenig mit Benny, der sich endgültig von den »Mini Pigs« getrennt hat. Probleme gibt's beim Essen: Helgas Speisen sind der Französin zu deftig. Später lernt sie Matthias kennen. ■ Else erwischt Egon, als er in die alte Nossek-Wohnung gehen will. Sie inspiziert die Wohnung und findet ein Männermagazin. Entsetzt schiebt sie Egon aus der Wohnung. Dimitris, der sich im Bad versteckt hat, ist erleichtert. Vasily übergibt Egon den Camper. Später stellt Beate ihren Mann zur Rede und erfährt so von Dimitris. Sie fühlt sich hintergangen. Aber anzeigen wird sie ihn natürlich nicht — schließlich gehört sie auch zur Familie. Egon ist geschockt, als Else und Onkel Franz mit auf Reisen gehen wollen.

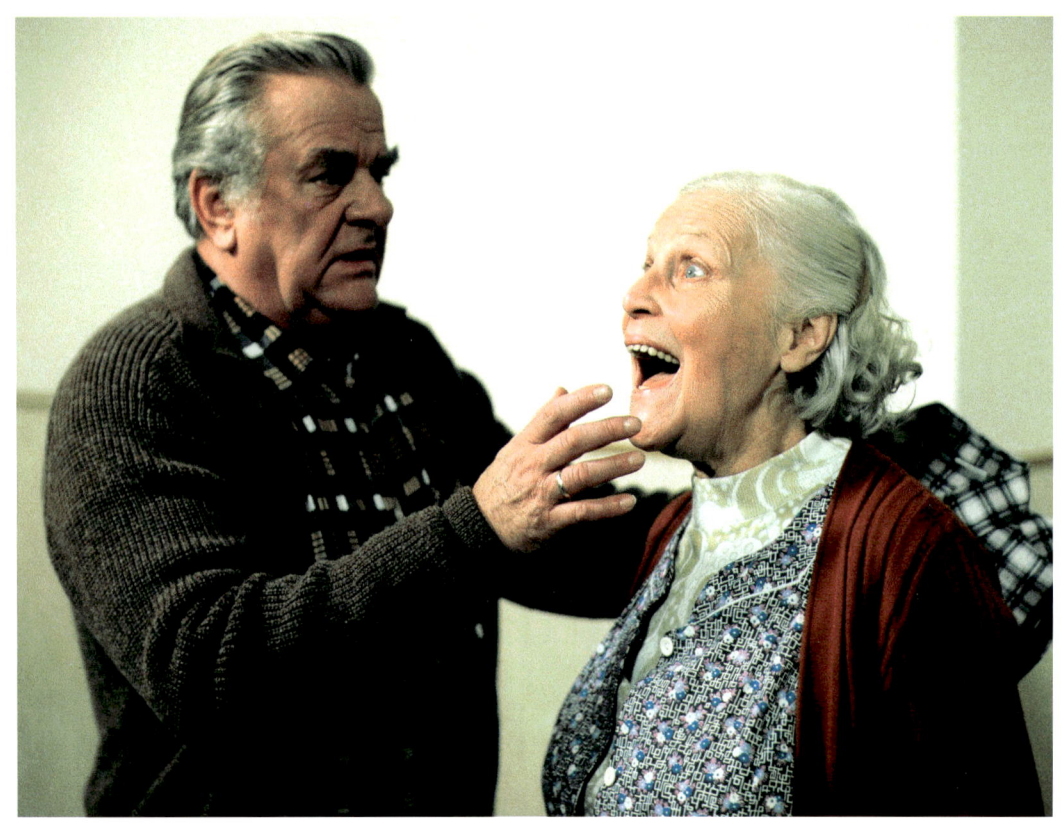

Buch: Hans W. Geißendörfer, Maria Elisabeth Straub ■ Regie: George Moorse ■ Kamera: Dieter Christ ■ Redaktion: Monika Paetow

169 | Wind

26. FEB 89

Egon ist bester Laune: Else und Onkel Franz sind auf dem Weg nach Mallorca. Seine eigene Reise wird am Abend losgehen. Vasily gibt ihm die Daten des Kontaktmannes und wird ihm später die Recorder zum Treffpunkt bringen. Beate und Vasily sind spät dran und müssen sich beeilen. Ludwig kommt aus dem Haus, um einen Brief an Nina einzuwerfen. Der Brief fällt ihm aus der Hand und wird vom Wind weggetragen. Als er versucht, ihn einzufangen, läuft er direkt vor Vasilys Auto. Er wird erfasst und zu Boden geschleudert. Beate schreit, Vasily schimpft, fährt aber weiter. Ludwig bleibt blutend auf der Straße liegen. ■ Die Probleme der Pavarottis lösen sich: Isolde bekommt mit Maria die dringend benötigte Hilfe im Laden. Enrico wird den Kiosk anmieten und eine Pizzeria eröffnen. ■ Zwischen Gabi und Elisabeth entbrennt ein Konkurrenzkampf um Annas Gunst.

Buch: Hans W. Geißendörfer, Maria Elisabeth Straub ■ Regie: Karin Hercher ■ Kamera: Dieter Christ ■ Redaktion: Monika Paetow

170 | Das Ja-Wort

Die Schuldgefühle entzweien Beate und Vasily. Ludwig wird gelähmt bleiben. Carsten erzählt Vasily, dass er Beates Reaktion nicht versteht. Vasily flüchtet aus der Wohnung. Beate bricht in Carstens Armen zusammen. Sie bittet ihre schlafende Mutter um Verzeihung und geht. ■ Der Prozess gegen Friedhelm rückt näher. Annas Anwalt ernüchtert Gabi, als er ihr die Rechtslage erläutert. Frustriert überlegt sie mit Gung, wie Anna ihre Schwangerschaft vor Gericht vertuschen könnte. Gung schlägt vor, einen Scheinvater für das Kind zu suchen. Gabi meint, Zorro wäre der ideale Kandidat. Anna ist wenig begeistert. Weder von der Scheinvater-Idee an sich, noch von Zorro als solchem. ■ Nach langem Drängen gibt Vera ihrem Franz endlich das Ja-Wort. Abends entdeckt Tanja sie mit einem jungen Mann in einer Discothek. Angeblich wollte Vera ihre Freundin besuchen.

Buch: Hans W. Geißendörfer, Maria Elisabeth Straub ■ Regie: Karin Hercher ■ Kamera: Dieter Christ ■ Redaktion: Monika Paetow

171 | Der Kulturschimpanse

Lethargie und Verzweiflung: Noch immer gibt es kein Lebenszeichen von Egon. Dimitris erträgt seine »Gefangenschaft« kaum noch. Beate und Vasily wissen nicht mehr weiter. Wie sollen sie sich nur verhalten? ■ Tanja fragt, ob Vera ihrem Vater inzwischen vom Treffen mit Celins Freund erzählt hat. Vera verneint, sie möchte Franz damit nicht belasten. Celin ist völlig abgedriftet und anscheinend stark selbstmordgefährdet. Tanja findet ihr Verhalten unfair. Entweder spricht sie mit Franz über Celin, oder setzt hinter Celin endlich einen Punkt. Der Hochzeitstermin wird auf Ostersonntag festgelegt. Franz ist glücklich. ■ Gabi will Zorros Qualitäten als Scheinvater prüfen. Die Tests besteht er mit Bravour. Er ist jedoch verwirrt, als Gabi und Gung von Annas Schwangerschaft berichten und fragen, ob er den Scheinvater spielen würde.

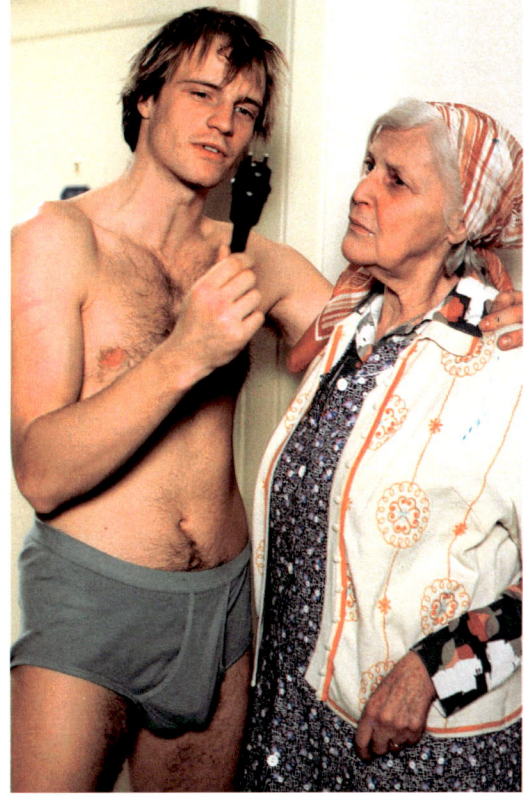

Buch: Hans W. Geißendörfer, Maria Elisabeth Straub ■ Regie: Karin Hercher ■ Kamera: Dieter Christ ■ Redaktion: Monika Paetow

172 | Rollenspiele

Zorro möchte als Ersatzvater einspringen, weigert sich aber, einen Vertrag zu unterschreiben. Dort sind seine Rechte und Pflichten genau geregelt. Erst die Drohung, dass Anna sonst nicht zurück kommt, ermöglicht seine Unterschrift. ■ Immer noch keine Nachricht von Egon. Während Familie Sarikakis immer nervöser wird, spielt Friedhelm seinem neuen Freund Matthias den unschuldig verurteilten Ehemann vor. Matthias glaubt Friedhelms Ausführungen. ■ Celin begleitet Franz auf den Friedhof. Franz bemerkt nicht, dass der junge Mann dort Nosseks alte Pistole findet und an sich nimmt. Celin schenkt Franz seine Gedichte über Vera — lieber jetzt als zu einer Zeit, wo er dazu keine Gelegenheit mehr habe. Franz wird hellhörig; Celin aber meint nur die Hochzeit. Später kontrolliert Celin die Pistole. Es sind zwei Kugeln drin. Aber schon eine würde reichen …

Buch: Martina Borger, Hans W. Geißendörfer ■ Regie: Karin Hercher ■ Kamera: Dieter Christ ■ Redaktion: Monika Paetow

173 | Celins Befreiung

Als Vera ihrem Franz das Ja-Wort gibt, verlässt Celin die Kirche. Am See hält er sich die Pistole an den Kopf. Er besinnt sich jedoch und wirft sie ins Wasser. Die Hochzeitsfeier findet im »Akropolis« statt. ■ Nach einem erneuten Streit mit Carsten zieht Zorro in einen alten Wohnwagen, den er im Hinterhof aufstellt. Chris ist begeistert und träumt von Reisen mit dem »Wohnei«. ■ Zu den Sorgen um Dimitris und Egon macht sich Elena jetzt auch noch Gedanken um Beate und Vasily. Während der Hochzeitsfeier kommen zwei Polizisten auf der Suche nach Dimitris ins Lokal. Die Gäste sprechen in den schlechtesten Tönen von dem flüchtigen Unfallfahrer. Vasily und Beate fühlen sich sehr unwohl. Egon meldet sich telefonisch. Seit Übergabe der Ware hat er nichts mehr von Dimitris Freunden gehört. Geld habe er bislang auch nicht erhalten. Elena ist geschockt.

Buch: Martina Borger, Hans W. Geißendörfer ■ Regie: Karin Hercher ■ Kamera: Dieter Christ ■ Redaktion: Monika Paetow

174 | Wahrheitsfindung

Friedhelm wird wegen Vergewaltigung zu acht Monaten Haft ohne Bewährung verurteilt. Anna ist am Ende und wird von Gabi, die über das milde Urteil geschockt ist, getröstet. ■ Egon kommt zurück und wird von Else freudig begrüßt. Unmissverständlich erklärt er seiner Frau, dass er sich nicht mehr von ihr herum kommandieren lassen wird. Else ist geschockt. ■ Nachdem Egon den Sarikakis' die 50.000 Dollar übergeben hat, erhält er von Panaiotis zehn Prozent des Geldes. Am Abend gibt es ein Fest für Egon und Dimitris. Elena ist froh, dass alles vorbei ist. Sie ahnt nicht, wie tief ihr Sohn in die Geschichte involviert ist. Als Dimitris gehen will, erfolgt unverhofft ein Zugriff der Polizei. Dimitris wird abgeführt, und ein Polizist will mit Elena sprechen. Beate hat Angst und fragt, wie lange es wohl noch dauert, bis die Polizei zu ihr und Vasily kommt.

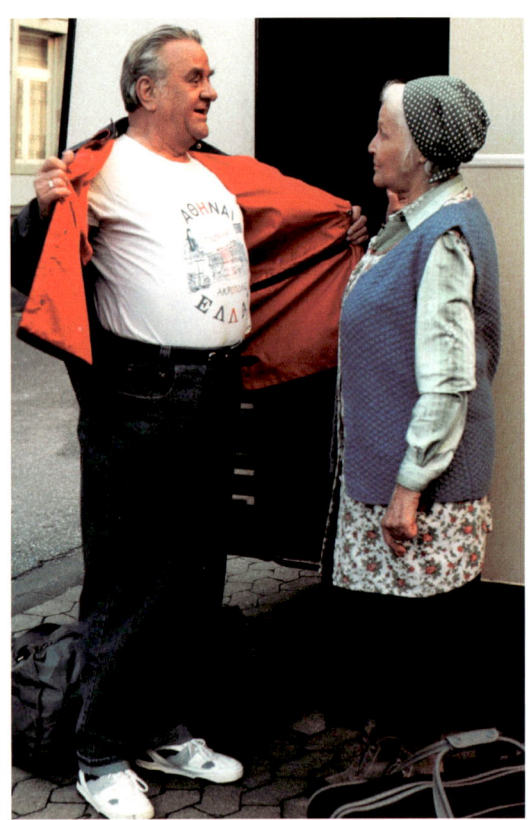

Buch: Martina Borger, Hans W. Geißendörfer ■ Regie: Karin Hercher ■ Kamera: Dieter Christ ■ Redaktion: Monika Paetow

175 | Katz und Maus

Anna ist es unangenehm, dass Zorro vor Helga den liebenden Partner und werdenden Vater spielt und überdies den Geburtstermin ausplaudert. ■ Egon hat die Sarikakis' informiert, dass Else und Onkel Franz ihnen auf die Schliche gekommen sind. Mit seinem Geld haben sie Nudeln gekauft. Die Kassiererin hat die Rechnung netterweise auf Februar datiert. So konnte die Polizei nichts beanstanden. Daheim wirft Egon den lästigen Onkel Franz hinaus. Else kann seinetwegen gleich mitgehen. Aber sie stellt sich gegen Onkel Franz und schlägt ihm zu dessen Empörung die Tür vor der Nase zu. ■ Nach einem blauen Brief für Benny sieht Hans rot. Er streicht alle Freizeit- und »Robin Wood«-Aktivitäten. Hans ist geschockt, als Helga von Annas Schwangerschaft berichtet. Er soll Anna fragen, ob es sein Kind ist. Genervt öffnet Hans die Tür, vor der Onkel Franz steht.

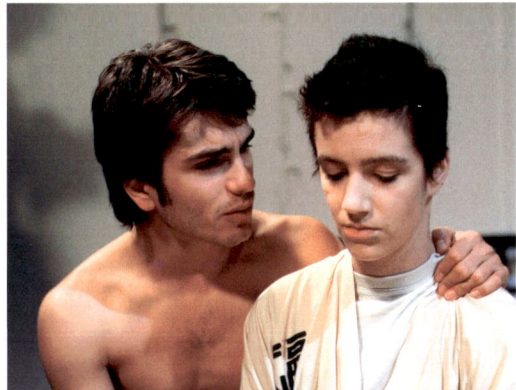

Buch: Martina Borger, Hans W. Geißendörfer ■ Regie: Karin Hercher ■ Kamera: Dieter Christ ■ Redaktion: Monika Paetow

176 | Salz in den Wunden

Hans sagt Anna auf den Kopf zu, dass sie sein Kind austrägt. Anna dementiert zwar nicht, präsentiert aber Zorro als Kindsvater. Voller Selbstmitleid weint Hans sich bei Helga aus. Die will sich frustriert ein paar Spiegeleier braten und trifft auf ihren betrunkenen Sohn. Benny ist traurig, weil sie ihn verstoßen wollen, und sackt weinend in Helgas Arme. Helga ruft Hans. ■ Ludwig berichtet Elisabeth, dass er in zwei Wochen aus der Klinik kommt. Er ist wütend auf den Unglücksfahrer. Sein Vertreter Dr. Pauli wird sich heute bei Elisabeth vorstellen. Später begrüßt sie den Arzt und zeigt ihm die Praxis. Ein Anruf erinnert Dr. Pauli an eine Wette im betrunkenen Zustand: Er hat gegen drei Kisten Champagner gewettet, dass er Elisabeth 'rumkriegt. ■ Else versucht vergeblich, sich mit Egon zu vertragen. Sie hat jeden Kontakt zu Onkel Franz abgebrochen.

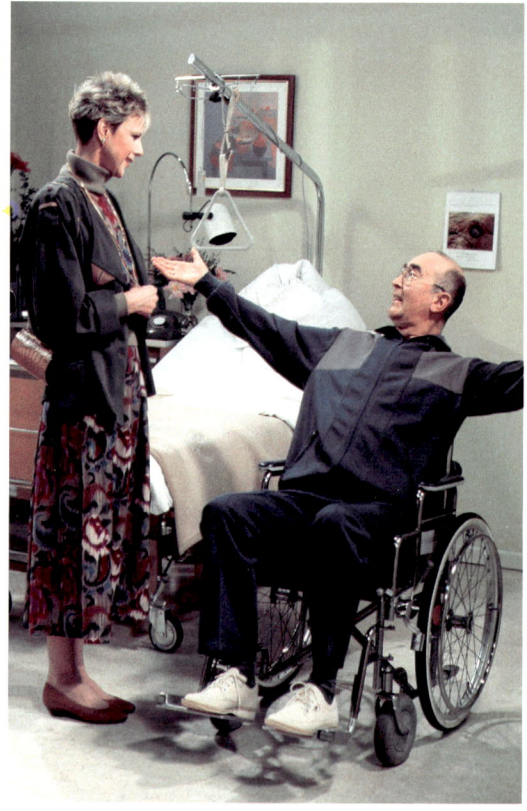

Buch: Martina Borger, Hans W. Geißendörfer ■ Regie: Karin Hercher ■ Kamera: Dieter Christ ■ Redaktion: Monika Paetow

177 | Transaktionen

Helga hat Benny erlaubt, abends aufs Bürgerfest zu gehen — gegen den Widerstand von Hans. Sie ist froh, dass Benny sich an die Abmachung hält und um Mitternacht zu Hause ist. ■ Enrico beklagt sich über die Zahlungsfreudigkeit der Deutschen und zeigt sein bislang unbenutztes »Anschreibebuch«. Zorro schlägt vor, selbst angebautes Gemüse gegen Essen zu tauschen. Enrico ist einverstanden. ■ Beate will den Treppenlift für Ludwig bezahlen. Elisabeth ist gerührt von der Geste, meint aber, Beate soll Ludwig lieber besuchen gehen. Daraufhin gesteht Beate, dass sie und Vasily den Unfall verschuldet haben. Elisabeth ist fassungslos, schüttelt und ohrfeigt sie. Sie hat nur zwei Möglichkeiten: schweigen und mit dem Wissen leben oder Beate und Vasily anzeigen. Auf ihre geschockte Frage, ob Elisabeth zur Polizei gehen will, bekommt Beate keine Antwort.

Buch: Martina Borger, Hans W. Geißendörfer ■ Regie: Karin Hercher ■ Kamera: Dieter Christ ■ Redaktion: Monika Paetow

178 | Von Angesicht zu Angesicht

30. APR 89

Tanja begrüßt Franz und Vera, die aus New York heimkehren. Vera schlägt einen Rollentausch vor: Sie geht arbeiten und Franz wird Hausmann. Er aber braucht sie Tag und Nacht als Muse. ■ Elisabeth ist nicht zur Polizei gegangen. Sie will aber keinen Kontakt mehr zu Vasily halten. Ludwig hat sich an sein neues Leben im Rollstuhl anscheinend gewöhnt und kehrt gut gelaunt nach Hause zurück. Er möchte ein Festessen mit Dr. Pauli, Carsten, Beate und Vasily. Elisabeth sagt Beate, dass sie nur allein kommen darf — was Beate auch tut. Wieder zu Hause, erhebt sie Vorwürfe gegen Vasily. Sie will sich von ihm trennen und verlässt die Wohnung. ■ Enricos erste Klavierstunde wird durch einen Anruf von Manoels Lehrerin unterbrochen. Manoel ist nicht in der Schule. Berta findet ihn im Hof bei Zorro. Sie bittet ihn, Manoel nicht zum Schwänzen zu animieren.

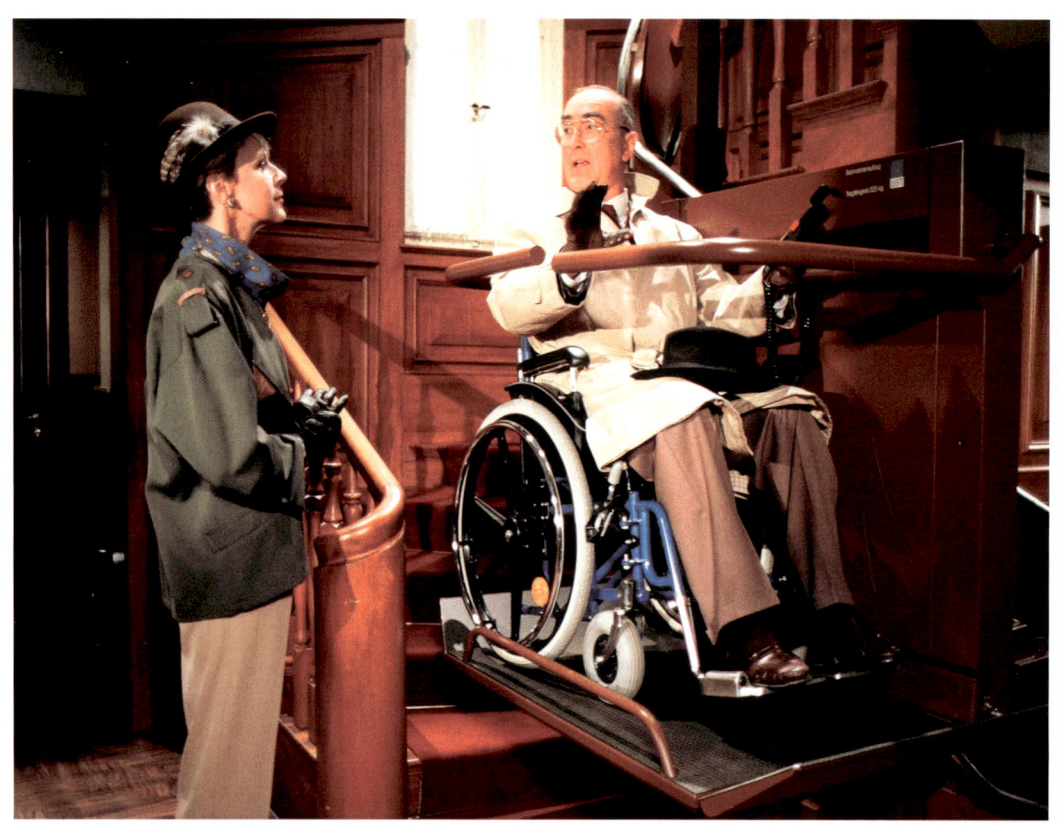

Buch: Martina Borger, Hans W. Geißendörfer ■ Regie: Karin Hercher ■ Kamera: Dieter Christ ■ Redaktion: Monika Paetow

179 | Verschlossene Türen

Dominiques Vater kommt zu ihrem Geburtstag. Sie will ihn nicht sehen und schließt sich weinend im Bad ein. Als er weg ist, erklärt sie Helga, dass zwischen ihnen nichts vorgefallen ist. Sie will ihn aber trotzdem nie wieder sehen. ■ Eigentlich wollten Tanja und Vera mit Franz einen Ausflug unternehmen. Da er lieber malen möchte, gehen sie ohne ihn. Im Hof trifft Franz später auf Egon, Hubert und Zorro. Gemeinsam begießen sie den Vatertag. ■ Beate ist beeindruckt, dass Vasily sich stellen will, und versöhnt sich mit ihm. Weinend nehmen die beiden Abschied. Beate schaut durchs Fenster und läuft ihm plötzlich nach. Der Bus fährt gerade ab. Als sie Vasilys Stimme hinter sich hört, fällt sie ihm glücklich in die Arme. Er soll nicht gehen, sie hält es ohne ihn nicht aus. Vasily fragt, ob er, der große Feigling, wirklich bei ihr bleiben soll.

Buch: Martina Borger, Hans W. Geißendörfer ■ Regie: Karin Hercher ■ Kamera: Dieter Christ ■ Redaktion: Monika Paetow

180 | Va Banque

Ludwig fragt Elisabeth, was von ihrem gemeinsamen Leben noch übrig ist und ob ihr der jämmerliche Rest genügt. Nach einem kurzen Moment der Resignation versichern sie sich aber, dass sie es gemeinsam schaffen werden. Abends wartet Dr. Pauli auf Elisabeth. Er bekennt, dass sie ihm so gut gefällt, dass er die Praxis wohl verlassen wird. Elisabeth fragt erschrocken: »Sie wollen gehen?« ■ Nach einem unsinnigen Streit versöhnen sich Hubert und Rosi. Sie beschließen, nicht mehr wegen Kleinigkeiten zu streiten. Sie wollen sich lieber über jeden gemeinsamen Tag freuen. ■ Vasily wird von Alpträumen und Schuldgefühlen geplagt. Er versucht Ludwig anzurufen, legt aber wieder auf, als der sich meldet. Später legt er ihm eine Blume vor die Tür. Panaiotis wirft Vasily zudem vor, das Lokal zu vernachlässigen, weil er mit seinen Gedanken immer woanders ist.

Buch: Martina Borger, Hans W. Geißendörfer ■ Regie: Karin Hercher ■ Kamera: Dieter Christ ■ Redaktion: Monika Paetow

181 | Zu neuen Ufern

Dr. Pauli hofft weiter auf Elisabeths Einlenken. Aber die macht ihm erneut klar, dass sie keine private Verbindung wünscht. Nach einem Gespräch mit seinem Kollegen drängt Ludwig seine Frau geradezu zu einem Essen mit ihm. Elisabeth gibt sich geschlagen und verbringt einen schönen Abend mit Pauli. Seine Einladung zu einer Vernissage am Sonntag will sie sich überlegen. ■ Zorro sammelt bei den Nachbarn für einen Flohmarkt Sachen, die sie nicht mehr brauchen. Chris kommt vorbei und will sich verabschieden. Sie bricht heute Nacht auf, um mit ihrer Theatergruppe ein halbes Jahr zu touren. Zorro ist traurig und enttäuscht. Er glaubt nicht, dass sie zurück kommen wird. Chris verspricht es jedoch fest. Sie küssen sich. ■ Else versucht, Egon mit einer besonders schönen Krawatte zu erfreuen. Doch der findet das Teil nur so abscheulich wie seine Else.

Buch: Martina Borger, Hans W. Geißendörfer ■ Regie: Karin Hercher ■ Kamera: Dieter Christ ■ Redaktion: Monika Paetow

182 | Wer zuletzt lacht

28. MAI 89

Hans und Helga sind geschockt: Benny steht kurz vor einem Schulverweis. Er will jedoch seine Aktivisten-Pläne umsetzen; die Schule ist ihm egal. Als er mit Kornelia im Keller neue Demonstrationspläne schmiedet, versucht sie ihn zu zügeln, um nicht wirklich von der Schule zu fliegen. Aber Benny stört das nicht. Er will einen spektakulären Abgang. ■ Elisabeth und Vasily treffen sich zufällig auf der Straße. Vasily bittet um ein Gespräch, aber sie lässt ihn abblitzen. Beate findet später Vasily im Bett, es geht ihm nicht gut. Am liebsten würde er woanders hingehen: Der Alptraum höre nie auf. Beate bittet ihre Mutter vergeblich, ihr und Vasily zu helfen. ■ Else ist seit einer Woche verschwunden. Egon ist verzweifelt und besorgt. Als er sie später jedoch zufällig in der Nossek-Wohnung entdeckt, geht er unbemerkt, aber grinsend, wieder hinaus.

Buch: Martina Borger, Hans W. Geißendörfer ■ Regie: Karin Hercher ■ Kamera: Dieter Christ ■ Redaktion: Monika Paetow

183 Liebesdienste

Bereits am Frühstückstisch streitet Hans mit Benny über seine schulische Zukunft. Helga klagt Matthias ihr Leid mit Benny. Dieser spannt Matthias mit einem Trick bei der Anfertigung eines Transparents ein. ■ Gabi steht das Wasser bis zum Hals, die Raten für Bennos Haus fressen sie auf. Ohne Genehmigung des Vormundschaftsgerichts kann sie Max' Erbe nicht einmal verkaufen. Als die Bank auf sofortiger Zahlung besteht, werfen alle ihr Geld zusammen. Gabi ist gerührt von der Reaktion ihrer Freunde. ■ Else sucht in ihrer Wohnung nach Essbarem. Egon stellt sich schlafend, lacht sich aber ins Fäustchen. Sie fleht Onkel Franz an, ihr etwas zu essen zu bringen, was er auch tut. Während Egon erzählt, dass Else bei Olaf in Regensburg ist, wird die von Onkel Franz erpresst: Entweder sie teilt ihr Bett mit ihm, oder er sagt Egon, wo sie sich versteckt.

Buch: Maria Elisabeth Straub ■ Regie: Karin Hercher ■ Kamera: Dieter Christ ■ Redaktion: Monika Paetow

184 | Der neue Mieter

11. JUN 89

Else ist Onkel Franz' Erpressung leid und kehrt zu Egon zurück. Hülsch kündigt an, später einem neuen Mieter die Nossek-Wohnung zu zeigen. Else beschließt daraufhin, Onkel Franz auflaufen zu lassen. Aber die Wohnung ist aufgeräumt und leer. Kein Wunder: Franz entpuppt sich als besagter neuer Mieter. Else ist entsetzt. ■ Ludwig lädt Beate und Vasily zum Mittagessen ein. Beate muss aber in den Salon. Ludwig wäre es eine Freude, Vasily und Beate finanziell zu helfen. Er merkt nicht, wie Vasily sich windet. Elisabeth sagt das Essen mit Dr. Pauli ab, weil Ludwig sie zu einem Klavierkonzert einlädt. Obwohl das Konzert ausgefallen ist, kehren die beiden später gut gelaunt nach Hause zurück. ■ Benny und Kornelia kommen mit schlechten Neuigkeiten: Sie haben wieder etwas angestellt und werden wohl von der Schule gewiesen. Hans und Helga sind geschockt.

Buch: Maria Elisabeth Straub ■ Regie: Karin Hercher ■ Kamera: Dieter Christ ■ Redaktion: Monika Paetow

185 | Abendseufzer

Während Hans nach einer neuen Schule für Benny sucht, interessiert sein Sohn sich überhaupt nicht für die Fortsetzung seiner schulischen Laufbahn. Matthias nimmt ihn in Schutz und will mit seinem Direktor sprechen. Aber Benny möchte nicht mehr zum Unterricht gehen. Helga ist entsetzt über Onkel Franz' Einzug in die ehemalige Nossek-Wohnung. ■ Während sich Vera nach einjähriger Pause auf die Schule freut, graut es Franz davor. Er wird als freier Maler weiter arbeiten. ■ Dr. Pauli bemüht sich weiter um Elisabeth. Ludwig schenkt Vasily eine komplette neue Musikanlage für die »Agora«. Vasily will das Geschenk nicht annehmen, aber Ludwig meint, er solle nicht so bescheiden sein. Am Abend bringt Vasily die Anlage zu Ludwig zurück und gesteht ihm endlich, dass er ihn angefahren hat. Ludwig ist erschüttert. Vasily stellt es ihm frei, ihn anzuzeigen.

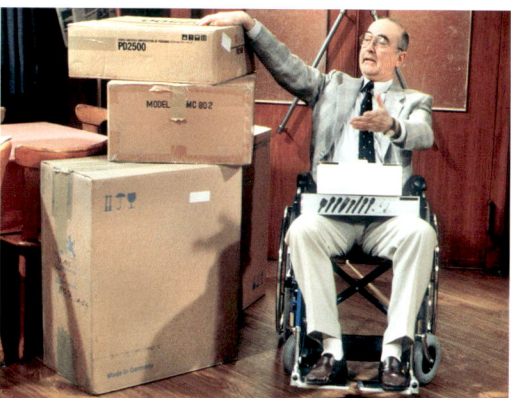

Buch: Maria Elisabeth Straub ■ Regie: Karin Hercher ■ Kamera: Dieter Christ ■ Redaktion: Monika Paetow

186 | Vitamin B

Ludwig hat Vasily nicht angezeigt. Er ist aber enttäuscht, dass ausgerechnet er ihn hat liegen lassen. Bei einem Gespräch sagt er Vasily, dass er ihm gerne die Schuldgefühle nehmen würde. Vasily ist beschämt. Er würde seine Schuld gerne abtragen und ist bereit, alles für Ludwig zu tun. Elisabeth spricht mit Carsten über ihre Gefühle für Dr. Pauli. ■ Gabi ist deprimiert: Trotz aller Anstrengungen reicht das Geld nicht. Sie überwindet sich schließlich und bittet Hubert um Geld. Aber der hat es satt, die Melkkuh für Rosis Familie zu spielen. ■ Helga hört bestürzt, dass Benny den Schulplatz an Matthias' Schule ausgeschlagen hat. Kornelia ist angewidert von ihrem Vater, der es mit »Vitamin B« geschafft hat, ihren Rausschmiss aus der Schule rückgängig zu machen. Sie entschließt sich, die Machenschaften ihres Vaters im Gymnasium publik zu machen.

Buch: Maria Elisabeth Straub ■ Regie: Karin Hercher ■ Kamera: Dieter Christ ■ Redaktion: Monika Paetow

187 | Streik

Berta verzweifelt zunehmend: Manoel macht nur noch Probleme. Abends will er nicht allein bleiben. So wartet Berta, bis er eingeschlafen ist. Als sie zurück kommt, hat er sein Zimmer demoliert. Berta ist fassungslos. ■ Bennys ganze Klasse streikt bei Beimers gegen die Ungerechtigkeit, dass Kornelia wieder an der Schule aufgenommen wurde und Benny nicht. Derweil erfährt Herr Harnisch, dass der Direktor in Kornelia die Streikorganisatorin sieht. Außer einem Empfehlungsschreiben für eine andere Schule kann er jetzt auch nichts mehr für sie tun. Kornelia will das Angebot annehmen und die Schule beenden, um studieren zu können. Benny ist dagegen. ■ Panaiotis kümmert sich um seine Tanzschule. Vasily fordert er auf, nicht täglich zu Dressler zu gehen, sondern mehr Arbeit ins »Akropolis« zu stecken. Schließlich läuft Enricos Pizzeria fast zu gut.

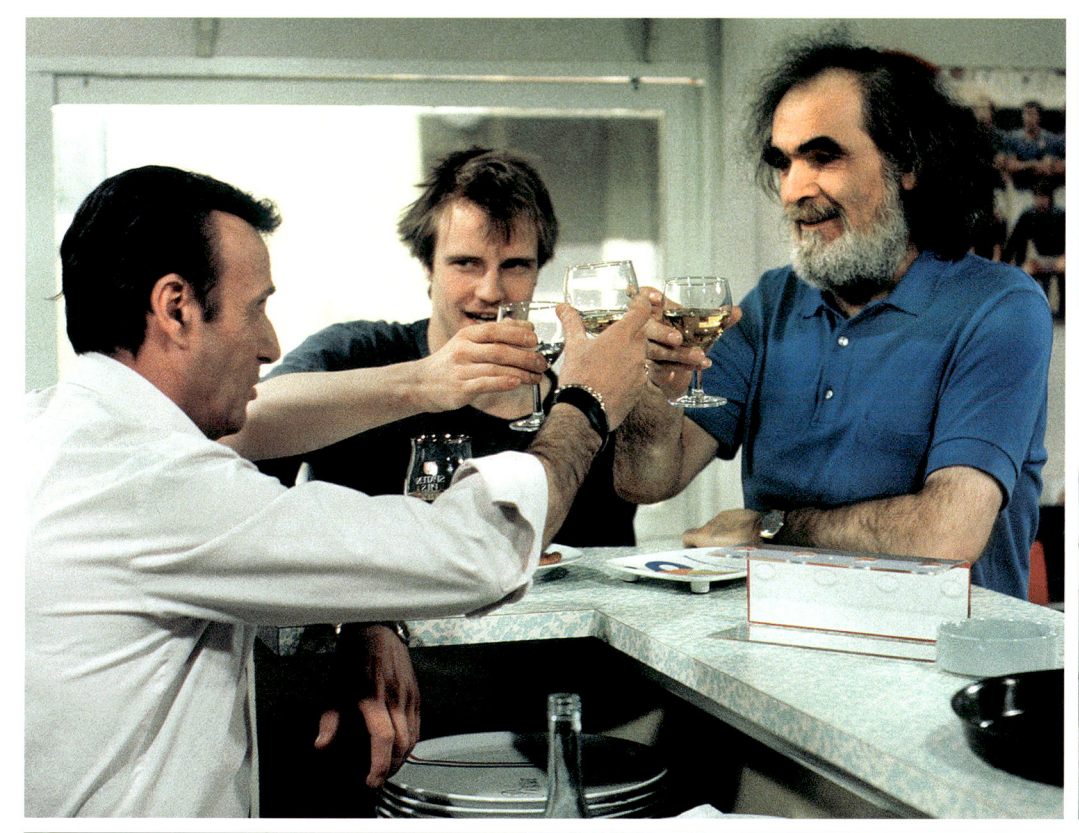

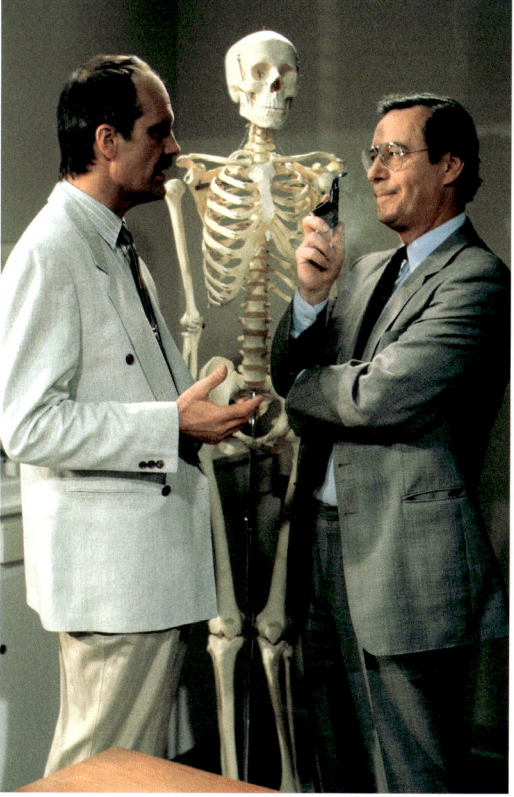

Buch: Maria Elisabeth Straub ■ Regie: Karin Hercher ■ Kamera: Dieter Christ ■ Redaktion: Monika Paetow

188 | Schuld und Sühne

9. JUL 89

Zorro hat am 20. Juli ein Verfahren wegen Wehrdienstverweigerung. Gabi erwirkt einen dreimonatigen Aufschub bei der Bank und will nun Bennos Haus verkaufen. ■ Berta hat Manoel eine Überraschung versprochen, wenn er brav ist. Abends hilft sie Franz und Vera beim Aussuchen der Bilder für seine Ausstellung am 27. Juli. Manoel kann vor Aufregung nicht schlafen. Als Berta kommt, fragt er nach der Überraschung. Er ist enttäuscht, dass sie nicht Gottlieb besuchen, sondern nach Holland fahren wollen. ■ Ludwig sagt Elisabeth, dass er mit einem Liebhaber leben könnte, aber nicht mit Heimlichkeiten. Elisabeth verspricht ihm Ehrlichkeit. Später präsentiert er Vasily eine »Wunschliste« mit Dingen, die er für ihn tun könnte. Vasily ist einverstanden. Abends kommen zwei Polizisten, die Vasilys Transporter inspizieren. Die Erinnerung an den Unfall kehrt zurück.

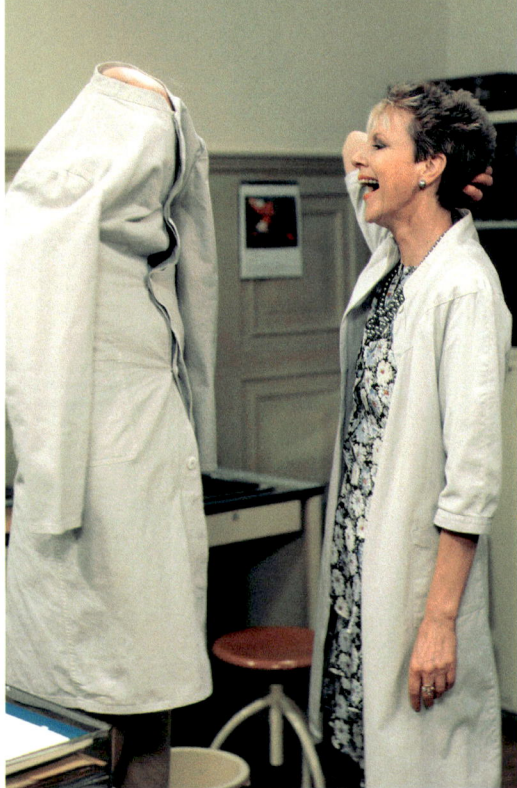

Buch: Maria Elisabeth Straub ■ Regie: Karin Hercher ■ Kamera: Dieter Christ ■ Redaktion: Monika Paetow

189 | Föhn

Vasily hat letzte Woche nur einen Strafzettel wegen Falschparkens bekommen. Er ist glücklich, dass auch Elisabeth ihm anscheinend verziehen hat. Die turtelt immer heftiger mit Dr. Pauli. ■ Beim Essen berichtet Helga von Bertas Angebot, Klaus mit nach Holland zu nehmen. Da Benny und Dominique in München bleiben, freuen Hans und Helga sich auf einen Urlaub zu zweit, aber Klaus will nicht mit Berta verreisen. Hans soll Berta die Nachricht überbringen. Im Hausflur begegnet er Anna und nimmt ihr den Wäschekorb ab. ■ Manoel will unbedingt, dass Klaus mit nach Holland kommt. Abends hat er Angst allein in der Wohnung und holt Berta, die Franz bei den Vorbereitungen für die Ausstellung hilft. Berta ist genervt. Spät am Abend will Manoel ausbüxen und klettert aus dem Fenster. Dominique sieht ihn am Fensterrahmen hängen und um Hilfe rufen.

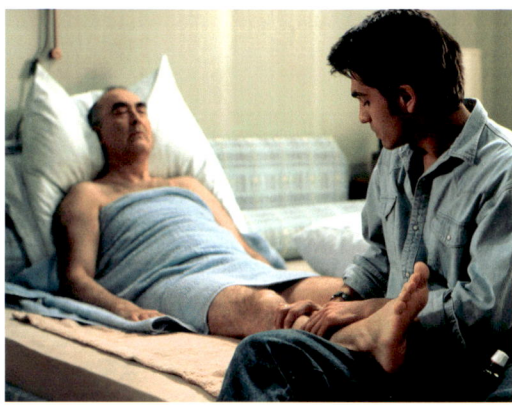

Buch: Maria Elisabeth Straub ■ Regie: Karin Hercher ■ Kamera: Dieter Christ ■ Redaktion: Monika Paetow

190 | Grünes Licht

23. JUL 89

Nachdem Dominique letzte Woche Manoel das Leben gerettet hat, haben sie sich angefreundet. Sie ist bereit, ab und zu auf Manoel aufzupassen. Hans ist alles andere als begeistert, als Helga ihm mitteilt, dass Berta mit ins Fichtelgebirge fährt. Sie wird sich eine Pension suchen, so können Klaus und Manoel tagsüber zusammen sein. Die Jungs sind begeistert. ■ Zorro verliert seinen Prozess und muss zur Bundeswehr gehen. Er will dies jedoch verhindern. ■ Elisabeth und Carsten sprechen über Dr. Pauli. Später verabschiedet Elisabeth sich von Ludwig, der argwöhnisch fragt, ob Dr. Pauli sie nicht abhole. Elisabeth meint, sie träfen sich in der Stadt. Per Taxi kommt sie bei Dr. Pauli an. Sie zögert mit dem Klingeln und will kneifen. Als sie wieder gehen will, erscheint Dr. Pauli auf dem Balkon und bittet sie nicht zu gehen. Sie schauen sich an.

Buch: Maria Elisabeth Straub ■ Regie: Karin Hercher ■ Kamera: Dieter Christ ■ Redaktion: Monika Paetow

191 | Fixierungen

30. JUL 89

Zorro flattert der Einberufungsbescheid ins Haus. Um der Bundeswehr zu entgehen, will er sich demnächst in einer Berghütte verstecken. Bei Anna setzen die Wehen ein. Weil Zorro keinen Führerschein hat, muss Helga ans Steuer und Anna in die Klinik bringen. ■ Elisabeth und Dr. Pauli sind sich näher gekommen. Bei Franz' Ausstellungseröffnung beobachtet Ludwig die beiden eifersüchtig. Seine schlechte Laune lässt er an Vasily aus, den er für den Abend nicht ins »Akropolis« lässt. Panaiotis wirft Vasily vor, sich zu wenig um sein Lokal zu kümmern. ■ Else lässt sich nicht mehr von Onkel Franz erpressen. Amüsiert betrachtet Egon die beiden Streithähne. Später bekommt Onkel Franz Ärger mit Hans, der sieht, wie eine Waffe den Besitzer wechselt. Hans droht mit Anzeige, aber Onkel Franz fühlt sich sicher. Schließlich hat er einen Waffenschein.

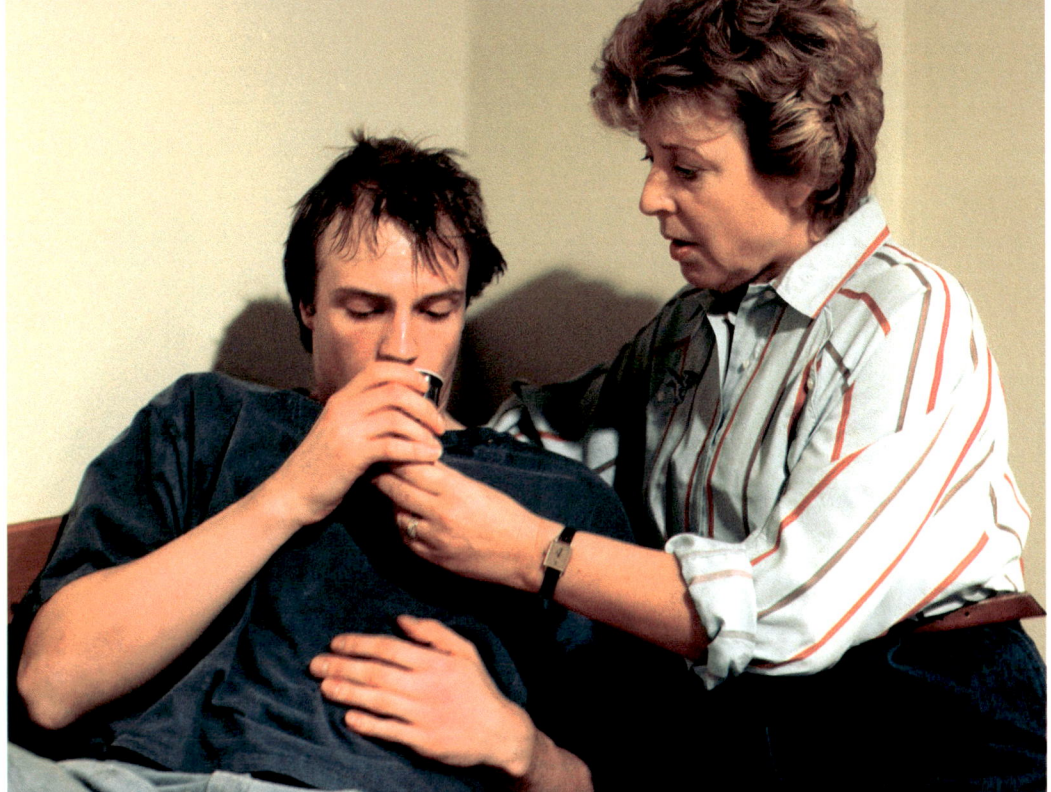

Buch: Maria Elisabeth Straub ■ Regie: Karin Hercher ■ Kamera: Dieter Christ ■ Redaktion: Monika Paetow

192 | Auf und davon

Hans und Helga sind schon vor der Abfahrt in den Urlaub gestresst, weil Berta und Manoel bei ihnen mitfahren müssen. Später stellt Benny wütend Dominique zur Rede, die Helgas vorgekochtes Essen weggeworfen hat. Abends entdeckt er, dass Dominiques Kommode voller verdorbener Lebensmittel ist. Als sie sich im Bad erbricht, will er wissen, was mit ihr los ist. ■ Zorro bringt Anna und Tom nach Hause. Rosi ist entsetzt, dass Zorro noch heute nach Wanne-Eickel verreisen muss. Sie findet es nicht richtig, aber Anna hat nichts dagegen. Traurig verabschiedet er sich und geht. Gabi erzählt frustriert, dass aus dem heutigen Treffen mit einem Interessenten für Bennos Haus wieder nichts geworden ist. ■ Nachdem bei Enrico eingebrochen wurde, organisiert Onkel Franz eine Bürgerwehr. Er ist der Meinung, dass die Polizei die Bürger nicht ausreichend schützt.

Buch: Maria Elisabeth Straub ■ Regie: Karin Hercher ■ Kamera: Dieter Christ ■ Redaktion: Monika Paetow

193 | Zufällige Bekanntschaften

Benny und Kornelia haben Dominique versprochen, nichts von ihrem Essproblem zu erzählen. Monsieur Mourrait besucht Dominique, aber sie will ihren Vater auch weiterhin nicht sehen. Traurig verabschiedet er sich wieder. ■ Tanja berichtet Franz begeistert von Mourrait, der sich in Paris für Franz einsetzen möchte. Sie verkauft sieben Bilder an einen Unbekannten. Beim Einladen der Bilder entdeckt Franz, dass Celin der Auftraggeber ist. Franz versteht nicht, warum Celin nicht mit ihm spricht. ■ Hans hat schlechte Laune. Nachdem sie die ganze Woche mit Berta und Manoel verbracht haben, wechseln die beiden nun auch noch in ihre Pension. Nach einem Abendessen mit Bertas Bekanntschaft Herrn Lösch will Hans eifersüchtig wissen, ob Helga sich vorstellen kann, etwas mit Lösch anzufangen. Helga, so ihre freimütige Auskunft, könne sich alles vorstellen.

Buch: Martina Borger ■ Regie: Karin Hercher ■ Kamera: Dieter Christ ■ Redaktion: Monika Paetow

194 | Fromme Lügen

Hans fährt zurück nach München. Helga lässt Berta mit Lösch allein. Aber leider interessiert er sich mehr für Helga als für sie. Es tröstet Berta etwas, dass er bei Helga nicht zum Zuge kommt. ■ Hans liest Benny aus dem Brief vom Kreisverwaltungsamt vor. Die Behörden sehen keinen Grund, Onkel Franz zu überprüfen. Im Treppenhaus gratuliert er Anna zum Kind. Sie erwidert die Gratulation und lässt ihn stehen. Als Hans später wissen will, ob Tom sein Sohn ist, meint Anna, er habe kein Recht mehr, Fragen zu stellen. ■ Ludwigs Ton Vasily gegenüber ist hart und böse. Elisabeth will Ludwig die Wahrheit über sich und Pauli sagen. Er hat Ehrlichkeit und Fairness verdient. Carsten wirft ein, dass sie Pauli dann wohl aufgeben müsse. Abends beobachtet Onkel Franz, wie Elisabeth und Pauli sich küssen. Er ist sich sicher, dass Ludwig dies interessieren wird.

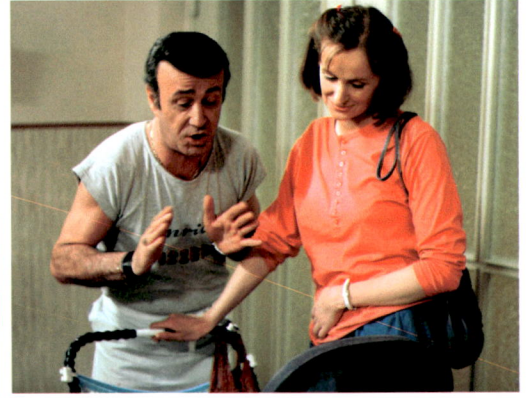

Buch: Martina Borger ■ Regie: Karin Hercher ■ Kamera: Dieter Christ ■ Redaktion: Monika Paetow

195 | Die Macht des Schicksals

27. AUG 89

Onkel Franz ist geschockt, dass Ludwig auf Elisabeths Verhältnis gefasst reagiert und behauptet, er wisse davon. Seine Wut und Verzweiflung lässt Ludwig dann an Vasily aus. Er bittet Elisabeth, mit Pauli nach Percha zu fahren, um seine Schallplatten zu holen. Sobald sie weg sind, baut er eine Wanze in Paulis Telefon ein. ■ Dominique versucht, mit ihrem Vater über die Vergangenheit zu sprechen. Als er ablenkt, resigniert sie. Helga und Berta kommen mit den Jungs aus dem Urlaub zurück. Lösch schickt Helga einen großen Blumenstrauß. Als Helga versucht, Hans über Anna auszufragen, reagiert er genervt, erzählt aber nichts. ■ Monsieur Mourrait flirtet mit Tanja und schenkt ihr eine teure Kette. Er überredet sie, mit ihm ein Glas Champagner zu trinken. Spät verlassen die beiden die Bar. Sie küssen sich und er fragt, was jetzt noch folgen könne.

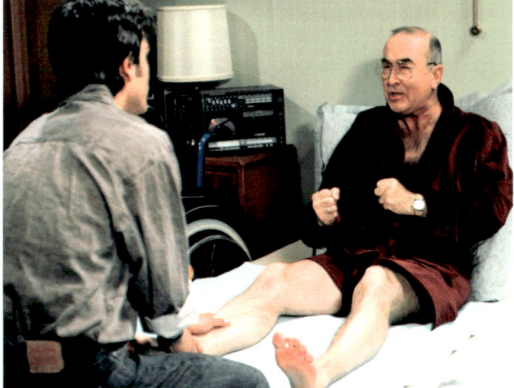

Buch: Martina Borger ■ Regie: Karin Hercher ■ Kamera: Dieter Christ ■ Redaktion: Monika Paetow

196 | Anträge

3. SEP 89

Gabi darf das Haus verkaufen. Hans schickt Anna Geld für Tom, er fühlt sich verantwortlich. Während alle freudig mit Zorro Wiedersehen feiern, wirft Anna das Geld zurück in den Beimerschen Briefkasten. Helga fragt Hans erstaunt nach den 500 Mark, er aber tut unwissend. ■ Franz hat eine Schaffenskrise. Seine Laune steigt, als Vera ihm sagt, dass sie ein Kind mit ihm möchte. Matthias bittet Franz, ein Portrait von Marion zu malen. Tanja ist derweil verliebt in Mourrait. ■ Beate meint, dass Ludwigs Sühneplan für Vasily völlig krank sei. Ludwig stellt Vasily frei, sich der Polizei zu stellen. Elisabeth schafft es nicht, Ludwig die Wahrheit zu sagen. Der hört zufällig, wie Pauli von Elisabeths Qualitäten im Bett berichtet. Ludwig erklärt Elisabeth, er sei durchaus noch in der Lage, mit ihr zu schlafen. Er erwarte sie daher im gemeinsamen Ehebett.

Buch: Martina Borger ■ Regie: Karin Hercher ■ Kamera: Dieter Christ ■ Redaktion: Monika Paetow

197 | Väter

Ludwig ist im Gegensatz zu Elisabeth glücklich über die erneute Annäherung. Carsten kommt mit einem zwölfjährigen Ausreißer aus dem Urlaub zurück. Er rät Elisabeth, sich für einen Mann zu entscheiden. Pauli liebt Elisabeth und will mit ihr leben. Er befürchtet aber, dass sie sich nicht von Ludwig trennen wird. ■ Nach einem Telefonat mit Gottlieb spricht Berta mit Manoel über die bevorstehende Scheidung. Als Berta abends heimkommt, sieht sie, wie Onkel Franz ihrem Sohn seine Waffe erklärt. Sie macht ihm Vorwürfe. ■ Als Helga bemerkt, dass die 500 Mark verschwunden sind, erfindet Hans eine Ausrede. Den Nachmittag verbringt Helga mit Herrn Lösch, der spontan vorbei gekommen ist. Abends ohrfeigt Hans seinen Sohn, als der im Streit sein Verhältnis mit Anna thematisiert. Benny will daraufhin zu Kornelia — für immer. Hans und Helga sind schockiert.

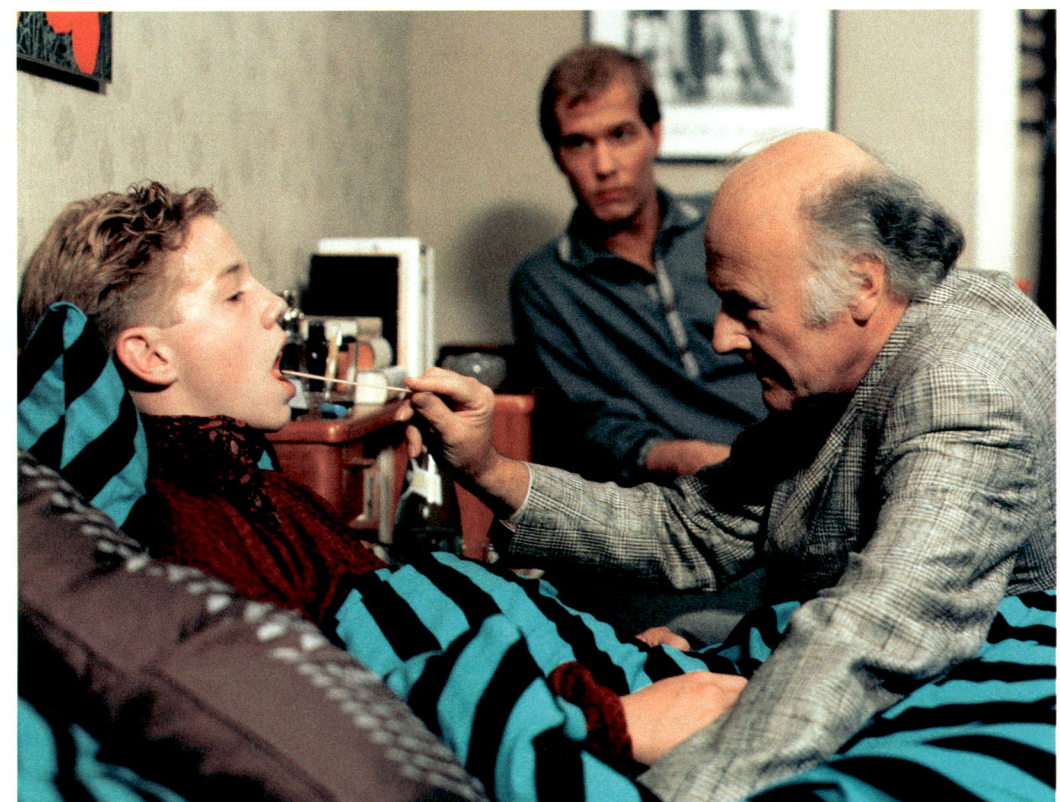

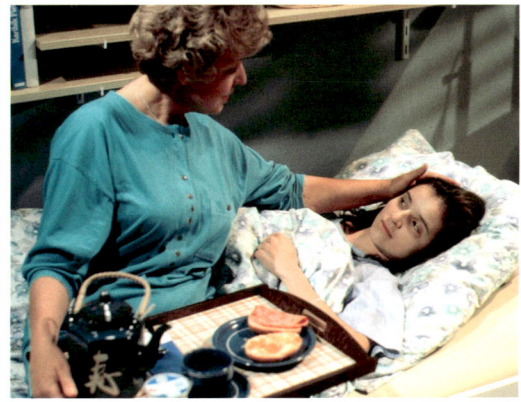

Buch: Martina Borger ■ Regie: Karin Hercher ■ Kamera: Dieter Christ ■ Redaktion: Monika Paetow

198 | Defekte

Benny ist doch nicht ausgezogen. Helga erfährt von Dominiques Magersucht. Sie will partout nicht zurück nach Paris. Mourrait bedankt sich bei Hans und Helga. Hans begleitet ihn ins Treppenhaus und trifft einen Boten, der einen Blumenstrauß von Lösch für Helga bringt. Hans legt ihn Berta vor die Tür. Die ist überglücklich als sie die Blumen findet und liest immer wieder das Kärtchen. ■ Jean-Luc und Tanja sprechen in einem Hotel über ihre Liebe und landen schließlich auf dem Bett. Franz ist begeistert: Mourrait hat zwei seiner Bilder gekauft. ■ Michael, der Ausreißerjunge, ist enttäuscht, dass er zurück ins Internat muss. Abends erfragt er von Carsten die Öffnungszeiten der Pizzeria und schleicht sich unbemerkt aus der Wohnung. Onkel Franz erwischt ihn auf seinem Patrouillegang an der Pizzeria. Als der Junge wegläuft, schießt er ihm ins Bein.

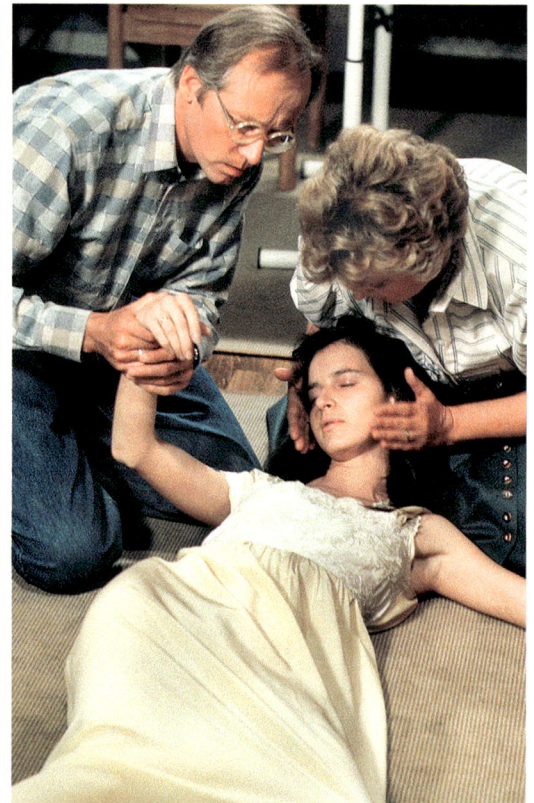

Buch: Martina Borger ■ Regie: Karin Hercher ■ Kamera: Dieter Christ ■ Redaktion: Monika Paetow

199 | Im Ernst

24. SEP 89

Die Nachbarn nehmen Anteil an Michaels Schicksal. Es geht ihm zwar besser, aber was mit seinem Bein wird, ist noch ungewiss. Onkel Franz, der aus dem Gefängnis entlassen wurde, wird geschnitten. Er ist fassungslos über die Undankbarkeit seiner Nachbarschaft und bittet Hilmar ihn zu beschützen. ■ Zorro gesteht Anna, dass er als Deserteur von der Polizei gesucht wird. Ein Kaufinteressent, Anton Gruber, bietet Gabi 200.000 Mark für Bennos Haus. ■ Obwohl er nur beim Aufräumen helfen wollte, hat Manoel den ganzen Tag deutlich mehr Schaden als Nutzen angerichtet. Spätabends sieht Berta ihn mit dem Fleischermesser am Klavier hantieren und schickt ihn wütend ins Bett. Als Manoel sie nachäfft, schlägt sie auf ihn ein. Schockiert über sich selbst nimmt sie ihn einen Moment später in den Arm und entschuldigt sich. Manoel lässt es emotionslos geschehen.

Buch: Martina Borger ■ Regie: Karin Hercher ■ Kamera: Andreas König ■ Redaktion: Monika Paetow

200 | Großreinemachen

Berta bemüht sich vergeblich um Manoel. Er spricht nicht mehr mit ihr. Im Treppenhaus trifft sie Herrn Lösch und bedankt sich für die Blumen. Er erklärt ihr, dass es ihm eher um Helga; denn um sie geht. Berta bleibt traurig zurück. ■ Anna tröstet Gabi, die sich schon bei einer Zwangsversteigerung sieht. Da kommt Anton Gruber mit dem Angebot, das Haus für 1.500 Mark monatlich zu mieten. Gabi tanzt vor Freude. Mit dem Geld kann sie die Zinsen bezahlen und Bennos Haus behalten. ■ Elisabeth trennt sich von Dr. Pauli. Der will um sie kämpfen und bittet sie um ein letztes Treffen – zum Reden, am Abend. Als sie vorgibt, zu Carsten zu gehen, konfrontiert Ludwig sie erbost mit ihrer Affäre. Und der Wette, die Pauli wegen Elisabeth abgeschlossen hat. Elisabeth ist entsetzt. Dann ruft Pauli an, und Ludwig fragt laut, ob sie für ihn noch zu sprechen ist.

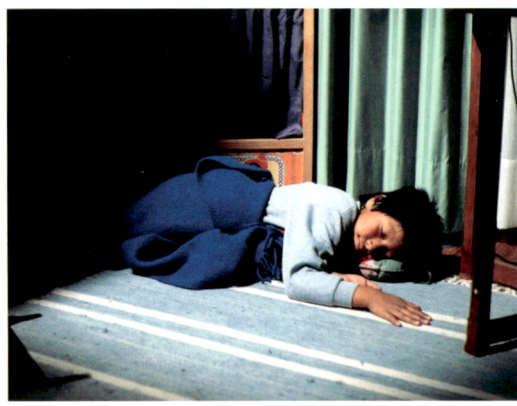

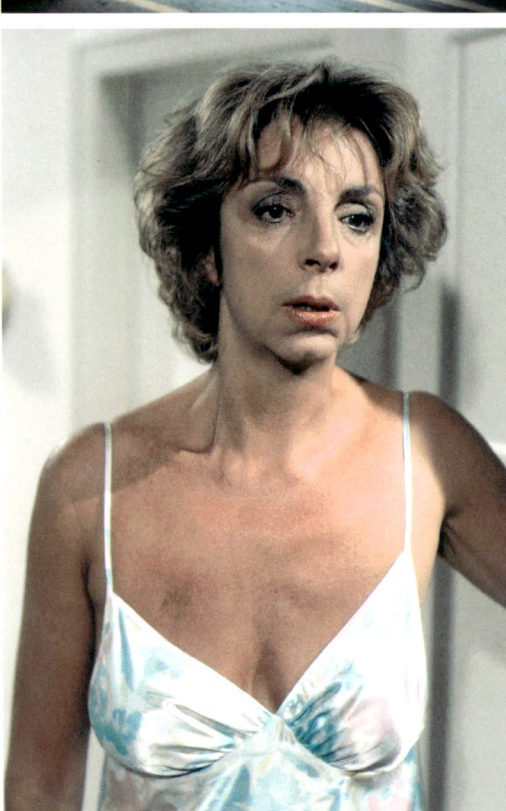

Buch: Martina Borger ■ Regie: Karin Hercher ■ Kamera: Dieter Christ ■ Redaktion: Monika Paetow

201 | Unter einer Bedingung

Dominique bricht beim Frühstück zusammen und wird ins Krankenhaus gebracht. Helga informiert Mourrait. Hans und Helga machen sich Vorwürfe, dass sie Dominiques Krankheit nicht erkannt haben. ■ Beates bestandene Gesellenprüfung wird mit einem kleinen Fest in der Pizzeria gefeiert. ■ Die Praxis bleibt bis auf weiteres geschlossen. Elisabeth und Ludwig streiten. Beide sind wütend und verletzt: Elisabeth, weil Ludwig ein falsches Spiel mit ihr getrieben hat, Dressler wegen ihrer Unaufrichtigkeit. Elisabeth ist zudem empört über Vasilys Sühneplan. Wenn sie Pauli nie wieder sieht, will Ludwig ihr verzeihen. Sonst müsse sie gehen. Nach einer Aussprache mit Pauli sagt Elisabeth ihrem Mann, dass Pauli kein Betrüger ist. Ludwig antwortet, dass damit zwischen ihm und Elisabeth alles klar wäre. Verstört fragt sie, was das heißen soll: Abschied für immer?

Buch: Martina Borger ■ Regie: Karin Hercher ■ Kamera: Dieter Christ ■ Redaktion: Monika Paetow

202 | Berührungsängste

Mourrait erkennt keinen Grund für Dominiques Magersucht. Helga meint, sie müsse sofort eine Therapie beginnen. Später zeigt Mourrait der überraschten Tanja das Luxusappartement. Franz macht seiner Tochter wegen Mourrait heftige Vorwürfe. Tanja verlässt verletzt die Wohnung. ■ Carsten gibt ein Fest zum 20. Jahrestag der Abschaffung des §175. Onkel Franz ist empört über die »perverse Orgie«. Carsten und Zorro schlagen ihn in die Flucht. ■ Lydia, die zu Amélies 75. Geburtstag gekommen ist, versucht zwischen Tochter und Enkel zu vermitteln. Berta glaubt, Manoel schlafe bereits, als sie sich weinend ihren Männerfrust von der Seele redet. Es stimme einfach nicht, dass sie Manoel nicht will. Als Freunde hätten sie eine Chance. Sie merkt, dass Manoel alles mitgehört hat, und fragt ihn, ob er immer noch von ihr weg will. Manoel antwortet nicht.

Buch: Martina Borger ■ Regie: Karin Hercher ■ Kamera: Dieter Christ ■ Redaktion: Monika Paetow

203 | Balthasar

22. OKT 89

Manoel alarmiert Zorro: Hase Balthasar ist verschwunden. Zorro schmiedet Rachepläne gegen den Hasendieb. ■ Durch Manoels Geschichte kommen Klaus Zweifel an seiner eigenen Herkunft. Helga versichert ihm, dass er ihr Kind ist und sie ihn niemals wegschicken wird. ■ Hubert kommt mit einem gehäuteten Hasen für Rosis Geburtstagsessen ins Haus und schließt sich in der Küche ein. Hans bietet Anna finanzielle Hilfe für Tom an, aber sie lehnt ab. Als Hubert Hilfe in der Küche braucht, geht sie zu ihm. Später bei Tisch gibt Zorro dem erstaunten Hubert die Schuld, Balthasar gebraten zu haben. Zorro verlässt aufgebracht die Wohnung. Hubert sagt, er habe den Hasen gekauft – aber keiner glaubt ihm. Zorro kommt später zurück und nimmt den Topf mit. Er will nicht, dass Balthasar gegessen wird. Nun reicht es Hubert. Er wird sich den Braten wieder holen.

Buch: Hans W. Geißendörfer ■ Regie: Karin Hercher ■ Kamera: Dieter Christ ■ Redaktion: Monika Paetow

204 | Die Morddrohung

29. OKT 89

Helga erkundigt sich nach dem Hasen Balthasar, der von Manoel gefunden wurde. Benny organisiert eine Unterschriftenaktion gegen Atomstrom. Und Matthias entlockt Dominique im Krankenhaus Marions Adresse. Derweil trifft Hans beim Heimkommen auf Herrn Lösch, der auf Helga wartet. Später will Hans von Helga wissen, was die Sache mit Lösch zu bedeuten habe. Helga erinnert ihn an seine Liaison mit Anna. ■ Ein Streit zwischen Tanja und Franz über Mourrait eskaliert mit einer Ohrfeige gegen Tanja. ■ Carsten rät Elisabeth, bei Pauli zu bleiben und Ludwig zu verlassen. Als Vasily zugibt, dass ihn seine Arbeit für Dressler nervt, droht der mit Gefängnis. Vasily bekommt einen Wutanfall. Es tue ihm leid, Dressler nicht getötet zu haben. Ludwig glaubt, dann wäre ihm viel erspart geblieben. Vasily antwortet drohend. Was nicht ist, könne ja noch werden.

Buch: Hans W. Geißendörfer ■ Regie: Karin Hercher ■ Kamera: Dieter Christ ■ Redaktion: Monika Paetow

205 | Absagen

Elisabeth berichtet Carsten, dass Vasily sich bei Ludwig entschuldigt hat. Sie selbst wurde von Ludwig weggeschickt. Pauli versucht, Elisabeth zurück zu erobern und ist sehr enttäuscht, dass sie doch bei Ludwig bleibt. Denn als der anruft, geht sie sofort zu ihm. ■ Manoel nutzt seinen »Wunschtag« zum Schuleschwänzen und um Freunde einzuladen. ■ Hans ist genervt, dass Lösch erneut Helga eingeladen hat. Herr Lösch erwartet Helga nicht wie verabredet im Restaurant, sondern auf seinem Zimmer. Helga stellt charmant die Situation klar und geht. Sie betrinkt sich daraufhin im »Akropolis«. Hans wartet auf Helga, die völlig blau heimkommt. Benny luchst Helga Geld für Videokopien seiner »Robin Wood«-Kampagne ab. Später ruft er an und teilt Hans mit, dass er in Hamburg ist und sie in den nächsten ein bis zwei Wochen nicht mit ihm rechnen sollen.

Buch: Hans W. Geißendörfer ■ Regie: Karin Hercher ■ Kamera: Dieter Christ ■ Redaktion: Monika Paetow

206 | Das Appartement

12. NOV 89

Rosi versucht vergeblich, Gabi mit Anton Gruber zu verkuppeln. Zorro gesteht Anna indirekt seine Liebe zu ihr. Sie gibt ihm – ebenfalls indirekt – zu verstehen, dass da nichts zu machen ist. ■ Das Thema Lösch ist für Helga endgültig erledigt. Sie bittet bei »Robin Wood« in Hamburg um einen Rückruf von Benny. Und Matthias sagt sie klar und deutlich, dass sie als seelischer Mülleimer nicht mehr zur Verfügung steht. ■ Matthias ist begeistert von dem Ölbild, das Franz von Marion gemalt hat. Weniger begeistert ist Vera, als sie erfährt, dass Tanja ihr Zeitungspraktikum abgebrochen hat. Sie sieht ihr Lebensziel darin, Jean-Luc glücklich zu machen. Franz ist geschockt. Zudem macht er sich Vorwürfe, dass er als Vater offensichtlich versagt hat. Er will Mourrait die Meinung sagen und verschafft sich mit einer Lüge Zutritt zu Tanjas Appartement.

Buch: Hans W. Geißendörfer ■ Regie: Karin Hercher ■ Kamera: Dieter Christ ■ Redaktion: Monika Paetow

207 | Vasilys Beichte

19. NOV 89

Hans holt Dominique aus dem Krankenhaus ab. Sie sagt ihrem Vater, dass sie bei Beimers bleiben wird. Benny kommt spät aus Hamburg heim. Er hat eine geheime Aktion vorbereitet und muss in einigen Tagen noch einmal weg. ■ Franz und Tanja werden sich von München verabschieden. Tanja will mit Mourrait nach Rom ziehen. Franz findet einen Brief von Jean-Luc mit dem Angebot, ihm sieben Bilder für 25.000 Mark abzukaufen. Doch Franz will sich – anders als Tanja – nicht kaufen lassen. Den beiliegenden Scheck verbrennt er feierlich. ■ Vasily, der Panaiotis endlich die Unfallgeschichte erzählt hat, zeigt sich selbst an. Ludwig flippt daraufhin völlig aus. Er wirft nicht nur Beate und Vasily, sondern auch Elisabeth und Berta hinaus. Seine Haushälterin geht von allein. Abends löst er in der Praxis ein Röhrchen Tabletten in Wasser auf und trinkt das Glas aus.

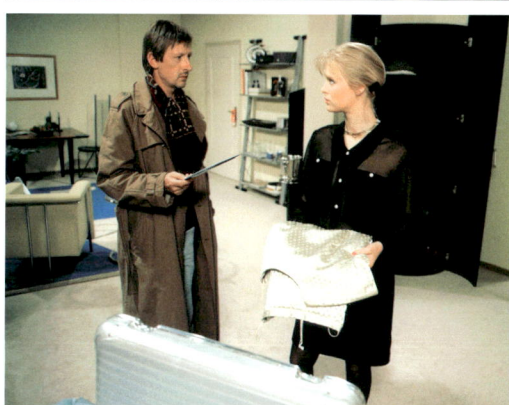

Buch: Hans W. Geißendörfer ■ Regie: Karin Hercher ■ Kamera: Dieter Christ ■ Redaktion: Monika Paetow

208 | Die Fahndung läuft

26. NOV 89

Ludwig macht Vasily Vorwürfe, dass er ihn vergangene Woche gerettet hat. Als Vasily fragt, ob er ihn abends baden soll, ist Ludwig erstaunt. Über Franks Besuch freut er sich sehr, ist aber enttäuscht, dass dieser nur ein paar Tage bleibt. ■ Benny ist früh auf. Heute werden die Protest-Postkarten an den Umweltminister übergeben. Hans hat kein gutes Gefühl. Später erfährt er von der Polizei, dass Benny über die Mitfahrerzentrale zu zwei mutmaßlichen Terroristen ins Auto gestiegen ist. Besorgt verfolgen Beimers den abendlichen Bericht der »Tagesschau« über die Protestaktion beim Umweltminister. ■ Die Polizisten überprüfen Zorro. Der drückt Else den kleinen Tom in den Arm und gibt vor, seinen Personalausweis aus der Wohnung zu holen. Anna kann nicht verhindern, dass die Polizei die Wohnung durchsucht. Zorro aber gelingt die Flucht mit dem Bus.

Buch: Hans W. Geißendörfer ■ Regie: Karin Hercher ■ Kamera: Dieter Christ ■ Redaktion: Monika Paetow

209 Nachwehen

Gruber entschuldigt sich bei Gabi. Schließlich hat er sich nicht mehr gemeldet, seit er weiß, dass Benno Aids hatte. Anna besucht Zorro, der sich nach seiner Flucht selbst gestellt hat, im Gefängnis. Friedhelm spricht Anna an. Er will nach seiner Therapie Richtung Australien auswandern. ■ Elisabeth macht sich Sorgen, dass Ludwig nach Franks Abreise erneut einen Selbstmordversuch unternimmt. Sie will ihn dazu bringen, wieder zu praktizieren. ■ Kornelia ist entsetzt, dass ausgerechnet Benny, der immer gegen Autos gewettert hat, den Führerschein machen will. Helga lädt Matthias zu einem Versöhnungsessen ein. Das Thema Marion möchte sie jedoch aussparen. Dominique wird nach Paris fahren, um mit ihrem Vater zu sprechen. Nachts plagen sie schwere Alpträume. Hans und Helga versuchen sie zu wecken. Aber sie weint im Schlaf und ruft »Bitte nicht!«.

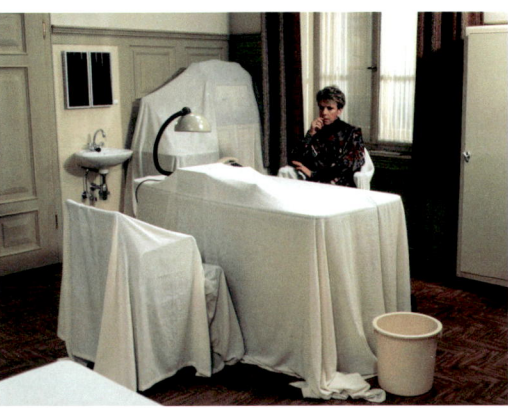

Buch: Hans W. Geißendörfer ■ Regie: George Moorse ■ Kamera: Kurt Mikler ■ Redaktion: Monika Paetow

210 | Der Radetzkymarsch

Vera zeigt Franz den Prospekt über einen neunwöchigen Malkurs in der Toskana. Franz winkt ab. 12.000 Mark sind zu viel für ihn. Vera erinnert ihn an Mourraits Angebot. Sie will ihn bitten, den zerrissenen Scheck noch einmal auszustellen. Damit Franz dies nicht mitbekommt, telefoniert sie von Berta aus. Dort erlernt Else gerade die »Ein-Finger-Version« des Radetzkymarsches. ■ Im »Akropolis« wird ein Spielautomat aufgehängt. Egon ist begeistert, während Hubert kategorisch dagegen wettert. Abends kann er dann aber nicht mehr widerstehen. Er spielt und gewinnt. Panaiotis flüstert Egon zu, dass er nun »am Haken« hängt. ■ Dominique will nach Paris abreisen, um mit ihrem Vater zu sprechen. Während Hans und Helga später über Bennys 18. Geburtstag sprechen, taucht Dominique wieder auf. Sie ist nicht gefahren und verschwindet wortlos in ihrem Zimmer.

Buch: Hans W. Geißendörfer ■ Regie: George Moorse ■ Kamera: Kurt Mikler ■ Redaktion: Monika Paetow

211 | Nicht Sie, Herr Beimer

17. DEZ 89

Als Elisabeth sieht, dass Ludwig starke Schlaftabletten in der Wohnung aufbewahrt, wirft sie diese weg und zieht wieder bei ihm ein. Ludwig verschwindet Türen knallend im Wohnzimmer. ■ Hubert verspielt den Inhalt des Portmonees am Automaten. Rosi macht er Vorwürfe, ihn mit leerem Geldbeutel loszuschicken – sie mogele wohl beim Haushaltsgeld. Das muss Rosi leider zugeben. Robert verzeiht ihr großzügig. ■ Benny feiert seinen 18. Geburtstag, Helga trifft sich mit Ingeborg, und Hans verdrückt sich ins »Akropolis«. Dort sagt er Anna, dass er Tom sehen möchte. Anna hat nicht viel Mitleid mit ihm. Die Party ist noch im Gange, als Hans heimkommt. Er will sich ins Schlafzimmer verziehen, aber das ist besetzt. Nachdem Helga mitgeteilt hat, dass es später wird, verlässt er noch einmal die Wohnung. Hans schellt bei Anna und fragt, ob er reinkommen darf.

Buch: Hans W. Geißendörfer ■ Regie: George Moorse ■ Kamera: Kurt Mikler ■ Redaktion: Monika Paetow

212 | Drei Flaschen Sekt

24. DEZ 89

Anna wünscht Hans »Frohe Weihnachten«. So richtig froh ist Hans indes nicht. Schließlich hat ihn Anna vergangene Woche nicht herein gelassen. Helga beobachtet argwöhnisch Annas Gruß. Beim Schmücken des Weihnachtsbaumes beruhigt Hans seine Frau. Es sei aus mit Anna, aber wenn man in einem Haus wohne, treffe man sich nun mal. Benny beginnt die alljährliche Diskussion ums weihnachtliche Baumsterben. Marion wird von der Familie stürmisch begrüßt und schwärmt Matthias von Frederic vor. Matthias verabschiedet sich traurig. ■ Zorro wurde zu einem halben Jahr Gefängnis verurteilt. Er freut sich riesig über Annas und Gabis Besuch. ■ Tanja schickt Franz einen neuen Scheck von Mourrait, nachdem Franz den anderen aus Wut verbrannt hatte. Derweil rettet Onkel Franz den Weihnachtsabend im »Akropolis«, indem er alle Freunde auf seine Kosten einlädt.

Buch: Hans W. Geißendörfer ■ Regie: George Moorse ■ Kamera: Kurt Mikler ■ Redaktion: Monika Paetow

213 | Gute Vorsätze

Das Jahr scheint friedlich zu enden: An ihrem dritten Hochzeitstag nähern sich Ludwig und Elisabeth wieder an. ■ Hans sagt Helga, dass er endlich weiß, wohin er gehört. Er ist angekommen – und zwar bei ihr. Sie umarmen sich fest. Später sagt er Anna, dass er Tom und sie im neuen Jahr öfters sehen will. Anna schiebt ihn zur Tür hinaus. Dominique verabredet sich mit Matthias und sagt Tanja, dass sie mit ihrem Vater reden möchte. ■ Im »Akropolis« herrscht ausgelassene Stimmung. Ludwig verabschiedet sich offiziell von seinen Patienten. Er überspannt aber den Bogen, als er Vasily als Unfallverursacher outet und sich über seine Anklage wegen Selbstjustiz mokiert. Elisabeth und Carsten schieben Ludwig zur Tür hinaus. Vasily sitzt weinend hinterm Tresen, und Dominique wartet frierend an der Bushaltestelle. Matthias kommt erst kurz vor Mitternacht.

Buch: Hans W. Geißendörfer ■ Regie: George Moorse ■ Kamera: Kurt Mikler ■ Redaktion: Monika Paetow

214 | Die Aussprache

Mourrait erfährt endlich, warum seine Tochter ihn hasst. Sie glaubt, er hätte ihre Mutter die Treppe hinunter gestoßen. Er versucht ihr zu erklären, dass sie sich täuscht. Ihre Mutter sei von alleine gestürzt; es war ein Unfall. Dominique will nichts davon hören. Sie wird ihn nicht anzeigen, wünscht aber auch keinen weiteren Kontakt zu ihm. Als er später mit Kopfschmerzen zu Tanja kommt, macht die ihm einen Heiratsantrag. Er schaut sie ungläubig an. ■ Vasily will das »Akropolis« verkaufen und nach Griechenland zurück kehren. Beate ist entsetzt. Als Panaiotis dies mitbekommt, macht er Vasily unmissverständlich klar, dass das Restaurant nicht verkauft wird. Panaiotis wird samt Familie erst dann nach Griechenland zurück kehren, wenn er es wirtschaftlich in Deutschland geschafft hat. ■ Franz und Vera verabschieden sich in den Toskana-Urlaub.

Buch: Hans W. Geißendörfer ■ Regie: George Moorse ■ Kamera: Kurt Mikler ■ Redaktion: Monika Paetow

215 | Die Henne

14. JAN 90

Lydia bittet Ludwig, sie auch künftig zu behandeln. Nach längerer Überlegung erklärt sich Dressler damit einverstanden. Die Praxis will er aber trotzdem nicht wieder eröffnen. Abends kommt Lydia im Taxi von Amélie heim. Der Taxifahrer fragt, ob er sie ins Haus begleiten soll, was sie vehement ablehnt. Er fährt los, und Lydia stürzt auf der spiegelglatten Straße. Lydia bleibt liegen und ruft nach Berta. ■ Statt im Supermarkt ein Huhn zu kaufen, verspielt Hubert das Geld am Automaten. In seiner Not nimmt er sich kurzerhand eines von Zorros Hühnern. Manoel kommt Hubert auf die Spur und stellt ihn zur Rede. Hubert ergreift die Flucht, gefolgt von einer wütenden Rosi. ■ Dominique räumt mit der Vergangenheit auf. Sie will ihr Leben in die eigene Hand nehmen. Nach Abschluss ihres Deutschkurses möchte sie ausziehen und eine Arbeitsstelle suchen.

Buch: Hans W. Geißendörfer ■ Regie: George Moorse ■ Kamera: Kurt Mikler ■ Redaktion: Monika Paetow

216 | Ein Wunder geschieht

21. JAN 90

Elisabeth wirft Ludwig vor, er sei innerlich verkrüppelt. Das will der Arzt im Ruhestand nicht auf sich sitzen lassen. Er möchte wieder praktizieren und »leben«. Carsten wird die Wohnung kündigen und zu Hans-Peter ziehen. ■ Lydia bittet Berta verzweifelt, sie aus dem Krankenhaus nach Hause zu holen. Vera bietet sofort ihre Hilfe für Lydia an. Als Franz anruft, um seinen Besuch am Wochenende anzukündigen, wird Berta traurig. Sie fühlt sich allein. ■ Beate ist traurig, weil Vasily nach Griechenland abreist. Sobald er Land gekauft hat, soll sie nachkommen. Im »Akropolis« reicht Ludwig zum Abschied Vasily die Hand. Er wollte ihm im wahrsten Sinne des Wortes »auf Wiedersehen« sagen. Nach so viel Abschiedsschmerz will nun auch Elena zurück nach Griechenland – selbst gegen Panaiotis' Willen. Türe knallend verschwindet sie aus der Küche.

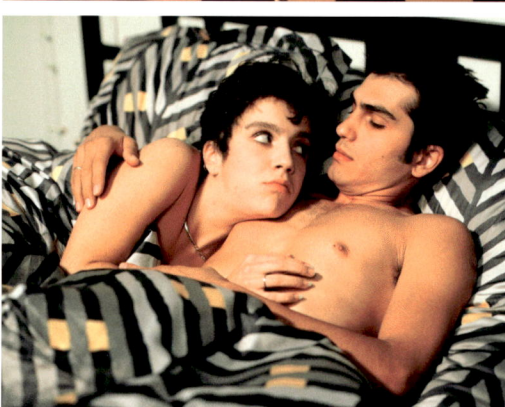

Buch: Hans W. Geißendörfer ■ Regie: George Moorse ■ Kamera: Kurt Mikler ■ Redaktion: Monika Paetow

217 | Wetterwechsel

28. JAN 90

Hubert spielt am Automaten und verliert erneut. Als Vasily anruft, ist Elena überglücklich. Beate sagt ihm, dass sie ihn sehr vermisst und es kaum erwarten kann, zu ihm zu kommen. Panaiotis geht auf Elenas Einwurf, sie könnten ja alle vier gemeinsam das Hotel in Griechenland führen, nicht ein. Elena ist deswegen sehr sauer. ■ Berta und Manoel begrüßen Lydia, die von zwei Pflegern aus dem Krankenhaus gebracht wurde. Gemeinsam wollen sie Lydia zu Hause gesund pflegen. ■ Helga bekommt durch Zufall mit, dass Tom das gemeinsame Kind von Hans und Anna ist. Als Hans abends heim kommt, findet er Dominique und Klaus verstört am Küchentisch. Klaus erzählt ihm, dass Helga samt Koffer weg ist. Er hat versucht, Hans anzurufen, aber es war ständig besetzt. Ob Helga gesagt habe, wann sie wieder kommen will? Klaus nickt: »Vielleicht nie mehr.«

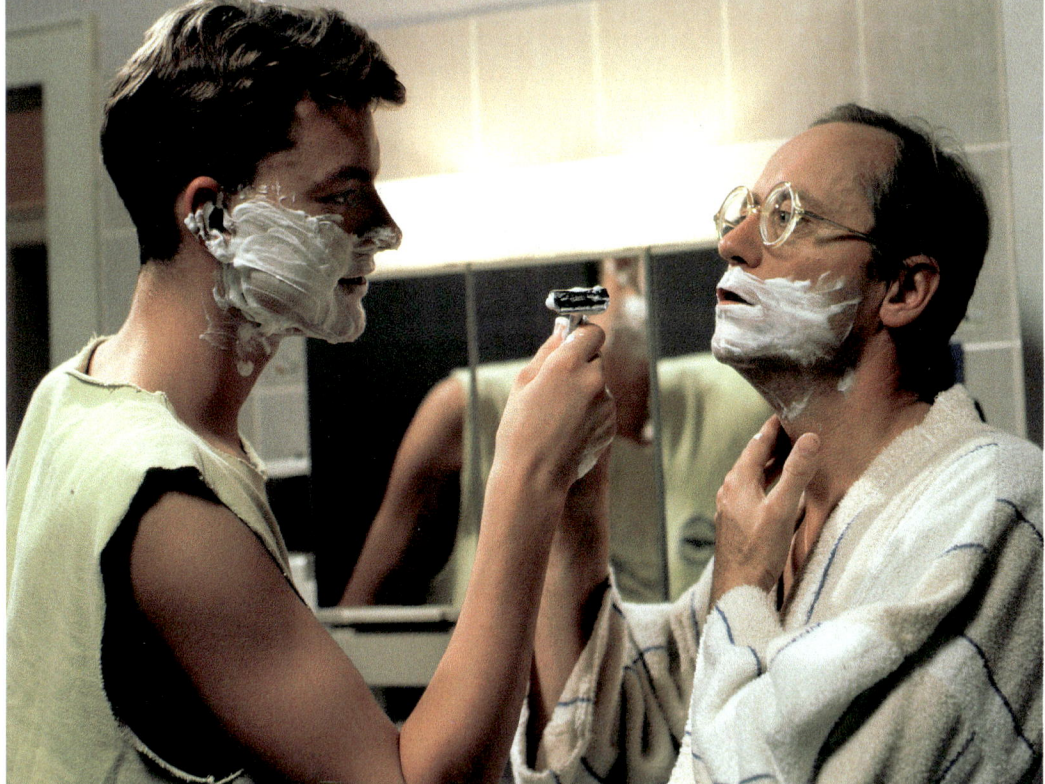

Buch: Martina Borger ■ Regie: George Moorse ■ Kamera: Kurt Mikler ■ Redaktion: Monika Paetow

218 | Wer einmal lügt

4. FEB 90

Carsten zieht zu Beate, weil Hans-Peter nicht mit ihm zusammen wohnen möchte. Außerdem macht er sich Sorgen um seine Mutter – er traut Ludwig nicht. Beate aber meint, er solle Ludwig eine Chance geben. ■ Hubert verspielt sein ganzes Geld in der Überzeugung, das System knacken zu können. Panaiotis ist bereit, mit Elena nach Griechenland zu gehen – wenn sie denn nur dort glücklich sein kann. Aber Elena meint, sie könnten nicht sofort alles aufgeben. Nun ist Panaiotis völlig ratlos. ■ Nachdem Helga von ihrem einwöchigem Aufenthalt bei Ingeborg wiedergekehrt ist, kommt es zum Streit mit Hans. Sie wirft ihm vor, ein falsches Spiel gespielt zu haben, und ist seine Demütigungen leid. Hans beteuert, dass er sie liebt, aber Helga glaubt ihm nicht mehr. Weinend schiebt sie Hans aus der Wohnung. Sie kann ihn nicht mehr sehen, er soll zu Anna gehen.

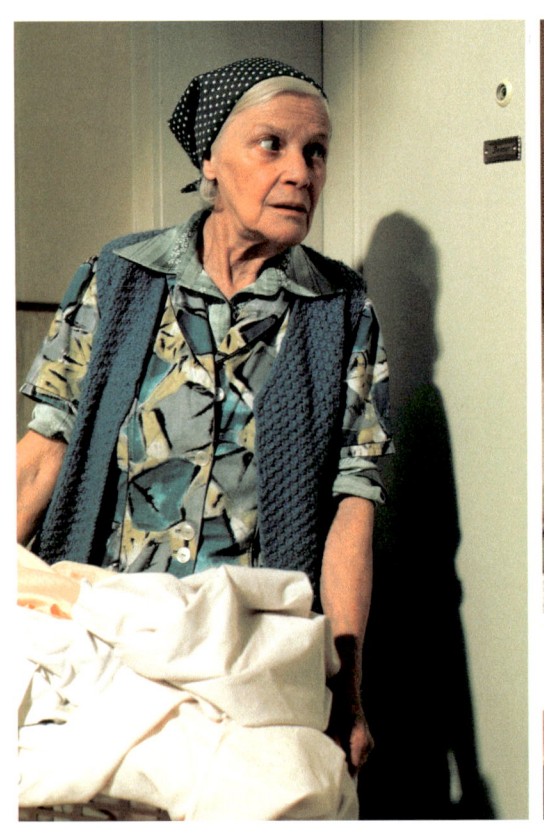

Buch: Martina Borger ■ Regie: George Moorse ■ Kamera: Kurt Mikler ■ Redaktion: Monika Paetow

219 | Die Besucher

Ludwig nimmt seine Arbeit in der Praxis wieder auf. Beate und Carsten berichten, dass die Wohnung an einen gewissen Zenker vermietet worden ist und Carsten zu Beate zieht. Die will so schnell wie möglich zu Vasily nach Griechenland. ■ Lydia ist frustriert und depressiv. Amélie schafft es, ihre Lebensgeister wieder zu wecken. Sie will mit Lydia nach Rom reisen. ■ Nachmittags sprechen Hans und Helga miteinander. Helga bleibt hart.

Sie will ihrem Mann nicht verzeihen. Sie ist bereit, auf die Scheidung zu verzichten und der Kinder wegen mit ihm zusammen zu bleiben. Aber sie verlangt, dass Anna mit ihren Kindern München verlässt. Abends spricht Hans mit Benny im »Akropolis« über die schwierige häusliche Situation. Benny fragt Hans, ob er Helga noch liebt. Als Hans das nicht beantworten kann, will er wissen, ob Hans nun für immer zu Anna geht.

Buch: Martina Borger ■ Regie: George Moorse ■ Kamera: Kurt Mikler ■ Redaktion: Monika Paetow

220 | Familienbande

Nachdem Helga eigenmächtig sowohl mit Anna über deren Auszug, als auch mit Hütthusen über eine Versetzung gesprochen hat, reicht es Hans. Außer sich vor Wut verkündet er seinen Auszug. Helga ist geschockt. ■ Beate merkt, dass eine Fernbeziehung nichts für sie ist. Deshalb will sie schnellstmöglich nach Griechenland. Isolde und Enrico bieten den Sarikakis' an, ihnen Geld für eine Lokalrenovierung zu leihen. ■ Andy kommt mit dem Taxi in der Lindenstraße an und fährt fast Else um. Sie pöbelt ihn an, aber er gibt ihr Kontra. Hülsch stellt Andy als neuen Mieter vor. Im Gegensatz zu Else findet Egon ihn sehr sympathisch. Als Else später laute Musik aus der Zenker-Wohnung hört, will sie sich beschweren. Im Wohnzimmer sitzen vier Kinder, die Andy als seine Familie vorstellt. Else ist geschockt. Sollte die ganze Bagage wirklich zu ihm gehören?

Buch: Martina Borger ■ Regie: George Moorse ■ Kamera: Kurt Mikler ■ Redaktion: Monika Paetow

221 | Nervensache

Else ist genervt von den Zenkers. Mit Andy gerät sie aneinander, als er auf die vertraglich zugesicherte Benutzung der Waschmaschine besteht. Klaus und Manoel freunden sich derweil mit Iffi an. ■ Helga ist verzweifelt und fühlt sich allein. Als Hans einige Dinge abholen will, passt der Schlüssel nicht mehr und seine Sachen stehen vor der Tür. Marion versucht vergeblich, Helga ins Gewissen zu reden. ■ Hülsch bittet Rosi, endlich die Februarmiete zu überweisen. Hubert meint, die Bank habe einen Fehler gemacht. Als er später im »Akropolis« mitbekommt, dass Enrico den Sarikakis' 20.000 Mark für die Renovierung gibt, bittet auch er ihn um Geld. Hubert verspricht, den Betrag bis zum Wochenende zurück zu zahlen. Enrico verabschiedet sich. Auch Hubert will gehen, aber der Spielautomat lässt ihn nicht los. Hubert ist hin und her gerissen.

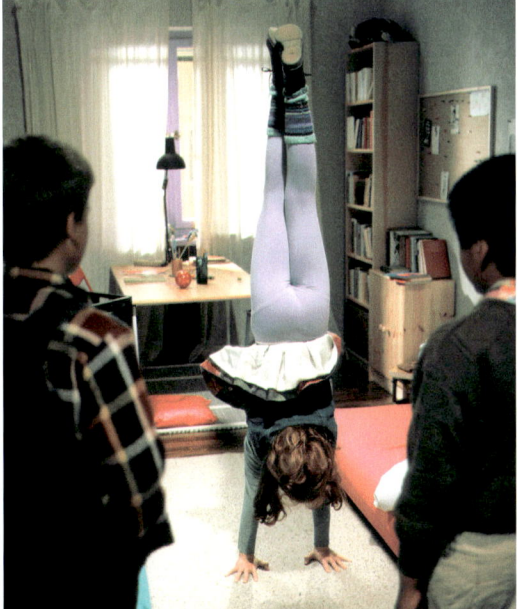

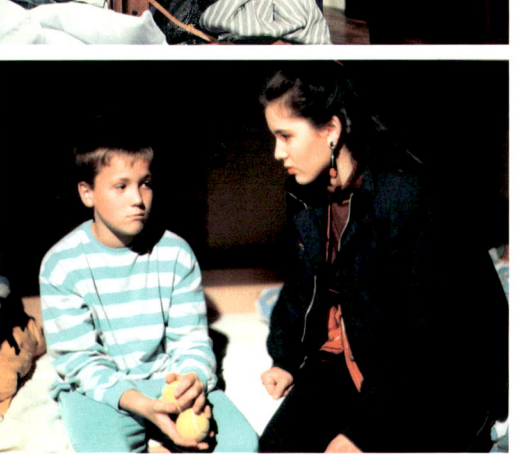

Buch: Martina Borger ■ Regie: George Moorse ■ Kamera: Kurt Mikler ■ Redaktion: Monika Paetow

222 | Offene Rechnungen

4. MÄR 90

Helga und Hans streiten. Schließlich wissen inzwischen alle Hausbewohner, dass Hans der Vater von Annas Sohn ist. Helga fordert ihren Mann auf, die verfahrene Situation zu entspannen und eine neue Wohnung für sich und seine Familie zu suchen. Doch Hans will nicht mehr mit Helga und den Kindern zusammen wohnen. ■ Hubert sieht finanziell kein Land mehr und leiht sich von Onkel Franz, der ihn für seinen Verein gewinnen möchte, 100 Mark. ■ Beate ist glücklich: In drei Wochen fährt sie zu Vasily. Elisabeth macht sich Sorgen um sie. Auch Ludwig ist besorgt. Sein Verfahren wegen Nötigung und Freiheitsberaubung wurde eingeleitet. Druck kommt zudem von Elisabeth. Sie fühlt sich von Ludwig vernachlässigt. Am Abend rollt er vor das gemeinsame Schlafzimmer, zögert aber, hinein zu fahren. Da fragt Elisabeth von innen, ob er nicht zu ihr kommen möchte.

Buch: Martina Borger ■ Regie: George Moorse ■ Kamera: Kurt Mikler ■ Redaktion: Monika Paetow

223 | Die Abrechnung

Rosi erfährt, dass Hubert ein Spieler ist. Weinend bittet sie Enrico, ihrem Mann nie wieder etwas zu leihen. Sie wird das Geld zurückzahlen. Mit Gabi rechnet sie nach, wieviel Hubert verspielt hat. Ab heute wird sie die Finanzen führen. Hubert ist indes noch immer überzeugt, alles zurück gewinnen zu können. Rosi platzt der Kragen. Hubert muss versprechen, nie wieder zu spielen. ■ Berta erfährt, dass Andys Frau bei einem Verkehrsunfall umgekommen ist. Sie bewundert, wie er sein Leben mit den Kindern meistert, und bietet ihm ihre Hilfe an. Hülsch versucht vergeblich, zwischen Andy und Else zu vermitteln. ■ Elisabeth und Ludwig haben sich ausgesöhnt. Abends plant Elisabeth mit ihren Kindern den Sommerurlaub in Griechenland, als es klingelt. Carsten öffnet und steht Robert gegenüber. Der bittet ihn, für eine Nacht bei ihm bleiben zu dürfen.

Buch: Martina Borger ■ Regie: George Moorse ■ Kamera: Kurt Mikler ■ Redaktion: Monika Paetow

224 | Das Horoskop

18. MÄR 90

Elses Horoskop sagt im Blick auf die Finanzen einen schlechten Tag voraus. Kurz darauf wird Else wegen eines anonymen Briefes der Steuerhinterziehung bezichtigt. Sie ist am Boden zerstört. Den Gewerbeschein kann sie im Nachhinein beantragen, aber das Bußgeld bleibt. Sie vermutet, dass Andy dahinter steckt. ■ Iffi führt vor dem »Café Bayer« Kunststücke vor. Von dem Erlös kauft sie mit Manoel und Klaus ein neues Radio für Lydia. ■ Hans-Peter ist eifersüchtig auf Robert. Beate versteht nicht, warum Carsten seinem Ex-Freund hilft, und auch Elisabeth macht sich Sorgen. Carsten hingegen ist beeindruckt von Roberts Romanidee und will ihn finanziell unterstützen. Robert verführt ihn später und meint, sie sollten neu beginnen. Nach einem Anruf muss Robert plötzlich weg. Angeblich braucht eine Kollegin seine Hilfe. Carsten bleibt verdutzt zurück.

Buch: Martina Borger ■ Regie: George Moorse ■ Kamera: Kurt Mikler ■ Redaktion: Monika Paetow

225 | Räumaktionen

Beate verabschiedet sich von ihren Lieben; Elisabeth begleitet ihre Tochter zum Bahnhof. Carsten richtet in der Zwischenzeit mit Robert dessen neues Zimmer ein. Elisabeth kommt spät nach Hause. Ludwig gesteht ihr, er habe sie bei einem anderen Mann vermutet und bittet sie um Verzeihung. Elisabeth streichelt ihn liebevoll. ■ Elena hat Stühle für das renovierte Lokal gekauft. Als sie ihre Überraschung präsentiert, ist Isolde entsetzt. Auch sie hat bereits sehr elegante Stühle und Tische bestellt. Sie wollte ein Schmuckstück aus dem »Akropolis« machen. ■ Niemand hat Zeit für Helga. Marion ist unterwegs, Ingeborg ist verabredet, Klaus übernachtet bei Iffi, und Dominique bleibt bei Matthias. Sie versucht Hans zu erreichen, legt aber wieder auf. Helga will gerade das Ehebett auseinander bauen, als es schellt. Entsetzt sieht sie Hans durch den Spion.

Buch: Martina Borger ■ Regie: George Moorse ■ Kamera: Kurt Mikler ■ Redaktion: Monika Paetow

226 | Die arme Else

Helga berichtet Benny, dass Hans letzte Woche noch spät Klaus' Turnbeutel vorbei gebracht hat. Auch zu ihrem Geburtstag war er für eine halbe Stunde da. Trotzdem ist Helga traurig über die familiäre Lage. Zumindest Ingeborg schafft es, Helga aufzumuntern. ■ Franz kommt überraschend nach Hause und zeigt Vera Fotos von einem Haus in der Toskana. Das möchte er kaufen. Vera ist wenig begeistert, aber Franz will, dass sie wenigstens eine Nacht dort verbringt. ■ Else montiert alle verdächtigen Schilder ab und präsentiert dem Herrn vom Finanzamt siegessicher die Waschküche. Der entdeckt jedoch eine Preisliste, die Else vergessen hat. Später findet Egon seine Frau weinend im Wohnzimmer. Sie erzählt, dass eine Forderung bis zu 20.000 Mark auf sie zu kommt. Verzweifelt bittet sie Egon um Hilfe. Wenn sie nicht zahlen kann, muss sie ins Gefängnis.

Buch: Maria Elisabeth Straub ■ Regie: Claus Peter Witt ■ Kamera: Dieter Christ ■ Redaktion: Monika Paetow

227 | Teure Zeiten

8. APR 90

Gabi und Andy treffen sich vor dem Haus. Es wird deutlich, dass sich die beiden nicht besonders mögen. Beim Frühstück erzählt Gabi ihren Eltern, dass im »Café Bayer« eine Halbtagskraft gesucht wird. Ludwig bittet Hubert, eine alte Uhr zu reparieren. Derweil wird Rosi von Zorro überrascht. Er hat zwölf Stunden Ausgang und wollte eigentlich Anna besuchen. Hubert ist begeistert von Ludwigs alter Uhr. Anstatt sie zu reparieren, erkundigt er sich jedoch, was er im Pfandhaus dafür bekommen würde. ■ Lydia verzweifelt über ihr Bein, das einfach nicht heilen will. Sie wird zunehmend unleidlich. Ganz anders Franz und Vera. Sie fahren übers Wochenende in die Toskana. Berta ist von so viel offen gezeigter Zuneigung genervt. ■ Else schimpft über Onkel Franz. Der hat sie angezeigt – wobei ihm die Folgen völlig egal sind. Else entschuldigt sich bei Andy.

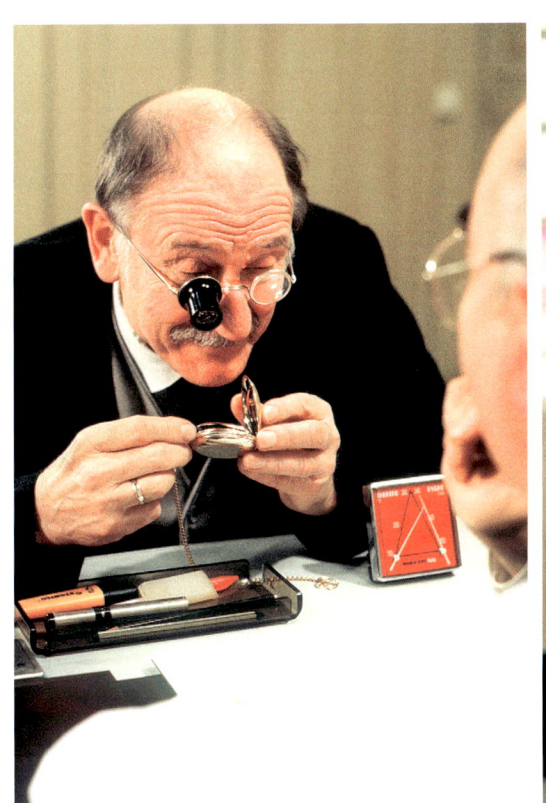

Buch: Maria Elisabeth Straub ■ Regie: Claus Peter Witt ■ Kamera: Dieter Christ ■ Redaktion: Monika Paetow

228 | Kekse und Salz

15. APR 90

Matthias hat Dominique Kekse und Salz für einen Neuanfang mitgebracht. Nach einem Spaziergang küsst er sie vor der Haustür und möchte mit zu ihr gehen. Aber Dominique hat Angst vor dem ersten Mal. Helga erfährt bei der Wiedereröffnung des »Akropolis«, dass Anna ihretwegen nicht gekommen ist. Helga nahm an, sie habe sich längst mit der Situation abgefunden. ■ Hubert ist die ganze Nacht nicht heimgekommen. Als dieser dann endlich auftaucht, gesteht er Rosi, dass er Dresslers Uhr versetzt und zudem seinen Personalausweis mit 1.000 Mark beliehen hat. Nun hat er alles verloren. Rosi verlässt wortlos den Raum. ■ Robert telefoniert mit Flora. Er schickt Carsten in die Küche und flüstert, dass er nicht reden kann, sich aber später bei ihr melden wird. Carsten sagt er, sie sei eine Kollegin. Als Carsten mehr wissen will, antwortet er mit einem Kuss.

Buch: Maria Elisabeth Straub ■ Regie: Claus Peter Witt ■ Kamera: Dieter Christ ■ Redaktion: Monika Paetow

229 | Frühlingserwachen

22. APR 90

Dominique und Matthias sind glücklich miteinander. Abends kommt es jedoch zum Streit, weil Dominique erfährt, dass Matthias mit ihrem Vater gesprochen hat. Als Matthias nach ihrer Mutter fragt, faucht sie ihn an. Er soll sie nie wieder nach ihrer Familie fragen. Derweil übernimmt Tanja die Schildknecht-Wohnung, da Franz und Vera in die Toskana ziehen. ■ Auch Carsten und Robert streiten, weil Robert keine Lust auf Carstens spießige Hausfrauenart hat. ■ Gabi ist genervt von den Geräuschen aus der Zenker-Wohnung und zieht die Tür zu. Als Rita dann Andy mit einer anderen Frau im Bett erwischt, kommt es zu einer unschönen Szene, aus der Valerie ihren Vater rettet. Mit verstellter Stimme bestellt sie ein Taxi in die Innenstadt. Abends gesteht Valerie ihrer Schwester, dass sie in jemanden aus dem Haus verliebt ist. In wen, will sie nicht sagen.

Buch: Maria Elisabeth Straub ■ Regie: Claus Peter Witt ■ Kamera: Dieter Christ ■ Redaktion: Monika Paetow

230 | Je später der Abend

29. APR 90

Iffi versucht Valerie in ihren Bemühungen um Robert zu unterstützen. Valerie ist jedoch mutlos. Abends will sie von Andy wissen, woran er erkenne, ob eine Frau ihn mag. ■ Bei einem Spaziergang mit Anna gesteht Hans, dass er nicht zu Helga zurück will. Anna und Tom fehlen ihm. Hans und Anna fallen sich in die Arme und verschwinden in Richtung Pension, in der Hans wohnt. ■ Wegen ihrer Mietschulden müssen Rosi und Hubert ausziehen. Notgedrungen erklärt sich Gabi bereit, sie für drei Monate aufzunehmen. Abends bekommen sie Besuch von zwei Geldeintreibern. Der eine hält Rosi im Flur fest, der andere setzt Hubert im Wohnzimmer ein letztes Ultimatum und schlägt ihn zusammen. In einer Woche muss er das Geld zurück zahlen. Nachdem sie die Wohnung verlassen haben, kniet Rosi fassungslos neben Hubert. Er ist bewusstlos und blutet am Kopf.

Buch: Maria Elisabeth Straub ■ Regie: Claus Peter Witt ■ Kamera: Dieter Christ ■ Redaktion: Monika Paetow

231 ... und heiter die Kunst

Hubert gesteht Dressler das gesamte Ausmaß seiner Spielsucht. Ludwig gibt ihm daraufhin einen Scheck über 1.700 Mark, damit er die Uhr und seinen Personalausweis auslösen kann. Rosi wird ab Samstag im »Akropolis« arbeiten. Als sie hört, dass Hubert noch nicht wieder da ist, macht sie sich Sorgen. Sie gesteht Gabi den Vorfall mit den Geldeintreibern. Als Hubert endlich heimkommt, berichtet er stolz, dass er Uhr und Ausweis wieder hat. ■ Isolde streitet mit Enrico wegen seiner Eifersucht. ■ Anna und Hans wollen zusammen ziehen. Während Gabi sich für Anna freut, glaubt Helga, dass die Affäre nie unterbrochen war. Benny rät zur Scheidung. Aber davon will Helga nichts wissen. Nachdem sie sich im »Akropolis« betrunken hat, versucht sie, Bertas Wohnung aufzuschließen. Berta, von der Geräuschen geweckt, öffnet die Tür. Helga fällt ihr in den Arm.

Buch: Maria Elisabeth Straub ■ Regie: Claus Peter Witt ■ Kamera: Dieter Christ ■ Redaktion: Monika Paetow

232 | Der absolute Kracher

13. MAI 90

Benny ist wenig begeistert, dass sich Kornelia und Timo so gut verstehen. Schlimmer noch: Nachdem sie ihn versetzt hat, entdeckt er Kornelia abends mit Timo im »Akropolis". Benny macht ihr eine Szene, tröstet sich dann jedoch mit einem Bier. Beim Gehen fragt er Kornelia, ob sie mit ihm kommt. Stattdessen lädt sie ihn ein, mit Timo ins Kino zu gehen. Benny fragt, was das heißen soll. ■ Robert ist geschockt, als Flora bei ihm auftaucht. Sie will wissen, wann er zurück kommt und was er nachts macht. Robert sagt, er sei ausschließlich zum Schreiben bei Carsten. Mit einem Kuss verabschiedet er sie. Carsten entdeckt Lippenstift an einem Glas und fragt, ob Robert Besuch hatte. Robert erklärt, Valerie habe sich Bücher ausleihen wollen. ■ Isolde versucht mit Berta über Beimers zu sprechen, aber die weicht aus. Lydia wird endlich ihren Gips los.

Buch: Maria Elisabeth Straub ■ Regie: Claus Peter Witt ■ Kamera: Dieter Christ ■ Redaktion: Monika Paetow

233 | Das Barometer fällt

20. MAI 90

Bereits morgens geraten Gabi und Andy aneinander. Als Benny und Timo sich später um Kornelia prügeln, fordert Gabi ihren Nachbarn auf, für Ruhe zu sorgen. Er beschimpft sie als »frigide Kuh«, worauf Gabi ihm eine schallende Ohrfeige verpasst. Alle sind fassungslos. Auf Timos Frage, ob Andy sich das gefallen lässt, schüttelt der nur den Kopf. ■ Else muss entweder 13.578,73 Mark an das Finanzamt zahlen oder 13 Wochen ins Gefängnis gehen. Weinend bittet sie Egon um Hilfe. Der lässt sie schwören, sieben Wochen keine Fragen zu stellen, und gibt ihr dann das Geld. Else ist überglücklich. Ihre Frage, woher Egon das Geld hat, weist der jedoch zurück. ■ Dominique erzählt Matthias, dass ihr Vater den Tod ihrer Mutter verschuldet hat. Erneut erklärt sie, wie sehr sie Matthias liebt. Der schleicht sich später aus der Wohnung. Dominique ist enttäuscht.

Buch: Maria Elisabeth Straub ■ Regie: Claus Peter Witt ■ Kamera: Dieter Christ ■ Redaktion: Monika Paetow

234 | Solidarität

27. MAI 90

Rosi genießt es, ihr eigenes Geld zu verdienen. Hubert streicht derweil Ludwigs Zaun. Onkel Franz lädt ihn zu sich und seinen Freunden auf ein Bier ein. Hubert geht hin, lästert aber später über den Freundeskreis. ■ Während Gabi sich weiter über Andy ärgert, erfährt Anna von Hans, dass er eine Wohnung in der Kastanienstraße mietet. Kurz nachdem sie aufgelegt haben, klingelt das Telefon erneut. Anna glaubt, Hans habe eine wichtige Frage vergessen: ob sie überhaupt will. Sie meldet sich mit »Ja, ich will und ich liebe dich«. Zorro freut sich über die nette Begrüßung. Anna versucht vergeblich, die Sache aufzuklären. ■ Helga kümmert sich lieber um Benny, der Liebeskummer wegen Kornelia hat, statt mit Dominique und Matthias zu picknicken. Die beiden sprechen über Jean-Luc und Gerechtigkeit. Abends versucht Matthias heimlich, Mourrait anzurufen.

Buch: Maria Elisabeth Straub ■ Regie: Claus Peter Witt ■ Kamera: Dieter Christ ■ Redaktion: Monika Paetow

235 | Erotische Weisheiten

3. JUN 90

Matthias versucht vergeblich, Jean-Luc telefonisch zu erreichen. Von Berta erfährt er, dass Tanja nächsten Donnerstag nach München kommen wird – vermutlich gemeinsam mit Dominiques Vater. ■ Benny tritt morgen seinen Zivildienst an: die Betreuung eines spastisch Gelähmten. Zur Feier des Tages und weil es Kornelias letzter Schultag ist, will er kochen. Als sie mit Timo zum Essen kommt, haut Benny ab und betrinkt sich im »Akropolis«. Kornelia und Timo machen sich auch ohne ihn einen schönen Abend. Sie tanzen eng umschlungen. Als Timo sie küssen will, gibt sie ihm eine Ohrfeige und stürmt hinaus. Im »Akropolis« trifft sie auf Benny, aber der will sie nie wieder sehen. ■ Zorro wird entlassen und von der gesamten »Familie« herzlich begrüßt. Seine Freude schlägt in tiefe Enttäuschung um, als er erfährt, dass Anna seine Liebe nicht erwidert.

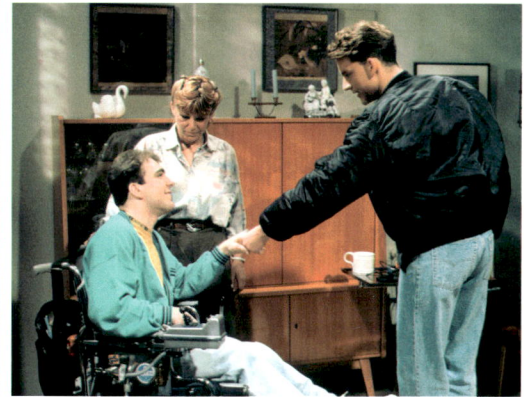

Buch: Hans W. Geißendörfer ■ Regie: Claus Peter Witt ■ Kamera: Dieter Christ ■ Redaktion: Monika Paetow

236 | Skatkarten

Benny und Kornelia versöhnen sich. Hans erklärt seinen endgültigen Auszug. Später kommt Klaus zu seinem Vater, der gerade bei Anna ist. Die Lage ist ernst: Helga weint die ganze Zeit, Klaus hat Hunger und will bei Hans bleiben. ■ Hubert sucht vergeblich seine Skatkarten und gibt Rosi später die Schuld, als er beim Spiel mit Onkel Franz verliert. Andy springt zu Gabi in den Aufzug, drückt den Nothalt und grinst sie an. Erst als Egon ruft, ob jemand im Aufzug ist, setzt Andy ihn wieder in Gang. ■ Matthias konfrontiert Jean-Luc mit dem Mord an Dominiques Mutter. Der versichert ihm, dass es ein Unfall war und bittet Matthias, ihm beim Gespräch mit Dominique zu helfen. Die liegt mit Fieber im Bett und verbietet Matthias, ihren Vater jemals wieder zu erwähnen. Andernfalls geht sie weg aus München und will nichts mehr mit Matthias zu tun haben.

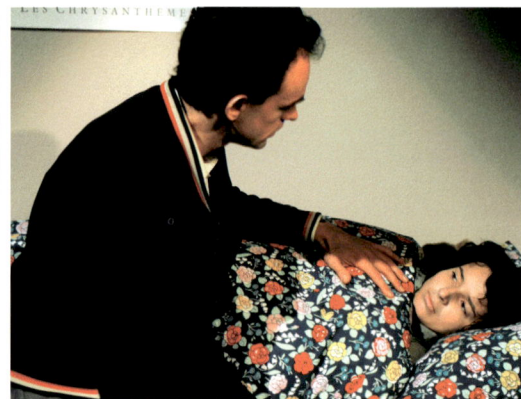

Buch: Hans W. Geißendörfer ■ Regie: Claus Peter Witt ■ Kamera: Dieter Christ ■ Redaktion: Monika Paetow

237 | Weisheit statt Schönheit

Anna und Hans ziehen zusammen. Hans tröstet Klaus, der sehr traurig über diese Entwicklung ist. Da die Wohnung noch renoviert werden muss, verschönert Anna sie mit »Konfuze«-Sprüchen. Hans zeigt Anna eine Liste, auf der er ihre finanzielle Lage aufgeschlüsselt hat. Sie haben viel zu wenig Geld. Anna fragt resigniert, ob das Leben für ihre Liebe zu teuer ist. ■ Matthias berichtet Tanja und Jean-Luc von Dominiques anhaltender Krise. Tanja redet schließlich mit ihr und schlägt vor, den Unfall zu rekonstruieren, damit Dominique sieht, dass sie sich geirrt hat. Dominique zögert – sie muss nachdenken. Außerdem ist sie sich nicht sicher, ob ihr Vater damit einverstanden ist. ■ Helga beobachtet Hans' Auszug durchs Fenster. Während Berta sie tröstet, versuchen Amélie und Lydia vergeblich, sie mit Männergeschichten älterer Damen aufzuheitern.

Buch: Hans W. Geißendörfer ■ Regie: Claus Peter Witt ■ Kamera: Dieter Christ ■ Redaktion: Monika Paetow

238 | Prinzessin Iffi

24. JUN 90

Gabi und Andy finden Gefallen daran, sich gegenseitig mit kleinen Gesten zu necken. Iffi und Klaus verbünden sich gegen Manoel. ■ Anna ist nicht gerade begeistert, dass Hans nebenbei als Nachtportier in einem Hotel arbeiten wird. Jetzt können sie sich zwar das gemeinsame Leben leisten, aber sie haben keine Zeit mehr für die Liebe. Helga kommt auf der Suche nach einem Buch zu Anna und bekommt zufällig mit, dass Hans ihr Auto verkauft hat. Helga spricht mit Anna über Hans, ihre Ehe und die Fehler, die sie gemacht haben. ■ Dr. Kirch flirtet mit Isolde und stellt ihr einen Plattenvertrag in Aussicht. Enrico hört argwöhnisch zu. Später kommt es zu einer Eifersuchtsszene wegen Kirch. Isolde will sich die Chance ihres Lebens aber nicht kaputt machen lassen und gibt ihm Kontra. Enrico jedoch warnt sie: Einen Neapolitaner beleidigt man nur einmal!

Buch: Hans W. Geißendörfer ■ Regie: Claus Peter Witt ■ Kamera: Dieter Christ ■ Redaktion: Monika Paetow

239 | Wiedergeburt

1. JUL 90

Jean-Luc rekonstruiert den Sturz seiner Frau. Dominique erkennt, dass es sich dabei tatsächlich um einen Unfall handelte. Sie versöhnt sich mit ihrem Vater. ■ Nach einem Gespräch in der Kanzlei will Enrico wütend wissen, was Isolde zwei Stunden lang bei Kirch getan und ob er sich an sie heran gemacht habe. Isolde bejaht, gibt aber zu bedenken, dass er verheiratet ist und diese Sorte Männer immer kneift. So kann sie ihm gefahrlos das Gefühl geben, interessiert zu sein: Erst das Geschäft, dann die Wahrheit. ■ Als Carsten nach Floras Schal in der Küche auch noch marokkanische Zigaretten findet, reicht es ihm. Er sagt Robert auf den Kopf zu, dass er Besuch von seinem Lover hatte. Robert dementiert und verlässt wütend die Wohnung. Carsten liest in seinem Script und entdeckt einen Kussmund auf Roberts Kalender. Hat Robert etwas mit einer Frau?

Buch: Hans W. Geißendörfer ■ Regie: Claus Peter Witt ■ Kamera: Dieter Christ ■ Redaktion: Monika Paetow

240 | Drei sind einer zuviel

8. JUL 90

Allen Widrigkeiten zum Trotz ist Hans sehr glücklich mit seinem neuen Leben. Er schlägt Klaus vor, die Sommerferien mit einer Jugendgruppe an der Nordsee zu verbringen. Klaus aber will mit Iffi fahren. Hans registriert erstaunt, dass Manoel angeblich oft nervt. Abends besucht Benny ihn im Hotel. Sie sprechen über Bennys Zivildienst und über die Trennung. Benny wünscht sich einen neuen Mann für Helga. ■ Elses »Frageverbot« läuft heute aus. Neugierig will sie wissen, woher Egon vor sieben Wochen das Geld hatte, aber er verrät noch immer nichts. ■ Carsten will Robert mit einem Strauß roter Rosen überraschen, erlebt aber selbst eine Überraschung, als er ihn in flagranti mit Flora ertappt. ■ Da es Lydia gar nicht gut geht, ist Ludwig gegen die Fahrt nach Rom. Lydia aber will sich nichts verbieten lassen und beschließt, die Reise morgen anzutreten.

Buch: Martina Borger ■ Regie: Claus Peter Witt ■ Kamera: Dieter Christ ■ Redaktion: Monika Paetow

241 | Schweigen ist Gold

15. JUL 90

Klausi und Iffi fahren ins Zeltlager an die Nordsee. Manoel erfährt zufällig von der Reise und ist traurig, dass sie ihn nicht gefragt haben. Iffi hat kein Geschenk für Timo; die Schallplatte war zu teuer. Klausi kennt einen Trick und bietet ihr an, die Platte zu besorgen. Iffi gibt ihm ihre fünf Mark, mitkommen darf sie aber nicht. Abends steht die Polizei samt Klausi vor der Tür. Er wurde beim Ladendiebstahl erwischt. Helga ist geschockt. ■ Flora und Robert schlagen Carsten eine Art Dreierbeziehung vor. Der glaubt nicht richtig zu hören. Für ihn gibt es nur ein »Entweder – oder«. Robert muss sich entscheiden. ■ Hülsch stellt Else den neuen und zugleich wortkargen Mieter Hajo vor. Er hat sich in der ehemaligen Nolte-Wohnung eher spartanisch mit Campingmöbeln und Schlafsack eingerichtet und beobachtet mit einem Fernglas die Straße.

Buch: Martina Borger ■ Regie: Claus Peter Witt ■ Kamera: Dieter Christ ■ Redaktion: Monika Paetow

242 | Manipulation

22. JUL 90

Isolde trifft bei Kirch einen Plattenproduzenten. Im Gegensatz zu Kirch glaubt sie, dass Herr Stenzel wohl nicht der Richtige für ihre Musik ist. Einen Annäherungsversuch von Kirch wehrt sie ab. ■ Hajo beobachtet die Kanzlei und hört Kirchs Telefon ab. Später versteckt er eine Wanze in den Büroräumen. Else stellt ihm Berta vor. Die beiden scheinen angetan voneinander zu sein. ■ Helga fühlt sich mit den Kindern überfordert und möchte, dass Hans sich mehr um sie kümmert. Als der gesteht, zur Zeit als Nachtportier zu arbeiten, ist Helga verletzt. Für seine neue Familie macht er anscheinend alles. Klausi entschuldigt sich für sein Verhalten in der letzten Woche. Helga ist einsam und sieht keinen Sinn in einem Leben ohne Hans. Wenn sie nicht zu feige wäre, würde sie sich umbringen. Sie stellt sich die Frage, was sie eigentlich noch zurück hält.

Buch: Martina Borger ■ Regie: Claus Peter Witt ■ Kamera: Dieter Christ ■ Redaktion: Monika Paetow

243 | Wiedersehensfreuden

29. JUL 90

Benny leidet nach wie vor unter seinem Zivildienst. Klausi, Iffi und Manoel fahren in die Ferien, während Marion zu Besuch kommt. Helga redet sich ihren Frust von der Seele. Hans berichtet Marion von seinen Geldproblemen. Er muss Marions Unterhalt kürzen und sie zurück nach München beordern. Marion flippt aus. Sie hat ihm nie einen Vorwurf wegen Anna gemacht, aber an seinen Geldproblemen trifft sie keine Schuld. ■ Hajo trifft Berta im »Café Bayer«. Offensichtlich empfindet er eine gewisse Sympathie für sie. Robert und Carsten frühstücken ebenfalls im Café. Carsten will wissen, warum Robert mit Flora zusammen war – und ob es da noch jemanden gab. ■ Amélie und Lydia kehren aus Rom zurück und schwärmen beim Abendessen von der Ewigen Stadt. Zu Bertas Erschrecken verkünden sie, dass Lydia zu Amélie ziehen wird. Berta ist überrumpelt.

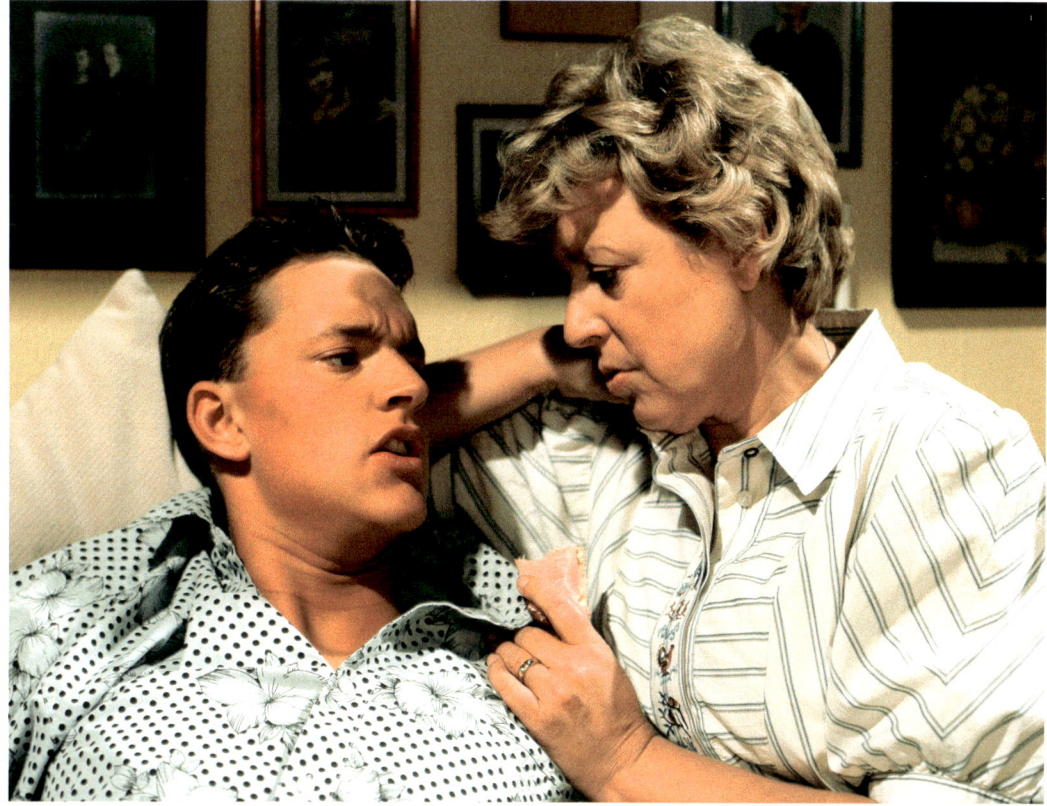

Buch: Martina Borger ■ Regie: Maria Neocleous-Deutschmann ■ Kamera: Gerhard Reichert ■ Redaktion: Monika Paetow

244 | Brot und Spiele

Andy bittet Timo, sich mehr um Valerie zu kümmern. Als der auf Liebeskummer tippt, ist Andy erstaunt. Darauf wäre er nicht gekommen. Timo und Zorro versuchen, Andy von ihrem geplanten Solarmobil zu überzeugen. ■ Helga fährt mit Marion nach Paris. Onkel Franz wird sich um Esther und die Wohnung kümmern. Er bietet Marion zudem an, sie monatlich mit 200 Mark zu unterstützen. Helga gefällt das gar nicht. Aber Marion meint, dass das Geld bei ihr besser aufgehoben sei, als bei dem Alt-Nazi. Überhaupt möchte Marion, dass sich Helga noch einmal verliebt. Helga gefällt der Gedanke: Warum eigentlich nicht? ■ Stolz zeigt Isolde ihrem Mann den Plattenvertrag. Enrico macht sie auf die Konditionen aufmerksam. Sie muss jährlich 24 neue Lieder präsentieren, bekommt aber in den ersten zwei Jahren kein Geld. Enttäuscht beschwert sie sich bei Kirch.

Buch: Martina Borger ■ Regie: Maria Neocleous-Deutschmann ■ Kamera: Gerhard Reichert ■ Redaktion: Monika Paetow

245 | Bonjour Paris

Helga lernt in Paris einen Herrn namens Sautier kennen und beschließt, noch eine Woche zu bleiben. ■ Onkel Franz bespricht mit seinem Anwalt den Prozess, der in zwei Wochen beginnen soll. Der Anwalt schlägt vor, auf Notwehr zu plädieren. Onkel Franz ist damit nicht einverstanden, er fühlt sich im Recht. Sein Anwalt klärt ihn auf, dass Selbstjustiz in Deutschland strafbar ist. Onkel Franz reagiert fassungslos. ■ Huberts Bruder Karl wird nächste Woche zu Besuch kommen. Er darf nichts von der finanziellen Misere erfahren. Andy will die Garage von Gabi anmieten, damit Timo sein Solarauto bauen kann. Bei einer Besichtigung kommt es erneut zum Disput. Andy meint, sie sei frustriert und ohne Freude im Leben. Als Gabi die Hand erhebt, um ihn erneut zu ohrfeigen, hält er sie fest und warnt sie: Ein Andy Zenker lässt sich nicht zweimal schlagen.

Buch: Martina Borger ■ Regie: Maria Neocleous-Deutschmann ■ Kamera: Gerhard Reichert ■ Redaktion: Monika Paetow

246 | Hart wie Stein

19. AUG 90

Roberts Bruder Karl erzählt von Cousine Wanda, die einen Ausbürgerungsantrag gestellt hat. Hubert ist entsetzt, dass er die polnische Familie aufnehmen soll. Als Gabi davon erfährt, reicht es ihr. Der ganze Klan geht ihr total auf die Nerven. Mit Andy hingegen kommt es zu einer ersten Annäherung. ■ Benny besteht darauf, dass Kornelia zu Christophs Geburtstagsessen kommt. Aber sie hat keine Lust und schickt nur einen Blumenstrauß. Darüber kommt es später zwischen den beiden zum Streit. ■ Helga träumt von der Liebe und verbringt ihre letzte Nacht in Paris mit Jan. Vor dem Morgengrauen wird sie allein wach. Die Erklärung liegt in Reichweite: Jan teilt ihr auf einer Postkarte mit, dass er zurück nach Hamburg musste. Helgas Blick fällt auf ihre Handtasche. Entsetzt muss sie feststellen, dass Jan Geld, Schecks und ihren Ausweis mitgenommen hat.

Buch: Martina Borger ■ Regie: Maria Neocleous-Deutschmann ■ Kamera: Gerhard Reichert ■ Redaktion: Monika Paetow

247 | Nichts als die Wahrheit

26. AUG 90

Beim Frühstück erfährt Marion von der weinenden Helga, dass Jan sie in der vergangenen Woche bestohlen hat. Sie begleitet Helga in die Deutsche Botschaft, wo sie einen provisorischen Ausweis und einen Gutschein für die Fahrkarte nach München bekommt. Helga ist die ganze Situation unangenehm. ■ Karl möchte mit Hubert ins Deutsche Museum. Als Karl ihm dann auch noch das Geld von Rosi zurückgibt, ist er gerührt. Andy nimmt die beiden im Taxi mit und kommt auf einen Kaffee zu Gabi. Karl bedankt sich bei Gabi für die Beherbergung. Die flirtet neuerdings gerne mit Andy. ■ Onkel Franz verantwortet sich wegen »gefährlicher Körperverletzung« vor Gericht. Er plädiert auf Notwehr. Da Aussage gegen Aussage steht, wird er freigesprochen. Zu Hilmars Entsetzen will Onkel Franz das Urteil anfechten, damit die Wahrheit ans Licht kommt und er Recht bekommt.

Buch: Martina Borger ■ Regie: Maria Neocleous-Deutschmann ■ Kamera: Gerhard Reichert ■ Redaktion: Monika Paetow

248 | Bilder der Vergangenheit

2. SEP 90

Nach der Rückkehr aus Paris bekommt Helga von Hans einen roten Fiat – ihr Anteil am ehemaligen gemeinsamen Auto. Jan hat ihr ihre Ausweise und Fotos aus Paris geschickt. Er entschuldigt sich für den Diebstahl und macht ihr Komplimente. Versöhnlich schaut Helga sein Foto an. ■ Onkel Franz gesteht dem Richter, beim Prozess gelogen zu haben und besteht auf einer Verurteilung. Der Richter wiederum erklärt, dass er sich davon nichts verspricht. Bei Onkel Franz sei wahrlich keine Einsicht zu erwarten. ■ Nachdem Valerie zufällig Enricos eintätowierte Nummer am Handgelenk gesehen hat, befragt sie Andy nach italienischen KZ-Häftlingen. Andy weiß nicht viel darüber. Spät abends fordert Iffi sie auf, das Licht zu löschen. Valerie schaut immer noch Bücher über die Judenverfolgung an. Als sie weinend zusammenbricht, will Iffi wissen, was los ist.

Buch: Martina Borger ■ Regie: Maria Neocleous-Deutschmann ■ Kamera: Gerhard Reichert ■ Redaktion: Monika Paetow

249 | Gemischtes

9. SEP 90

Da der Urlaub ausfällt, schüttet Hans einen Strand in der Wohnung auf und holt Anna samt Kindern zur »Reise in die Südsee« ab. Anna ist begeistert. ■ Andy macht sich Sorgen um Valerie. Die beschäftigt sich nur noch mit der Judenverfolgung im Dritten Reich. Er spricht mit ihr darüber und bittet sie, sich nicht zu sehr hinein zu steigern. Aber Valerie ist fassungslos über die Grausamkeiten. ■ Rosi präsentiert Gabi die polnische Verwandtschaft von Hubert. Die macht gute Miene zum bösen Spiel und schlägt vor, die Winickis auf dem Wiesenhuberhof unterzubringen. Die hochschwangere Urszula möchte jedoch in der Stadt bleiben. Später will Gabi eine Matratze von Zenkers leihen. Andy öffnet die Tür und bietet ihr sofort eine an. Die Sache hat allerdings einen Haken: Sie selbst muss auf der Matratze schlafen – und zwar in der Zenkerwohnung.

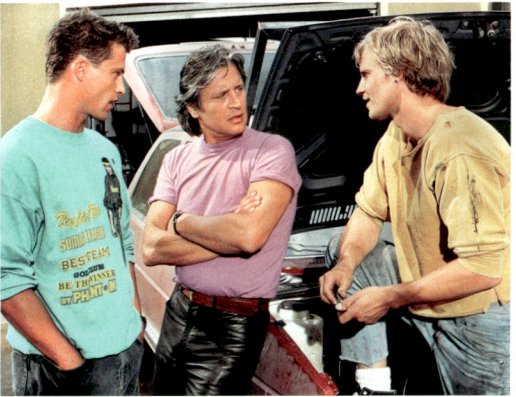

Buch: Maria Elisabeth Straub ■ Regie: Maria Neocleous-Deutschmann ■ Kamera: Gerhard Reichert ■ Redaktion: Monika Paetow

250 | Herzschläge

16. SEP 90

Herr Wiesenhuber spricht mit den Winickis, während Hubert mit Urszula zu Dressler geht. Die erschrickt fürchterlich, als er dem Arzt 200 Mark seiner Schulden zurück zahlt. Urszula glaubt, er bezahle eine Abtreibung. Hubert klärt die Situation rasch auf. ■ Manoel hat Schwierigkeiten: Seine Lehrerin scheint ihn nicht zu mögen und auch Iffi und Klausi schneiden ihn. ■ Elena liest glücklich Beates Karte aus Griechenland. Panaiotis spricht mit drei Herren einer offensichtlich rechten Partei, die das Lokal am 17. November für eine Wahlveranstaltung mieten möchten. Er setzt den Preis wütend auf 61.600 Mark fest, worauf die Männer erbost das Lokal verlassen. Während des Auftrittes von Berta, Hajo und Isolde kehrt einer von ihnen zurück. Als Panaiotis den Preis auf 100.000 Mark erhöht, droht der Mann. Panaiotis solle sich das gut überlegen.

Buch: Maria Elisabeth Straub ■ Regie: Maria Neocleous-Deutschmann ■ Kamera: Gerhard Reichert ■ Redaktion: Monika Paetow

251 | Die Frage

Seit Panaiotis sich entschieden hat, das »Akropolis« nicht an die rechte Partei zu vermieten, steht täglich ein Aufsteller mit der Aufschrift »Deutschland den Deutschen« von seinem Lokal. Valerie spricht Enrico auf die Nazizeit an. Aber er möchte nicht darüber reden. Auch von Isolde erfährt sie nichts. ■ Ingeborg meint, Helga solle endlich den Tatsachen ins Auge sehen und sich einen Job suchen. Abends erwischen sie Benny, Kornelia und Christoph beim Überkleben der aktuellen Wahlplakate mit Anti-Atomstrom-Parolen. ■ Hajo empfiehlt Berta, bei der Suche nach Gottlieb auch Dr. Kirch einzuschalten. Abends bringt Hajo ihr eine Flasche Wein, weil sie morgens so traurig aussah. Ihr Angebot auf ein Gläschen Wein schlägt er aber aus. Beschwingt schließt Berta die Tür, als Manoel mit nasser Schlafanzughose ins Wohnzimmer kommt. Er hat sich eingenässt.

Buch: Maria Elisabeth Straub ■ Regie: Maria Neocleous-Deutschmann ■ Kamera: Gerhard Reichert ■ Redaktion: Monika Paetow

252 | Erfüllungen

Berta spricht mit Manoels Lehrerin. Die glaubt, dass Manoels Schulprobleme nur vorgeschoben sind. Berta soll versuchen, sein eigentliches Problem herauszufinden. Berta erklärt daraufhin Manoel, er müsse erst dann wieder zur Schule, wenn er Lust dazu habe. Manoel beschließt spontan, den Schulbesuch komplett einzustellen. ■ Robert hat seinen Roman beendet. Beim abendlichen Festessen mit Carsten, Elisabeth und Ludwig weigert er sich, aus seinem Buch vorzulesen. Er bietet Elisabeth an, ihr eine Kopie zu geben, weil ihn ihr Urteil interessiert. Elisabeth ist hocherfreut. ■ Andy und Gabi finden endlich zusammen. Als sie glücklich und sich küssend im Bett liegen, kommt Rosi, die Andy nicht sehen soll, nach Hause. Andy will gleich reinen Tisch machen und sie begrüßen. Gabi hält das für keine gute Idee. Andy will es darauf ankommen lassen.

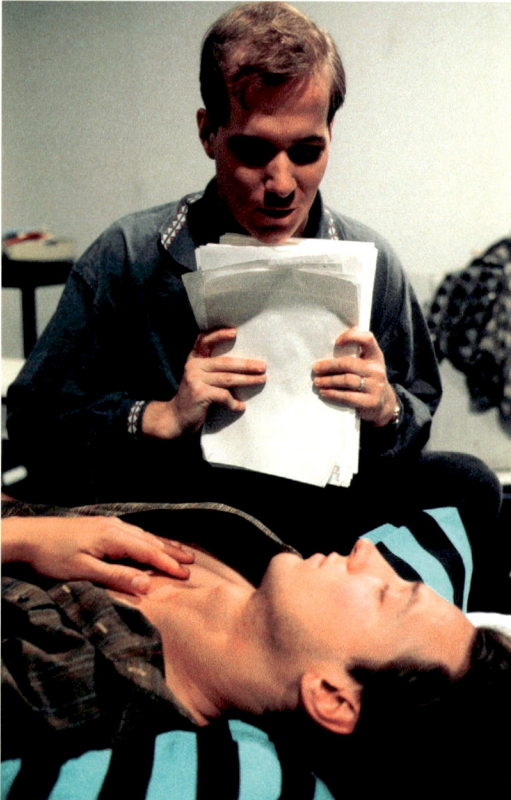

Buch: Maria Elisabeth Straub ■ Regie: Maria Neocleous-Deutschmann ■ Kamera: Gerhard Reichert ■ Redaktion: Monika Paetow

253 | Das Lied

7. OKT 90

Benny plant einen bundesweiten Stromboykott am 4. November. Helga erwischt Klausi und Iffi, als sie Kondome aufblasen. Helga fordert daraufhin Hans auf, mit Klausi über die Kondome im allgemeinen sowie über Iffi und Manoel im besonderen zu sprechen. Klausi bittet Helga, ihn ab sofort nicht mehr »Hase« zu nennen. Helga ist über Hans verärgert und will nun endgültig die Scheidung einreichen. ■ Gabi hält ihre Beziehung zu Andy geheim. Anna kann sie jedoch nichts vormachen. ■ Enrico erzählt Valerie von seiner Vergangenheit in Auschwitz. Isolde und Valerie sind am Boden zerstört, Enrico muss sie trösten. Unter einem Vorwand verlässt er den Raum und bricht im Flur fast zusammen. Abends singt Isolde im »Akropolis« ein jüdisches Lied. Zwei »rechte« Typen verlassen mit den Worten »Jetzt reicht es!« das Lokal. Isolde schaut betroffen zu Enrico.

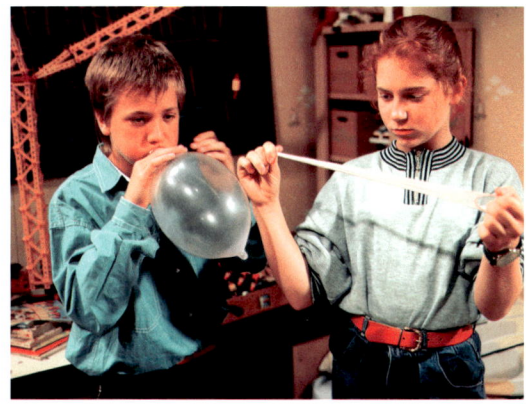

Buch: Maria Elisabeth Straub ■ Regie: Maria Neocleous-Deutschmann ■ Kamera: Gerhard Reichert ■ Redaktion: Monika Paetow

254 | Begegnungen

Helga bespricht mit Hans die Scheidung im Hotel März. Ausgerechnet dort taucht Hütthusen in Begleitung auf. Hans und Helga erzählen von einem Onkel, der im Hotel abgestiegen sei. Auch Hütthusen verabschiedet sich auffallend schnell. Als Hans an seinen Arbeitsplatz zurückkehrt fliegen sie beide auf: Hans mit seinem Nebenjob, Hütthusen mit seiner Geliebten. ■ Elisabeth gibt Robert entrüstet sein Manuskript zurück. Sie kommt darin nicht gut weg und sagt ihm offen ihre Meinung. Robert interessiert sich aber nicht sonderlich dafür. ■ Valerie spricht auf einem jüdischen Friedhof einen Herrn an. Der erklärt ihr, dass es keine Wiedergutmachung für ein Menschenleben geben kann. Diese Kluft kann nur die Zeit überbrücken. Abends bittet Valerie den geschockten Zorro, ihr die Haare abzurasieren. Sie will aussehen wie die Juden im Konzentrationslager.

Buch: Maria Elisabeth Straub ■ Regie: Maria Neocleous-Deutschmann ■ Kamera: Gerhard Reichert ■ Redaktion: Monika Paetow

255 | Geburtstage

Rosi feiert in ihren Geburtstag hinein, damit Hubert morgen zur Geburt von Urszulas Kind fahren kann. Das Geburtstagsessen soll gerade anfangen, als das Telefon läutet. Gabi kommt mit der Nachricht zurück, dass Urszula bereits ein gesundes Mädchen zur Welt gebracht hat. Später kommt es wegen Valeries Glatze zum Disput mit Onkel Franz, der sich dadurch belästigt fühlt. ■ Berta berichtet Hajo von Manoels Schwierigkeiten und bittet ihn, sich um ihn zu kümmern. Hajo ist einverstanden. ■ Die beiden »rechten« Typen der letzten Wochen schikanieren Panaiotis. Er und Elena sind froh, als sie endlich gehen. Während Isoldes Auftritt aber stürmen zwei maskierte Männer das »Akropolis« und versprühen Gülle. Robert, der eingreifen will, wird zu Boden gerissen und getreten. So plötzlich wie sie kamen, verschwinden die Männer wieder. Alle stehen unter Schock.

Buch: Maria Elisabeth Straub ■ Regie: Maria Neocleous-Deutschmann ■ Kamera: Gerhard Reichert ■ Redaktion: Monika Paetow

256 | Die Wahrheit

Benny nimmt ein Video zum Stromboykott auf. Helgas und Hans' Anwaltstermin platzt, weil Helga noch immer nicht verwunden hat, dass Hans sie verlässt. Der wiederum hat Probleme mit Hütthusen wegen seines Nebenjobs. ■ Zorro besucht mit Valerie ein ehemaliges KZ. Sie beginnt zu verstehen, warum Enrico seine Nummer nicht zeigt und dass sie die Juden mit ihrer Frisur eher vor den Kopf stößt, als Anteilnahme zu zeigen. Valerie bedankt sich bei Zorro, weil er zu ihr steht. ■ Iffi und Klausi zerstreiten sich mit Manoel. Derweil frisst Hund Esther etwas vom Boden und stirbt wenig später qualvoll. Iffi gibt Manoel die Schuld an Esthers Tod. Klausi aber nimmt Manoel in Schutz und möchte, dass sie sich wieder vertragen. Als sie Manoel später ihren Kuchen mit Friedenspfeife präsentieren, will der aber nichts von ihnen wissen und läuft in sein Zimmer.

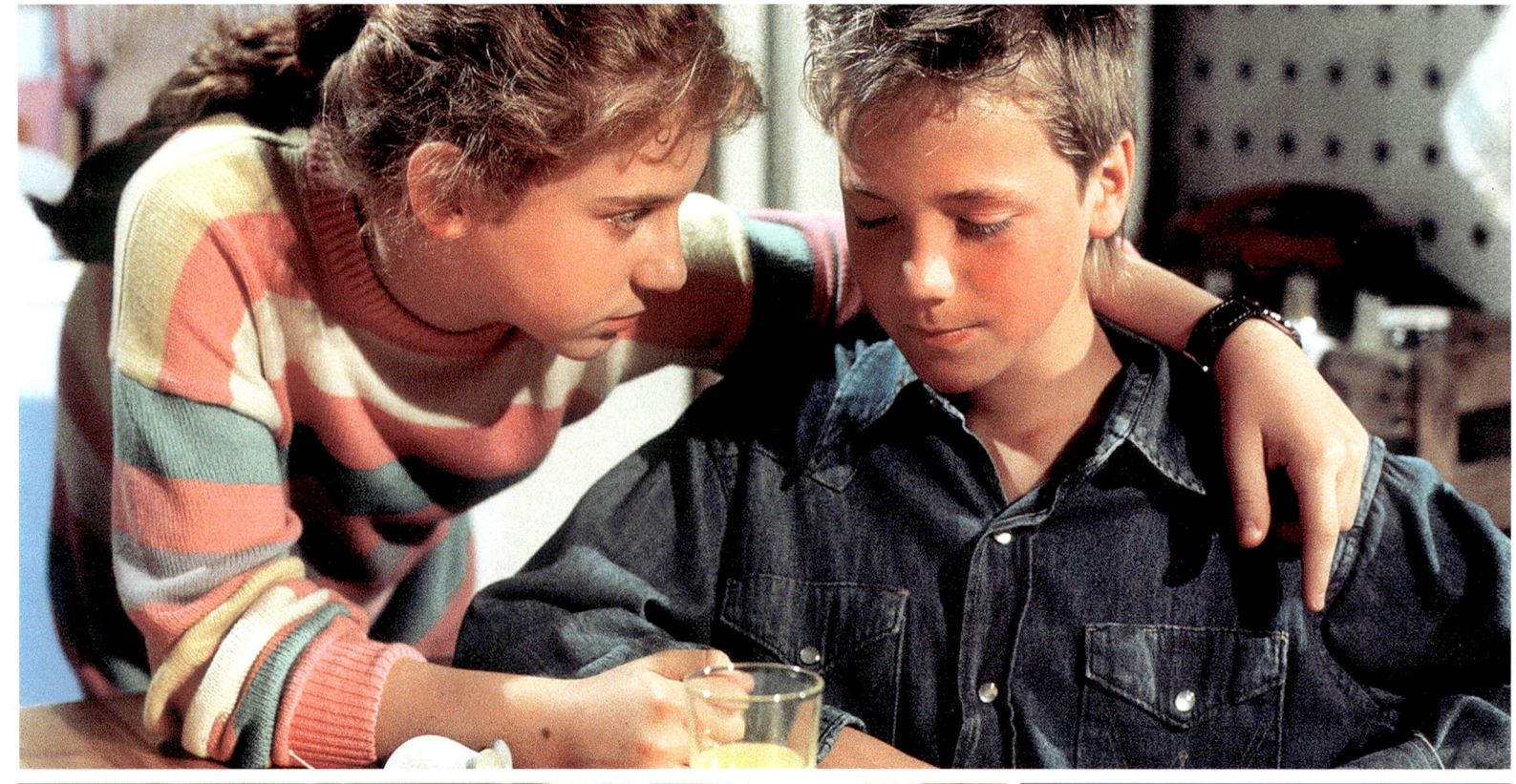

Buch: Maria Elisabeth Straub ■ Regie: Maria Neocleous-Deutschmann ■ Kamera: Gerhard Reichert ■ Redaktion: Monika Paetow

257 | Boykott

Vasily kommt allein aus Griechenland zurück. Beate ist schwanger und soll nicht fliegen. Geschockt erfährt er von Rosi von dem Gülle-Vorfall in der letzten Woche. ■ Benny ist aufgeregt wegen seines abendlichen Stromboykotts. Begeistert sieht er, wie kurz vor sieben Uhr alle Lichter in der Nachbarschaft ausgehen. Helga erzählt Ingeborg, dass sie glaubt, Hans liebe sie noch immer. Irgendwann werde ihr Hansemann schon zurück kommen. ■ Als der Strom wieder da ist, verabschiedet sich Hajo von Berta. Manoel hat beobachtet, dass Hajo im Dunklen Bertas Hand berührt hat. Spät abends kommt Jean-Luc auf der Suche nach Tanja vorbei. Hajo, der auf dem Weg treppauf ist, blickt unglücklich und enttäuscht auf Bertas nächtlichen Besucher. Berta hat jedoch keine Ahnung, wo Tanja sich aufhält. Offensichtlich ist bei dem Liebespaar einiges nicht in Ordnung.

Buch: Maria Elisabeth Straub ■ Regie: Maria Neocleous-Deutschmann ■ Kamera: Gerhard Reichert ■ Redaktion: Monika Paetow

258 | Die Abmahnung

11. NOV 90

Das schönste Geburtstagsgeschenk für Elena kommt von Vasily. Er wurde wegen Fahrerflucht lediglich zu einer Geldstrafe verurteilt. Elisabeth ist geschockt, dass Vasily nicht sofort nach Griechenland zurückfährt. Kein Wunder: Er hat Stress mit Beate, weil er zum Militär muss. ■ Berta ist überrascht, als Tanja plötzlich vor ihrer Tür steht. Sie liebt Jean-Luc, will sich aber aus seinem »goldenen Käfig« befreien. Berta versucht, Hajo die Situation von letzter Woche zu erklären. Hajo schlägt für die Klärung den Abend vor. ■ Hütthusen hat Hans erneut im Hotel erwischt. Hans akzeptiert die Abmahnung nicht und fordert stattdessen eine offizielle Genehmigung für seine Nebentätigkeit. Er »erinnert« Hütthusen an dessen angebliche Nichte. Später kommt Anna aufgeregt zu Hans ins Hotel und berichtet, dass Hütthusen angerufen hat: Hans wurde entlassen.

Buch: Maria Elisabeth Straub ■ Regie: Maria Neocleous-Deutschmann ■ Kamera: Gerhard Reichert ■ Redaktion: Monika Paetow

259 — Die Jungfernfahrt

18. NOV 90

Die Jungfernfahrt des Solarmobils endet nach wenigen Metern in einem Verkehrschaos: Das Gefährt bleibt schlichtweg liegen. Zorro ist frustriert. Durch einen Zufall erfährt er von der Liebe zwischen Gabi und Andy. Zorro verspricht, zu schweigen. Während Gabi die heimlichen Treffen mit Andy genießt, will der eine offizielle Beziehung mit ihr. Gabi möchte aber nicht, dass das Gerede los geht. ■ Hans erhält die offizielle Erlaubnis für seine Nebentätigkeit. Anna berichtet ihm von einem Gespräch mit Helga. Die liebt ihn noch immer und will ihn unbedingt zurück. Hans wiegelt ab, aber Anna meint, dass Helga mit allen Mitteln kämpfen wird. ■ Unverhofft steht Urszula bei Gabi vor der Tür. Sie will in München bleiben, während ihre Tochter Irina bei den Großeltern auf dem Wiesenhuberhof bleibt. Gabi ist wütend, sie braucht schließlich ihre Privatsphäre.

Buch: Maria Elisabeth Straub ■ Regie: Maria Neocleous-Deutschmann ■ Kamera: Gerhard Reichert ■ Redaktion: Monika Paetow

260 | Erkenntnisse

Dressler ist entsetzt. Frank kehrt heroinabhängig aus Amerika zurück. Elisabeth tröstet Dressler und fordert ihn auf, Frank zu helfen. Einen Therapieplatz für Frank bekommt er nicht, aber zumindest Methadon für die nächsten 24 Stunden und die Nummer von einem holländischen Kollegen. ■ Hajo bezieht Posten und beobachtet die Kanzlei Kirch. Berta klingelt, aber Hajo ist mitten in seinen Beobachtungen und macht nicht auf. Er fotografiert Merkels Ankunft. Später hört er ein Gespräch zwischen Kirch und Merkel über die Operation »Narzisse« mit. ■ Benny meint, dass Helga nicht gut über Hans und seine Situation informiert ist. Helga will das ändern. Sie lädt Hans und Anna zum Essen ein. Als Helga vom Einkaufen heimkehrt, hört sie wie Iffi einen Zungenkuss erklärt. Im Wohnzimmer küssen sich gerade Klaus und Iffi. Manoel schaut mit offenem Mund zu.

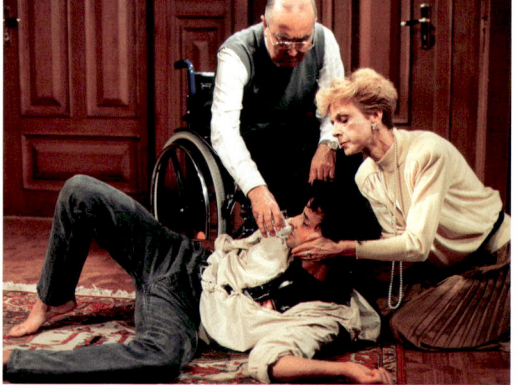

Buch: Maria Elisabeth Straub ■ Regie: Maria Neocleous-Deutschmann ■ Kamera: Gerhard Reichert ■ Redaktion: Ronald Gräbe

261 | Wer die Wahl hat

2. DEZ 90

Berta erfährt, dass Hajo bis vor sechs Monaten bei der Polizei war und nun von seinen Ersparnissen lebt. Sie registriert erfreut, dass er weder verheiratet noch geschieden ist. ■ Elisabeth begleitet Vasily nach Griechenland. Sie soll mit Beate sprechen. Die ist sauer, weil Vasily am 1. Januar seinen Militärdienst antreten will. ■ Wahlparty im »Akropolis«. Benny erinnert Hans und Anna an das Essen nächste Woche bei Helga. Rosi würde ihre Tochter gern mit Andy verkuppeln. Hubert ist genervt von Urszula, die mit Gung flirtet. Ludwig berichtet Carsten, dass Frank Methadon gegen die starken Entzugsschmerzen nimmt. Abends möchte Ludwig seinem Sohn eine gute Nacht wünschen, aber der ist gar nicht da. Frank fleht im Park Robert um Heroin an. Robert meint, er solle Geld besorgen. Dann könne Frank von ihm soviel Stoff bekommen, wie er will.

Buch: Martina Borger ■ Regie: Karin Hercher ■ Kamera: Dieter Christ ■ Redaktion: Ronald Gräbe

262 | Schönen Abend

Das von Helga als Versöhnungsgeste geplante Essen mit Hans und Anna beginnt harmonisch, endet aber im Fiasko. Helga verkündet erneut, nicht in die Scheidung einzuwilligen. Als Anna auf das Ende des Trennungsjahres im Februar verweist, sackt Helga auf dem Stuhl zusammen. Hans und Anna gehen daraufhin. ■ Ludwig dankt Robert für seine Hilfe. Im Nebenzimmer setzt sich Frank derweil einen Schuss mit dem Heroin, das er von Robert erhalten hat. Panaiotis bekommt einen Anruf mit schlechten Nachrichten. Vasily hatte einen Autounfall. Er ist nur leicht verletzt, aber Beate hat ihr Kind verloren. Das Schlimmste: Elisabeth ist tot. ■ Siegessicher empfängt Tanja ihren Liebhaber. Jean-Luc soll ihr bis zum Nachmittag Perspektiven aufzeigen; so kann es nicht weiter gehen. Mit ihren Forderungen erleidet sie jedoch Schiffbruch: Mourrait trennt sich von ihr.

Buch: Martina Borger ■ Regie: Karin Hercher ■ Kamera: Dieter Christ ■ Redaktion: Ronald Gräbe

263 | Abschied

16. DEZ 90

Der in Trauer versunkene Ludwig bemerkt nicht, dass Frank ihn bestiehlt. Bei Elisabeths Beerdigung steckt Robert ihm Heroin zu. Beate weint sich bei Carsten aus, sie gibt Vasily die ganze Schuld an der Tragödie. ■ Iffi und Klausi wollen Andy mit seiner neuen Freundin überraschen und sind erstaunt, als sie sehen, dass es sich um Gabi handelt. Aus dem geplanten abendlichen Essen im großen Kreis wird nichts. Die Kinder streiken gegen diese Beziehung. Die beleidigte Rosi geht mit Hubert spazieren. Andy und Gabi machen das beste aus der Situation und verschwinden in Gabis Zimmer. ■ Dominique reicht es: Matthias ignoriert weiterhin, dass sie nicht mit ihm zusammen ziehen möchte. Sie will ihn aus der Wohnung werfen. Matthias aber weigert sich zu gehen, er will eine Erklärung. Dominique will nichts erklären. Entweder er geht oder sie verschwindet.

Buch: Martina Borger ■ Regie: Karin Hercher ■ Kamera: Dieter Christ ■ Redaktion: Ronald Gräbe

264 | Platz genug

Matthias schüttet Helga sein Herz aus. Er und Dominique haben noch nie miteinander geschlafen. Währenddessen schaut Benny bei Anna vorbei. Später wirft Helga ihrer Konkurrentin vor, dass sie ihr mit Absicht die Kinder entfremden will. Anna setzt sich wütend zur Wehr. ■ Elena redet Vasily ins Gewissen. Beate muss für ihn an erster Stelle stehen. Er fängt Beate an der Bushaltestelle ab und erklärt, dass er nach seinem Militärdienst zurück nach München kommen wird. Beate hat aber kein Interesse mehr an einer Beziehung mit ihm und lässt ihn stehen. ■ Andy und Gabi wollen zusammen wohnen. Rosi und Hubert sollen mit Urszula in Andys Wohnung ziehen, während die Zenker-Familie vollzählig zu Gabi wechselt. Alle reagieren mit massiver Gegenwehr. Nachts fällt Gabi plötzlich ein, dass sie bei all ihren Umzugsplänen Gung völlig vergessen haben.

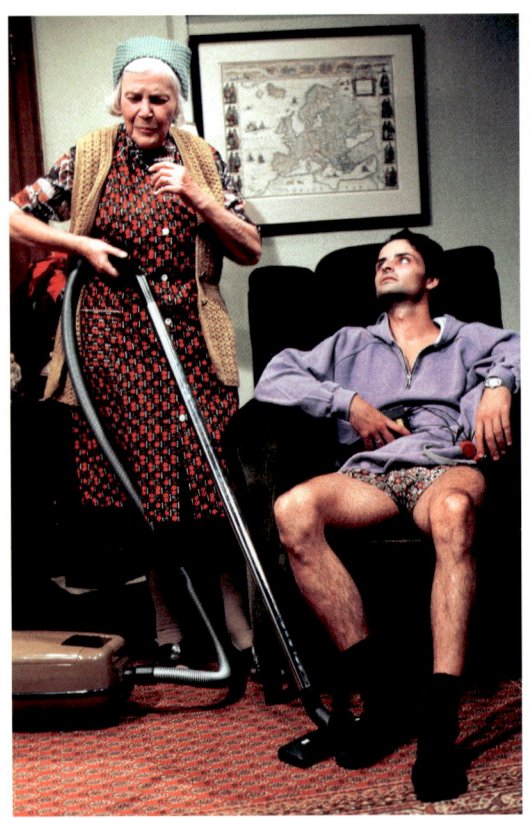

Buch: Martina Borger ■ Regie: Karin Hercher ■ Kamera: Dieter Christ ■ Redaktion: Ronald Gräbe

265 | Widerstand

30. DEZ 90

Hajo weiht Berta in seine Observation ein. Als er abends mit dem selbst komponierten Stück »Romanze No. 1 für Berta« vorbei kommt, ist sie begeistert. Endlich küssen sie sich. ■ Beate zieht in ein möbliertes Zimmer und Vasily muss zurück nach Griechenland. Er glaubt immer noch an eine gemeinsame Zukunft, aber Beate will nicht, dass er wegen ihr zurück kommt. Vasily möchte Beate jedoch ungern verlieren und reist nicht ab – auch wenn er damit fahnenflüchtig wird. ■ Hubert und Rosi werden mit Urszula und Gung zusammenziehen. Andy ist mit seiner Geduld bei den Kindern am Ende. Jo will sich auf acht Jahre beim Bund verpflichten, um eine Ausbildung zum Hubschrauberpiloten zu machen. Dafür hat Andy im Moment kein Ohr. Abends verkünden Timo, Valerie und Iffi, dass sie ihre Zimmer freiwillig nicht verlassen werden. Gabi und Andy schauen sich ratlos an.

Buch: Martina Borger ■ Regie: Karin Hercher ■ Kamera: Dieter Christ ■ Redaktion: Ronald Gräbe

266 | Frank und frei

Frank hat endlich einen Therapieplatz. Carsten bringt ihn hin und verabschiedet sich vor der Klinik. Frank will gerade eintreten, als sich ihm Robert in den Weg stellt. Er schenkt ihm ausnahmsweise das Heroin, um die geglückte Flucht zu feiern. Später meldet sich die Klinik und fragt Dressler, wo Frank bleibt. ■ Hubert weckt die Zenkerkinder am frühen Morgen und erklärt ihnen, dass ihr Widerstand nichts bringen wird. Nach einem Tipp von Zorro schafft es Gabi, sich mit Iffi und Valerie anzufreunden. ■ Dominique trennt sich von Matthias. Sie ist ihm dankbar, hat ihn aber nie geliebt. Sie will zurück nach Paris. Derweil ist Tanja verzweifelt auf Jobsuche. Dominique versucht vergeblich, ihr einen Job im Reisebüro zu vermitteln. Abends liest Tanja die Stellenanzeige der Begleitagentur »Happy Hour«, die Damen für seriöse Unterhaltung sucht.

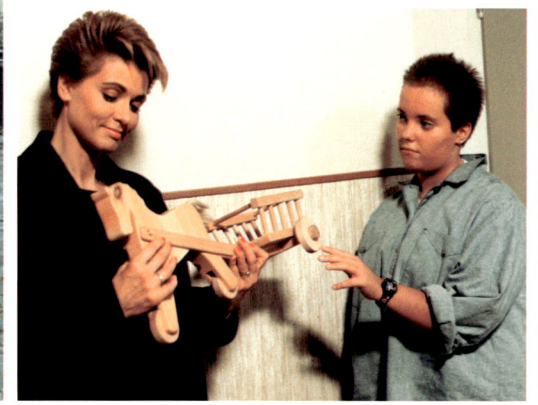

Buch: Martina Borger ■ Regie: Karin Hercher ■ Kamera: Dieter Christ ■ Redaktion: Ronald Gräbe

267 | Luxus

Franz klingelt Tanja aus dem Bett. Er macht sich Sorgen um seine Tochter. Tanja beruhigt ihn, verrät ihm aber noch nichts von ihrem neuen Job in der Begleitagentur. ■ Berta hört von Franks Verschwinden. Sie fordert Ludwig auf, eine Sprechstundenhilfe einzustellen, was Ludwig aber nicht will. Berta ist beeindruckt von Hajos neuer Wohnungseinrichtung. Die beiden flirten heftig und küssen sich. Das Essen bleibt unberührt. Nackt und glücklich liegen sie auf der neuen Couch. ■ Anna träumt von einer Hochzeit im Sommer. Hans ist skeptisch, ob alles so schnell über die Bühne gehen wird. Helga bittet er um eine Woche Unterhaltsaufschub. Sie fragt ihn, wovon er die Scheidung bezahlen will, auf die »seine« Anna so drängt. Derweil erfährt Anna, dass sie schwanger ist. Während sie sich freut, will Hans das Kind abtreiben lassen. Anna reagiert geschockt.

Buch: Martina Borger ■ Regie: Karin Hercher ■ Kamera: Dieter Christ ■ Redaktion: Ronald Gräbe

268 | Verspätungen

20. JAN 91

Die Stadt plant eine U-Bahn unter der Lindenstraße. Berta berichtet Enrico von den Herren vom Straßenbauamt. Sie kann den Kiosk verkaufen oder sie wird enteignet. Amélie soll für Lydia »Hintergrundinfos« zu Hajo beschaffen. Später lernt sie Onkel Franz kennen. Er ist tief beeindruckt von Amélie. ■ Hans hat sich für das Kind entschieden. Nun ist es Anna, die wegen des Golfkriegs unsicher wird. Hans aber beruhigt sie. Helga hört zufällig von Annas Schwangerschaft und ist geschockt. Sie beschimpft die Rivalin als »Hure«. Anna läuft verzweifelt aus dem Haus. Abends hat Anna die Kinder immer noch nicht abgeholt. Hans macht sich Sorgen. Zorro geht los, um sie zu suchen. Aber Anna bleibt verschwunden. ■ Franz spricht mit Dressler über Frank, aber der ist verbittert und will keine Ratschläge hören. Wieder allein, bricht Dressler weinend zusammen.

Buch: Martina Borger ■ Regie: Karin Hercher ■ Kamera: Dieter Christ ■ Redaktion: Ronald Gräbe

269 | Contenance

Anna bleibt verschwunden. Gabi hat sogar bei Friedhelm angerufen. Der aber schwört, nichts von Anna gehört zu haben. Hans macht sich Vorwürfe, er glaubt, Anna lasse das Kind abtreiben. Als er von dem Streit zwischen Helga und Anna hört, eilt er zu Helga und will wissen, was sie gesagt hat. Hans ist außer sich vor Wut. Abends suchen Zorro und er weiter vergeblich nach Anna. ■ Frank bittet Dressler, den Drogenentzug mit ihm zu Hause zu machen. Dressler bespricht mit Frank und den Helfern Vasily, Egon, Carsten und Robert die Vorgehensweise. Frank macht einen Versuch, sich gegen Robert als Betreuer aufzulehnen. Er gibt aber auf, als er bei allen anderen auf Unverständnis stößt. ■ Amélie, Berta und Hajo verlassen das »Akropolis«. Onkel Franz kommt ihnen hinterher. Er bittet Amélie um ein Gespräch unter vier Augen und macht ihr einen Heiratsantrag.

Buch: Martina Borger ■ Regie: Karin Hercher ■ Kamera: Dieter Christ ■ Redaktion: Ronald Gräbe

270 | Schlaflos

3. FEB 91

Onkel Franz ist fasziniert von Amélie. Die hält ihn jedoch hin. Eine Antwort auf seinen Heiratsantrag hat sie ihm noch immer nicht gegeben. ■ Hans lehnt Helgas Hilfe ab. Sie soll sich aus seinem Leben heraushalten. Rosis Angebot, die Karten für Anna zu legen, lehnt er verwirrt ab. Als er weiter keine Hinweise findet, weint er verzweifelt. ■ Frank geht es dreckig. Er fordert Carsten auf, Heroin zu besorgen; der komme ja an den Stoff. Carsten versteht die Andeutung auf Robert nicht. Der droht Frank, ihn umzubringen, wenn er Carsten etwas verrät. Zugleich teilt er Dressler mit, dass er sich nicht weiter um Frank kümmern kann. Als Frank seinen Vater beschimpft und ankündigt, sich den »Goldenen Schuss« zu setzen, reicht es Dressler. Er schließt die Tür auf und stellt es ihm frei, zu gehen. Er kann das Elend auch nicht mehr ertragen.

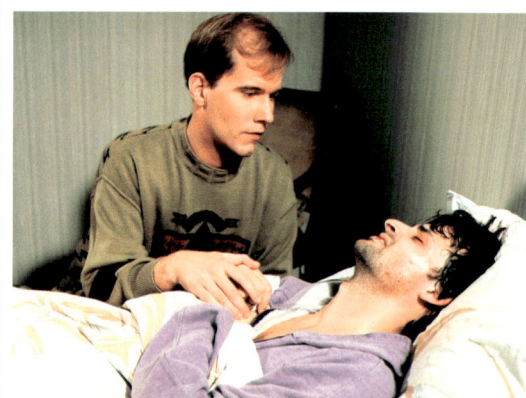

Buch: Martina Borger ■ Regie: Karin Hercher ■ Kamera: Dieter Christ ■ Redaktion: Ronald Gräbe

271 | Der Schlachtplan

Frank erträgt Ludwigs Anwesenheit nicht. Er meint, dass er nie vom Heroin loskommen wird, solange Ludwig in seiner Nähe ist. Carsten spricht mit Ludwig über die Situation. Frustriert erklärt sich Ludwig bereit, Frank so gut es geht aus dem Weg zu gehen. ■ Hajo jubelt, als Berta zufällig einen Vertretungsjob in der Kanzlei Kirch angeboten bekommt. Um Amélie von Onkel Franz fernzuhalten, hat sie ihr eine Reise vorgeschlagen. Dass Amélie gleich für vier Wochen mit der Transsibirischen Eisenbahn durch Russland fahren will, war allerdings nicht in ihrem Sinne. ■ Beim Umzug von Kochs und Zenkers steht Hubert kurz vor einem Nervenzusammenbruch. Niemand hält sich an seinen Plan. Abends nimmt Zorro ein Telefongespräch entgegen. Es ist Friedhelm, der Hans dringend wegen Anna sprechen will. Als er hört, dass Hans nicht da ist, legt er sofort auf.

Buch: Martina Borger ■ Regie: Karin Hercher ■ Kamera: Dieter Christ ■ Redaktion: Ronald Gräbe

272 | Ein klarer Blick

Benny hat Stress mit Kornelia; außerdem nervt ihn Christoph. Marion tröstet Helga und spricht mit ihr über Anna. Sie glaubt, eine schnelle Scheidung sei die einzige Rettung für Helga. ■ Franks Laune schwankt. Sein Körper ist nun entgiftet. Und auch den psychischen Entzug wird er schaffen. Ludwig ist darüber glücklich. Frank erzählt von Chris. Er will jedoch nicht, dass Egon ihren Aufenthaltsort ermittelt. ■ Hans findet die Adresse einer Frankfurter Privatklinik. Er ruft an, aber Anna telefoniert gerade. Friedhelm will das Sorgerecht für Sarah und dreht durch. Nachdem Hans den ganzen Tag telefonisch nicht zu Anna durchkommt, beschließt er zu ihr zu fahren. Marion bleibt bei den Kindern. Er kommt spät in der Klinik an. Die Dame am Empfang ruft bei Anna Ziegler an und fragt, ob sie Hans hochschicken soll. Hans wartet gespannt auf die Antwort.

Buch: Hans W. Geißendörfer, Anne Neunecker ■ Regie: Karin Hercher ■ Kamera: Dieter Christ ■ Redaktion: Ronald Gräbe

273 | Gangster

24. FEB 91

Hans liegt mit Lungenentzündung in einer Frankfurter Klinik. Besagte Anna Ziegler war nicht seine Anna. Marion muss nach Paris und bringt Helga die Kinder. Nachmittags kommt Hans in desolatem Zustand an. Als er umkippt, ruft sie einen Arzt. Hans weint, er schämt sich und hat Angst, dass Anna tot ist. Helga wird ihren Noch-Ehemann einige Tage pflegen. Er schläft in Marions altem Zimmer. ■ Dominique übergibt Matthias die Schlüssel. Sie verabschiedet sich von ihm und den Nachbarn. ■ Berta soll einen Umschlag zu Merkel bringen. Hajo nimmt ihr das Kuvert unauffällig ab und sagt, sie solle ihm vertrauen. Berta steigt ohne Umschlag ins Taxi. Hajo fotografiert die Dokumente ab. Später klärt er sie über Kirch auf, der Giftmüll transportiert. Als es schellt, schaut Berta durch den Spion: Es ist Kirch. Ängstlich fragt sie, was sie jetzt machen sollen.

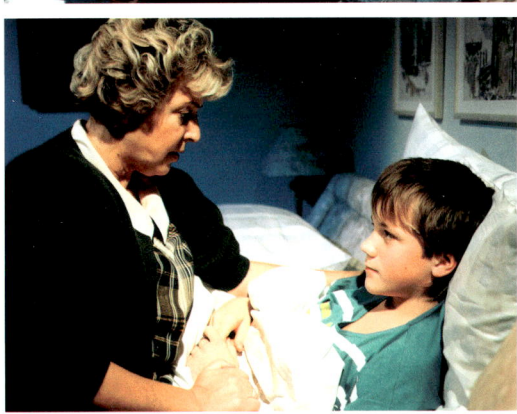

Buch: Hans W. Geißendörfer ■ Regie: Karin Hercher ■ Kamera: Dieter Christ ■ Redaktion: Ronald Gräbe

274 | Aufbruchstimmung

Die Polizei sucht noch immer nicht nach Anna. Hans würde mit den Kindern lieber in die eigene Wohnung gehen, dazu ist er aber noch zu schwach. ■ Vasily beneidet Frank, der nach einem halben Jahr entwöhnt sein wird. Er aber kann weder aufhören, Beate zu lieben, noch Grieche zu sein. Indes: Beate liebt ihn nicht mehr, und nach Griechenland kann er nicht zurück. Es geht ihm schlecht, Panaiotis versucht vergeblich, ihn zu trösten. Isolde macht Panaiotis ein Kaufangebot für das »Akropolis«, damit Enrico ein Restaurant aufmachen kann. Aber das will der nicht. ■ Kirch hat Berta gekündigt. Hajo und sie wissen aber nicht, ob er irgendetwas bemerkt hat. Nach ihrem Auftritt stellt Kirch den beiden Merkel vor. Hajo fragt frei heraus, was er mit seinem Giftmüll mache. Da Amélie von der Russlandreise nicht abzubringen ist, will Onkel Franz sie begleiten.

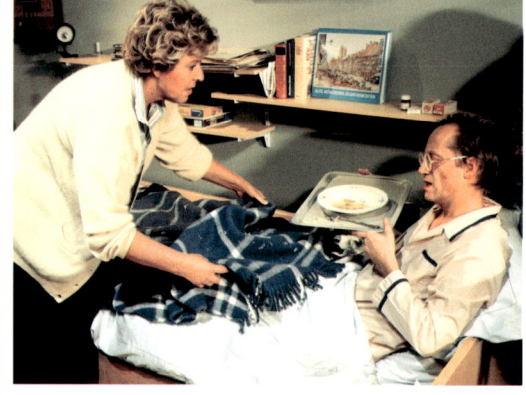

Buch: Hans W. Geißendörfer, Anne Neunecker ■ Regie: Karin Hercher ■ Kamera: Dieter Christ ■ Redaktion: Ronald Gräbe

275 | Der Schweinskopf

10. MÄR 91

Frank stimmt Zorros Vorschlag, Chris einzuladen, nach kurzem Zögern zu. Er soll sie aber nicht überreden. Carsten erzählt Ludwig, dass er mit dem Geld aus Elisabeths Lebensversicherung Roberts Buch verlegen lassen will. Ludwig bricht sein Schweigen: Er traut Robert nicht und findet, dass er etwas Böses an sich hat. Carsten ist geschockt. ■ Onkel Franz macht sich Sorgen um Amélie, die allein durch Russland fährt. Iffi, Klaus und Manoel schaffen es, den Wildschweinkopf heimlich aus seiner Wohnung zu entwenden und bei Else unterzubringen. Als Egon von seiner Reise heimkehrt, findet er den Schweinskopf im Bett und stellt Else wütend zur Rede. Die ist fassungslos, als sie den Tierkopf sieht. ■ Hans geht es besser. Er kehrt mit den Kindern zurück in seine Wohnung. Beim Zubettbringen spricht er mit Sarah über Anna. Die will wissen, ob Anna tot ist.

Buch: Hans W. Geißendörfer ■ Regie: Karin Hercher ■ Kamera: Dieter Christ ■ Redaktion: Ronald Gräbe

276 | Die Geisha

Chris kommt in der Lindenstraße an, aber Frank möchte sie nicht sehen und betrinkt sich. Zorro wird im Blumenladen von vier Typen wegen seiner Skulpturen veräppelt. Chris bittet ihn, sie zu Frank zu begleiten. Letztendlich versöhnen sich die beiden doch noch. ■ Der Zivildienst macht Benny total fertig. Er will aber nicht mit Hans darüber reden, sondern nur in Ruhe gelassen werden. ■ Else kann aufgrund einer Kehlkopfentzündung nicht sprechen, was Egon als sein schönstes nachträgliches Geburtstagsgeschenk empfindet. Auch Hubert, der sich mit Else betrinkt, gefällt der Zustand. Sie ist die erste Frau, die ihn ausreden lässt. Als Hubert betrunken zurück in die Wohnung kommt, »erwischt« er Gung und Urszula, die zusammen im Bett liegen. Er gibt ihnen Zeit bis zum nächsten Mittag, um zu entscheiden, wer von beiden auszieht. Urszula ist schockiert.

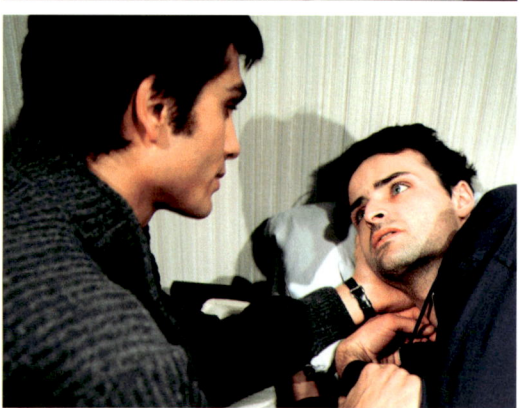

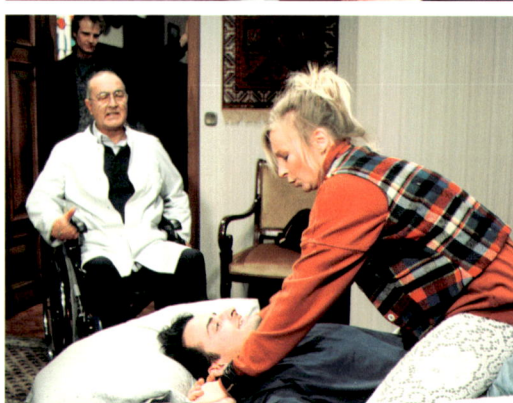

Buch: Maria Elisabeth Straub ■ Regie: Karin Hercher ■ Kamera: Dieter Christ ■ Redaktion: Ronald Gräbe

277 | Der Zombie

Rosi bittet Hubert, mit Gung über Verhütung zu sprechen. Da ihm das nicht gelingt, präsentiert er Rosi eine neue Hausordnung. Geschockt bemerkt Rosi, dass er Gung und Urszula nur drei Stunden Nachtruhe gönnt. ■ Hajo und Berta spielen Günter Katz vom Zoll das Gespräch zwischen Kirch und Merkel vor. Dort geht es um den Giftmülltransport am kommenden Donnerstag. Katz ist einverstanden, in der nächsten Woche gemeinsam zuzuschlagen. Berta erfährt von ihm, dass Kirch bei Hajos Quittierung vom Dienst eine große Rolle gespielt hat. ■ Chris erklärt Frank, dass er stark ist und sich nicht von Ludwig klein machen lassen soll. Auch Ludwig sagt sie ihre Meinung. Sie nennt ihn einen »Menschenfresser« und fordert ihn auf, Frank loszulassen, bevor es zu spät ist. Abends wird Zorro von den vier Typen, die ihn bereits letzte Woche angemacht haben, bedroht.

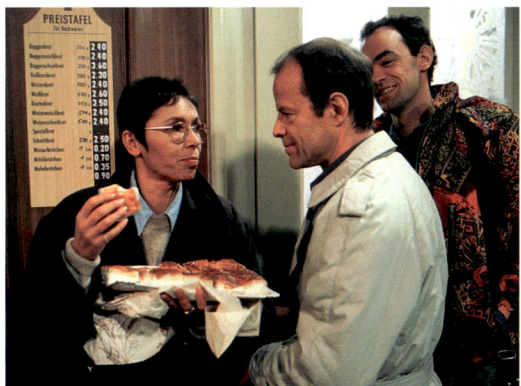

Buch: Maria Elisabeth Straub ■ Regie: Karin Hercher ■ Kamera: Dieter Christ ■ Redaktion: Ronald Gräbe

278 | Prawda

31. MÄR 91

Helga ist entsetzt. Hans hat die Scheidung eingereicht. Sie vereinbart sofort einen Termin mit ihrer Anwältin. Währenddessen erzählt Amélie begeistert Iffi, Klaus und Manoel von Russland. Onkel Franz lädt Amélie zum Essen ein. ■ Nachdem sie den ganzen Tag den Giftmülltransport verfolgt haben, kommen Berta und Hajo abends frustriert heim. Hajo ruft bei Katz an und will wissen, wo die Polizei war. Sie haben den Transport bis zum Flughafen verfolgt. ■ Zorro verkauft sein erstes Kunstwerk an Onkel Franz, der es für Amélies Besuch braucht. Als Carsten und Zorro nachts betrunken aus dem »Akropolis« kommen, werden sie von den vier Typen, die Zorro seit zwei Wochen verfolgen, überfallen und zusammengeschlagen. Sie verschwinden, weil ein Auto kommt. Zorro, der stark blutend am Boden liegt, dreht sich zu Carsten, aber der bewegt sich nicht mehr.

Buch: Maria Elisabeth Straub ■ Regie: George Moorse ■ Kamera: Kurt Mikler ■ Redaktion: Ronald Gräbe

279 | Strategien

Carsten ist noch einmal mit dem Leben davon gekommen. Er bekommt viel Besuch. Zorro macht sich aufgelöst Vorwürfe. Ludwig spricht mit dem Oberarzt. Derweil lehnt Frank das von Robert angebotene Heroin ab. ■ Isolde versucht vergeblich, das »Akropolis« von Familie Sarikakis zu kaufen. Ein Polizist bringt Dimitris vorbei, damit er sich vor der Abschiebung von seiner Familie verabschieden kann. Vasily, der wieder eine Abfuhr von Beate bekommen hat, sieht in ihm den Ursprung allen Übels und greift ihn an. ■ Hajo ist wütend auf Katz, weil sie Kirch ohne ihn verhaftet haben. Er glaubt, dass die Polizei mit Kirch und Merkel unter einer Decke steckt und will mit der Geschichte an die Presse gehen. Amélie und Emmi spielen derweil »Gericht« mit Onkel Franz. Er verteidigt sich und bittet Amélie um einen Test. Die hat auch schon eine Idee.

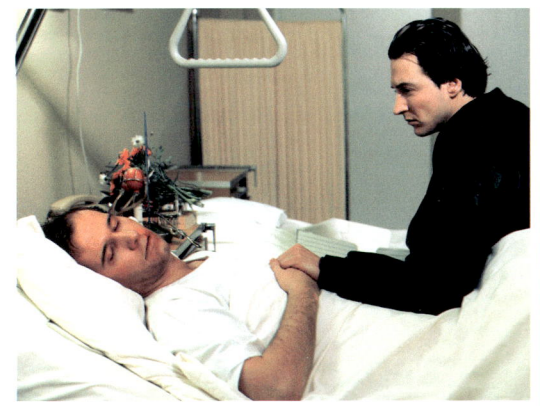

Buch: Maria Elisabeth Straub ■ Regie: George Moorse ■ Kamera: Kurt Mikler ■ Redaktion: Ronald Gräbe

280 | Verpflichtungen

14. APR 91

Gabi lenkt geschickt das Gespräch auf das Thema »Heirat«. Andy hat noch nie darüber nachgedacht. Später lässt Gabi ihre Eltern wissen, dass sie und Andy heiraten werden. ■ Amélie gibt Onkel Franz eine Aufgabe, um Humanität und Toleranz zu beweisen. Er soll David aus Kapstadt bei sich aufnehmen. Sie bietet ihm an, vom Angebot zurückzutreten, da es sich um einen Ausländer handelt. Aber Onkel Franz will nichts davon wissen. Ein Bure sei schließlich kein Ausländer. ■ Tanja erzählt Berta von ihrem Job beim Begleitservice. Berta ist schockiert. Sie verspricht ihr aber, Franz nichts davon zu erzählen. Abends bekommt Tanja Besuch von einem Kunden, der die Agentur umgehen und sie direkt bezahlen möchte. Als er zudringlich wird und Sex möchte, tritt Tanja ihm zwischen die Beine und wirft ihn raus. Sein Geld zerreißt sie und wirft es ihm hinterher.

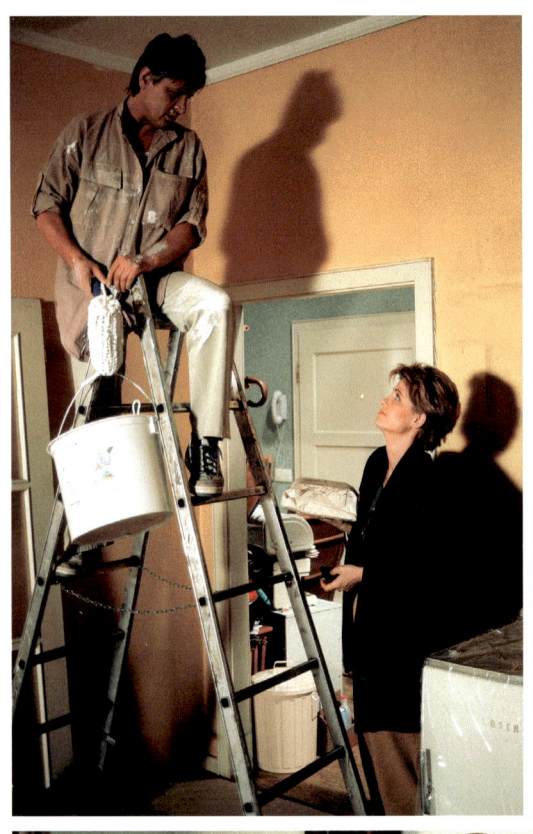

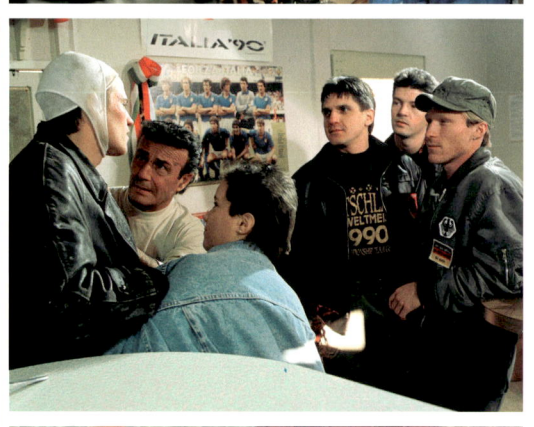

Buch: Maria Elisabeth Straub ■ Regie: George Moorse ■ Kamera: Kurt Mikler ■ Redaktion: Ronald Gräbe

281 | Der Bure

21. APR 91

Valerie hat Jo eine Woche mit Missachtung gestraft, weil er sich für acht Jahre bei der Bundeswehr verpflichtet. Nun schenkt sie ihm zum Geburtstag ein T-Shirt mit einem zerbrochenem Gewehr als Motiv. Jo zieht das Hemd sofort an, streift allerdings noch seinen Pullover über. ■ Enrico ist stolz auf Isoldes erste Schallplatte. Er spielt sie gerade Zorro vor, als die drei Faschisten erneut im Kiosk auftauchen. Weil sie Zorro angreifen und ihm drohen, ruft Enrico die Polizei. Der sind jedoch die Hände gebunden, solange noch nichts Konkretes passiert ist. ■ Onkel Franz erwartet gespannt die Ankunft seines Gastes. Er hat alles für den jungen Buren vorbereitet. Berta gegenüber spricht er geringschätzig von Farbigen. Abends werden seine Humanität und Toleranz von Amélie auf eine harte Probe gestellt. Der angekündigte Südafrikaner David ist schwarz.

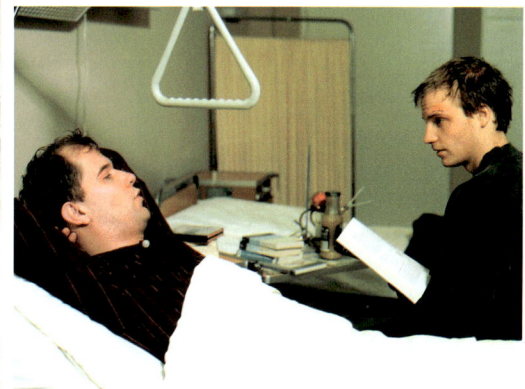

Buch: Maria Elisabeth Straub ■ Regie: George Moorse ■ Kamera: Kurt Mikler ■ Redaktion: Ronald Gräbe

282 | Güte

Helgas Rechtsanwältin Dr. Kummer lässt den Scheidungstermin platzen. Da Hans zwischenzeitlich mit den Kindern bei Helga gewohnt hat, wurde das Trennungsjahr nicht vollzogen. Hans flippt aus, als er davon hört. Auch Benny kann das Verhalten seiner Mutter nicht verstehen. ■ Carsten, der immer noch in der Klinik liegt, bittet Robert, mit der Veröffentlichung seines Romans zu warten. Bei einem Besuch spricht Dressler mit Frank und Carsten über sein Erbe. Er hat sie beide begünstigt. Carsten soll auf jeden Fall die Praxis übernehmen. Abends trifft Frank auf Robert, der ihm Heroin anbietet. Er will diesmal nicht einmal Geld dafür. ■ Während Onkel Franz vor Amélie den großzügigen Gastgeber spielt, versucht er hinter ihrem Rücken, den farbigen David galant los zu werden. Er hofft, dass er gar nicht untervermieten darf. Aber Hülsch hat nichts dagegen.

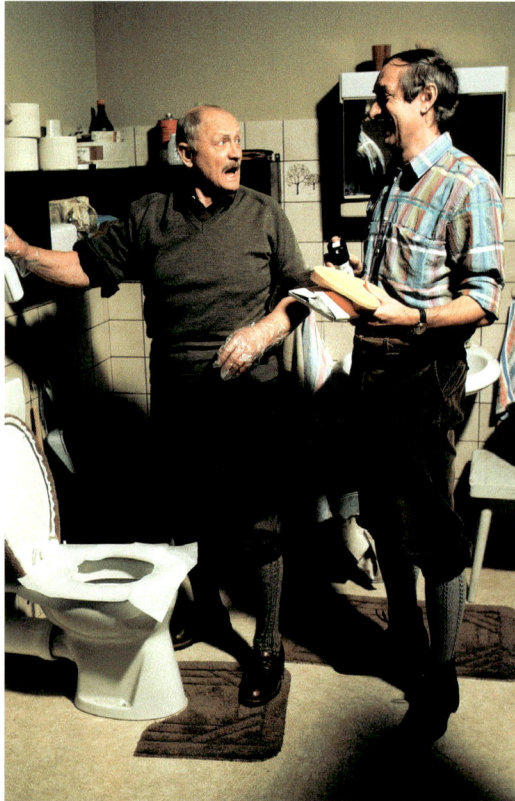

Buch: Maria Elisabeth Straub ■ Regie: George Moorse ■ Kamera: Kurt Mikler ■ Redaktion: Ronald Gräbe

283 | Gemeinsam stark

Begeistert nimmt Hans das Angebot von Rosi, die Kinder zukünftig in seiner Wohnung zu betreuen, an. Als Gehalt kann er ihr 300 Mark geben. Von Helga hat er derzeit genug. Er kann ihre ewigen Ausreden und Entschuldigungen nicht mehr hören. ■ Frank ist stolz, dass er Robert in der letzten Woche widerstanden hat. Ohne Namen zu nennen erzählt er Zorro davon. David verstört mit seinem Anblick die drei Faschisten, die erneut im Kiosk herum pöbeln und Zorro anmachen. Nachts wird Zorro wach und erblickt Rauchschwaden. Er läuft auf die Straße und sieht, dass der Kiosk in Flammen steht. ■ Hajo hat den Giftmüllskandal öffentlich gemacht. Von einer Zeitung bekommt er 4.000 Mark. Nicht viel bei einem Schuldenberg von 34.000 Mark. Berta schlägt ihm vor, zu ihnen zu ziehen; Manoel hat nichts dagegen. So kann Hajo wenigstens die Miete einsparen.

Buch: Maria Elisabeth Straub ■ Regie: George Moorse ■ Kamera: Kurt Mikler ■ Redaktion: Ronald Gräbe

284 | Ernüchterung

12. MAI 91

Anhand einer Mängelliste vom TÜV repariert Timo das Solarauto. Seine Freundin Simone fordert seine ganze Aufmerksamkeit jedoch für sich. Abends fragt Iffi sehr direkt, ob Gabi ihren Vater heiraten und weitere Kinder bekommen will. Gabi kann sich beides gut vorstellen. ■ Enrico ist fassungslos: Der Kiosk war nicht versichert und die drei Faschisten haben Alibis. Beim Aufräumen kommen die drei Kerle vorbei und fordern Enrico auf, nach Italien zurück zu kehren. Die Polizei kann auch diesmal nicht helfen. Zorro fragt sich, ob er seine Freunde in Schwierigkeiten bringt und daher besser verschwinden sollte. ■ Hajo will nicht zu Berta ziehen, sondern allein zurecht kommen. Er muss heute geliehenes Geld zurück zahlen, das er nicht hat. Als Berta ihm ihr Erspartes anbietet, gesteht er, gelogen zu haben. Er will sie nicht wiedersehen.

Buch: Maria Elisabeth Straub ■ Regie: George Moorse ■ Kamera: Kurt Mikler ■ Redaktion: Ronald Gräbe

285 | Frohe Pfingsten

19. MAI 91

Marion kommt überraschend zu einem Kurzbesuch. Da sie einen Job in Aussicht hat, kann sie demnächst auf Hans' finanzielle Unterstützung verzichten – was Hans sehr freut. Abends geht Helga zum ersten Mal zu einer Frauengruppe. Als sie ihre Tochter abends zur Haltestelle begleitet, kommt es ihr vor, als würde sie Anna im vorbei fahrenden Bus sehen. ■ Auch Zorro wird attackiert. Als er morgens heimkommt, sind seine Tiere freigelassen worden und der Wohnwagen demoliert. Pazifismus hin oder her: Er gesteht Valerie, dass er sich gerne rächen würde.
■ Berta und Hajo können nicht voneinander lassen. Hajo gesteht ihr, dass er 75.000 Mark Schulden hat. Er braucht einen Job und trifft sich mit einem Kollegen, der in einer Sicherheitsfirma arbeitet. Sollte der ihm einen Job verschaffen, will er Bertas Angebot, ihm 50.000 Mark zu leihen, annehmen.

Buch: Maria Elisabeth Straub ■ Regie: George Moorse ■ Kamera: Kurt Mikler ■ Redaktion: Ronald Gräbe

286 | Ursache und Wirkung

26. MAI 91

Robert bietet Frank erneut Heroin an. Der droht mit einer Anzeige, wenn Robert ihn nicht endlich in Ruhe lässt. Carsten möchte Robert überraschen: Er hat seinen Roman drucken lassen. ■ Helga erzählt niemandem, dass sie vermutlich Anna gesehen hat. Sie ist sich auch nicht ganz sicher. Sie entschuldigt sich bei Benny, dass sie in der letzten Zeit nur mit ihren eigenen Problemen beschäftigt war. ■ Andy und Gabi testen stolz das Solarmobil, das endlich die Zulassung bekommen hat. Gung leidet bei Gabis Geburtstagsessen. Urszula hat sich in David verliebt. Die beiden turteln heftig. Valerie wird im Hof von den drei Faschisten überfallen. Zorro eilt ihr zu Hilfe. Die drei greifen auch ihn an und machen sich aus dem Staub. Zorro verfolgt sie und will den Wagen der Angreifer in Brand stecken. Valerie versucht verzweifelt, ihn davon abzuhalten.

Buch: Maria Elisabeth Straub ■ Regie: George Moorse ■ Kamera: Kurt Mikler ■ Redaktion: Ronald Gräbe

287 | Panik

2. JUN 91

Hajo ist nun doch bei Berta und Manoel eingezogen. Claudia übernimmt glücklich Hajos Wohnung. Bei einem Besuch reagiert Tanja genervt auf Bertas ständige Sorge wegen ihres Jobs in der Begleitagentur. ■ Während Amélie der Anblick der turtelnden Urszula und David freut, mokiert sich Onkel Franz über das verliebte Paar. ■ In der letzten Woche hat Zorro einen der drei Angreifer ernsthaft verletzt. Nun sitzt er in Untersuchungshaft. Sein Bruder bespricht mit Andy die Verteidigungsstrategie. Die Täter streiten den Vergewaltigungsversuch bei Valerie ab. Die möchte nicht mehr über die Geschichte sprechen und bezweifelt, je einen Mann zu finden, der sie liebt. Otto teilt Zorro mit, dass er bald entlassen wird. Er soll dann mit ihm nach Landshut kommen. Davon will Zorro aber nichts wissen. Ein Rückzug käme einem Sieg der faschistischen Kerle gleich.

Buch: Martina Borger ■ Regie: George Moorse ■ Kamera: Kurt Mikler ■ Redaktion: Ronald Gräbe

288 | Bewerbungen

Zorro ist aus der Untersuchungshaft entlassen worden. Der verletzte Täter ist außer Lebensgefahr und hat gestanden. Außerdem hat er die Namen seiner Freunde preisgegeben. Sie wollten das Viertel von »Typen« wie Zorro, Schwulen und Ausländern säubern. Vom Fenster aus beobachtet Andy, wie David und Frank von fünf Typen angemacht werden. Sie sind auf der Suche nach Zorro. Er stürmt hinunter. Gabi soll die Polizei und seine Taxikollegen verständigen. ■ Friedhelm gibt nicht auf. Erneut versucht er, das Sorgerecht für Sarah zu bekommen. Aber das kommt für Hans überhaupt nicht in Frage. Er lehnt ab. Friedhelm flippt aus und verschwindet, als Matthias vorbei kommt. ■ Carsten will mit Robert ein Jahr in Australien verbringen. Der kann sich dazu aber nicht entscheiden. Später bezahlt er im Park einen Mann und bekommt dafür ein Päckchen ausgehändigt.

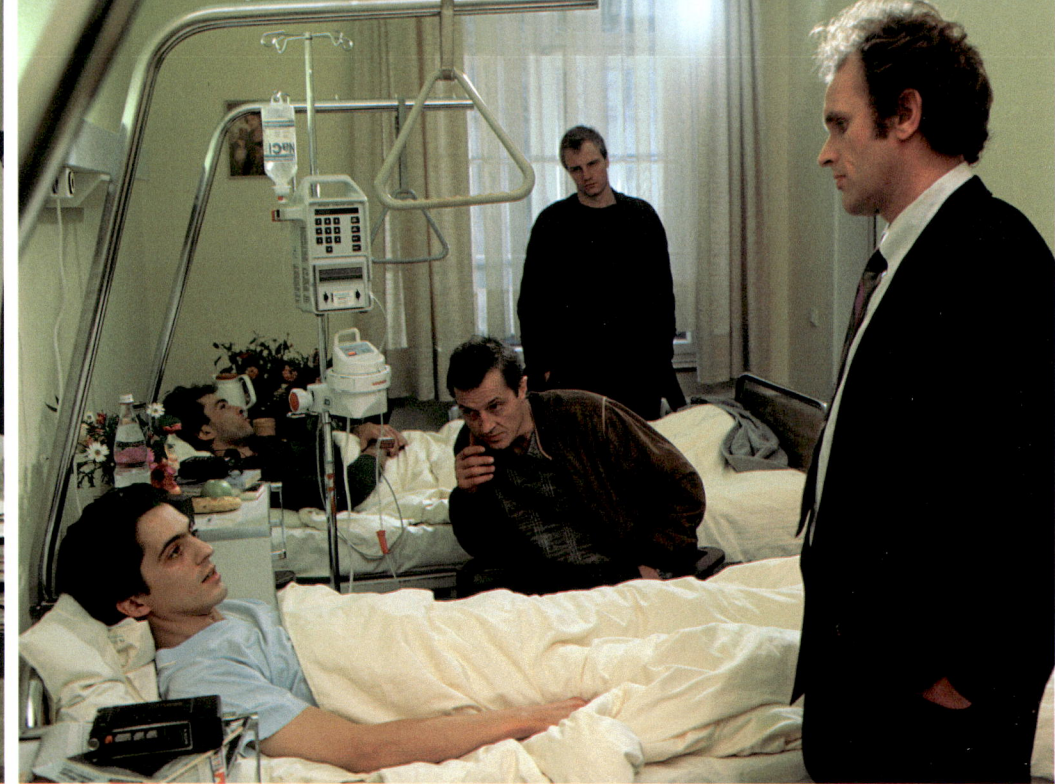

Buch: Martina Borger ■ Regie: George Moorse ■ Kamera: Kurt Mikler ■ Redaktion: Ronald Gräbe

289 | Tränen

16. JUN 91

Zorro hat sich doch entschieden, zu seinem Bruder nach Landshut zu ziehen. Der Abschied von Valerie fällt ihm schwer. Sie ist sehr traurig. Den Wohnwagen vermacht er Frank. Der hat sich endlich gefangen und neue Ziele fürs Leben gesteckt. Er will Schreiner werden und sich im Hof eine Werkstatt einrichten. Eine Lehrstelle hat er bereits gefunden. ■ Anna wird von einer Polizistin heimgebracht. Friedhelm hatte seine inzwischen hochschwangere Exfrau entführt und die ganze Zeit in einem Keller in Fulda gefangen gehalten. An diesem Morgen ist es Anna gelungen zu fliehen. Friedhelm wurde sofort in eine Nervenklinik gebracht. ■ Egon will vergeblich Ludwig davon abhalten, eine Haushälterin einzustellen. Als eine Dame in die engere Auswahl kommt, bindet er sich kurzerhand selbst eine Schürze um und bewirbt sich um den Job. Ludwig ist sprachlos.

Buch: Martina Borger ■ Regie: George Moorse ■ Kamera: Kurt Mikler ■ Redaktion: Ronald Gräbe

290 | Selbstverteidigung

23. JUN 91

Hubert pflegt Gung, der vor Liebeskummer krank geworden ist. Er rät ihm, sich Urszula endgültig aus dem Kopf zu schlagen. Die schwärmt Gung indes unsensibel von David vor. ■ Egon hat bei der Stelle als Ludwigs Haushälterin das Rennen gemacht. Er öffnet Anna, die zur Untersuchung kommt, die Tür. Ludwig beruhigt sie – mit ihrem Baby ist alles okay. Erleichtert geht sie zu Gabi. Im Treppenhaus trifft Anna auf Helga. Deren Gesprächsbemühungen ignoriert sie und lässt sie einfach stehen. ■ Im Biergarten spricht Benny mit Christoph über Kornelia. Er hatte seit Wochen keinen Kontakt mehr zu ihr. Die beiden lernen Claudia kennen. Später schüttet Helga ihrem Sohn ihr Herz aus. Sie ist immer noch eifersüchtig auf Anna. Benny versteht sie nicht und ermutigt sie, in die Scheidung einzuwilligen. Aber Helga hat die Hoffnung auf Hans noch nicht verloren.

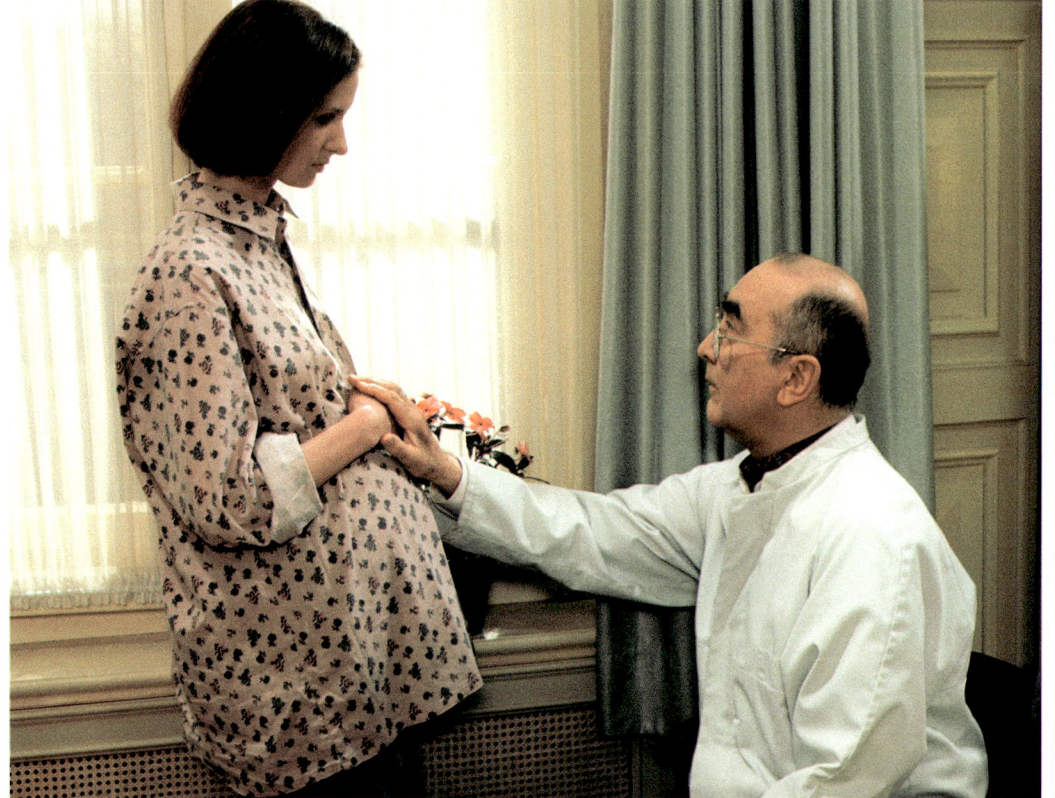

Buch: Martina Borger ■ Regie: George Moorse ■ Kamera: Kurt Mikler ■ Redaktion: Ronald Gräbe

291 | Eifersucht

Benny kommt müde von der Nachtschicht heim. Zu seiner Überraschung erwartet ihn Kornelia im Hobbykeller. Diesmal trennt er sich endgültig von ihr. Genervt von Helga geht er ins »Café Bayer« und schläft dort ein. Claudia bietet ihm an, sich in ihrer Wohnung auszuschlafen, was Benny gerne annimmt. Er will sich mit einem Essen dafür bedanken. ■ Urszula bittet Onkel Franz um Hilfe bei ihrem Aufsatz zum Thema »Deutschland nach der Wiedervereinigung«. Gung leidet sehr unter der Trennung von Urszula. ■ Carsten hat sein Physikum bestanden und ist für das Studium an der Universität in Sydney zugelassen. Er freut sich riesig – ganz im Gegensatz zu Robert. Abends feiert Ludwig mit Frank, Vasily, Egon, Carsten, Robert und Beate seinen 58. Geburtstag. Beate möchte sich dringend mit Vasily treffen. Der schöpft Hoffnung, dass sie zu ihm zurück kommt.

Buch: Martina Borger ■ Regie: George Moorse ■ Kamera: Kurt Mikler ■ Redaktion: Ronald Gräbe

292 | Blockade

7. JUL 91

Valerie fragt Andy, ob und wann er Gabi heiraten will. Als Robert sie später auf der Straße anspricht, geht sie nicht auf ihn ein. ■ Vasily erzählt seinen Eltern vom Treffen mit Beate. Sie wollte gar nicht zu ihm zurück, es ging lediglich um Geld. Später erklärt Beate ihren Schwiegereltern, dass Vasily seit Anfang des Jahres die Ratenzahlung für das Haus in Griechenland eingestellt hat. Da das Haus von Beates Erbe gekauft wurde, meint Vasily, es sei schließlich ihr Haus. Elena schlägt vor, das Haus zu verkaufen, damit Beate ihr Geld zurück bekommt und der Streit ad acta gelegt werden kann. ■ Manoel stellt sich krank, damit er nicht zur Schule muss. Außerdem hat er Probleme mit Hajo. Er äfft sein Stottern nach und sperrt ihn samt Berta aus der Wohnung aus. Aufmachen will er nur unter der Bedingung, dass Hajo draußen bleibt.

Buch: Martina Borger ■ Regie: George Moorse ■ Kamera: Kurt Mikler ■ Redaktion: Ronald Gräbe

293 | Geduld

Hajo ist wegen der Probleme mit Manoel vorübergehend in Helgas Gästezimmer gezogen. Manoel will Hajo nur dann in der Wohnung akzeptieren, wenn er im nächsten Jahr auf ein Internat darf. ■ Hubert ist bereits seit zwei Wochen krank. Besorgt begleitet Rosi ihn zu Ludwig. Aber der findet auch keine Ursache. In der heimischen Küche kommt das Gespräch auf Urszula. Gung hofft immer noch, dass sie zu ihm zurück kommt. Gabi hat unterdessen ihren Taxischein erworben. ■ Roberts Roman »Rosa Oktober« entwickelt sich nicht gerade zum Verkaufsschlager. Während die Kritiker ihn als »hoffnungsvolle Entdeckung« preisen, wird er von Onkel Franz, der das Werk als Pornografie empfindet, beschimpft. Bei einem zufälligen Treffen mit Frank erinnert Robert an die heimlichen Treffen im Park. Mit Erfolg – abends ordert Frank Heroin.

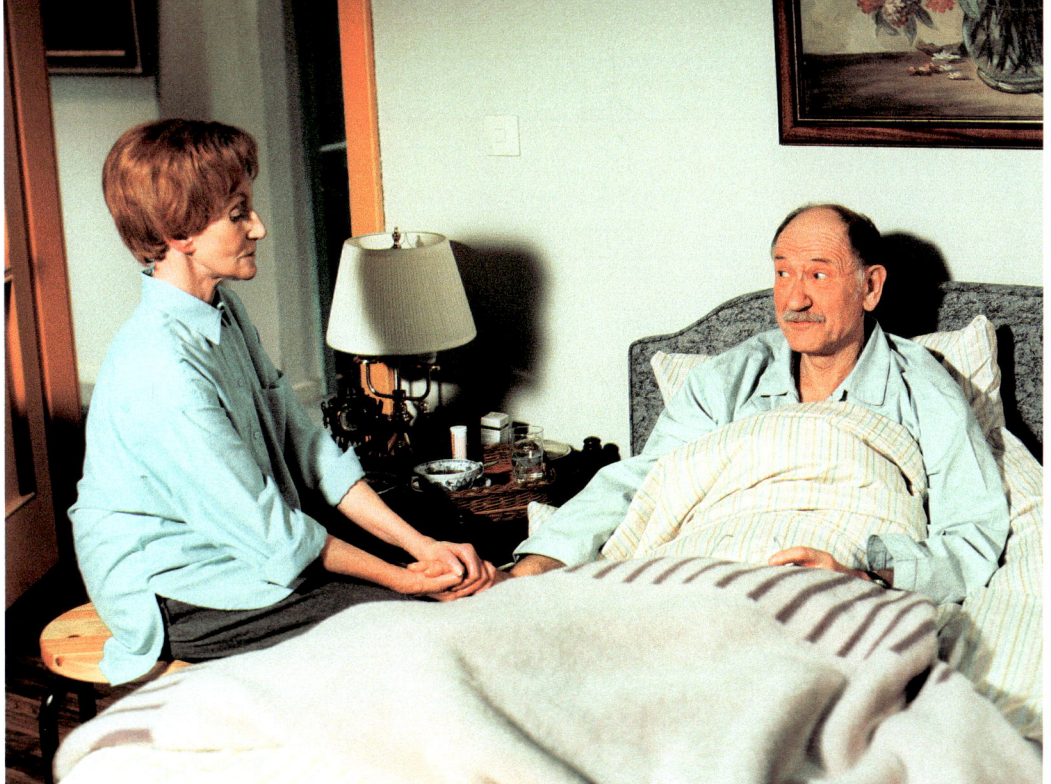

Buch: Martina Borger ■ Regie: George Moorse ■ Kamera: Kurt Mikler ■ Redaktion: Ronald Gräbe

294 | List und Tücke

21. JUL 91

Vasily betäubt seinen Liebeskummer mit Frauen und Alkohol. Elena macht sich Sorgen. Sie überzeugt Beate, sich mit Vasily zu versöhnen. Als Beate ihn aufsucht, will er jedoch nicht mit ihr reden. ■ Robert möchte wissen, warum Frank in der letzten Woche doch nicht gekommen ist. Der berichtet stolz, dass er sein Verlangen in den Griff bekommen hat. Währenddessen entwickelt sich Egon zur Perle des Dresslerschen Haushaltes. Um Else zu entgehen, macht er sogar Überstunden. ■ In einem unbemerkten Moment entführt Friedhelm seine Tochter. Hans und Anna sind entsetzt. Die Polizei teilt ihnen mit, dass Friedhelm aus der psychiatrischen Anstalt geflohen ist und installiert eine Fangschaltung. Leider ohne Erfolg, denn Friedhelm ruft nicht an. Der gestohlene Wagen wird später leer gefunden. Anna hat Angst, dass Friedhelm der kleinen Sarah etwas antut.

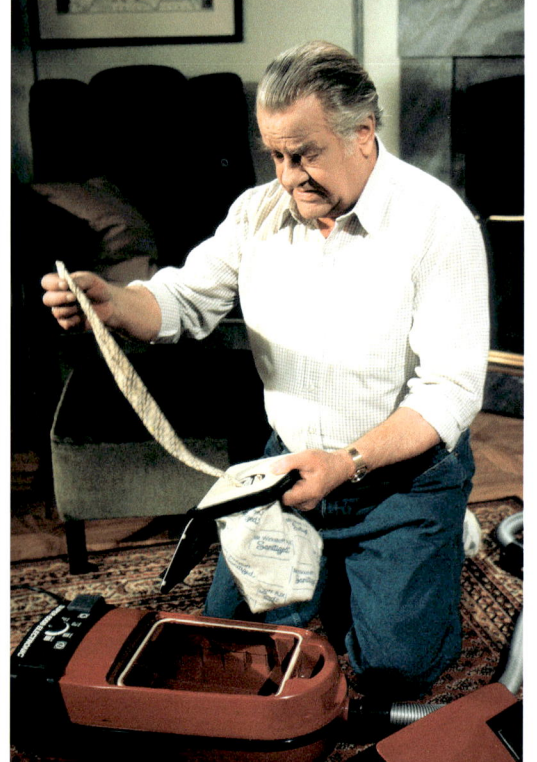

Buch: Martina Borger ■ Regie: George Moorse ■ Kamera: Kurt Mikler ■ Redaktion: Ronald Gräbe

295 | Tod und Leben

28. JUL 91

Onkel Franz hetzt gegen Roberts Roman. Er warnt Helga, auf die Jungs aufzupassen, schließlich hatte Robert den ersten Sex mit einem 17-jährigen. Helga ist verunsichert. Klausis Gruppenleiter bei den Pfadfindern, der mit den Kinder auf eine dreiwöchige Wanderung fährt, ist 17. Benny und Claudia finden Gefallen aneinander. Im Aufzug betätigen sie den Nothalt, um sich leidenschaftlich zu umarmen. ■ Hubert wird von seinem Bruder um Hilfe bei der Umstrukturierung seines Rostocker Betriebes gebeten. Huberts Krankheiten lösen sich plötzlich in Wohlgefallen auf, am liebsten würde er sofort abreisen. ■ Anna bringt im Krankenhaus ein Mädchen zur Welt. Währenddessen lässt Friedhelm die kleine Sarah frei. Während die zu Helga geht, bricht Friedhelm in Annas und Hans' Wohnung ein. Hans findet ihn spätabends: Friedhelm hat sich im Badezimmer erhängt.

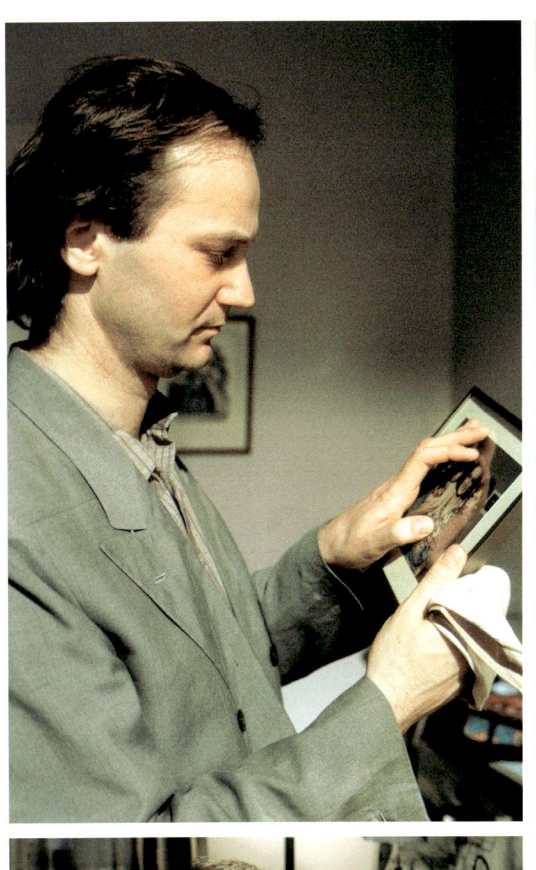

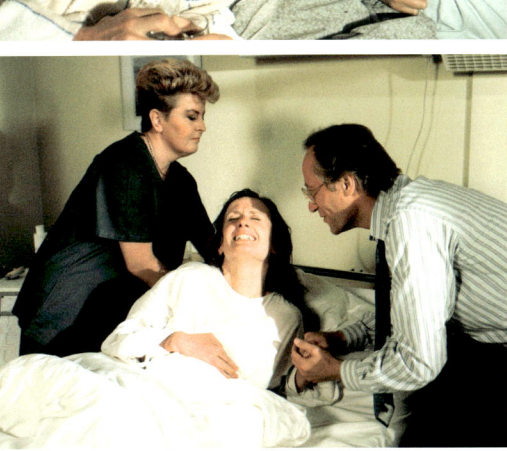

Buch: Maria Elisabeth Straub ■ Regie: George Moorse ■ Kamera: Kurt Mikler ■ Redaktion: Ronald Gräbe

296 | Großmut

4. AUG 91

Hans hat die Spuren des Selbstmordes mit frischer Farbe übertüncht. Nach Friedhelms Beerdigung holt er Anna und seine Tochter aus dem Krankenhaus ab. Derweil spricht Helga mit Claudia über Benny. Zu Helgas Erstaunen empfindet Claudia ihren Sohn alles andere als verschlossen. Nachmittags teilt sie Anna und Hans mit, dass sie in die Scheidung einwilligt. ■ Großer Bahnhof für Hubert, der zu Karl nach Rostock aufbricht. Hubert ist gerührt, Gabi nennt ihn zum ersten Mal »Vater«. Gung schenkt Urszula einen Kleinwagen. Die tritt begeistert eine Testfahrt an – und zwar mit David. Gung bleibt enttäuscht und verletzt zurück. ■ Onkel Franz bekommt mit, dass Robert Frauenbesuch hat und hetzt Carsten auf. Carsten wirft sowohl Flora als auch Robert hinaus. Onkel Franz klatscht hämisch Beifall. Aber Robert warnt ihn, er solle sich nicht zu früh freuen.

Buch: Maria Elisabeth Straub ■ Regie: Claus Peter Witt ■ Kamera: Andreas König ■ Redaktion: Ronald Gräbe

297 | Adios

Carsten verabschiedet sich von Beate, Ludwig, Frank und Egon. Die Wohnung ist gekündigt, er wird noch heute nach Australien aufbrechen. Hülsch präsentiert ihm Robert als Nachmieter. Carsten ist geschockt und geht bedrückt zum Grab seiner Mutter. ■ Manoel kommt nach den Ferien – wie von ihm gewünscht – auf ein Internat. Vorher wollen er und Berta für drei Wochen durch Mexiko reisen. Amélie entdeckt die nachdenkliche Lisa auf einer Parkbank. Sie lädt das Mädchen, das den Arm in Gips hat, zum Eisessen ins »Café Bayer« ein. Als Lisa ihre Mutter entdeckt, läuft sie weg. ■ Panaiotis hat die Pension an einen internationalen Hotelkonzern verkauft, damit Beate ausgezahlt werden kann. Abends im »Akropolis« entdeckt Berta, dass ihr mexikanisches Geld verschwunden ist. Fragend schaut sie ihre Tischnachbarn Andy, Gabi, Iffi, Gung, David und Urszula an.

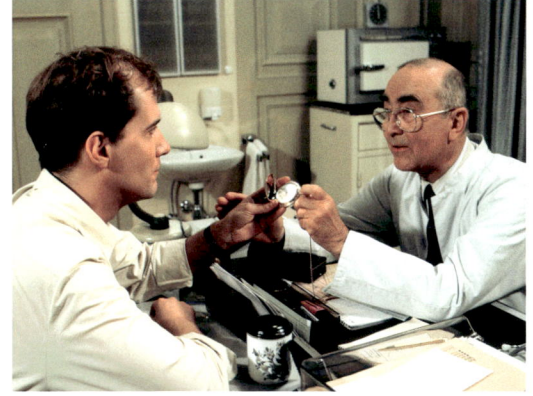

Buch: Maria Elisabeth Straub ■ Regie: Claus Peter Witt ■ Kamera: Andreas König ■ Redaktion: Ronald Gräbe

298 | Einladungen

Im »Café Bayer« treffen Amélie und Onkel Franz die kleine Lisa wieder. Diesmal hat sie ein geschwollenes Auge. Amélie will wissen, was passiert ist. Schüchtern erzählt Lisa von einem Wespenstich. Amélie bleibt skeptisch. ■ Gung bereitet ein asiatisches Essen für Urszula vor. Die hat den Tag jedoch bereits mit David verplant. Um Gung aufzuheitern, lädt Zorro die Wohngemeinschaft in die Koch-Wohnung ein. Während alle das Essen und die fernöstliche Dekoration genießen, sitzt Gung abseits. Gabi will Räucherstäbchen anzünden und findet in einer Schachtel zufällig ein Bündel mexikanischer Pesos. Fragend zeigt sie Gung die Scheine. ■ Helga erwischt Benny und Claudia im Bett. Sie ist schockiert, Claudia ist immerhin zehn Jahre älter als ihr Sohn. Später versucht Claudia sie zu beruhigen und verhindert einen Streit zwischen Benny und seiner Mutter.

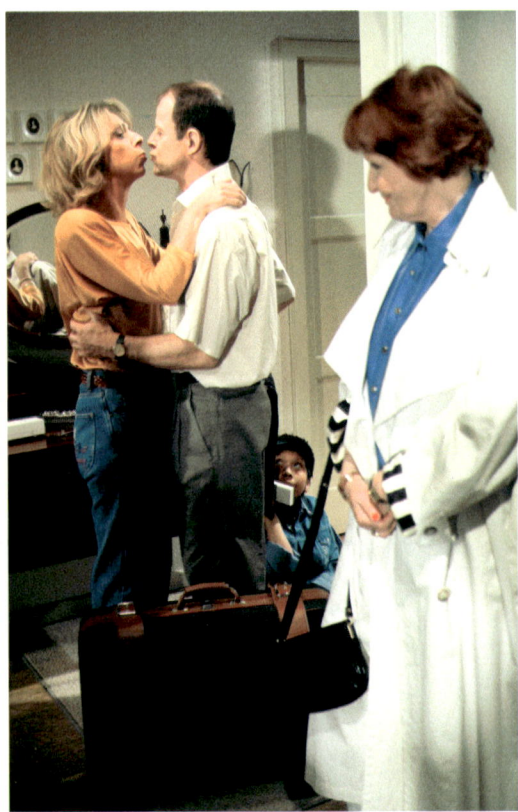

Buch: Maria Elisabeth Straub ■ Regie: Claus Peter Witt ■ Kamera: Andreas König ■ Redaktion: Ronald Gräbe

299 | Gefeuert

25. AUG 91

Klaus kehrt übermüdet und mit Blasen an den Füßen von der Pfandfinderwanderung heim. Er besucht Iffi, die fleißig Französisch mit Matthias lernt. Sie hat sich entschieden, in drei Jahren auf die Zirkusschule in Châlons-sur-Marne zu gehen. ■ Gung hat für das Auto, das er Urszula geschenkt hat, neben Berta auch die Post bestohlen. Auf Gabis Rat hin stellt er sich und wird fristlos entlassen. Gabi schafft es, dass die Post auf eine Anzeige verzichtet. Urszula fordert sie auf, den Wagen zurückzugeben. ■ Der Plattenverkauf läuft nicht besonders gut an. Isoldes Selbstwertgefühl liegt am Boden. Bei ihrem abendlichen Auftritt im »Akropolis« verlassen einige Zuhörer das Lokal, weil der Gesang ihnen nicht gefällt. Isolde beschließt noch am Abend, nie wieder zu singen. Außerdem ist sie mittlerweile von allem und jedem genervt – auch von Enrico.

Buch: Maria Elisabeth Straub ■ Regie: Claus Peter Witt ■ Kamera: Andreas König ■ Redaktion: Ronald Gräbe

300 | Fürs Leben

1. SEP 91

Die Ehe der Beimers wird geschieden; Helga bekommt das Sorgerecht für Klaus. Hans und Helga wollen Freunde bleiben. Traurig geht Helga heim und schickt die Frauengruppe weg. Sie möchte allein sein und weint. Benny und Claudia schauen nach ihr, und auch Klaus kümmert sich um seine Mutter. Abends will Helga der Zukunft ins Auge blicken und versucht, eine Kontaktanzeige zu schreiben. ■ Nach seinem Eingeständnis versucht Gung, seiner Mitbewohnerin Urszula so gut es geht aus dem Weg zu gehen. Währenddessen will Hubert gar nicht mehr aus Rostock zurückkommen. Rosi macht sich Sorgen. ■ Andy will auf jeden Fall verhindern, dass Valerie den Roman von Robert in die Finger bekommt und liest. Er bespricht sich mit Gabi. Iffi, die sich den Roman bereits heimlich besorgt hat und darin liest, belauscht das Gespräch. Die beiden machen Hochzeitspläne.

Buch: Maria Elisabeth Straub ■ Regie: Claus Peter Witt ■ Kamera: Dieter Christ ■ Redaktion: Ronald Gräbe

301 | Fehlstart

8. SEP 91

Um Isoldes Lebensfreude wieder zu wecken, kauft Enrico in München alle Exemplare ihrer Schallplatten auf und lagert sie in Claudias Wohnung. Von neuen Auftritten will Isolde trotz des unerwarteten Erfolges nichts wissen. ■ Amélie sieht Lisa mit geschwollenem Gesicht im Hauseingang verschwinden. Berta und Manoel kommen aus Mexiko zurück. Gung gibt Berta verlegen das gestohlene Geld zurück. Beim Spaziergang mit Manoel hört Amélie im Haus neben dem Supermarkt ein Kind schreien. Sie vermutet, dass es Lisa ist. ■ Helga lässt sich im neu eröffneten Reisebüro beraten. Ohne es zu wissen, baut Erich sie durch seine Komplimente auf. Nachmittags trifft sie einen Mann, der sich auf ihre Annonce gemeldet hat. Marlene berichtet sie später, dass der keine Chancen hat. Außerdem habe sie erkannt, dass eine Reise derzeit nur einer Flucht gleich käme.

Buch: Maria Elisabeth Straub ■ Regie: Claus Peter Witt ■ Kamera: Dieter Christ ■ Redaktion: Ronald Gräbe

302 | Marmor, Stein und Eisenbeiss

15. SEP 91

Else schenkt Iffi den Bilddruck »Betende Hände« von Dürer. Die bezahlt damit ihre Französischstunden bei Matthias. Derweil gesteht Valerie im Treppenhaus, Roberts Roman noch nicht gelesen zu haben. Als sie später Iffis Exemplar findet, vertieft sie sich gleich in das Werk. ■ Lisa erklärt Amélie, dass ihre Mutter sie nicht schlägt und bittet sie, von weiteren Besuchen zu Hause abzusehen. ■ Helga trifft sich mit einem weiteren Bekanntschaftskandidaten im »Café Bayer«. Erich bittet sie, ins Reisebüro zu kommen. Nachdem sie Herrn Eisenbeiss zum Abendessen eingeladen hat, geht sie ins Reisebüro. Schiller macht ihr charmant einen Reisevorschlag. Helga ist verwirrt. Abends langweilt sie sich mit Herrn Eisenbeiss. Sie ist nicht traurig, als er plötzlich verschwindet. Er ist allerdings nicht gegangen, sondern wartet splitternackt im Bett auf sie.

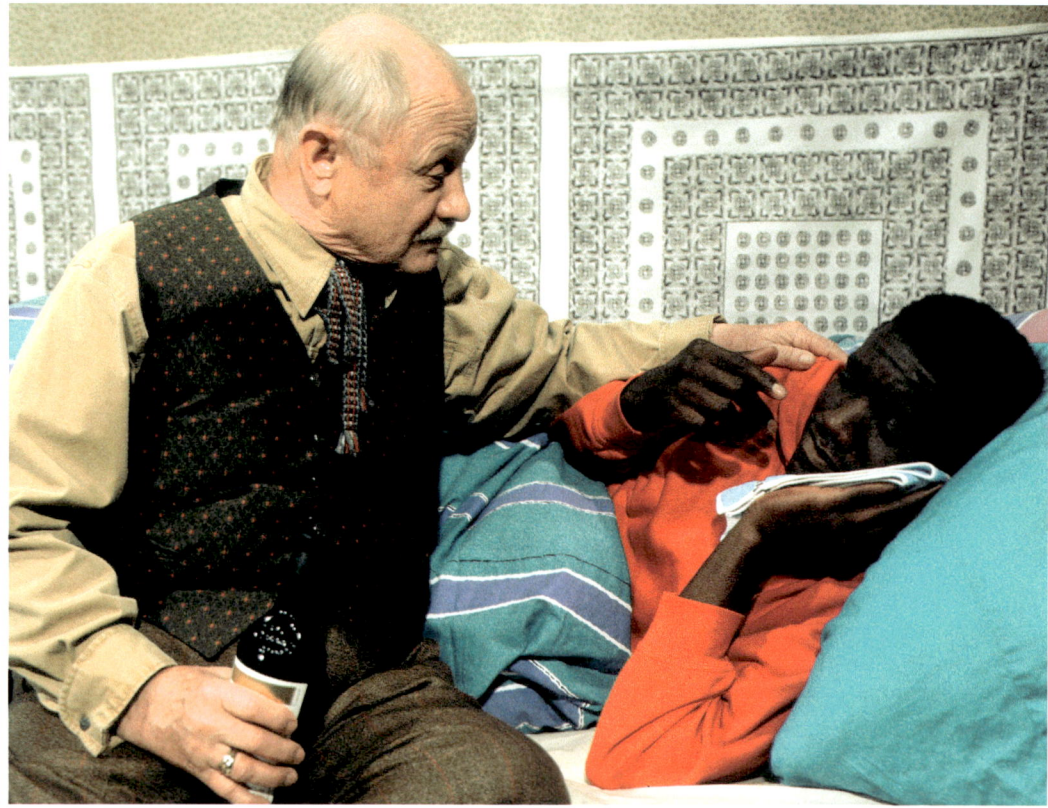

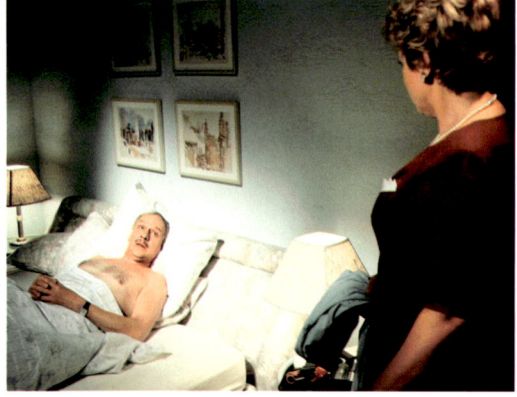

Buch: Maria Elisabeth Straub ■ Regie: Claus Peter Witt ■ Kamera: Dieter Christ ■ Redaktion: Ronald Gräbe

303 | Isoldes Erfolg

Amélie ist davon überzeugt, dass Lisa von ihrer Mutter misshandelt wird. Ihr Argwohn ist geweckt, und sie hält ein waches Auge auf Lisa. Als sie das Kind hinkend und voller blauer Flecken sieht, bringt sie es zur Untersuchung zu Dressler. Die Kleine bleibt dabei: Sie wurde angeblich nicht geschlagen. ■ Klaus berichtet der neugierigen Iffi von Helgas Abenteuer mit Herrn Eisenbeiss in der letzten Woche. Er weiß zwar nichts Genaues, aber dieser Herr wird sicher nicht noch einmal eingeladen. ■ Während Isolde den Salon wiedereröffnet, trifft sich ihr Mann mit Freunden im »Akropolis«. Enrico gibt ihnen Geld. Sie sollen deutschlandweit weitere Schallplatten seiner Frau aufkaufen. Der Schuss geht nach hinten los: Wegen der guten Verkaufszahlen will die Plattenfirma eine Langspielplatte in einer 100.000-er Auflage herausbringen. Enrico verzweifelt.

Buch: Anne Neunecker ■ Regie: Claus Peter Witt ■ Kamera: Dieter Christ ■ Redaktion: Ronald Gräbe

304 | Vorwürfe

29. SEP 91

Gabi und Andy planen ihre Hochzeit für den 14. November. Zorro berichtet, dass Valerie durch seinen Bruder beim Prozess gegen die drei Faschisten vertreten wird. ■ Die Produktion von Isoldes Langspielplatte ist im Gange. Enrico braucht mehr Geld, wenn es bei Isoldes »Erfolg« bleiben soll. Er fordert die 80.000 Mark zurück, die er seinerzeit Panaiotis geliehen hat. ■ Amélie macht sich Sorgen um Lisa und bittet Hans, sich der Sache anzunehmen. Der verspricht, sich zu kümmern, solange er noch im Amt ist. Anfang November wird er Hotelgeschäftsführer. Auch Ludwig ist besorgt und bittet Mutter und Tochter erneut in die Praxis. Beide beteuern, dass Lisa nicht misshandelt wird. Später fordert Frau Hoffmeister Amélie auf, mit ihren Verleumdungen aufzuhören. Der nachfolgende Streit endet mit Ohrfeigen. Lisas Mutter droht wütend mit Konsequenzen.

Buch: Anne Neunecker ■ Regie: Claus Peter Witt ■ Kamera: Dieter Christ ■ Redaktion: Ronald Gräbe

305 | Opfer

Enricos Freunde haben alle Exemplare von Isoldes Single aufgekauft. Der Gesamtpreis von 200.000 Mark ist mehr, als Enrico erwartet hat. ■ Der Prozess steht kurz bevor. Valerie hat ein schlechtes Gewissen und gibt sich selbst die Schuld für alles. Sie flüchtet vor den Journalisten zu Robert, um sich Bücher auszuleihen. Während Valerie das Bücherregal inspiziert, verabschiedet Robert einen gewissen Tommy. Der nimmt Geld von Robert an und fordert ihn auf, neue Kunden zu besorgen. Roberts nachdenklicher Blick fällt auf Valerie. ■ Als Lisa nicht, wie verabredet, im »Café Bayer« erscheint, beschließt Amélie nach dem Rechten zu sehen. Auf ihr Klingeln öffnet niemand, aber sie kann Lisa durch die Tür weinen hören. Kurzerhand holt sie Hajo zu Hilfe, der die Tür öffnet. Lisa ist in desolatem Zustand. Dressler weist das Kind in die Klinik ein.

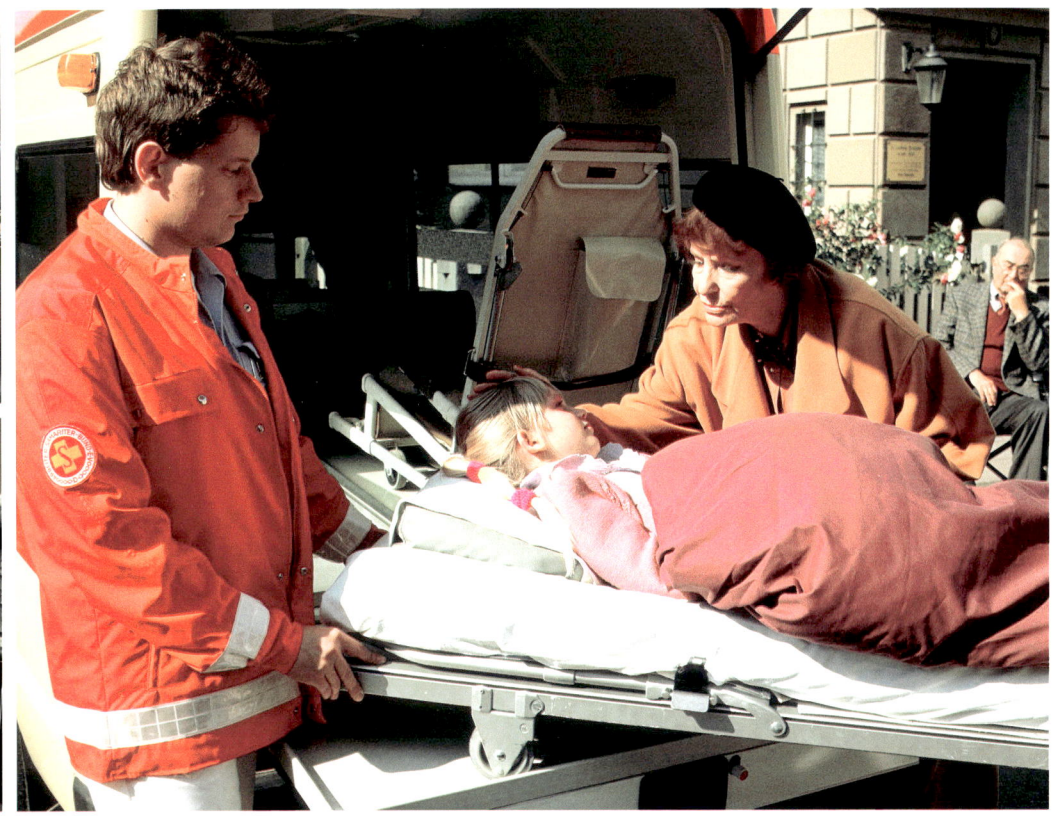

Buch: Anne Neunecker ■ Regie: Claus Peter Witt ■ Kamera: Dieter Christ ■ Redaktion: Ronald Gräbe

306 | Angst

Valerie war in der vergangenen Woche zweimal bei Robert. Iffi will wissen, was los ist. Nachmittags muss Valerie dem Staatsanwalt, Zorro und dessen Bruder noch einmal genau erzählen, was bei dem Überfall passiert ist. Derweil gibt Else im Hausflur den wartenden Journalisten ihre Version zum Besten. ■ Frank erwischt Robert, als der sich in der Nähe des Wohnwagens aufhält. Er droht, ihn auffliegen zu lassen, falls er auf die Idee kommt, Valerie »anzufixen«. ■ Benny ist glücklich: Der Zivildienst ist beendet und seine Beziehung zu Claudia läuft gut. Als Helga von Klaus erfährt, dass Hans seinen Job beim Amt aufgibt, geht sie Hans aus Angst um die Unterhaltszahlungen an. Benny versucht, sie zu beruhigen. Sie müsse lernen, allein klarzukommen. Die beiden streiten. Benny haut ab und will erst wieder kommen, wenn Helga sich um einen Job bemüht.

Buch: Hans W. Geißendörfer ■ Regie: Claus Peter Witt ■ Kamera: Dieter Christ ■ Redaktion: Ronald Gräbe

307 | 13 rote Rosen

Helga will sich tatsächlich einen Job suchen. Vorher aber feiern sie Klausis Geburtstag; er wird dreizehn Jahre alt. Benny hat einen Kellnerjob im »Akropolis« bekommen. Hans berichtet Helga von seinem zukünftigen Aufgabenbereich im Hotel. ■ Valerie ist sauer auf Elses Interviews gegenüber der Presse. Sie ist dabei schlecht weggekommen. Im »Café Bayer« verpasst sie Else wortlos eine schallende Ohrfeige. Frank warnt Valerie eindringlich vor Robert. ■ Ludwig berichtet seinem Sohn von Hoffmeisters. Während Lisa die Klinik bald verlassen darf, wurde ihrer Mutter zu einer Therapie geraten. Später trifft sich Frank mit Ludwigs Sprechstundenhilfe Petra. Als sie gerade schüchtern Franks Hand nimmt, entdeckt er Robert. Er geht zu ihm und fordert ihn erneut auf, sich von Valerie fern zu halten. Falls er das nicht tut, will er ihn umbringen.

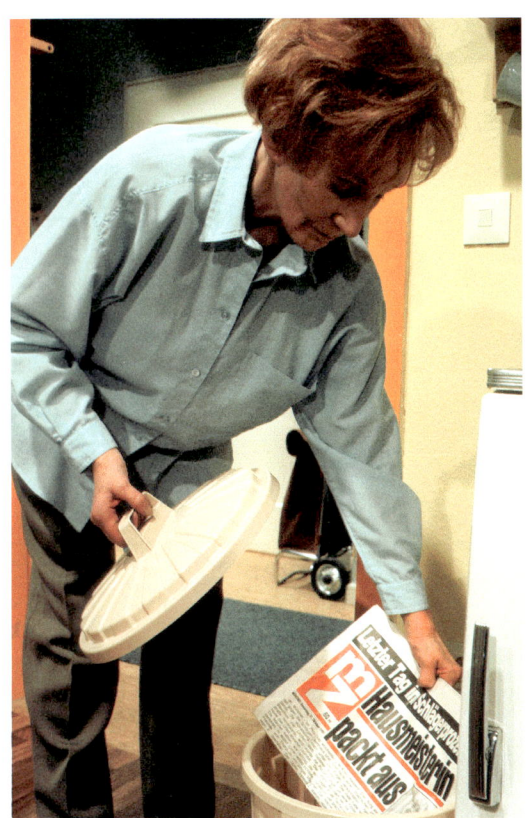

Buch: Hans W. Geißendörfer ■ Regie: Claus Peter Witt ■ Kamera: Dieter Christ ■ Redaktion: Ronald Gräbe

308 | Siebzehn und vier

Berta will mit Hajo den 463. Tag ihrer Beziehung mit einem romantischen Abendessen feiern. Hajo ist einverstanden, aber bis zum Abend hat er die Verabredung wieder vergessen. Er kommt spät heim und bringt Kollegen mit. Berta macht gute Miene zum bösen Spiel und bewirtet fröhlich die Gäste. ■ Frank ist froh, dass Robert sich offenbar wirklich von Valerie fernhält — obwohl sie ihm nachläuft. Nachmittags schläft er leicht angetrunken im Wohnwagen ein. Robert schleicht sich zu ihm. Als Egon ihn später findet, liegt Frank leblos und mit einer Spritze neben sich auf dem Bett. Egon ist entsetzt. ■ Gung hat immer noch keine neue Arbeitsstelle. Urszula will ihm helfen. Letzten Endes spielt David mit Onkel Franz und seinen Freunden Skat und gewinnt 1.200 Mark. Er gibt das Geld Urszula, die es Gung in einem Briefumschlag unters Kopfkissen legt.

Buch: Hans W. Geißendörfer ■ Regie: Claus Peter Witt ■ Kamera: Dieter Christ ■ Redaktion: Ronald Gräbe

309 | Das 13. Spiel

3. NOV 91

Frank ist seit einer Woche in der Klinik. Er wurde in einen künstlichen Schlaf versetzt, um ihm die Entgiftung zu erleichtern. Ludwig ist verzweifelt über Franks Rückfall. Der behandelnde Arzt meint, es könne auch das Werk eines Dealers sein, der sich mit dem Verlust der Geldquelle nicht abfinden wollte. ■ Benny versteckt sich vor seinen Eltern bei Claudia im Blumenladen. Er verschließt die Tür und verhängt die Fenster. Else findet aber einen Spalt und schaut gebannt dem Treiben im Blumenladen zu. ■ David zieht bis zu Huberts Rückkehr aus Rostock zu den Kochs. Onkel Franz, der seine Menschlichkeit damit unter Beweis gestellt hat, fordert Amélie nun zur Heirat auf. Die will das Schicksal beim Pokern entscheiden lassen. Gleichstand. Das dreizehnte Spiel wird die Entscheidung bringen. Onkel Franz nimmt die Karten auf, er scheint Glück zu haben.

Buch: Hans W. Geißendörfer ■ Regie: Claus Peter Witt ■ Kamera: Dieter Christ ■ Redaktion: Ronald Gräbe

310 | Enricos Tränen

10. NOV 91

Frank geht es wieder gut. Er behauptet, jemand habe ihm den Schuss gesetzt. Frank weiß aber nicht, wer. Als er später Robert sieht, nimmt er die Verfolgung auf. Gabi hat kaum Ludwig gebeten, ihr Trauzeuge zu sein, da erblickt sie Andy und Rita. Die verabschieden sich innig vor dem Haus. Rita wollte zur Hochzeit gratulieren. Außer sich vor Wut zerschneidet Gabi ihr Hochzeitskleid. ■ Amélie will Onkel Franz nicht heiraten und sucht mit Berta nach einer Ausrede. Hajo hat Berta versprochen, die nächsten Abende in trauter Zweisamkeit zu verbringen. ■ Isoldes Langspielplatte ist auf dem Markt. Fröhlich geht sie zu ihrer ersten Autogrammstunde. Enrico hat Angst vor einer Enttäuschung, schließlich hat er all ihre Platten gekauft. Aber Isolde kommt begeistert heim. Die Autogrammstunde war, entgegen Enricos Befürchtungen, sehr erfolgreich.

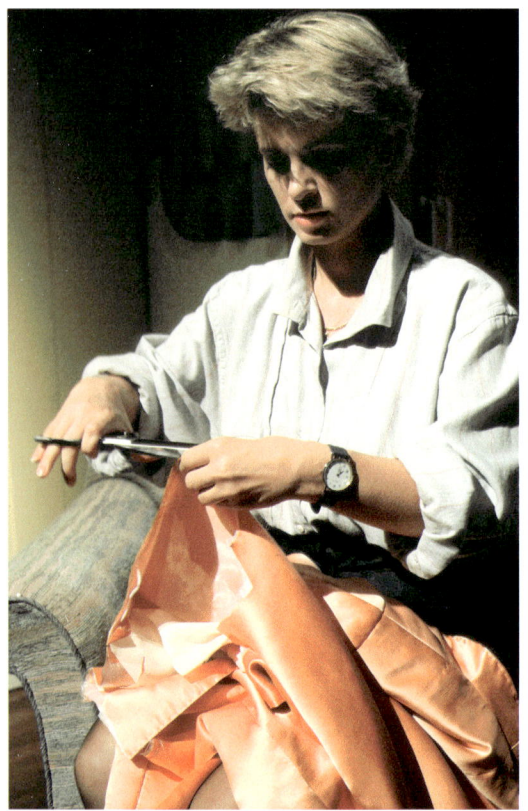

Buch: Hans W. Geißendörfer ■ Regie: Claus Peter Witt ■ Kamera: Dieter Christ ■ Redaktion: Ronald Gräbe

311 | Gabis Hochzeit

Frank ist völlig auf Robert fixiert. Nachdem er beobachtet hat, dass der einen Koffer in seiner Wohnung deponiert, bricht er bei Robert ein. Aber Robert kommt zurück, bevor er den Koffer öffnen kann. Er schafft es zwar, sich zu verstecken, kann aber keinen Blick auf den Inhalt werfen. Robert nimmt den Koffer wieder an sich und verschwindet. ■ Isolde will sich voll und ganz auf die Musik konzentrieren. Sie bietet Beate an, den Salon zu pachten. ■ Gabi und Andy heiraten nun doch. Hubert trifft pünktlich aus Rostock ein. Nach der standesamtlichen Trauung feiern sie mit Freunden und Nachbarn im »Akropolis«. Phil lässt Gabi durch Hülsch eine Diamantkette als Hochzeitsgeschenk zukommen. Gabi flüstert ihrem Ehemann beim Tanzen ins Ohr, dass sie wohl schwanger ist. Andy kommt dadurch aus dem Takt und bleibt abrupt mitten auf der Tanzfläche stehen.

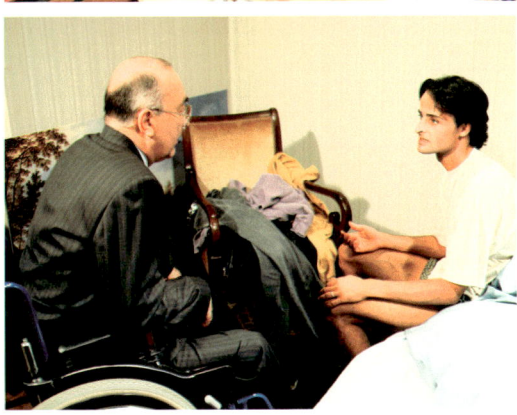

Buch: Hans W. Geißendörfer ■ Regie: Claus Peter Witt ■ Kamera: Dieter Christ ■ Redaktion: Ronald Gräbe

312 | Die Versuchung

24. NOV 91

Gabi ist nicht schwanger. Mit Ludwig spricht sie über Verhütungsmittel. Die Vorstellung, dass Andy sich sterilisieren lassen könnte, gefällt ihr gar nicht. Phil schickt Max Geschenke. Als Hülsch später einen Versicherungsschein für die Diamantkette vorbei bringt, erfährt er, dass Gabi die Kette verkauft und das Geld gespendet hat. ■ Isolde hat Erfolg mit ihrer LP. Durch Zufall entdeckt sie die in Claudias Wohnung gehorteten Singles.

Bei einer Talk-Show antwortet sie auf die Frage nach ihrem Erfolg, dass sie dies einem Trick ihres Mannes zu verdanken habe. Sie schaut in die Kamera und dankt dem verdutzten Enrico. ■ Valerie besucht Robert, mit dem sie sich gut versteht. Während er mal eben telefonieren muss, fällt ihr eine Keksdose hinunter. Überrascht sieht sie Päckchen mit Heroin und Spritzen. Robert fragt gelassen, ob sie probieren möchte.

Buch: Hans W. Geißendörfer ■ Regie: Claus Peter Witt ■ Kamera: Dieter Christ ■ Redaktion: Ronald Gräbe

313 | Fairness

1. DEZ 91

Gabi bittet Andy, mit Iffi zu reden. Gabi ist deren Verhalten Matthias und Klaus gegenüber unangenehm: Mit Klaus streitet Iffi, weil sie sich von ihm verfolgt fühlt, und Matthias hat noch immer kein Geld für den Unterricht bekommen. ■ Valerie beschäftigt das Thema Drogen. Von Gabi bekommt sie nur ausweichende Antworten. Robert hingegen entkräftet all ihre Einwände. Er bittet sie jedoch, mit niemandem darüber zu sprechen. ■ Benny erzählt Claudia, dass ihn seine Mutter ohne Ende nervt. Helga fragt immer wieder nach seinen Zukunftsplänen. Als Benny wissen will, wie Claudias DDR-Vergangenheit war, bleibt sie reserviert. Als unerwartet ihr arbeitsloser Bruder Dieter kommt, ist Claudia wenig begeistert. Benny will sie abwimmeln, aber er hat den fremden Mann bereits entdeckt und will wissen, wer das ist. Claudia schaut ihn nur verzweifelt an.

Buch: Martina Borger ■ Regie: Jens Hercher ■ Kamera: Dieter Christ ■ Redaktion: Ronald Gräbe

314 | Takt

Valerie will unbedingt Kokain probieren. Nachdem Robert sich erneut versichert hat, dass sie dicht hält, gibt er ihr das Rauschgift. Valerie hatte sich den Effekt anders vorgestellt. Während Gabi glaubt, Valerie werde krank, tippt Jo sofort auf Drogen. Iffi erzählt von Valeries regelmäßigen Treffen mit Robert. Gabi und Andy finden Robert nett. Andy bittet ihn sogar, sich verstärkt um Valerie zu kümmern. ■ Amélie trifft Lisa, die nach kurzem Heimaufenthalt wieder zu Hause ist. Sie bringt sie zu ihrer Mutter und hört, dass Frau Hoffmeister eine Therapie begonnen hat. ■ Benny erfährt nach langem Nachhaken, dass Dieter wegen versuchter Republikflucht sechs Jahre in Bautzen im Gefängnis war. Dieter möchte im Blumenladen mitarbeiten. Als Claudia ihm daraufhin 500 Mark geben will, reagiert er wütend: Er will sich nicht abspeisen lassen und geht.

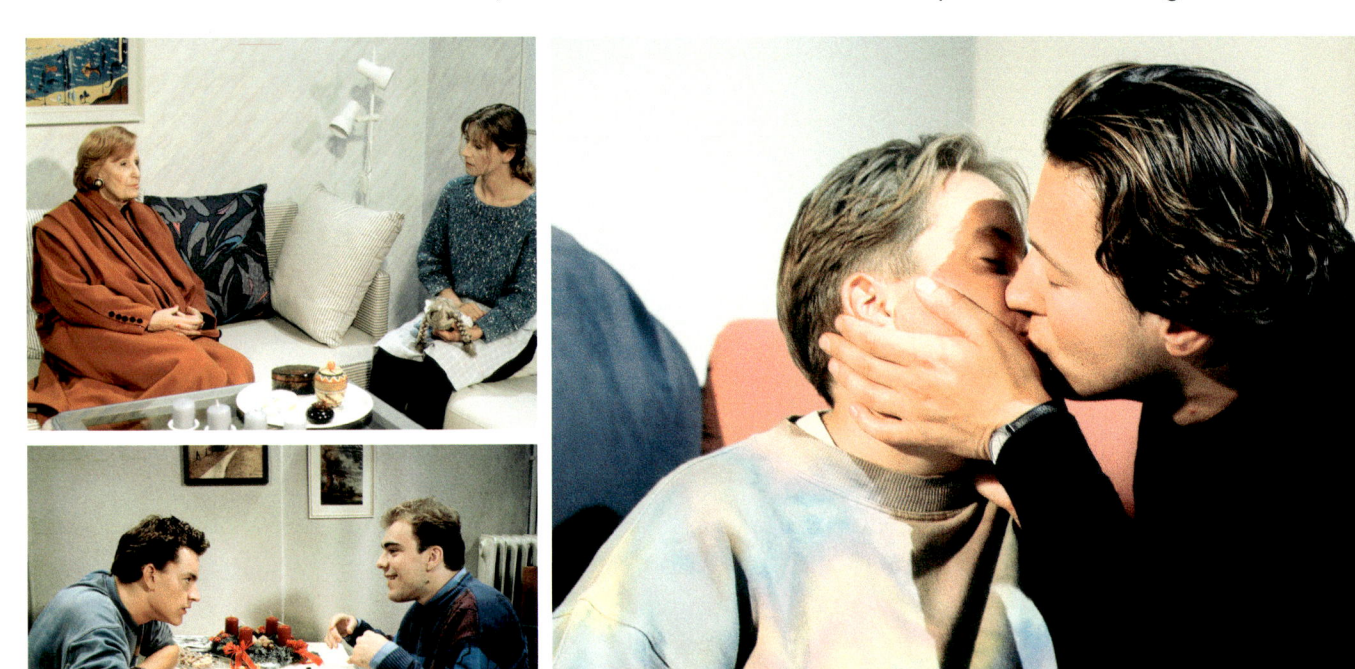

Buch: Martina Borger ■ Regie: Jens Hercher ■ Kamera: Dieter Christ ■ Redaktion: Ronald Gräbe

315 | Weihnachtswünsche

Helga will im Reisebüro ihr Weihnachtsgeschenk für Benny und Claudia buchen — eine Reise nach Paris. Schiller nutzt die Gunst der Stunde und lädt Helga zum Abendessen ein. Später bietet er ihr im »Akropolis« einen Halbtagsjob im Reisebüro an. ■ Else will sich am Wettbewerb um das beste Schweinebratenrezept beteiligen. Sie ist sich sicher, dass ihr Rezept das allerbeste ist. In der Dresslerschen Küche versucht sich derweil auch Egon am Braten. Er will es Else zeigen und den Wettstreit gewinnen. ■ Valerie kann kaum glauben, dass Robert — wie Frank erzählt — ihn abhängig gemacht und mit Carsten ein fieses Spiel getrieben haben soll. Zufällig bekommt sie jedoch später ein Gespräch zwischen Robert und Tommy mit. Geschockt hört sie Roberts Pläne: Er will Valerie nicht nur abhängig machen, sondern sie auch auf den Strich schicken.

Buch: Martina Borger ■ Regie: Jens Hercher ■ Kamera: Dieter Christ ■ Redaktion: Ronald Gräbe

316 | Mütter

22. DEZ 91

Rosi ist aus dem Häuschen, weil sie zu Hubert nach Rostock fährt. Andy informiert sich über eine mögliche Sterilisation. Valerie hat noch immer Fieber. Sie ist froh, als Robert endlich mit Flora in den Urlaub fährt. Bei einem Besuch verspricht sie Frank, sich künftig von Robert fern zu halten. Mit seiner Bitte, gegen Robert auszusagen, überfordert er Valerie. Nachts entscheidet sie sich allerdings doch für eine Aussage vor Gericht und ruft Frank spät noch an. Außerdem will sie wieder Diät halten. ■ Eingreifende Entscheidungen für Beate: Sie wird den Salon pachten und hat die Scheidung eingereicht. Vasily hat, im Gegensatz zu Elena, damit gerechnet. ■ Nach ihrem Auftritt im »Akropolis« freuen sich Berta und Hajo auf einen Abend in trauter Zweisamkeit. Vor der Wohnung wartet jedoch Hajos Mutter. Sie ist auf ihrem Koffer eingeschlafen.

Buch: Martina Borger ■ Regie: Jens Hercher ■ Kamera: Dieter Christ ■ Redaktion: Ronald Gräbe

317 Das vierte Gebot

29. DEZ 91

Weil Hilde noch immer zu Besuch ist, haben Berta und Hajo kurzerhand Amélie und Onkel Franz zum Mittagessen eingeladen. Onkel Franz verteilt Geschenke: für Amélie ein Amulett, in das »Dora« eingraviert ist und eine Topfpflanze für Berta. Hajo kommt spät von einem Konzertbesuch heim. Er weckt Berta und teilt ihr freudig mit, dass seine Mutter zu ihnen ziehen wird. Berta wird blass. ■ Anna und Hans faulenzen, bis Hans nachmittags ins Hotel muss. Als Anna sieht, wie Klaus seinem Vater heimlich Geld aus dem Portmonee nimmt, stellt sie ihn zur Rede. Sie verspricht, ihn nicht zu verraten, wenn er nicht wieder stiehlt. Abends bittet Hans die überraschte Anna, seine Frau zu werden. ■ Carsten kommt aus Australien zurück. Frank und Beate holen ihn vom Flughafen ab. Sie berichten, was in der Zwischenzeit passiert ist. Aber Carsten denkt nur an Robert.

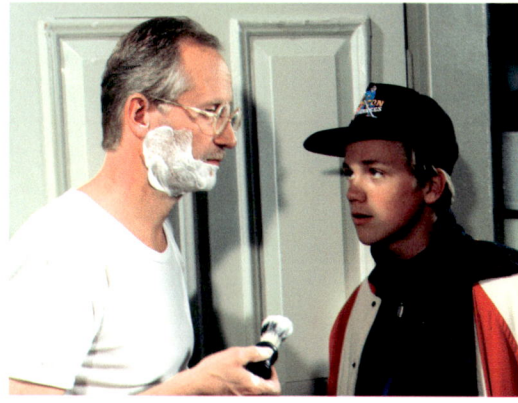

Buch: Martina Borger ■ Regie: Jens Hercher ■ Kamera: Dieter Christ ■ Redaktion: Ronald Gräbe

318 | Da capo

5. JAN 92

Helga absolviert erfolgreich ihren ersten Arbeitstag im Reisebüro. Schiller lädt sie zum Abendessen ins »Akropolis« ein. ■ Hilde möchte nicht zu Berta und Hajo ziehen, da sie den beiden ungern zur Last fallen will. Hajo sagt sie klar, dass er sich mehr um seine Partnerin kümmern soll. Sie verabredet sich für den Abend mit Amélie, damit Hajo und Berta wieder einmal allein sind. Während Berta sich auf den Abend freut, verabredet Hajo sich mit seinem Freund. ■ Carsten und Robert versöhnen sich. Robert möchte mit Carsten nach Australien gehen. Außerdem bittet er ihn um 7.000 Mark. Valerie beobachtet, wie Carsten ihm das Geld gibt. Sie verfolgt Robert, der sich mit Tommy im Park trifft. Abends erzählt sie Frank, dass Robert Drogen gekauft hat. Frank hat eine Idee, wie sie Robert überführen können. Dazu müsste Valerie aber den Lockvogel spielen.

Buch: Martina Borger ■ Regie: Jens Hercher ■ Kamera: Dieter Christ ■ Redaktion: Ronald Gräbe

319 | Der große Tag

Amélie will Onkel Franz mit einem Trick dazu bringen, dass er seine Heiratspläne begräbt. ■ Frank und Valerie wollen Robert eine Falle stellen. Während Frank mit der Polizei wartet, trifft sich Valerie mit Robert in dessen Wohnung. Die Aktion geht schief. Als die Polizei die Wohnung stürmt, finden sie keine Drogen. Frank kommt später noch einmal zu Robert und macht ihm Vorwürfe. Carsten, der das Gespräch zufällig mithört, ist schockiert. Er droht, ihn anzuzeigen und will sein Geld wieder haben. Robert grinst nur hämisch. ■ Zurück aus Rostock gilt Huberts Hauptinteresse der Umwelt. Andy kneift — er geht nicht zu seinem Sterilisationstermin. Nachdem Valerie ihrem Vater weinend die Geschichte mit Robert erzählt hat, stürzt Andy wütend zu Robert und schlägt ihn. Robert bleibt liegen, während die Blutlache unter seinem Kopf immer größer wird.

Buch: Martina Borger ■ Regie: Jens Hercher ■ Kamera: Dieter Christ ■ Redaktion: Ronald Gräbe

320 | Die englische Krankheit

19. JAN 92

Andy will, dass Robert gekündigt wird. Als Hülsch das nicht einsieht, kommt es zu Handgreiflichkeiten. Derweil will Gabi die Nachbarn gegen den Mitmieter Robert mobilisieren. ■ Dreist präsentiert sich Robert in der Praxis. Dressler denkt jedoch nicht daran, ihn zu behandeln, und weist ihm die Tür. Ludwig will wissen, warum Frank ihm nichts von Robert erzählt hat. Frank fühlt sich als kompletter Versager. ■ Amélie setzt bei Onkel Franz weiter auf Abschreckung. Sie tut so, als wolle sie ihn unauffällig aus dem Weg schaffen. Sie fragt ihn nach seinem Testament, isst selber nichts von dem Essen, das sie ihm auftischt, und verliert zufällig ein Buch über Giftmorde. Onkel Franz wird es zunehmend mulmig. Als Amélie im »Akropolis« groß ihre Hochzeit ankündigt, sagt er nichts dazu. Amélie fragt frech, ob er nicht mehr zu seinem Versprechen steht?

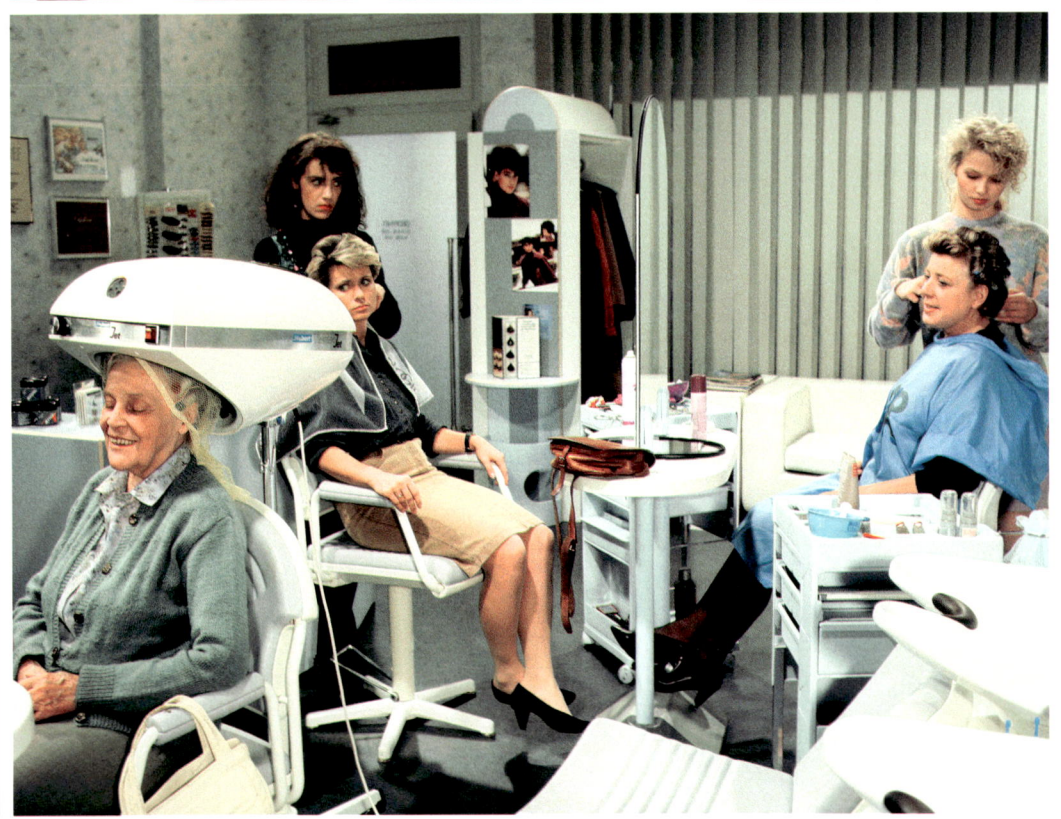

Buch: Martina Borger ■ Regie: Jens Hercher ■ Kamera: Dieter Christ ■ Redaktion: Ronald Gräbe

321 | Der Virus

26. JAN 92

Hans und Anna wollen nächste Woche heiraten — mit Gabi und Matthias als Trauzeugen. Hans nimmt Matthias das Versprechen ab, Helga nichts zu verraten. Es wird kein großes Fest geben, Anna würde gerne ganz auf Feierlichkeiten verzichten. ■ Onkel Franz hat eine Darmgrippe. Amélie schenkt ihm Pralinen, und sofort wird er misstrauisch. Heimlich stellt er Helga einige Pralinen vor die Tür. Als er sie später besucht und es ihr gar nicht gut geht, macht er sich sofort auf zu Dressler. Er hat jedoch nur eine kleine Viruserkrankung. Unauffällig lässt er Robert einige Pralinen zukommen. ■ Amélie ist begeistert über Lisas Fortschritte beim Flötenspiel. Als Frau Hoffmeister abends gestresst heimkommt und sogleich losmeckert, wird Lisa nervös. Sie will für Ablenkung sorgen, trifft vor Aufregung aber nicht alle Töne. Ihre Mutter wird immer wütender.

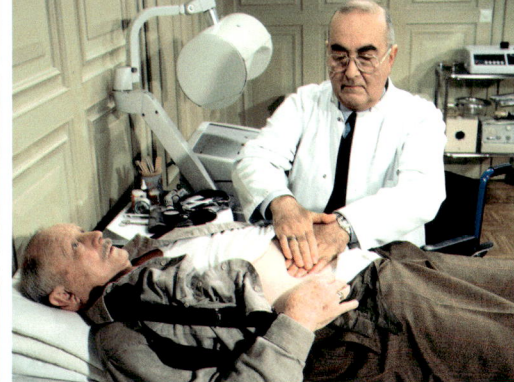

Buch: Martina Borger ■ Regie: Karin Hercher ■ Kamera: Dieter Christ ■ Redaktion: Ronald Gräbe

322 | Gute Absichten

2. FEB 92

Amélie tröstet Lisa. Sie hat die Aufnahmeprüfung für die Flötengruppe nicht geschafft und fürchtet den Zorn ihrer Mutter. Amélie begleitet sie nach Hause und überbringt die schlechte Nachricht. Frau Hoffmeister findet die Sache gar nicht so schlimm. Allerdings nur, solange Amélie im Raum ist. Kaum ist Amélie gegangen, bekommt Lisa ihr Fett weg. ■ Matthias kommt in letzter Minute zur Trauung von Anna und Hans. Er hat Helga getroffen. Ergebnis: Sie weiß jetzt von der Hochzeit, taucht aber glücklicherweise nicht auf. ■ Helga kommt wie unter Schock zur Arbeit und erklärt Schiller, dass ihr Ex-Mann heute heiratet. Beim Abendessen erzählt sie Schiller von ihren Problemen als allein stehende Mutter. Schiller ist ein guter Zuhörer. Helga fühlt sich etwas besser, als sie ihn später verabschiedet. Da bringt Else ihr den völlig betrunkenen Klausi.

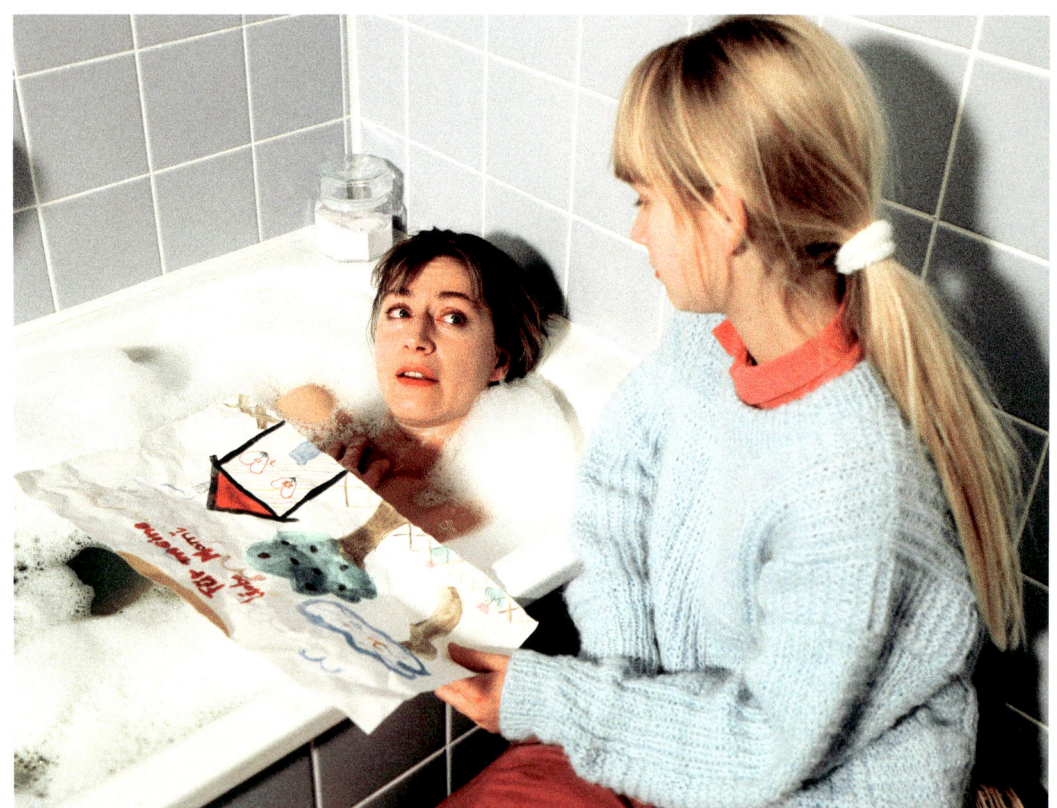

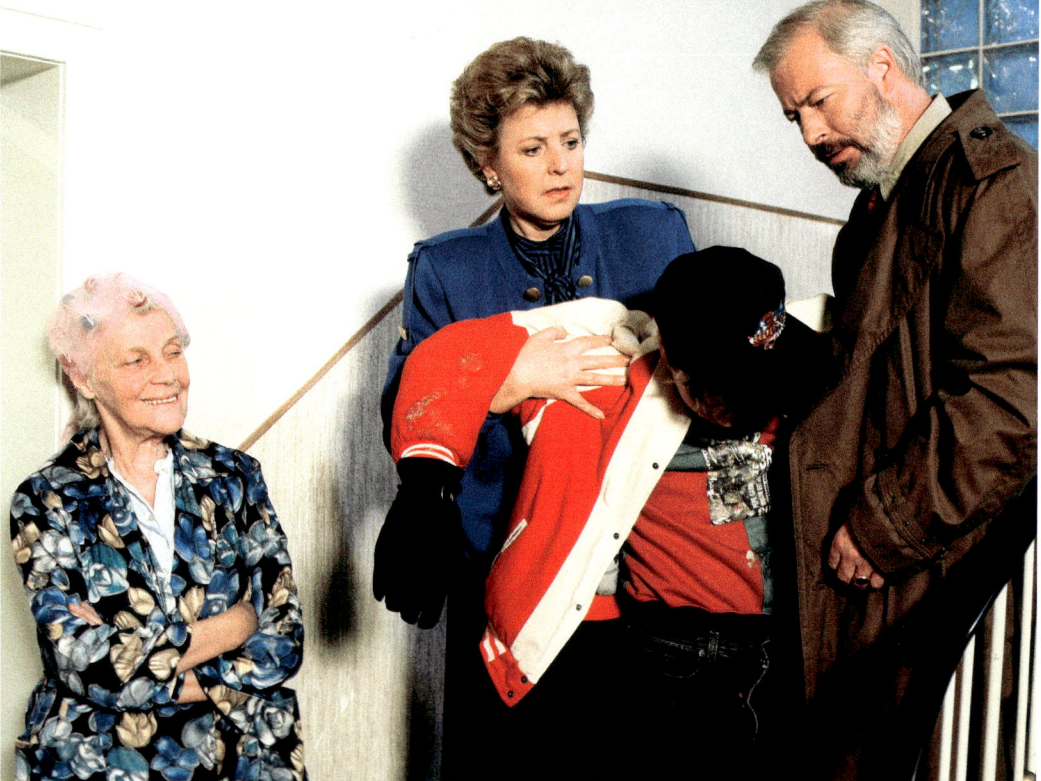

Buch: Martina Borger ■ Regie: Karin Hercher ■ Kamera: Dieter Christ ■ Redaktion: Ronald Gräbe

323 | Besuche

Rosi ist sauer, weil sie zu Hans' und Annas Hochzeit nicht eingeladen war. Um sie zu versöhnen, wird sie von Hans gebeten, Toms Taufpatin zu werden. Unterdessen interessiert sich Hubert nur noch für Müll. Zorro kommt zu Besuch. ■ Der Rezeptwettbewerb um den besten Schweinebraten ist entschieden. Else frohlockt zu früh. Enttäuscht muss sie lesen, dass ihr Rezept lediglich einen Trostpreis bekommt, während Egon den zweiten Platz belegt. Den Preis, eine Woche Schönheitsfarm, schenkt er Else. Das tröstet sie ein wenig. ■ Klausi wird flügge und ist in einer rebellischen Phase. Helgas Predigten fruchten nicht bei ihrem Jüngsten. Sie bittet Hans, mit Klausi zu sprechen. Aber auch Hans kann nicht zu ihm durchdringen. Als Schiller bei Helga zu Besuch ist, zerkratzt Klausi den Autolack. Schiller erkennt den Täter und ruft ihn, aber der Junge läuft weg.

Buch: Martina Borger ■ Regie: Karin Hercher ■ Kamera: Dieter Christ ■ Redaktion: Ronald Gräbe

324 | Mißtöne

16. FEB 92

Klaus hat mehrere Autos beschädigt und einen Schaden von 2.000 Mark angerichtet. Er soll sich das Geld in Annas und Helgas Haushalt erarbeiten. Taschengeld und Ausgang sind bereits gestrichen. Schiller sagt Helga, dass es sich nicht lohnt, sein altes Auto zu reparieren. Hans und Schiller, die sich zum ersten Mal sehen, sind sich sympathisch. In der Zwischenzeit stiehlt Klaus seinem Vater 50 Mark. ■ Enrico möchte gemeinsam mit seiner Frau auftreten. Er übt mit Berta einen Song ein. Isolde überrascht die beiden bei der Probe und verspricht Enrico, dass sie ihren Produzenten fragt, ob in ihrem Programm noch ein Platz für ihn ist. ■ Beate weiß von Carstens erneuter Enttäuschung mit Robert. Als der sich mit ihr treffen will, lehnt sie kategorisch ab. Genervt fragt sie ihn, was er von ihr will. Aber das wird er ihr bei dem Treffen sagen.

Buch: Martina Borger ■ Regie: Karin Hercher ■ Kamera: Dieter Christ ■ Redaktion: Ronald Gräbe

325 | Afrikanische Eröffnung

Helga will Klausi vergeblich dazu bringen, sich bei Schiller zu entschuldigen. Später führen Onkel Franz und seine Freunde Hilmar, August und Fritjof ein Gespräch mit Klaus über Politik. ■ Hülsch präsentiert Robert die von Gabi gesammelten Unterschriftenlisten gegen ihn. Robert kann das nicht schocken. Er zerreißt die Blätter und droht dem Hausverwalter mit einer Verleumdungsklage. Später trifft er sich mit Beate im »Akropolis«. Sie konnte ihrer Neugierde nicht widerstehen und wollte wissen, was der Ex-Freund ihres Bruders von ihr will. Als Robert ihr seine Zuneigung gesteht, reicht es Beate. Sie weist ihn vor allen zurück. Andy begrüßt ihre Reaktion. ■ Urszula ist am Boden zerstört: David hat seine Ausbildung abgeschlossen und kehrt nach Südafrika zurück. Hubert findet Urszula nachts in der Küche. Sie denkt über Selbstmord nach.

Buch: Maria Elisabeth Straub ■ Regie: Karin Hercher ■ Kamera: Dieter Christ ■ Redaktion: Ronald Gräbe

326 | Die Stimme des Blutes | 1. MÄR 92

Urszula liegt depressiv im Bett. Hubert, Gung und Rosi möchten ihr helfen. Schließlich holt Hubert ihren Vater Jaruslav und ihre Tochter Irina nach München. Urszula strahlt über das ganze Gesicht. ■ Panaiotis ist begeistert von Tanja, die im »Akropolis« mit einem Herrn speist. Als Tanja geht, lässt sie versehentlich eine Visitenkarte zurück. Panaiotis ist perplex, als er »Agentur Happy Hours« liest. ■ Frau Hoffmeister lässt ihrer Tochter Geld für den Einkauf da. An der Supermarktkasse bemerkt Lisa, dass sie das Geld zu Hause vergessen hat. Zum Glück ist Amélie da und hilft ihr aus der Patsche. Lisas Mutter wollen sie nichts verraten. Die findet jedoch den Geldschein und wird zornig. Wütend schlägt sie auf ihre Tochter ein. Spätabends trifft sie Amélie, Berta und Hajo vor dem »Akropolis« und stottert, dass sie das nicht gewollt habe.

Buch: Maria Elisabeth Straub ■ Regie: Karin Hercher ■ Kamera: Dieter Christ ■ Redaktion: Ronald Gräbe

327 Die Zwei

Enrico begleitet seine Frau ins »Akropolis«. Berta sitzt am Klavier und wartet auf die beiden. Als sie beginnt, ein Duett zu spielen, singt Isolde los und Enrico fällt zögerlich ein. ■ Panaiotis holt Geld von der Bank, kauft sich einen neuen Anzug und geht zum Frisör. So gestylt kommt er abends als Kunde zu Tanja. Nach einem ersten Schock verhält sie sich professionell. Als Tanja später mit dem Taxi heim fährt, schaut Panaiotis ihr verzaubert nach. ■ Amélie tröstet die kranke Lisa. Das Kind gibt sich die Schuld an den Problemen ihrer Mutter. Mit tränennassem Gesicht belauscht Lisa später ein Gespräch zwischen Amélie und ihrer Mutter. Frau Hoffmeister gesteht, dass sie mit Lisa und deren Erziehung völlig überfordert ist. Erschwerend kommt hinzu, dass sie ihre Tochter nie geliebt hat. Lisa fasst einen Entschluss: Sie haut nachts ab.

Buch: Maria Elisabeth Straub ■ Regie: Karin Hercher ■ Kamera: Dieter Christ ■ Redaktion: Ronald Gräbe

328 | Eigene Wege

15. MÄR 92

Hans will nachmittags mit seinem Sohn noch einmal über die zerkratzten Autos sprechen. Aber Klausi gibt sich uninteressiert und frech. Später kommt es zum Streit zwischen Hans und Helga, die sich gegenseitig die Schuld für Klausis Verhalten geben. Der nimmt unterdessen erneut Geld aus Hans' Tasche. ■ Anna führt ein Gespräch mit einem Makler. Als Hans heimkommt, erkennt er gleich den Makler Panowski, der ihm und Helga einst ein mangelhaftes Haus verkauft hat. Er weist ihm die Tür. ■ Lisa ist seit einer Woche verschwunden. Frau Hoffmeister hat eine Vermisstenanzeige aufgegeben und macht Amélie Vorwürfe, weil sie Lisa das Geld gegeben hat. Lisa versteckt sich in einem alten Bootsschuppen. In einem Haus will sie vor lauter Hunger einen Topf vom Herd mitnehmen, als eine Frau vor ihr steht. Der Topf fällt zu Boden, und Lisa läuft in Panik davon.

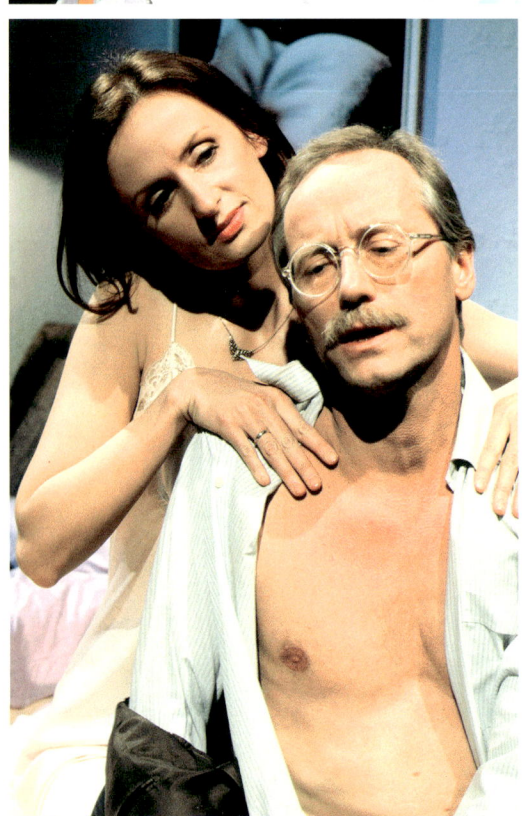

Buch: Maria Elisabeth Straub ■ Regie: Karin Hercher ■ Kamera: Dieter Christ ■ Redaktion: Ronald Gräbe

329 | Abnabelung

22. MÄR 92

Berta überrascht Hajo mit einer Reise nach Tunesien. Der hatte bereits andere Pläne und ist nicht sehr begeistert. Eigentlich wollte er mit Freunden im Urlaub ein Modell bauen. Amélie besucht Berta und bekommt dort einen Anruf: Lisa wurde total erschöpft von einen jungen Paar gefunden und wird gerade im Krankenhaus untersucht. ■ Else freut sich auf eine Woche Beautyfarm. Als Egon ihr erklärt, dass der Preis leider nicht übertragbar ist, ersinnt Else eine List: Sie will sich einfach als E. Kling anmelden. ■ Christoph will unabhängig werden. Er sucht eine eigene Wohnung. Bis zu seinem Umzug nimmt er Helgas Angebot an, bei ihr zu wohnen. Ihre Fürsorge wird ihm jedoch bald zuviel. Nach einem Streit packt er seine Sachen und will weg. Als Helga heimkommt, sieht sie ihn im Treppenhaus. Er steht mit dem Rollstuhl gefährlich nah an der Treppe.

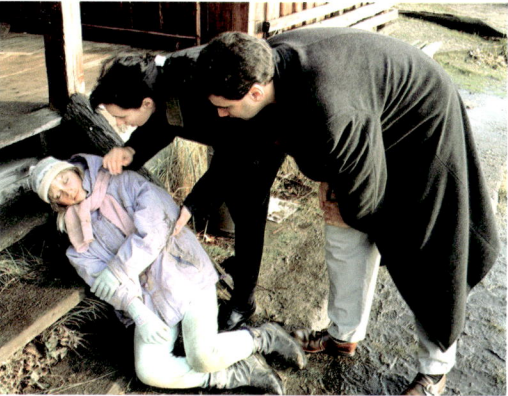

Buch: Maria Elisabeth Straub ■ Regie: Karin Hercher ■ Kamera: Dieter Christ ■ Redaktion: Ronald Gräbe

330 | Wer mit wem

29. MÄR 92

Klausi sorgt wieder einmal für Aufregung. Diesmal hat er Bennys Schlagzeug verkauft. Das Zusammenleben von Helga und Christoph funktioniert seit letzter Woche viel besser. Nachmittags berichtet Helga ihm, dass Hoffmeisters Wohnung frei wird. Derweil bespricht Amélie mit einem Richter des Vormundschaftsgerichts die Pflegschaft für Lisa. Frau Hoffmeister ist zornig, dass ihr Lisa weggenommen wird. Sie gibt Amélie die Schuld und bringt ihr wütend Lisas Sachen. ■ Panaiotis ist in Tanja verliebt. Er bittet sie um ein weiteres Treffen. Tanja vertröstet ihn auf den Abend. Später kommt sie in Begleitung eines Herrn. Panaiotis kann kaum mit ansehen, wie Tanja mit dem Mann turtelt. ■ Else ist bereit, die Gewinnerreise anzutreten. Mit neuer Frisur und angeklebtem Bart hat sie sich äußerlich in einen Mann verwandelt. Andy bringt sie zum Bahnhof.

Buch: Maria Elisabeth Straub ■ Regie: Karin Hercher ■ Kamera: Dieter Christ ■ Redaktion: Ronald Gräbe

331 | Angebote

5. APR 92

Aus Bertas Urlaubsplänen wird nichts. Hajo bastelt lieber mit seinen Freunden an einem Modellflugzeug. Anfang Mai wollen sie es bei einem Wettbewerb präsentieren. Schlechte Stimmung auch im Hause Beimer: Hans liest seinem Sohn gehörig die Leviten. Aber Helga nimmt Klausi plötzlich in Schutz. Hans reicht es; er stürmt wütend aus der Wohnung. ■ Else Kling kehrt von der Schönheitsfarm heim. Ihr Trick hat zwar funktioniert, aber wegen der Verkleidung konnte sie an den meisten Anwendungen nicht teilnehmen. ■ Während Elena ihr Geld in Gold anlegt, steigert sich Panatiotis immer mehr in seine Liebe zu Tanja hinein. Nachdem er sie den ganzen Tag verfolgt hat, stellt sie ihn zur Rede. Er bittet sie, diesen Job nicht weiter zu betreiben und bietet ihr an, sie finanziell zu unterstützen. Tanja meint hämisch, dass er sich das gar nicht leisten könne.

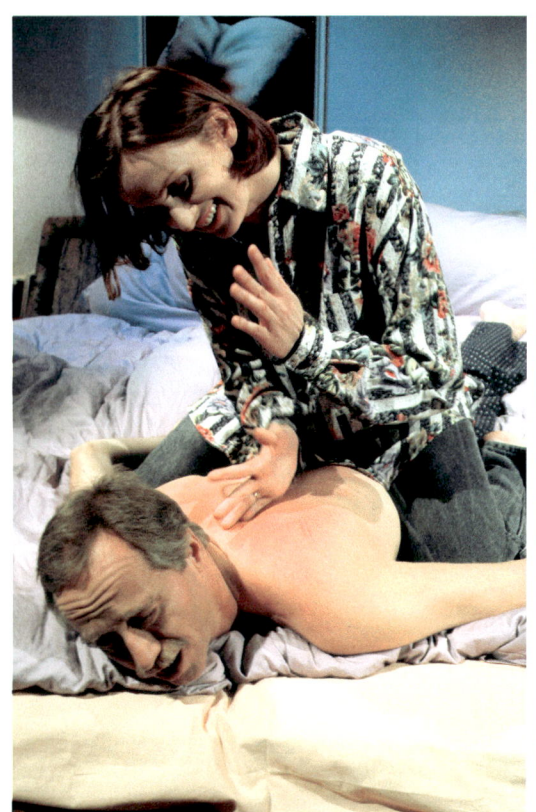

Buch: Maria Elisabeth Straub ■ Regie: Karin Hercher ■ Kamera: Dieter Christ ■ Redaktion: Ronald Gräbe

332 | Fleisch

Hubert will zu Demonstrationszwecken in den nächsten vier Wochen den Müll des gesamten Hauses sammeln. Da es Valerie unglaublich schwer fällt, ihre Diät durchzuhalten, wollen Gabi und Jo ihr helfen, indem auch sie nichts essen. Die beiden treffen sich jedoch nachts auf der Suche nach Essbarem in der Küche. ■ Tanja hat ihren Job tatsächlich aufgegeben. Von Panaiotis bekommt sie einen Scheck über 6.000 Mark. Er will sie dafür lediglich einmal täglich sehen. Abends erscheint sie im Lokal. Ohne mit ihm gesprochen zu haben, will sie wieder gehen. Panaiotis versteht nicht, was das soll. Aber Tanja meint, er habe sie schließlich gesehen. ■ Frank beobachtet, wie Robert zwei Mädchen mit in seine Wohnung nimmt. Kurzentschlossen geht er ihnen nach und klingelt. Als Robert ihn ohne Zögern zu der Party einlädt, wähnt sich Frank bereits am Ziel.

Buch: Maria Elisabeth Straub ■ Regie: Karin Hercher ■ Kamera: Dieter Christ ■ Redaktion: Ronald Gräbe

333 | Fixe Ideen

19. APR 92

Osterfrühstück bei Beimers. Benny ist nicht begeistert, dass Claudia ihre Familie im Osten besuchen will. Später schwelgen Helga und Erich in Kindheitserinnerungen und verstecken Ostereier — wie früher. Abends unterbricht Claudia ein Telefongespräch mit Dieter, weil Benny kommt. Sein Angebot, sie nach Borna zu begleiten, lehnt sie vehement ab. Benny wird sauer und fordert eine Erklärung für ihr merkwürdiges Verhalten. ■ Manoel und Hajo vergessen über den Modellbau sogar das Frühstück. Stolz präsentieren sie später ihr Flugzeug namens »Berta«. Beim ersten Testflug stürzt es nach einem tollen Start ab. Als Hajo daraufhin seine Freunde zwecks Fehlerbesprechung kontaktiert, ist Bertas Laune nicht mehr zu retten. ■ Frank denkt nur daran, Robert zu überführen. Ludwig schlägt ihm besorgt vor, in eine andere Stadt zu ziehen.

Buch: Maria Elisabeth Straub ■ Regie: Karin Hercher ■ Kamera: Dieter Christ ■ Redaktion: Ronald Gräbe

334 | Heimat

26. APR 92

Benny ist nun doch mit Claudia in ihre Heimatstadt Borna gefahren. Vor Ort erwartet sie eine triste Kulisse aus Industrie und Wohnblöcken. Während die Begrüßung mit Mutter Margot herzlich ausfällt, benehmen sich Vater Günther und Bruder Dieter reserviert gegenüber dem Gast aus dem Westen. ■ Bei einem Stadtbummel versucht Benny, die Situation zu verarbeiten und stellt Claudia viele Fragen. Vor allem die zahllosen Denunzianten von damals interessieren ihn. Wütend klärt Claudia ihn über die Stasi-Methoden auf. Für viele habe es keine andere Wahl gegeben, als für die Stasi zu arbeiten. Unter Tränen gesteht sie, dass sie ihren Bruder an die Stasi verraten hat. Benny rastet völlig aus und beschließt, umgehend nach Hause zu fahren. ■ Beim Abschied bittet ihn Claudia, sich um den Laden zu kümmern. Sie fragt, ob ihre Beziehung noch zu retten sei.

Buch: Martina Borger, Maria Elisabeth Straub ■ Regie: Karin Hercher ■ Kamera: Elmar Herkrath-Rundholz ■ Redaktion: Ronald Gräbe

335 | Wunder

Panaiotis ist Tanja verfallen. Als die ihn bis aufs Blut reizt, sieht er rot und würgt sie. Erst die Türklingel bringt ihn wieder zur Vernunft. Franz kommt heim. Als Vater und Tochter später im »Akropolis« auftauchen, verlässt Panaiotis den Gastraum, weil er den Anblick kaum erträgt. ■ Benny spricht mit niemandem über Borna. Er hat sich entschieden, das Abitur nachzumachen und hilft Christoph beim Umzug. ■ Iffi bekommt zufällig mit, dass Gabi schwanger ist und erzählt es Rosi. Die macht sich Gedanken — schließlich weiß sie nicht, dass Andy damals gar nicht zur Sterilisation gegangen ist. Andy klärt das Missverständnis auf, er ist der Vater. Nachts kommt es zu einem Machtkampf zwischen Else und Hubert. Sie hat wegen seines stinkenden Müllberges die Polizei gerufen. Hubert will verhindern, dass die Mülldemonstration frühzeitig beendet wird.

Buch: Maria Elisabeth Straub ■ Regie: George Moorse ■ Kamera: Kurt Mikler ■ Redaktion: Ronald Gräbe

336 | Götter und Helden

10. MAI 92

Panaiotis kommt von Tanja nicht los. Er gibt ihr einen Scheck über 10.000 Mark. Vasily begreift, dass er rasch eingreifen muss und spricht mit Tanja. Im Streit schleudert Tanja ihm den Scheck entgegen. Als Vasily seinem Vater später klar macht, dass Tanjas Interesse rein finanziell ist, bricht er weinend zusammen. ■ Abends präsentiert Hubert der Hausgemeinschaft und Presse seinen Müllberg. Später schaut er gemeinsam mit seiner Frau und Urszula zu, wie die Müllabfuhr alles abtransportiert. Als Rosi plötzlich bemerkt, dass ihre Zeitschriften weg sind, wird sie panisch. Sie hatte einen Scheck über 1.000 Mark darin versteckt. Hubert stürmt hinaus und will Rosis Geld wieder finden. ■ Hajo hat wieder einmal seine Freunde eingeladen. Sie wollen den vierten Platz beim Modellbauwettbewerb feiern. Berta wäre gerne mal wieder mit ihm allein.

Buch: Maria Elisabeth Straub ■ Regie: George Moorse ■ Kamera: Kurt Mikler ■ Redaktion: Ronald Gräbe

337 | Anziehungskräfte

Robert ist genervt von Franks Obsession ihm gegenüber und droht mit Anzeige. Ludwig will Frank beschützen und rät ihm, München baldmöglichst zu verlassen. Aber Frank ist noch nicht soweit und beobachtet Robert weiter. Als er einen Jungen zu Robert gehen sieht, holt er die Polizei. Die findet wieder nichts. Robert wollte den 15-Jährigen lediglich interviewen. Später nimmt Frank heimlich eine Waffe von Onkel Franz an sich. ■ Hubert hat den Scheck letzte Woche nicht wiedergefunden. Als die schwangere Gabi von einer Vorsorgeuntersuchung nicht rechtzeitig zurück kommt, machen sich alle Sorgen. Aber Gabi ist längst unbemerkt in ihr Zimmer geschlichen. Sie hat eine Fehlgeburt erlitten und wollte allein sein. ■ Erich und Helga sind sich sehr zugetan. Es kommt zum ersten Kuss. Als Erich sie jedoch zu sich nach Hause einlädt, zögert Helga.

Buch: Maria Elisabeth Straub ■ Regie: George Moorse ■ Kamera: Kurt Mikler ■ Redaktion: Ronald Gräbe

338 | Das Ziel

24. MAI 92

Berta leidet häufig unter Depressionen und Migräne. Amélie glaubt, dass die Ursachen psychosomatisch sind. ■ Helga und Erich reden nur noch das Nötigste, weil Helga seine Einladung letzte Woche abgelehnt hat. Bei einer Aussprache am Abend erklärt sie ihm, dass sie für eine neue Beziehung noch nicht bereit ist. Aber sie mag ihn sehr. Erich will ihr Zeit lassen. Derweil schenkt Hans seinem Sohn eine Lederjacke, die aber von der falschen Marke ist. Klausi will sie nicht. ■ Ludwig versucht Frank aufzuhalten, als der Robert töten will. Aber Frank überwältigt seinen Vater. Er geht zu Robert und drückt ab. Der kommt durch eine schnelle Reaktion nicht zu Schaden. Frank legt die Waffe vor Onkel Franz' Tür und läuft weg. Hajo sieht, wie Wittich die Waffe verdutzt an sich nimmt. Derweil schreit Robert, dass Wittich versucht hat, ihn umzubringen.

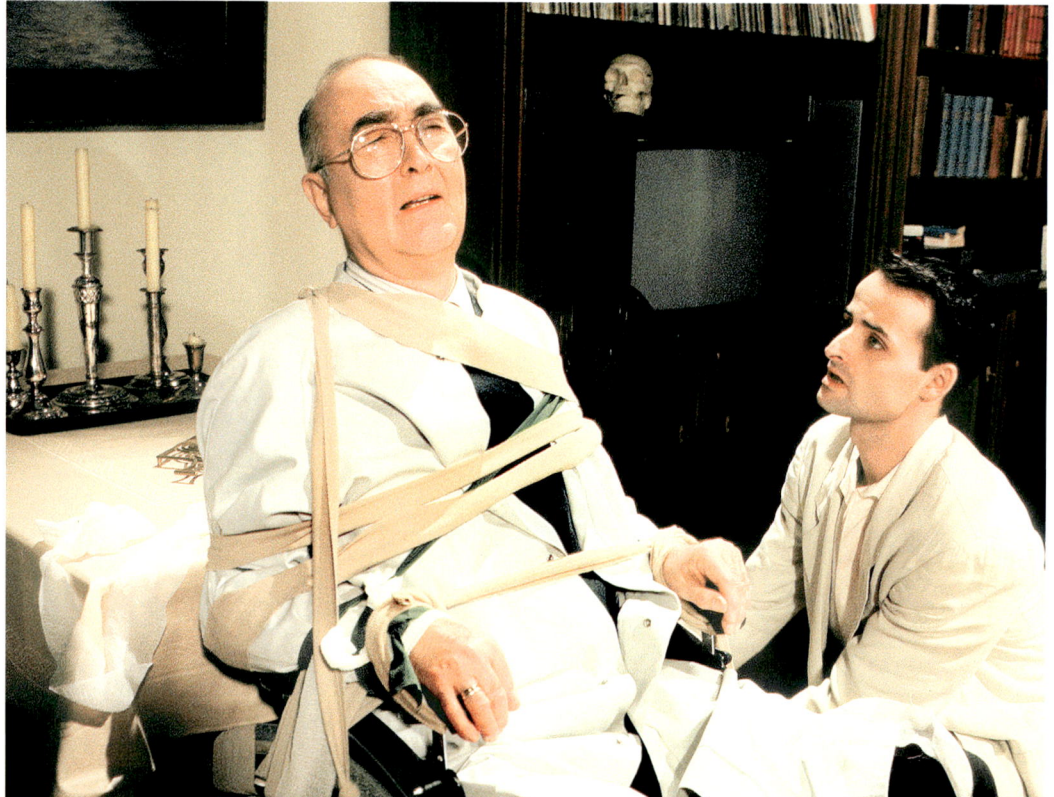

Buch: Maria Elisabeth Straub ■ Regie: George Moorse ■ Kamera: Kurt Mikler ■ Redaktion: Ronald Gräbe

339 | Gewissensqualen

Amélie besucht Lisa im Heim. Lisa versteht nicht, warum Amélie zu alt sein soll, um ihre Pflegschaft zu übernehmen. Abends treffen sie auf Frau Hoffmeister. Die verspürt immer noch Zorn, wenn sie ihre Tochter sieht. Sie meint, es sei für Lisa am besten, wenn sie sich nie wieder sehen. ■ Claudia ist noch nicht aus Borna zurück gekehrt. Benny vernachlässigt den Blumenladen immer mehr und übergibt ihn schließlich an Christoph. ■ Onkel Franz kann sich zwar nicht genau erinnern, aber da alles gegen ihn spricht, glaubt er inzwischen selbst, dass er auf Robert geschossen hat. Frank versteht nicht, warum Robert ihn schützt. Er stellt ihn zur Rede und erfährt, was Robert damit bezweckt. Frank soll von ihm ablassen und ihn nicht mehr behelligen. Das möchte Frank aber auf keinen Fall. Egon und Ludwig warten auf ihn, während Frank sich stellen will.

Buch: Martina Borger ■ Regie: George Moorse ■ Kamera: Kurt Mikler ■ Redaktion: Ronald Gräbe

340 | Reiner Zufall

Tanja wird die Bogenhausener Wohnung wegen der ständigen Männerbesuche gekündigt. Sie sagt Franz, er soll zurück nach Lucca fahren. Abends trifft sie einen Kunden in einem Luxushotel. Es ist Panaiotis. Sie verlangt 3.000 Mark, die Panaiotis ohne zu zögern zahlt. Tanja nimmt das Geld und geht mit ihm auf das Zimmer. Aber Panaiotis versagt. Er liegt weinend im Bett, und Tanja gibt ihm die Hälfte des Geldes zurück. Sie hofft, dass er endlich von ihr geheilt ist. ■ Frank hat sich der Polizei gestellt, aber die Beamten glauben ihm nicht. Für sie bleibt Onkel Franz der Täter. Entmutigt beschließt Frank, die Lehrstelle zum Restaurator in Celle anzunehmen. ■ Andy musste seinen Führerschein abgeben. Gabi will für ihn einspringen und Taxi fahren. Als Jo ihr den Wagen holt, findet er Ritas Handtasche und macht Andy Vorwürfe. Der redet sich heraus.

Buch: Martina Borger ■ Regie: George Moorse ■ Kamera: Kurt Mikler ■ Redaktion: Ronald Gräbe

341 | Männerleiden

Während Rosi mit ihren Voraussagen Elena dazu bringt, ihr Geld wieder anzulegen, sorgt sich Vasily um seinen Vater. Der ist Tanja nach wie vor verfallen. Auf der Suche nach ihr trifft er Franz und klärt ihn darüber auf, wie Tanja sich ihren Lebensunterhalt verdient. Franz redet mit Tanja, aber sie lässt sich weder beeinflussen noch etwas verbieten. ■ Nach der Tournee sonnt sich Isolde im Erfolg, während sich Enrico als Anhängsel seiner berühmten Frau fühlt. ■ Andys Führerschein ist für ein ganzes Jahr weg. Jo hört, wie sich sein Vater am Telefon von Rita trösten lässt. Er ist sauer, weil Andy ihn angelogen hat und stellt ihn zur Rede. Er berichtet seinen Schwestern von Andys Affäre. Alle drei stehen auf Gabis Seite und machen Andy Vorwürfe. Als Gabi plötzlich im Raum steht, verziehen sie sich. Gabi kann sich nur wundern.

Buch: Martina Borger ■ Regie: George Moorse ■ Kamera: Kurt Mikler ■ Redaktion: Ronald Gräbe

342 | Klassenunterschiede

21. JUN 92

Benny kellnert im »Akropolis«. Kornelia kommt vorbei und lässt ihn den »Klassenunterschied« zwischen ihnen deutlich spüren. Später kehrt Claudia aus Borna heim. Während sie erzählt, merkt sie, dass Benny immer stiller wird. Sie hat den Verdacht, dass er mit ihrer Vergangenheit, ihrer Familie und ihrem Alter nicht klar kommt. Benny weist das wenig überzeugend von sich. ■ Andy hat ein schlechtes Gewissen und kümmert sich rührend um Gabi. Während Gabi später Amélie und Lisa zum Kinderheim fährt, bedankt sich Andy bei seinen Kindern, weil sie ihr nichts von Rita erzählt haben. ■ Als Helga ihrem Sohn kein Geld geben will, stiehlt Klaus 100 Mark im Reisebüro. Mit dem Geld zahlt er einen Teil seiner Schulden bei Benny zurück. Der erfährt jedoch, dass das Geld gestohlen wurde und gibt Klaus den Schein zurück. Er soll ihn sofort zurückbringen.

Buch: Martina Borger ■ Regie: George Moorse ■ Kamera: Kurt Mikler ■ Redaktion: Ronald Gräbe

343 Häusliche Harmonie

28. JUN 92

Während Isolde in ihrer Wohnung zur Homestory geladen hat, wartet Enrico im »Café Bayer«. Else holt ihn schließlich, weil die Journalisten ein Foto von ihm machen wollen. Enrico lässt sich breitschlagen. ■ Helga hört, dass Erich sich mit Inka Fuchs verabredet. Sie bittet Matthias, am Abend mit ihr im »Akropolis« zu essen. Matthias durchschaut, dass sie Erich eifersüchtig machen will und meint, er sei wohl der Falsche dafür. ■ Nachdem Hajo sein Geschenk zu Bertas 51. Geburtstag ausführlich angekündigt hat, ist die Enttäuschung umso größer. Neben einem Buch, das sie gerade ausgelesen hat und einem Nachthemd, das viel zu groß ist, bekommt sie auch noch Schmuck, der eindeutig ein Schnäppchen war. Bei Berta fließen Tränen. Hajo tippt auf die Wechseljahre und rät zu einer Therapie. Als er genervt gehen will, bittet Berta ihn doch zu bleiben.

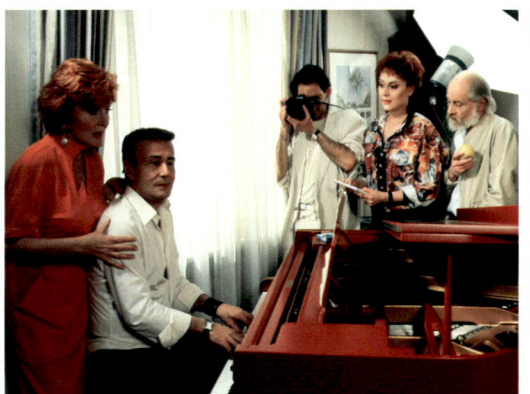

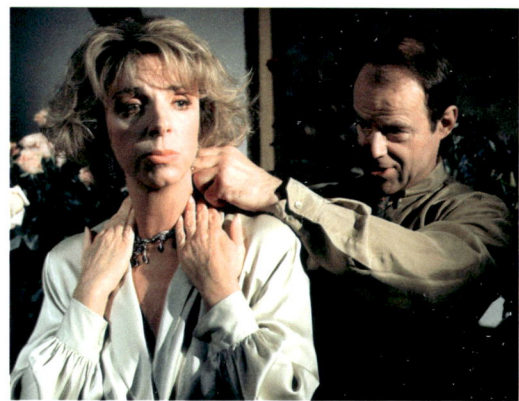

Buch: Martina Borger ■ Regie: George Moorse ■ Kamera: Kurt Mikler ■ Redaktion: Ronald Gräbe

344 | Kindermund

5. JUL 92

Helga ist eifersüchtig und will kündigen. In der Zentrale erfährt sie jedoch, dass Erich sie von seinem Gehalt bezahlt. Gerührt schickt sie ihm eine Rose und lädt ihn für den Abend ein. Sie küssen sich lange zur Begrüßung. ■ Berta ist psychisch sehr labil. Sie bricht vor der neuen Ärztin Dr. Eva-Maria Sperling in Tränen aus. Am Abend wird es nicht besser, und es kommt wieder zum Streit mit Hajo. ■ Andy langweilt sich ohne Job zu Hause. Rita kommt vorbei. Da sie sich nicht abweisen lässt, bringt Andy den kleinen Max zu Rosi und geht mit Rita weg. Als die Nachricht kommt, dass Iffi sich das Bein gebrochen hat, eilt Rosi zu ihr. Gabi kommt heim und entdeckt zu ihrem Entsetzen Max auf dem Fensterbrett im zweiten Stock. Sie kann ihn retten. Max verrät ungewollt Andy, weil er ständig nach »Wita« fragt. Gabi setzt Andy daraufhin wütend vor die Tür.

Buch: Martina Borger ■ Regie: George Moorse ■ Kamera: Kurt Mikler ■ Redaktion: Ronald Gräbe

345 | Überredungskünste

12. JUL 92

Helga und Erich sind im siebten Himmel. Helga arbeitet weiter im Reisebüro, verzichtet jedoch auf die Bezahlung. Klausi ist genervt von den beiden Turteltauben. Er erträgt ihr verliebtes Getue nicht und verzieht sich zu seinem Bruder in den Hobbykeller. Er erzählt Benny, dass er in den Ferien gerne mit seinem Freund Olli nach England fahren würde. Aber er glaubt nicht, dass die Eltern diese Reise erlauben werden. ■ Anna hat einen Wunsch: Sie möchte die Kinder taufen lassen. Hans ist erst nicht sehr begeistert von dieser Idee, entschließt sich dann aber doch, wenigstens mit dem Pfarrer darüber zu sprechen. ■ Gabi wird von allen Seiten bedrängt, Andy eine zweite Chance zu geben und seine Untreue zu verzeihen. Die Kinder tun ihr leid. Als sie erkennt, wie groß ihr Wunsch ist, gibt sie nach. Sie will zumindest noch einmal mit Andy sprechen.

Buch: Martina Borger ■ Regie: George Moorse ■ Kamera: Kurt Mikler ■ Redaktion: Ronald Gräbe

346 | Reiner Tisch

Zwischen Gabi und Andy kommt es zur Aussprache. Gabi will ihm diesen einmaligen Seitensprung verzeihen. Geschockt muss sie sich anhören, dass ihr Göttergatte auch für die Zukunft nicht versprechen kann, treu zu sein. ■ Urszula verliert ihre Putzstelle. Hubert bereitet ein Referat über »Verpackungswahn« vor. Zum abendlichen Vortrag kommen zu seiner großen Enttäuschung jedoch nur Gung und Else. Als auch Benny vorbei schaut, bessert sich Huberts Laune zumindest zeitweise. ■ Bei einer Tasse Kaffee erfährt Ludwig, dass Frau Dr. Sperling bis vor kurzem mit ihrer Familie in Äthiopien gelebt hat. Ihr Mann lebt noch in Afrika, wird aber auch bald nach Deutschland kommen. Währenddessen treffen sich Momo und Iffi auf der Straße. Iffi hat sich in ihn verliebt. Valerie meint, dass er vielleicht eine Freundin hat, aber das ist Iffi egal.

Buch: Martina Borger ■ Regie: George Moorse ■ Kamera: Kurt Mikler ■ Redaktion: Ronald Gräbe

347 Ferne Ziele

Iffi findet Momo toll. Da sie alles andere als schüchtern ist, schafft sie es, dass seine Mutter die beiden im Auto mitnimmt. Valerie macht die angespannte Situation zu Hause zu schaffen. Sie überlegt, die Schule zu verlassen, um Gabi zu entlasten. Abends teilt Andy seiner Frau mit, dass er nach Spanien auswandern will. Die Kinder sollen bei ihr bleiben. Gabi ist fassungslos. ■ Hans und Anna haben eine große Wohnung in der Kastanienstraße gefunden. Helga freut sich für die beiden. Als Hans seinen Sohn bittet, die Patenschaft für Sophie zu übernehmen, nutzt Klaus die Gunst der Stunde. Er bittet Hans, nach England fahren zu dürfen. ■ Elena verliert ihr gesamtes Geld in Höhe von 10.000 Mark. Panaiotis kommt nicht von Tanja los. Er verfolgt sie und fängt sie vor dem Frisiersalon ab. Ihre Geduld ist am Ende. Er soll sie endlich in Ruhe lassen.

Buch: Martina Borger ■ Regie: George Moorse ■ Kamera: Kurt Mikler ■ Redaktion: Ronald Gräbe

348 | Enthüllungen

1. AUG 92

Klaus hat die Partner seiner Eltern auf seiner Seite: Anna und Schiller versuchen, Hans und Helga von Klaus' Reise nach England zu überzeugen. ■ Während Berta und Frau Dr. Sperling alles für die Praxis-Eröffnung vorbereiten, kommen sie ins Plaudern. Später brüskiert Berta ihren Lebensgefährten, indem sie ihm vorwirft, langweilig zu sein. Von wegen langweilig. Hajo zeigt ihr seine Ermittlungsakte in Sachen Robert. Außer ihr hat er alle Nachbarn befragt. Berta erzählt ihm daraufhin von ihrem Verhältnis zu Robert. ■ Panatiotis hat Angst, dass Tanja ihn auffliegen lässt. Bei einem erneuten Besuch verspottet sie ihn und droht ihm wieder. Er vergisst sich und schlägt zu. Als Franz heimkommt, läuft Panaiotis weg. Franz folgt ihm laut schimpfend ins »Akropolis«. Elena verlangt erst eine Erklärung von ihrem Mann und stürmt dann zu Tanja.

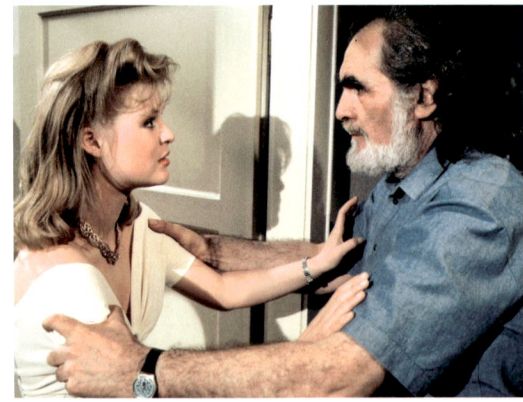

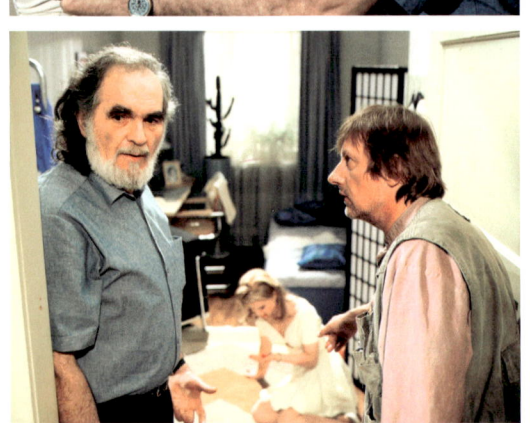

Buch: Martina Borger ■ Regie: George Moorse ■ Kamera: Kurt Mikler ■ Redaktion: Ronald Gräbe

349 Schicksalsfragen

Helga und Erich verbringen drei Wochen gemeinsamen Urlaub auf Rügen. Sie sind sehr verliebt. Erich erzählt von Kanada und träumt davon, sich wieder selbstständig zu machen. Zufällig begegnet ihnen Herr Lösch, der immer noch sehr von Helga angetan ist. ■ Lisa bleibt in den Ferien bei Berta. Nach einem gemütlichen Nachmittag bei Zenkers liegt das Mädchen nachts wach und überlegt. Spät geht sie zu Zenkers und bittet die erstaunte Gabi, ihre Mutter zu werden. ■ Das »Akropolis« ist geschlossen. Elena würde am liebsten auf der Stelle mit ihrem Mann nach Griechenland zurück kehren. Die Krise bei den Sarikakis' eskaliert, als Panaiotis die Vorwürfe und den Druck von Elena nicht mehr aushält und in der Küche ein Messer aus der Schublade zieht. Vasily kann gerade noch verhindern, dass Panaiotis sich das Messer in den Bauch rammt.

Buch: Martina Borger ■ Regie: George Moorse ■ Kamera: Kurt Mikler ■ Redaktion: Ronald Gräbe

350 | Störenfriede

16. AUG 92

Lisa ist glücklich: Das Jugendamt hat Gabis Antrag auf Pflegschaft für sie genehmigt. Während Gabi, Amélie und Lisa sich sehr darüber freuen, sind die anderen Familienangehörigen eher skeptisch. ■ Das »Akropolis« ist wieder geöffnet. Hubert bittet Benny, der dort noch immer kellnert, bei Vasily vorzufühlen. Er möchte im Lokal seinen Vortrag über den Verpackungswahnsinn halten. Vasily hat nichts dagegen und bietet einen Montagabend an. Hubert bezweifelt, dass dies ein guter Wochentag ist. ■ Beate bietet Urszula einen Aushilfsjob an. Die durchschreitet nach dem Verlust ihrer Arbeit einen finanziellen Engpass. Robert kommt dazu und will sofort bedient werden. Aber Beate denkt gar nicht daran. Ihre Ablehnung beginnt ihn zu reizen. Später schreibt er in seinen Computer »...mit einem Mal wusste er, wie er Tabea in seine Macht bekommen könnte...«.

Buch: Martina Borger ■ Regie: George Moorse ■ Kamera: Kurt Mikler ■ Redaktion: Ronald Gräbe

351 | Einsame Herzen

Tanja will sich bei Vera in Lucca Gedanken über ihre Zukunft machen. Am Telefon erfährt sie von einem Mann, dass Franz und Vera bereits seit einem Jahr getrennt sind. Nachdem sie Franz zur Rede gestellt hat, sagt sie ihren Urlaub ab. ■ Robert bittet Urszula, ein Gedicht für ihn zu übersetzen. Später lädt er sie ins »Akropolis« ein, aber Urszula lehnt die Offerte ab. ■ Klausi kommt früher als erwartet aus England zurück, weil Olli ihn wegen eines Mädchens hat sitzen lassen. Hans und Anna ziehen um und bitten Benny, sich um Klausi zu kümmern, solange Helga verreist ist. Abends gehen Hans und Anna ins »Akropolis«, Klausi bleibt bei den Kindern. Wenig begeistert verbarrikadiert er sich mit Kopfhörern hinter seinen Comics. Er bemerkt nicht, dass der durstige Tom wieder aufsteht. Statt der Wasserflasche setzt das Kleinkind jedoch Terpentin an.

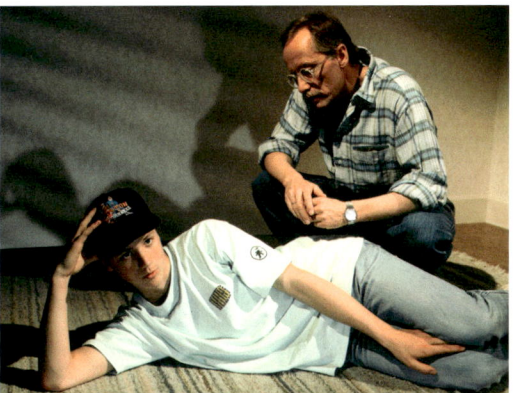

Buch: Martina Borger ■ Regie: George Moorse ■ Kamera: Kurt Mikler ■ Redaktion: Ronald Gräbe

352 | Energie

30. AUG 92

Urszula nimmt begeistert Roberts Angebot an, für 20 Mark pro Stunde Tonbänder abzutippen. Unter der Bedingung, dass sie den Job wieder absagt, bietet Beate ihr eine Lehrstelle an. Abends will Urszula absagen, aber Robert stimmt sie um. ■ Benny putzt die Wohnung für Helgas Rückkehr. Klaus entschuldigt sich bei Anna für sein Verhalten, auch wenn Tom glücklicherweise nichts passiert ist. Die nimmt seine Entschuldigung an und bittet ihn, auf Tom aufzupassen. Als Helga und Schiller ankommen, sitzen aufgeregte Nachbarn in ihrem Wohnzimmer. Helga hört von der 30-prozentigen Mieterhöhung und kündigt an, dagegen zu kämpfen. ■ Andy ist in Spanien, Gabi plagt eine Bronchitis. Frau Dr. Sperling meint, sie würde mit Lisa ihren Trennungsschmerz betäuben. Jo ist frustriert, weil er keinen Studienplatz bekommt. Iffi und Momo lernen sich besser kennen.

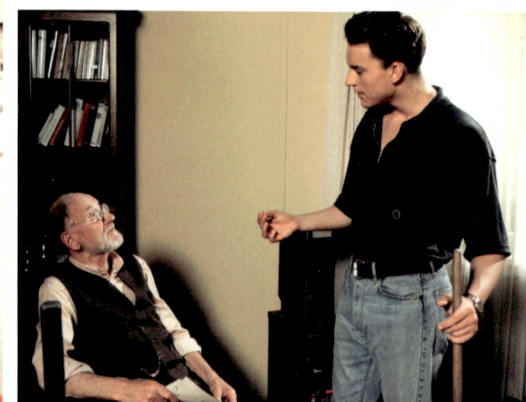

Buch: Maria Elisabeth Straub ■ Regie: George Moorse ■ Kamera: Kurt Mikler ■ Redaktion: Ronald Gräbe

353 | Sorgen

Helga hat ein Beratungsgespräch beim Mieterschutzbund. Dort erhält sie den Rat, auf unkonventionelle Weise gegen die Mieterhöhung vorzugehen. Sie beschließt, gemeinsam mit ihren Nachbarn eine Protestaktion zu starten. ■ Bei Zenkers und Kochs herrscht Geldmangel. Gabi will sich vom Taxi trennen. Da sie keine Zeit hat, verkauft Hubert das Taxi von Andy samt Lizenz für 64.000 Mark. Gabi ist überglücklich. ■ Claudia bemerkt einen Knoten in ihrer Brust und geht gleich zu Frau Dr. Sperling. Die überweist sie an einen Spezialisten. Claudia hat Angst. Zudem nervt Christoph. Er versinkt in Selbstmitleid und meint, dem Blumenladen gehe es wegen ihm und seiner Behinderung schlecht. Claudia erzählt Benny weinend von ihrer Entdeckung. Als Christoph anruft, wimmelt Benny ihn ab. Daraufhin stellt er sich auf die Straße und brüllt in Richtung Wohnung.

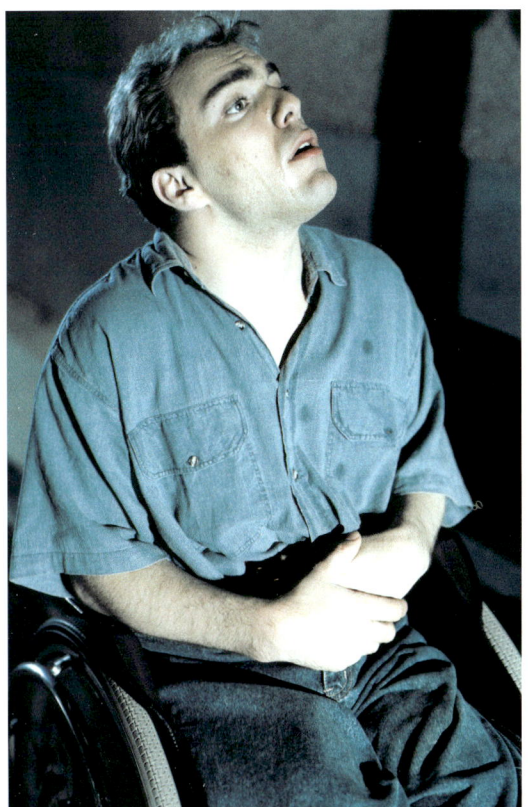

Buch: Maria Elisabeth Straub ■ Regie: George Moorse ■ Kamera: Kurt Mikler ■ Redaktion: Ronald Gräbe

354 | Heiße Spur

13. SEP 92

Claudia wird operiert. Benny, der sich längst trennen wollte, beschließt, dies heute nachzuholen. Auch Helgas Einwände, dass der Zeitpunkt mehr als ungünstig sei, lässt er nicht gelten. Als Claudia später aus der Narkose erwacht, geht es ihr ziemlich mies. Eine Brust musste amputiert werden. Weinend bittet sie Benny, bei ihr zu bleiben. Damit stürzt sie ihren jungen Freund in einen Gewissenskonflikt. ■ Andys Taxi wurde verkauft. Gabi, Max, Iffi und Valerie schauen dem Wagen nach. Iffis Laune ist trotzdem gut. Ihr Gips ist ab und sie hat Momo in den Wohnwagen eingeladen. Als der kommt und merkt, dass Iffi ihn verführen will, ergreift er die Flucht. ■ Berta und Hajo verfolgen Robert. Sie beobachten den Kiosk, den Frank als Roberts Drogenumschlagplatz genannt hat. Auf einmal entdeckt Berta einen Bekannten: Roberts Freund Thomas Wertmeier.

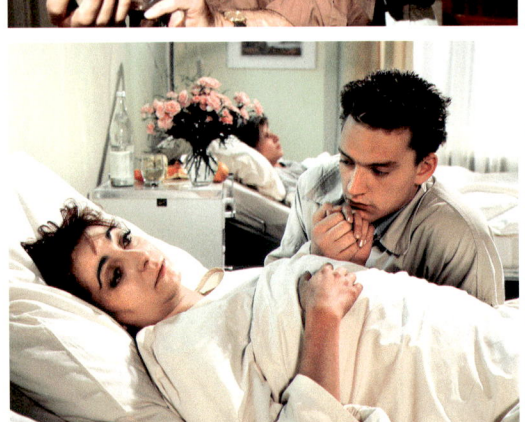

Buch: Maria Elisabeth Straub ■ Regie: George Moorse ■ Kamera: Kurt Mikler ■ Redaktion: Ronald Gräbe

355 | Streß

Als Beate mitbekommt, dass Urszula doch den Job bei Robert angenommen hat, will sie eine Erklärung. Urszula braucht aber das Geld dringend und kann das Angebot nicht ausschlagen. Hajo beobachtet Robert währenddessen weiter. ■ Rosi ist an Huberts Idee, ein Windrad in der Lindenstraße aufzustellen, nicht interessiert. Amélie zeigt sich dagegen begeistert. Iffi entschuldigt sich bei Momo für ihren »Überfall« in der letzten Woche. ■ Claudia kann den Verlust ihrer Brust nicht verwinden. Benny kümmert sich aus Mitleid um sie. Die ganze Situation macht ihm jedoch schwer zu schaffen. Abends bricht er im »Akropolis« zusammen. Beate hört ihm zu und flößt ihm Ouzo ein. Als sie ihn nachts betrunken bei Helga abliefert, berichtet die, dass Claudia nach einem Selbstmordversuch auf der Intensivstation liegt. Man weiß nicht, ob sie durchkommen wird.

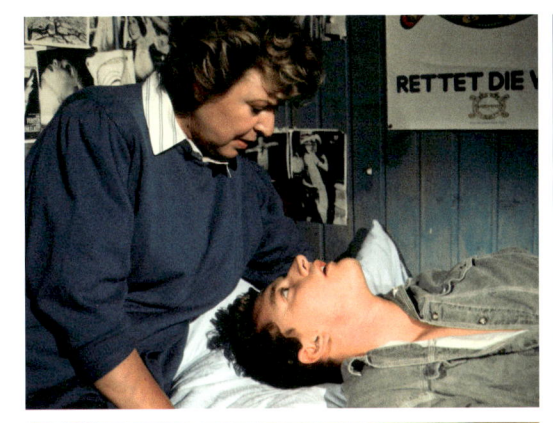

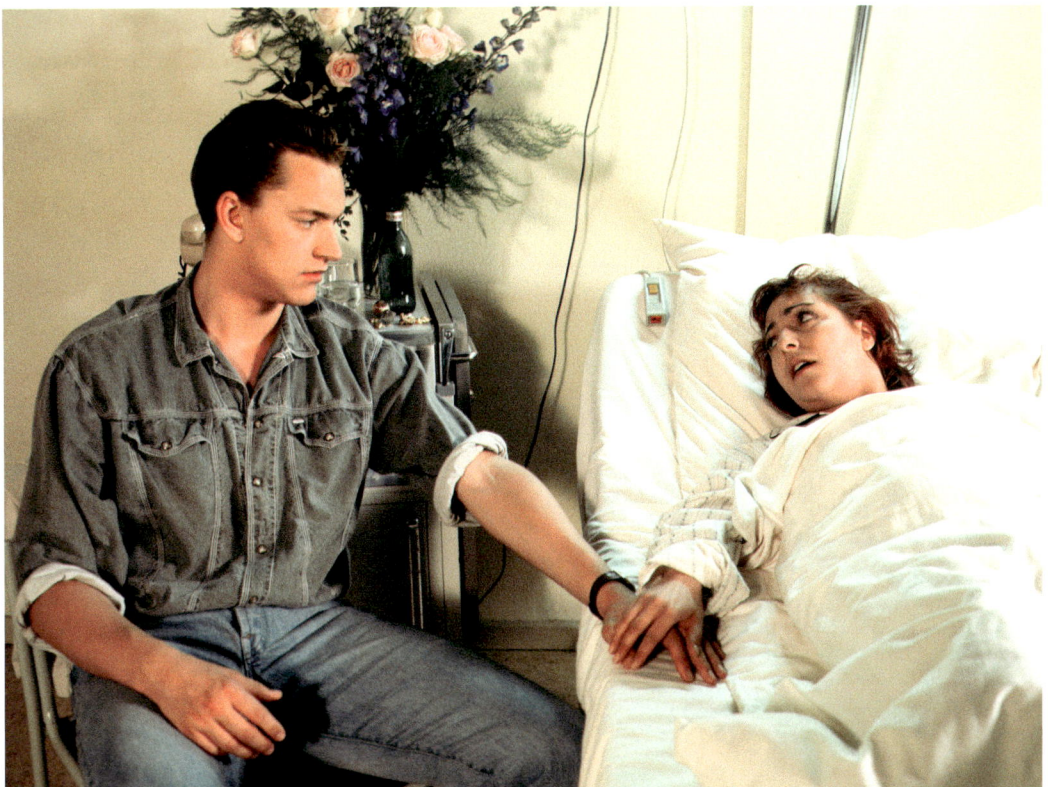

Buch: Maria Elisabeth Straub ■ Regie: George Moorse ■ Kamera: Kurt Mikler ■ Redaktion: Ronald Gräbe

356 | Bitten

27. SEP 92

Claudia geht es besser. Sie gibt Helga bei einem Besuch einen Brief für Benny mit. Sie gibt ihn frei. Claudia hat erkannt, dass die Trennung nicht mit ihrer Krankheit zusammenhängt. Benny geht zu ihr und bittet sie um ihre Freundschaft. Derweil präsentieren Helga und Erich dem Verwalter Hülsch fingierte Mängel in der Wohnung, um die Mieterhöhung zu verhindern. ■ Rosi ist nicht sonderlich begeistert über die neu entstandene Freundschaft zwischen ihrem Mann und Amélie. Auch Iffi reagiert eifersüchtig, weil Valerie mit Momo gesprochen hat. ■ Tanja ist genervt von ihrem Vater, der sich von ihr aushalten lässt. Sie sagt ihm, dass er sich einen Job suchen soll. Außerdem will sie abends, wenn sie mit Kunden da ist, nicht gestört werden. Als Franz sich nicht daran hält, wirft sie ihn hinaus. Im Treppenhaus bricht Franz weinend zusammen.

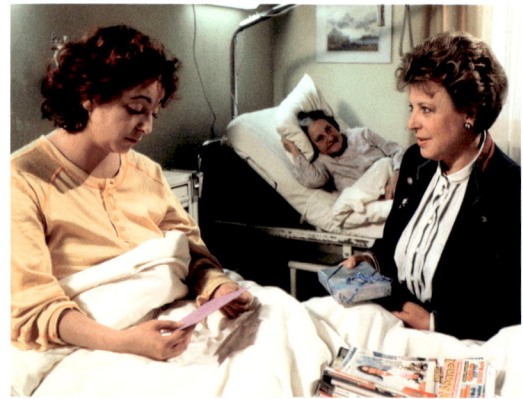

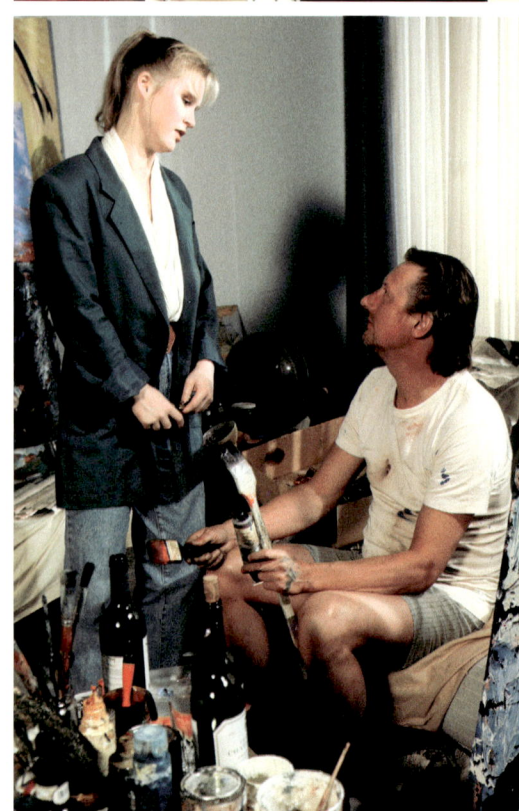

Buch: Maria Elisabeth Straub ■ Regie: George Moorse ■ Kamera: Kurt Mikler ■ Redaktion: Ronald Gräbe

357 | Probate Mittel

Nach seinem Rausschmiss bei Tanja hat sich Franz im Wohnwagen eingenistet und schnorrt seine Nachbarn um Lebensmittel an. Die präsentieren Hülsch immer mehr Schäden in ihren Wohnungen. Hülsch verzweifelt zusehends. ■ Mitten in einem kreativen Tief will Isoldes Produzent den Vertrag kündigen. Sie ist ganz froh über diese Entscheidung. Sie träumt davon, mit Enrico ein kleines Restaurant zu eröffnen. ■ Beate versucht, Urszula vor Robert zu warnen. Sie trifft sich mit ihm abends. Urszula bleibt gelassen und will die Verabredung nicht absagen. Daraufhin beschließt Beate das Treffen zu stören. Aber da hat sie die Rechnung ohne den Wirt gemacht. Robert will sich die Stimmung nicht verderben lassen. Er macht die Tür nicht auf und wimmelt sie am Telefon ab. Derweil gerät Urszula bei dem festlichen Essen und Roberts Verführungskünsten in Versuchung.

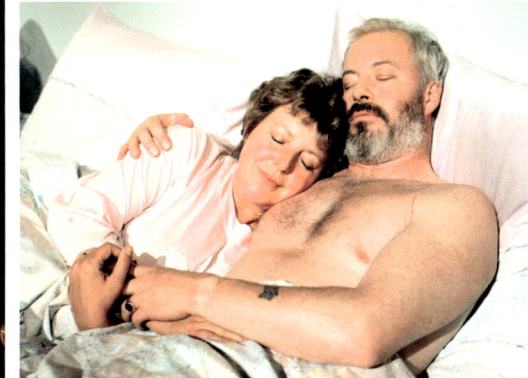

Buch: Maria Elisabeth Straub ■ Regie: Karin Hercher ■ Kamera: Dieter Christ ■ Redaktion: Ronald Gräbe

358 Behinderungen

Das Bauamt ist von Huberts Idee, ein Windrad aufzustellen, nicht gerade begeistert. Später bekommt er ein Telegramm. Sein Bruder Karl hatte einen Schlaganfall. Hubert und Rosi machen sich sogleich auf den Weg nach Rostock. ■ Beate glaubt nicht, dass in der vergangenen Woche zwischen Urszula und Robert nichts gelaufen ist. Sie nimmt ihr ihre Keuschheit nicht ab. Unterdessen bittet Anna der Polin die Patenschaft für Sarah an. Aber Urszula lehnt ab, weil sie weder Geld hat noch ein Vorbild ist. ■ Claudia wird aus dem Krankenhaus entlassen. Benny bringt sie heim, und die beiden sprechen sich in Ruhe aus. Christoph wartet im Blumenladen. Er lädt Claudia zum Abendessen ein. Beim Essen betont er, dass er sie gut verstehen kann. Sie seien ja nun beide behindert. Er gesteht der sprachlosen Claudia, dass er mehr als eine Freundin in ihr sieht.

Buch: Maria Elisabeth Straub ■ Regie: Karin Hercher ■ Kamera: Dieter Christ ■ Redaktion: Ronald Gräbe

359 | Leid und Überwindung

18. OKT 92

Claudia meidet bewusst Christoph, was dem schwer zu schaffen macht. Er klagt Anna sein Leid. Gabi ist gestresst von Beruf, Haushalt und Iffis Streitereien mit Valerie wegen des gemeinsamen Zimmers. Als sie nachts von Lisa geweckt wird, erschrickt Gabi: Die Kleine will zurück ins Heim, weil es ständig Streit wegen ihr gibt. ■ Ludwig redet mit Franz und lädt ihn zum Abendessen ins »Akropolis« ein. Franz bauscht seinen Erfolg als Künstler auf. Er bietet Ludwig ein Bild zum Freundschaftspreis von 2.000 Mark an. Als der ablehnt, beschimpft ihn Franz. ■ Isolde und Enrico haben ein geeignetes Objekt für ihren Traum vom Restaurant »Casarotti« gefunden. Einen Vorvertrag haben sie bereits abgeschlossen. Isolde bekommt das Angebot, an einem Fernsehprojekt bei einem Privatsender mitzuarbeiten. Sie will sich zumindest mit dem Redakteur treffen.

Buch: Maria Elisabeth Straub ■ Regie: Karin Hercher ■ Kamera: Dieter Christ ■ Redaktion: Ronald Gräbe

360 | Stimmungen

25. OKT 92

Die Ziegler-Kinder werden getauft. Marion ist aus Paris gekommen, während Patin Rosi extra allein aus Rostock angereist ist. Karl ist verstorben, und Hubert bleibt noch etwas bei seiner Schwägerin. Franz schenkt Hans und Anna ein Triptychon. Er hat jedes ihrer Kinder abstrakt in einem Bild verewigt. ■ Hajo und Berta beobachten, wie Thomas Wertmeier eine Tasche zu Robert bringt. Nachdem die beiden Männer die Wohnung verlassen haben, verschafft sich Hajo Zutritt, um den Tascheninhalt zu untersuchen. Berta steht im Hausflur Schmiere. Robert kommt unverhofft zurück. Hajo kann sich zwar verstecken, aber Robert nimmt die Tasche mit. ■ Beate und Urszula sind zum Abendessen bei Ludwig eingeladen. Urszula verabschiedet sich frühzeitig. Als Urszula später nicht zu Hause ist, beschleicht Beate ein ungutes Gefühl: Ob sie zu Robert gegangen ist?

Buch: Maria Elisabeth Straub ■ Regie: Karin Hercher ■ Kamera: Dieter Christ ■ Redaktion: Ronald Gräbe

361 | Zurück

Helga ist schon gut gelaunt, weil Marion zu Besuch ist. Als dann noch Hülsch mit der Nachricht kommt, dass die Miete nun doch nicht erhöht wird, triumphiert sie. Derweil muss Erich von seinem Chef erfahren, dass die Filiale in der Kastanienstraße wegen des zu geringen Umsatzes zum Monatsende geschlossen werden soll. ■ Rosi wollte eigentlich zurück zu Hubert nach Rostock fahren. Aber Gabi ist krank, deshalb bleibt Rosi bei ihr. ■

Beate ist sauer auf Urszula, weil sie sich mit Robert eingelassen hat. Abends zeigt Robert jedoch sein wahres Gesicht. Er macht Fotos von der nackten Urszula. Entsetzt will die wissen, warum er sie fotografiert. Aber Robert antwortet nicht. Mit kalter Stimme schickt er sie weg. Panisch will Urszula den Film haben und wissen, was er mit den Fotos vorhat. Hämisch meint Robert, sie solle mal scharf nachdenken.

Buch: Maria Elisabeth Straub ■ Regie: Karin Hercher ■ Kamera: Dieter Christ ■ Redaktion: Ronald Gräbe

362 | Verraten und verkauft

8. NOV 92

Erich schlägt Helga vor, gemeinsam ein Reisebüro zu eröffnen. Helga gefällt der Gedanke und sie ist einverstanden. Als Onkel Franz dem Liebhaber seiner Nichte auf den Zahn fühlen will, erfindet der einen eindrucksvollen Stammbaum. ■ Robert erpresst Beate mit Urszulas Nacktfotos. Wenn sie sich endlich mit ihm trifft, wird er die Fotos nicht verwenden. Nachdem ihm Else von einer Reise nach Monaco erzählt, kommt er mit einem schönen Lederkoffer in die Waschküche. Else ist entzückt und nimmt sein Angebot, den Koffer für die Reise zu leihen, gerne an. Berta und Hajo hören davon und rätseln über Roberts plötzliche Großzügigkeit. ■ Urszula zieht sich völlig zurück und geht auch nicht arbeiten. Schließlich entscheidet sie sich, nach Polen zurückzukehren. Der besorgten Rosi erklärt sie, dass die Menschen in ihrer Heimat einfach besser sind.

Buch: Maria Elisabeth Straub ■ Regie: Karin Hercher ■ Kamera: Dieter Christ ■ Redaktion: Ronald Gräbe

363 | Vorbereitungen

Else und Egon brechen zu ihrer Reise nach Monaco auf. Robert gibt sich äußerst zuvorkommend und hilft ihnen, ihr Gepäck im Taxi unterzubringen. ■ Isolde trifft sich mit dem Fernsehredakteur Knut Magirus. Da sie davon ausgeht, als Lückenbüßerin vorgesehen zu sein, kleidet und gibt sie sich betont bieder. Der Redakteur staunt nicht schlecht. Tatsächlich hatte er sie als Moderatorin für eine anspruchsvolle Lebenshilfe-Sendung vorgesehen. Als Isolde ihren Fehler bemerkt, bittet sie um ein weiteres Treffen. Diesmal gibt sie sich große Mühe, was Magirus sofort auffällt. Er ist begeistert von ihr. ■ Da Irina Keuchhusten hat, verschiebt Urszula ihre Abreise nach Polen. Im Salon spricht sie sich mit Beate aus. Sie wollen es Robert gemeinsam heimzahlen. Später verabredet sich Beate mit ihm und erinnert Urszula, sie ja nicht hängen zu lassen.

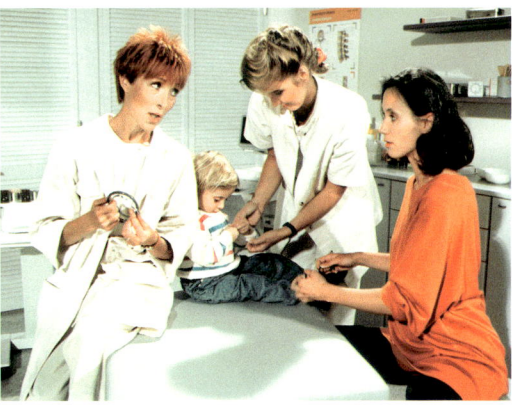

Buch: Maria Elisabeth Straub ■ Regie: Karin Hercher ■ Kamera: Dieter Christ ■ Redaktion: Ronald Gräbe

364 | Erklärungen

22. NOV 92

Hajo sieht Thomas Wertmeier zufällig an der Abfertigung im Flughafen. Er reist aber nicht ab. Berta und Hajo beobachten ihn später mit Elses Koffer in der Lindenstraße. Er gibt Robert den Koffer. Hajo und Berta verstehen erst nicht, erkennen dann aber, dass es zwei gleich aussehende Koffer gibt. Sie vermuten, dass Egon und Else als Drogenkuriere missbraucht wurden. Als die endlich ankommen, bestätigt sich die Vermutung. ■ Beate und Urszula überwältigen Robert und nötigen ihn, sich auszuziehen. Dann fesseln sie ihn ans Bett. Urszula fotografiert ihren Peiniger. Gemeinsam tätowieren sie ihm eine Ratte auf den Po. Sie lassen ihn nackt und gefesselt zurück. So wird er schließlich von der Polizei gefunden. ■ Jo trifft Gabi zufällig nachts in der Küche und erklärt, dass er ausziehen wird. Er gesteht, dass er sich in sie verliebt hat.

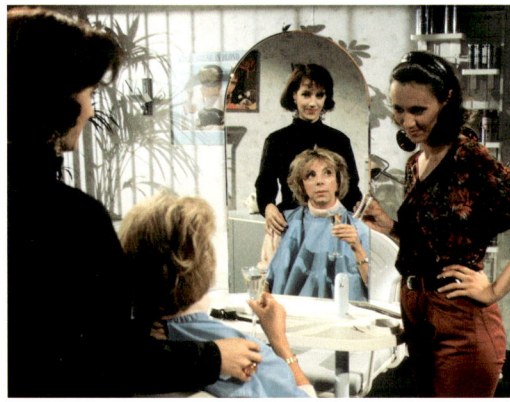

Buch: Maria Elisabeth Straub ■ Regie: Karin Hercher ■ Kamera: Dieter Christ ■ Redaktion: Ronald Gräbe

365 Was Du heute kannst besorgen

29. NOV 92

Hajo wird wegen des Falls »Robert Engel« interviewt. Berta und Else sind mürrisch, weil er ihre Mithilfe gegenüber der Presse nicht erwähnt. Else bittet Hülsch um Roberts Wohnung für ihren Sohn Olaf, der zurück nach München ziehen möchte. ■ Gabi ist definitiv nicht in Jo, sondern in seinen Vater verliebt. Traurig zieht Jo aus der Wohnung aus. Er will nicht länger mit Gabi unter einem Dach wohnen. ■ Isolde hat Geburtstag. Ihre Laune ist fabelhaft. Während Enrico vom »Casarotti« träumt, sieht sie sich bereits als erfolgreiche Fernsehmoderatorin. Magirus hat sie zu Probeaufnahmen eingeladen. Eifersüchtig macht Enrico ihr eine Szene. Er wirft ihr vor, mit dem Redakteur geschlafen zu haben. Isolde bestätigt seine Aussage und meint, die Fernsehsendung sei lediglich ein Vorwand für ihre Affäre. Der stolze Italiener ist außer sich vor Wut.

Buch: Hans W. Geißendörfer ■ Regie: Karin Hercher ■ Kamera: Dieter Christ ■ Redaktion: Ronald Gräbe

366 | Eine riesige Landschaft

Enrico begleitet Isolde zu den Probeaufnahmen. Stolz sitzt er beim Regisseur und schaut seiner Frau zu. Seine Eifersucht schwindet, als er sieht, was wirklich in einem Fernsehstudio passiert. ■ Andy meldet sich per Postkarte. Er lädt seine Töchter ein, ihn zu besuchen. Die sind begeistert von der Idee, nach Spanien zu fahren. Iffi gerät jedoch in einen Gewissenskonflikt. Auf der einen Seite vermisst sie natürlich ihren Vater, auf der anderen Seite möchte sie nicht von Momo weg. ■ Mit Franz geht es bergab. Seine Bilder interessieren niemanden. Nachdem auch Vasily eine Ausstellung seiner Bilder im »Akropolis« ablehnt, wird Franz zornig. Tanja findet ihn später völlig betrunken an Hennys und Meikes Grab auf dem Friedhof. Sie schafft es nicht, ihn zum Gehen zu bewegen und lässt ihn dort. Franz trinkt weiter und sinkt schließlich zu Boden.

Buch: Hans W. Geißendörfer ■ Regie: Karin Hercher ■ Kamera: Dieter Christ ■ Redaktion: Ronald Gräbe

367 | Schmarotzer

Der Mietvertrag für das gemeinsame Reisebüro von Helga und Erich ist unterschrieben. Benny wirft Helga vor, dass sie sich nicht ausreichend um Klaus kümmert. Da er nach Schwabing zieht, überlässt er seinem Bruder den Hobbykeller. ■ Claudia muss Christoph zum nächsten Ersten aus finanziellen Gründen entlassen. Traurig hört sie dann von Bennys Umzug. Auch Christoph ist betrübt. Im »Akropolis« fragt er laut, ob jemand einen Job für ihn hat. Es meldet sich niemand. ■ Franz ist schwer erkältet. Frau Dr. Sperling untersucht ihn. Als sie ihm rät, das Trinken sein zu lassen, flippt er aus. Auch Ludwig versucht vergeblich, ihn zur Vernunft zu bringen und ihm klar zu machen, dass er nicht der malende Lebenskünstler ist, für den er sich hält. Nachts randaliert Franz völlig betrunken vor Dresslers Haus. Die Polizei nimmt ihn schließlich mit.

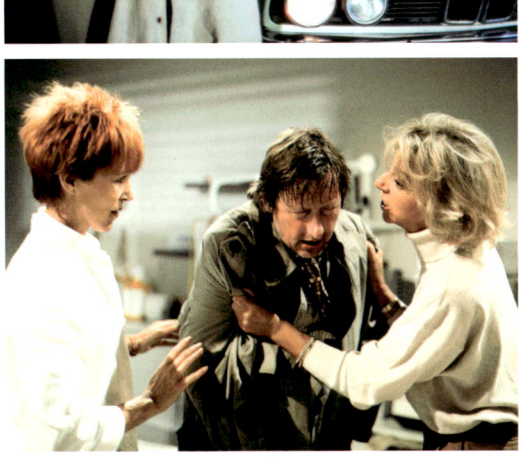

Buch: Hans W. Geißendörfer ■ Regie: Karin Hercher ■ Kamera: Dieter Christ ■ Redaktion: Ronald Gräbe

368 | Der Überraschungsgast

20. DEZ 92

Else bezeichnet Christoph im Blumenladen als Krüppel. Per Brief beschwert sich zudem eine alte Kundin, dass sie sich durch seine Behinderung gestört fühlt. Claudia ist fassungslos und nimmt ihre Kündigung zurück. ■ Vera hat geschrieben. Sie ist Mutter geworden und möchte wieder heiraten. Deshalb will sie sich von Franz scheiden lassen. Seiner Tochter erzählt Franz allerdings, dass Vera ihn besuchen kommt. Da Tanja auf die Malediven fliegt, gibt sie ihrem Vater 1.000 Mark, damit er ins Hotel gehen kann. ■ Helga freut sich, dass Benny Weihnachten mit ihnen verbringen will. Im Hobbykeller trifft sich Klaus mit Olli und Rainer. Die beiden sind in einer geheimnisvollen Clique. Klaus weiß nicht, ob er mit machen will. Später überrascht Marion ihre Mutter mit einem Besuch. Sie hat noch einen Gast mitgebracht. Helga soll raten, wer das sein kann.

Buch: Hans W. Geißendörfer ■ Regie: Karin Hercher ■ Kamera: Dieter Christ ■ Redaktion: Ronald Gräbe

369 | Geiz und Wahnsinn

27. DEZ 92

Helga genießt den Heiligabend mit all ihren Lieben. Neben Marion ist als Überraschungsgast Dominique aus Paris angereist. Selbst Onkel Franz wird herzlich im Familienkreis aufgenommen. Claudia ist derweil mutterseelenallein zuhause. ■ Während Valerie und Iffi zu ihrem Vater nach Spanien aufbrechen, kehren Rosi und Hubert aus Rostock zurück. Beate versorgt erst den kranken Vasily und besucht dann Ludwig und Frank. ■ Franz ist allein und wird von allen Nachbarn abgewiesen. Hajo lässt ihn zwar in die Wohnung, aber als sie zu trinken beginnen, wirft Berta ihn wieder hinaus. Auch Hans und Anna öffnen dem betrunkenen Franz nicht. Einsam und allein steht er schließlich im Hinterhof. Er prostet seiner Tochter und den Nachbarn zu. Dann wird ihm übel, er erbricht sich, sackt langsam zusammen und bleibt liegen. Schneeflocken fallen auf ihn nieder.

Buch: Maria Elisabeth Straub ■ Regie: Karin Hercher ■ Kamera: Dieter Christ ■ Redaktion: Ronald Gräbe

370 | Gruppenbild

3. JAN 93

Helga hat zu einem Fototermin die gesamte Großfamilie samt Erich, Dominique, Matthias, Hans, Anna und den Kindern geladen. ■ Gabi bereitet die Silvesterfeier im großen Familienkreis vor, als unverhofft Iffi vor der Tür steht. Sie habe keine Lust mehr gehabt, lautet ihre karge Begründung. Später trifft sie sich mit Momo. Die beiden sind verliebt und turteln schüchtern miteinander. ■ Tanja kommt aus dem Urlaub zurück. Berta legt ihr ans Herz, nach Franz zu schauen. Er war Heiligabend extrem betrunken. Tanja ist genervt. Später bemerkt Hans, dass Franz bei der Silvesterfeier im »Akropolis« fehlt und macht sich auf die Suche. Er findet ihn im Hinterhof hinter dem Wohnwagen — tot. Immer mehr Bewohner kommen dazu. Berta holt Tanja. Wie versteinert schaut sie ihren Vater an. Sie macht die Nachbarschaft für seinen Tod mit verantwortlich.

Buch: Maria Elisabeth Straub ■ Regie: Karin Hercher ■ Kamera: Dieter Christ ■ Redaktion: Ronald Gräbe

371 | Beileid

10. JAN 93

Franz' einsamer Tod hat die Bewohner der Lindenstraße mitgenommen. An seinem Grab nimmt Matthias weinend Abschied. Als Tanja kommt, versteckt er sich. Später läuft er ihr nach und redet auf sie ein, aber Tanja antwortet nicht. Sie sagt auch nichts, als Hülsch ihr die Kündigung überreicht. ■ Die Miete wird ab dem 1. April um 30 Prozent erhöht. Dabei haben Helga und Erich ohnehin schon Geldsorgen. Erich kann die 50.000 Mark Stammkapital für die GmbH nicht aufbringen. Helga bittet Hans, ihnen das Geld für 24 Stunden aus der Hotelkasse zu leihen. Hans lehnt zumindest nicht direkt ab. ■ Berta nimmt der Tod von Franz sehr mit. Hajo versteht ihren Weltschmerz nicht; es kommt einmal mehr zum Streit. Im Verlauf der Auseinandersetzung wirft Berta ihm vor, dass er sie in dem Interview nach Roberts Verhaftung nicht erwähnt hat. Hajo rauscht wütend ab.

Buch: Maria Elisabeth Straub ■ Regie: Karin Hercher ■ Kamera: Dieter Christ ■ Redaktion: Ronald Gräbe

372 | Kleine Einlage

17. JAN 93

Erich verfolgt ein innovatives Unternehmenskonzept: Frauenfreundlicher Tourismus, mit Helga als engagierter Chefin und ihm als Angestellten. Er bringt sie dazu, sich als alleinige Gesellschafterin eintragen zu lassen. Hans will von seinem Angebot, ihnen das Geld zu leihen, zurücktreten. Helga kann ihn aber umstimmen. ■ Isolde bittet Berta um Hilfe für ihre Pilotsendung zum Thema »Partnerschaftsprobleme«. Berta bricht in Tränen aus und fragt Eva-Maria später um Rat. Denn Hajo ist noch immer rigoros gegen die von ihr vorgeschlagene psychologische Beratung. ■ Bevor Hans seiner Frau erzählen kann, dass er Helga das Geld doch gegeben hat, ruft sein Chef Dabelstein an und bittet ihn, ins Hotel zu kommen. Später berichtet er Anna, dass sein Vergehen durch einen Zufall sofort entdeckt wurde. Entsetzt will Anna wissen, ob ihm gekündigt wurde.

Buch: Maria Elisabeth Straub ■ Regie: Karin Hercher ■ Kamera: Dieter Christ ■ Redaktion: Ronald Gräbe

373 | Der Pate

24. JAN 93

Auf der Suche nach einem geeigneten Stellplatz für das Windrad inspizieren Hubert und Amélie den Dachboden. Als Amélie hört, dass Roberts Wohnung aufgelöst wird, zeigt sie Interesse. ■ Valerie ist zurück aus Spanien. Sie unterstützt Gabi, wo sie kann. Nachdem sie Gabi von Andys wechselnden Beziehungen erzählt hat, will die sich scheiden lassen. Später nimmt Gabi das Angebot ihres Chefs an, die Filialleitung zu übernehmen. Iffi und Momo küssen sich zum ersten Mal. ■ Hans ist fristlos entlassen worden. Weder seine, noch Helgas Rechtfertigungsversuche interessieren seinen Chef. Abends trifft sich Anna heimlich mit Dabelstein in einem Restaurant. Der findet Gefallen an ihr und möchte sie in seine Wohnung lotsen. Das geht Anna zu weit. Aufgebracht will sie das Restaurant verlassen. Aber Dabelstein rät ihr hämisch, nicht unüberlegt zu handeln.

Buch: Maria Elisabeth Straub ■ Regie: Karin Hercher ■ Kamera: Dieter Christ ■ Redaktion: Ronald Gräbe

374 | Männer

31. JAN 93

Während Hans auf dem Arbeitsamt ist, schreibt Anna einen Brief an Dabelstein. Sein Angebot weist sie entschlossen zurück. Später meldet sich die Bank. Hans schafft es, sie zu vertrösten. Er bittet Helga um Aussetzung des Unterhaltes. Als sie Einwände hat, flippt Hans aus. ■ Hubert versucht, mit einem akribischen Zeitplan das Chaos bei Zenkers in den Griff zu bekommen. Valerie verkündet, dass sie die Schule verlassen und arbeiten gehen möchte. Aber Gabi bittet sie inständig, wenigstens einen Schulabschluss zu machen. ■ Im Hobbykeller üben sich Klaus und Olli im Messerwerfen. Olli fragt Klaus über die Mitbewohner aus, besonders über Onkel Franz. Später sprechen sie mit ihm über Ausländer. Beim Fernsehen mit Erich und Helga lässt Klaus später eine fremdenfeindliche Bemerkung fallen. Entsetzt will Helga wissen, ob er das ernst gemeint hat.

Buch: Maria Elisabeth Straub ■ Regie: Karin Hercher ■ Kamera: Dieter Christ ■ Redaktion: Ronald Gräbe

375 | Unter Strom

7. FEB 93

Urszula bekommt ein Jobangebot aus Warschau. Ihre Freundin Sonja braucht Unterstützung in ihrer Boutique. Beate möchte Urszula nur ungern verlieren. Derweil installiert Hubert zusammen mit Amélie und einem Monteur das Windrad auf dem Dach. Beim Umschalten auf die Windenergie versagt das Rad jedoch. ■ Tanja muss ausziehen. Ludwig will ihr helfen und bietet ihr an, in Franks Zimmer zu wohnen. ■ Helga steht Klaus' Ausländerfeindlichkeit hilflos gegenüber und bittet Erich, mit ihm zu reden. Später wird Klaus auf einer Waldlichtung rituell in eine rechtsradikale Gruppe aufgenommen. Derweil findet Benny im Hobbykeller Hakenkreuze. Wutentbrannt nimmt er sich seinen Bruder zur Brust. Es kommt zum Kampf. Helga muss ihre Söhne auseinander zerren. Klaus fehlt ein Zahn und sein Gesicht ist blutüberströmt. Zornig droht er seinem Bruder Rache an.

Buch: Maria Elisabeth Straub ■ Regie: Karin Hercher ■ Kamera: Dieter Christ ■ Redaktion: Ronald Gräbe

376 | Außenseiter

Hans findet keine neue Stelle. Sobald ein potenzieller Arbeitgeber den Kündigungsgrund erfährt, ist er aus dem Rennen. Er versucht, mit Klaus über die Hakenkreuze zu reden. Aber auch hier bleibt er erfolglos. Nachts erwischt Anna ihn beim Versuch, sein Zeugnis zu fälschen. Anna ist schockiert. Aber Hans glaubt nicht mehr an Aufrichtigkeit. ■ Sperlings sind in die ehemalige Schildknecht-Wohnung gezogen. Iffi lernt Momos Bruder Philipp kennen. Der ordnungsliebende Computer-Freak ist das genaue Gegenteil von Momo. Abends ruft Kurt an, aber die Leitung bricht wieder einmal zusammen. ■ Tanja wohnt bei Dressler und scheucht Egon herum. Der beschwert sich darüber beim Doktor. Ludwig bittet ihn um Geduld. Später legt er Tanja die Beweggründe für sein Handeln dar. Er will einmal im Leben nützlich sein. Tanja kann tun und lassen was sie will.

Buch: Maria Elisabeth Straub ■ Regie: Karin Hercher ■ Kamera: Dieter Christ ■ Redaktion: Ronald Gräbe

377 | Versuche

Anna erzählt Gabi, dass Hans sich sein Zeugnis zurecht basteln wollte. Sie selbst möchte wieder in ihrem alten Kindergarten, den auch Max besucht, arbeiten. Doch der ist gerade wegen Asbestverseuchung geschlossen. In der allgemeinen Aufregung geht Lisas gute Schulnote unter. Enttäuscht versteckt sie ein Spielzeugauto. Als Max es später sucht, betrachtet sie das Auto heimlich in ihrer Schatztruhe. ■ Egon erträgt Tanjas Launen immer weniger. Entsetzt hört er, dass Ludwig seinen Gast zu einem esoterischen Seminar einlädt. ■ Nach Feierabend feiern Beate und Urszula Abschied. Urszula hat sich für den Job in Polen entschieden. Die beiden werden sich sehr vermissen. Vasily sieht zufällig, wie sie sich auf den Mund küssen. Er ist irritiert. Später fragt er Beate, ob sie Urszula wiedersehen wird und ist entsetzt, weil Beate sich nicht sicher ist.

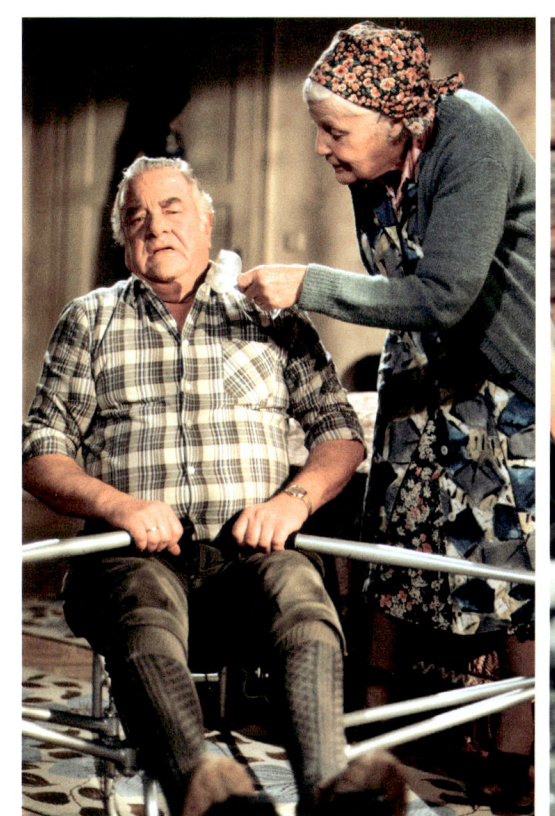

Buch: Maria Elisabeth Straub ■ Regie: Karin Hercher ■ Kamera: Dieter Christ ■ Redaktion: Ronald Gräbe

378 | Chaos

Als Beate an diesem Morgen zum Friseursalon kommt, trifft sie Vasily. Zwischen den beiden knistert es wieder. ■ Rosi erleidet einen Bandscheibenvorfall. Trotzdem will sie es sich nicht nehmen lassen, weiterhin auf Max aufzupassen. Hubert tobt. Er meint, Rosi solle in Ruhe gesund werden. Hubert will verhindern, dass sie Max weiter betreut. ■ Stolz holt Enrico die Einladungskarten für die »Casarotti« — Eröffnung. Isolde ist mit ihren Gedanken ganz bei ihrer Sendung. Sie weiß noch nicht, ob sie zur Eröffnung kommen kann. Sie verabredet sich um 19 Uhr mit ihrem Mann, um das Lokal zu besichtigen. Als sie nicht kommt, betrinkt sich Enrico. Voller Eifersucht auf den Redakteur macht er Isolde Vorwürfe. Die gibt gelassen zu, dass Magirus ihr äußerst sympathisch ist. Falls sie sich wirklich in ihn verlieben sollte, müsse Enrico Geduld haben.

Buch: Maria Elisabeth Straub ■ Regie: Claus Peter Witt ■ Kamera: Dieter Christ ■ Redaktion: Ronald Gräbe

379 | Survival

7. MÄR 93

Die Stimmung zwischen Isolde und Enrico ist angespannt. Isolde beschäftigt sich nur noch mit ihrer Fernsehkarriere. Als sie nicht einmal das von Enrico zubereitete Festmahl zu schätzen weiß und weg muss, rastet Enrico aus. Pathetisch zerreißt er den Pachtvertrag und verwüstet die Wohnung. Als Isolde heimkommt, ist er nicht mehr da. ■ Zwischen Hans und Anna kommt es wegen der erfolglosen Jobsuche zu einem heftigen Streit. Später versucht Hans vergeblich, zwischen seinen ältesten Söhnen zu vermitteln. Klaus will nicht reden und verschwindet. ■ Gabi nimmt Max mit zur Arbeit. Da er im Café jedoch nur Unfug anstellt, bringt sie ihn zu Hubert. Sie ist sehr erschöpft. Am Ende ihrer Kraft beginnt sie zu weinen. Urszula will sich eigentlich verabschieden, bietet Gabi dann aber an, zu bleiben und ihr zu helfen. Gabi ist überglücklich.

Buch: Maria Elisabeth Straub ■ Regie: Claus Peter Witt ■ Kamera: Dieter Christ ■ Redaktion: Ronald Gräbe

380 | Schlingerkurs

Tanjas Einfluss auf Dr. Dressler wird immer größer. Egon gefällt es gar nicht, dass Ludwig sich zunehmend mit esoterischen Themen beschäftigt. Hilfesuchend wendet er sich an Beate. Aber auch die schafft es nicht, Ludwig erfolgreich vor Tanja zu warnen. ■ Isolde steht im Vorbereitungsstress für ihre Sendung. Tanjas esoterische Anwandlungen interessieren sie als Thema. Die Wohnung ist immer noch verwüstet und Enrico nach wie vor verschwunden. Gefühlsmäßig steht Isolde zwischen Enrico und ihrem Redakteur. Noch hat sie sich für keinen der beiden entschieden. ■ Anna und Hans stecken in massiven Geldnöten. Anna hat zwar eine Schwangerschaftsvertretung im Kindergarten angenommen, aber das Geld reicht nicht. Verzweifelt suchen sie nach einer Lösung. So könnten sie ein Zimmer untervermieten. Dafür käme aber nur das Schlafzimmer in Frage.

Buch: Maria Elisabeth Straub ■ Regie: Claus Peter Witt ■ Kamera: Dieter Christ ■ Redaktion: Ronald Gräbe

381 — Hoch und tief

21. MÄR 93

Nach einer schlaflosen Nacht ist Berta morgens total erschöpft. Auf Hajos Rat hin geht sie zum Arzt. Dr. Freier verschreibt ihr Psychopharmaka, die ihre Stimmung zusehends heben. Unbeschwert genießt sie den Abend mit Hajo im »Akropolis«. ■ Im Hause Dressler kommt es zum Eklat zwischen Tanja und Egon. Nachdem Egon vergeblich Tanjas Rauswurf gefordert hat, verlässt er wütend das Haus. Daheim klagt er Else sein Leid. Die läuft gleich zu Dressler und erklärt ihm, dass ihr Egon »diesen Saustall« nie wieder betreten wird. ■ Die Verzweiflung bei Hans und Anna wächst. Die Untervermietung klappt nicht. Einen Kredit bekommen sie nicht, und ein neuer Job ist auch nicht in Aussicht. Anna verabredet sich heimlich mit Dabelstein. Der erklärt sich bereit, Hans ein gutes Zeugnis zu schreiben. Dafür will er mit ihr schlafen. Sie hat eine Woche Bedenkzeit.

Buch: Martina Borger ■ Regie: Claus Peter Witt ■ Kamera: Dieter Christ ■ Redaktion: Ronald Gräbe

382 | Heimlichkeiten

28. MÄR 93

Anna hat mit Dabelstein geschlafen. Nun plagt sie ihr Gewissen. Dabelstein bietet dem verwunderten Hans seine alte Stelle wieder an. Freudig nimmt er an. ■ Morgens kommt Berta nicht aus dem Bett. Eine kleine Tablette bringt sie jedoch schnell wieder auf die Beine. In der Praxis verbreitet sie gute Laune und nachmittags spielt sie angeregt mit Lisa und Amélie. Abends freut sie sich selbst über einen Besuch von Hajos Freunden Bolle und Rolf. Hajo ist begeistert von seinem »neuen Rehlein«. ■ Seit Tanja verreist ist, macht Egon die Arbeit bei Dressler wieder Spaß. Else erwischt Iffi und Momo, die sich im Wohnwagen zärtlich näher kommen und hält ihnen einen Vortrag über Anstand und Moral. Eva hingegen erinnert ihren Sohn an Verhütung. Nachts treffen sich die beiden Verliebten und beschließen, heute zum ersten Mal Sex zu haben.

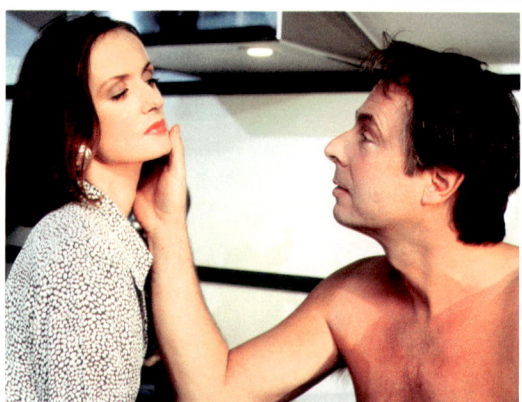

Buch: Martina Borger ■ Regie: Claus Peter Witt ■ Kamera: Dieter Christ ■ Redaktion: Ronald Gräbe

383 | Aprilscherze

Momo und Iffi übernachten gemeinsam im »Wohnei«. Bei seinem Versuch, sich heimlich in die Wohnung zu schleichen, wird Momo von Eva ertappt. Daraufhin sucht die das Gespräch mit Gabi. Beide wollen zwar nichts verbieten, die Beziehung der jungen Leute jedoch unter Kontrolle behalten. ■ Wegen diverser Beschwerden erhält Hubert Besuch von einem Verwaltungsbeamten, der nach der Genehmigung für das Windrad fragt. Doch es gibt keine. Amélie vermutet Onkel Franz hinter den Beschwerden. Abends versucht Amélie den geknickten Hubert aufzurichten. Er soll weiterkämpfen. ■ Klaus will mit Olli über Ostern dessen Tante im Schwäbischen besuchen. Da die Monatsabrechnung gut war, erlaubt Helga die Reise. Sie will indes mit Erich nach Irland. Im Hobbykeller gibt Matthias den Jungs Reisetipps und bittet Klaus, einen alten Studienkollegen zu besuchen.

Buch: Martina Borger ■ Regie: Claus Peter Witt ■ Kamera: Dieter Christ ■ Redaktion: Ronald Gräbe

384 | Odysseen

11. APR 93

Eva, Momo und Philipp freuen sich riesig über Kurts heutige Rückkehr aus Äthiopien. ■ Lisa hat ein Osterpaket von ihrer Mutter erhalten. Amélie telefoniert wegen des Windrades mit dem Planungsreferat. Hülsch kommt vorbei, um die Geräusche der ungewöhnlichen Stromquelle mit eigenen Ohren zu hören. Aber alles ist ruhig. Amélie und Hubert sind froh, dass es heute extrem windstill ist. ■ Olli klärt Klaus nicht darüber auf, wohin sie fahren. Matthias überreicht Klaus und Olli einen Brief, den sie seinem Studienkollegen überbringen sollen. Wortlos stecken die Jungen den Umschlag ein und fahren los. Während Helga telefoniert, schaut Matthias bei ihr die Nachrichten an. Es hat einen Anschlag auf ein Asylantenwohnheim gegeben. Matthias entdeckt Klaus und Olli unter den Tätern. Helga sorgt sich um Matthias, der mit einem Mal ganz weiß geworden ist.

Buch: Martina Borger ■ Regie: Claus Peter Witt ■ Kamera: Dieter Christ ■ Redaktion: Ronald Gräbe

385 | Konfrontationen

Matthias stellt Klaus nach dessen Rückkehr zur Rede. Der leugnet jedoch, bei dem Anschlag dabei gewesen zu sein. Matthias bietet ihm an, sein Geheimnis zu wahren, wenn Klaus die Gruppe verlässt. Klaus versucht daraufhin, Olli von der Gruppe abzubringen. Der aber meint, Klaus solle Matthias versprechen, was der hören will — und weiter mitmachen. ■ Begleitet von Elses Kommentaren poliert Kurt im Hof seine Motocross-Maschine. Iffi ist begeistert vom Vater ihres Freundes. Momo wirkt darüber nicht glücklich. ■ Enrico ist noch immer verschwunden. Isolde hört sich um. Aus den Reaktionen seiner Freunde schließt Isolde, dass ihr Mann auf Ischia ist. Wild entschlossen packt sie ihre Koffer. Magirus warnt sie, dass sie ihre Karriere aufs Spiel setzt, wenn sie die Sendung jetzt hängen lässt. Aber Isoldes Entschluss steht fest, sie wird Enrico suchen.

Buch: Martina Borger ■ Regie: Claus Peter Witt ■ Kamera: Dieter Christ ■ Redaktion: Ronald Gräbe

386 Des Meeres und der Liebe Wellen

25. APR 93

Helga und Schiller kehren von ihrem Kurzurlaub nach Irland zurück. In der Wohnung hat es sich zwischenzeitlich Onkel Franz gemütlich gemacht. Er hinterlässt ein Chaos. Abends sitzen die Urlauber mit Klaus, Marlene und Matthias zusammen. Als Marlene den Anschlag auf ein Asylantenheim erwähnt, wirft Klaus vor Schreck ein Glas um. Matthias überspielt die Situation. ■ Isolde sucht ganz Ischia nach Enrico ab. Verzweifelt weint sie sich bei Enricos Bruder Natale aus. Er weiß tatsächlich, wo Enrico sich aufhält und redet auf ihn ein, sein Versteckspiel aufzugeben. Als Isolde zufällig sieht, wie Enrico ein Wassertaxi besteigt, winkt sie ein zweites heran und verfolgt ihren Mann. Enrico reagiert gleichmütig. Sie soll ihn in Frieden lassen. Isolde versucht, ihn zur Rückkehr in die Lindenstraße zu überreden und beteuert, dass es mit Magirus aus ist.

Buch: Martina Borger, Maria Elisabeth Straub ■ Regie: Claus Peter Witt ■ Kamera: Dieter Christ ■ Redaktion: Ronald Gräbe

387 | Abfuhren

2. MAI 93

Berta ist unkonzentriert und leidet unter Schweißausbrüchen. Ihr Arzt beruhigt sie — kein Grund zur Sorge. Nachdem sie aus Alpträumen hochschreckt, sorgt sich Hajo. Er ist der Meinung, dass sie zu viele Tabletten nimmt. Berta verspricht, sich einzuschränken. ■ Heimlich wirft Klaus einen anonymen Drohbrief an Urszula in den Briefkasten. Die liest das Schreiben zufällig in Helgas Gegenwart. Urszula ist verstört, Helga empört. Fassungslos berichtet sie Matthias davon. Der ahnt, auf wessen Mist der Brief gewachsen ist und knöpft sich Klaus vor. ■ Claudia kündigt dem tief enttäuschten Christoph. Sie kann ihn nicht länger ertragen. Nach einem Flirt mit Claudia fragt Olaf seine Mutter Else über die Blumenverkäuferin aus. Genüsslich berichtet die ihm von der Brustamputation. Abends will Olaf mit Claudia etwas trinken gehen, aber sie lehnt ab.

Buch: Martina Borger ■ Regie: Claus Peter Witt ■ Kamera: Dieter Christ ■ Redaktion: Ronald Gräbe

388 | Versteckspiele

9. MAI 93

Olaf schafft es mit Hartnäckigkeit, Claudia zu einem Rendezvous zu überreden. Sie gesteht ihm, dass sie ihn mag und sich etwas Ernsteres mit ihm vorstellen kann. Mit dem Thema Liebe ist sie jedoch durch. Aber das will Olaf nicht glauben. ■ Berta ist zu müde, um zur Arbeit zu gehen. Hajo will sie aus dem Kreislauf aus Schlaftabletten und Gemütsaufhellern reißen und wirft ihre Tabletten weg. Aber Berta kann nicht mehr ohne die kleinen Helfer auskommen und fischt sie verzweifelt aus dem Müll. Zudem bittet sie Dr. Freier um ein neues Rezept. ■ Urszula hat weitere anonyme Briefe erhalten. Matthias informiert Helga über seinen Verdacht gegen Klaus. Helga will das zwar nicht glauben, bittet aber Hans, mit Klaus zu reden. Abends finden sie zerschnittene Zeitungsseiten in dessen Papierkorb. Hans und Helga sind entsetzt — und Klaus ist verschwunden.

Buch: Martina Borger ■ Regie: Claus Peter Witt ■ Kamera: Dieter Christ ■ Redaktion: Ronald Gräbe

389 | Hausarrest

Angeblich benötigte Klaus die zerschnittenen Zeitungen für die Schule. Zu dem von Helga gewünschten Vater-Sohn-Gespräch kommt es nicht. Während Helga ihren Ex-Mann mit Vorwürfen überschüttet, reißt Klaus aus. Er trifft sich mit Olli und Rainer. Letzterer fordert Klaus unsanft auf, endlich gegen »die Polin« aktiv zu werden. ■ Amélie sucht verzweifelt ihren Hausschlüssel. Sie bittet Berta um ihren Zweitschlüssel, aber auch die weiß nicht, wo sie den Schlüssel deponiert hat. Als Amélie schließlich doch in ihre Wohnung gelangt, sind die Herdplatten an. Vergeblich bittet sie Onkel Franz nachzuschauen, ob jemand in der Wohnung ist. ■ Iffi freut sich auf das Motocross-Rennen mit Momo und Kurt. Da Gabi aber niemanden für Max hat, soll Iffi bei ihm bleiben. Im daraus folgenden Streit kommt heraus, dass Iffi die Pille nimmt. Gabi ist entsetzt.

Buch: Martina Borger ■ Regie: Claus Peter Witt ■ Kamera: Dieter Christ ■ Redaktion: Ronald Gräbe

390 | Romeo und Julia

23. MAI 93

Nachdem Amélie das Türschloss ausgewechselt hat, findet sie ihren Schlüssel wieder. Sie ist besorgt über ihre zunehmende Vergesslichkeit. Lisa entdeckt bei einem Besuch, dass das Badewasser fast überläuft. Amélie kann sich jedoch nicht erinnern, den Wasserhahn aufgedreht zu haben. ■ Iffi wird von Eva abgewimmelt, Gabi weist Momo an der Tür ab. Wütend über den Versuch, sie auseinander zu bringen, ziehen die beiden Verliebten in den Wohnwagen. Die Erwachsenen lassen sie gewähren — zumindest für diese Nacht. ■ Rainer und seine Kumpanen zerren Klaus in ein Auto. Sie geben ihm ein Fläschchen Salzsäure, mit der er Urszula attackieren soll. Angespannt wartet Klaus. Er sieht zwar, wie Urszula mit Irina heim kommt, schafft es aber nicht, die beiden mit der Säure zu verletzen. Kurz darauf wird Klaus selbst von Rainer mit einem Messer bedroht.

Buch: Martina Borger ■ Regie: Peter Wekwerth ■ Kamera: Dieter Christ ■ Redaktion: Ronald Gräbe

391 Viele Köche

Klaus erntet in seiner rechtsradikalen Gruppe nur wenig Verständnis für den verpatzten Anschlag auf Urszula. Im Gegenteil: Er wird massiv bedroht und Rainer bricht ihm den Arm. Eva vermutet sofort Gewalteinwirkung, aber Klaus bleibt bei seiner Version, unglücklich gefallen zu sein. Allerdings möchte er baldmöglichst Marion in Paris besuchen. ■ Isolde und Enrico bereiten nach ihrer Rückkehr aus Italien alles für die Eröffnung des »Casarotti« in der kommenden Woche vor. ■ Iffis und Momos Beziehung ist weiterhin ein heißes Thema. Kurt löst mit seinem Vorschlag, zu Pfingsten eine Paddeltour zu unternehmen, wenig Begeisterung aus. Iffi verbittet sich bei einem Streit mit Gabi jegliche Einmischung in ihr Leben. Gabi sei schließlich nicht ihre Mutter. Sie will ihre Beziehung zu Momo selbst bestimmen — oder für immer in den Wohnwagen ziehen.

Buch: Maria Elisabeth Straub ■ Regie: Peter Wekwerth ■ Kamera: Dieter Christ ■ Redaktion: Ronald Gräbe

392 | Klar Schiff

6. JUN 93

Große Eröffnung des »Casarotti«: Enricos Kumpanen kommen zu früh und werden von Isolde wieder heimgeschickt. Enrico tobt, weil sie seine Freunde beleidigt hat. Als die vier dann später nicht zum Dienst erscheinen, helfen Beate und Vasily aus. Die Nachbarn feiern mit Isolde und Enrico eine fröhliche Lokaleröffnung. ■ Iffi ist wirklich in den Wohnwagen gezogen. Rosi besucht sie und redet ihr zu, sich wieder mit Gabi zu versöhnen. Währenddessen warnt Kurt seinen Sohn auf der Paddeltour davor, sich zu früh zu binden. Aber Momo erinnert seinen Vater an die eigene frühe Heirat mit Eva. ■ Klaus versteckt sich bei Marion in Paris vor seinen »Freunden«. Auf ihre bohrenden Nachfragen hin erzählt er ihr, was wirklich passiert ist. Marion verlangt, dass er die Gruppe anzeigt; notfalls wird sie es tun. Doch Klaus fürchtet sich vor Rainers Rache.

Buch: Maria Elisabeth Straub ■ Regie: Peter Wekwerth ■ Kamera: Dieter Christ ■ Redaktion: Ronald Gräbe

393 | Happy Cadaver

Für einen Artikel über das Windrad wird ein Foto mit Hubert, Amélie und Lisa gemacht. Amélie lässt versehentlich ihre Wohnungstür auf. Onkel Franz schaut sich bei ihr um und wird von ihr ertappt. Lisa legt später heimlich Amélies Brille in Wittichs Wohnung — dorthin, wo Amélie sie sehen wird. Amélie glaubt daraufhin, ihre »Vergesslichkeiten« der letzten Zeit erklären zu können. Später bittet sie Hubert, das Windrad abzumontieren. Es habe seinen aufklärerischen Zweck erfüllt. ■ Momo berichtet Iffi von Kurts ständigen Ermahnungen, stets zu verhüten. Dabei fällt Iffi ein, dass sie die Pille vergessen hat. Sie ist aber sicher, dass nichts passieren kann. ■ Da Erich ihr gluckenhaftes Verhalten nicht nachvollziehen kann, kommt es zum Streit mit Helga. Als er in seine eigene Wohnung will, droht Helga: Wenn er jetzt geht, gebe es keinen Weg zurück.

Buch: Maria Elisabeth Straub ■ Regie: Peter Wekwerth ■ Kamera: Dieter Christ ■ Redaktion: Ronald Gräbe

394 | Romantikmenü

20. JUN 93

Helga und Erich haben sich wieder vertragen und wollen ganz zusammen ziehen. Klaus kommt in Begleitung seiner Schwester zurück. Marion klärt ihre Eltern und Erich über alles auf. Sie hat bereits die Polizei informiert. Abends entschuldigt sich Klaus — von Benny unterstützt — bei Urszula. ■ Nacheinander versuchen Gabi, Rosi und Hubert, die aufsässige Iffi zurück in die Wohnung zu lotsen. In ihrer Verzweiflung ruft Gabi sogar bei Andy in Spanien an, aber der wurde bereits von Rosi unterrichtet. Wütend verlangt Gabi eine Erklärung von ihrer Mutter. ■ Dabelstein verfolgt Anna bis in ihre Träume. Abends bringt Hans seinen Chef unverhofft mit ins »Casarotti«. Anna ist nicht sonderlich nett zu ihm und empfindet seine Freundlichkeit als Bedrohung. Als Hans ihr diese Schroffheit vorhält, regt sie sich auf. Hans versteht nun gar nichts mehr.

Buch: Maria Elisabeth Straub ■ Regie: Peter Wekwerth ■ Kamera: Dieter Christ ■ Redaktion: Ronald Gräbe

395 | Wenn Frauen nicht wollen

Übermüdet von der langen Reise kehrt Andy in die Lindenstraße zurück. Bei einem Besuch bei seiner jüngsten Tochter lernt er Momo kennen. Iffi ist gewappnet und sagt Andy gleich, dass sie und Momo zusammenbleiben werden. Abends gesteht Andy seiner Frau, dass er auch wegen ihr zurück gekommen ist. Er hat gemerkt, dass er zu ihr gehört. Gabi schweigt. ■ Lisa hat ihr Zimmer für Andy geräumt und ist zu Amélie gezogen. Sie schreibt einen Brief an ihre Mutter, in dem sie ihr eine große Überraschung verspricht. Sowohl den Brief als auch ihr Schatzkästchen versteckt sie vor Amélie. ■ Anna versucht, Hans einen Umzug nach Bad Tölz schmackhaft zu machen. Aber Hans interessiert sich viel mehr für den plötzlichen Grund ihrer Abneigung gegen Dabelstein. Er bittet sie, Dabelsteins Einladung ins »Casarotti« nachzukommen. Anna trifft sich lieber mit Gabi.

Buch: Maria Elisabeth Straub ■ Regie: Peter Wekwerth ■ Kamera: Dieter Christ ■ Redaktion: Ronald Gräbe

396 | Eiszeit

Iffis Umzug vom Wohnwagen in die Wohnung ist nur von kurzer Dauer. Nach Andys Vorschlag, seine Töchter mit nach Spanien zu nehmen, hält Gabi ihm Verantwortungslosigkeit vor. Iffi kehrt postwendend in den Wohnwagen zurück. ■ Die Mitglieder der rechtsradikalen Gruppe wurden gefasst. Klaus kommt zur Identifizierung der ehemaligen »Kameraden« ins Präsidium. Olli tritt den Verräter heftig vors Schienbein. ■ Berta besucht Lisa, die allein bei Amélie ist. Wie von Sinnen kriecht Berta plötzlich über den Fußboden und scheint ihre Umgebung nicht wahrzunehmen. Schließlich verschwindet sie und lässt Lisa verstört zurück. Die versucht vergeblich ihre Mutter telefonisch zu erreichen. Als Amélie von einem Besuch bei Lydia heim kommt, ist Lisa damit beschäftigt, eine Überraschung für Amélie aus einem Bettlaken zu basteln. Amélie ist neugierig.

Buch: Maria Elisabeth Straub ■ Regie: Peter Wekwerth ■ Kamera: Dieter Christ ■ Redaktion: Ronald Gräbe

397 | Tea for two

11. JUL 93

Durch einen Brief erfährt Amélie zufällig von Lisas geheimer Sehnsucht nach ihrer Mutter. Sie beschließt, Frau Hoffmeister einzuladen. Nachmittags gibt ihr Lisa unbemerkt einige von Bertas Schlaftabletten in den Tee. Lisa kann ihren Plan umsetzen und fesselt die betäubte Amélie an deren Bett. Später kommt Frau Hoffmeister vorbei. Stolz zeigt Lisa ihr die hilflose Amélie. Nun soll ihre Mutter helfen, Amélie zu töten — schließlich habe sie Mutter und Tochter getrennt. Entsetzt faucht Frau Hoffmeister, dass sie Lisa besser nach der Geburt umgebracht hätte. ∎ Klaus wird neuerdings von Onkel Franz und Hilmar samt Hund begleitet. Klaus' Anwalt geht von einem Freispruch aus. ∎ Während Gabi auf Andys Abreise wartet, streitet der mit Iffi. Auch zwischen Gabi und den Mädchen kommt es zum Disput. Iffi will sich später allerdings wieder vertragen.

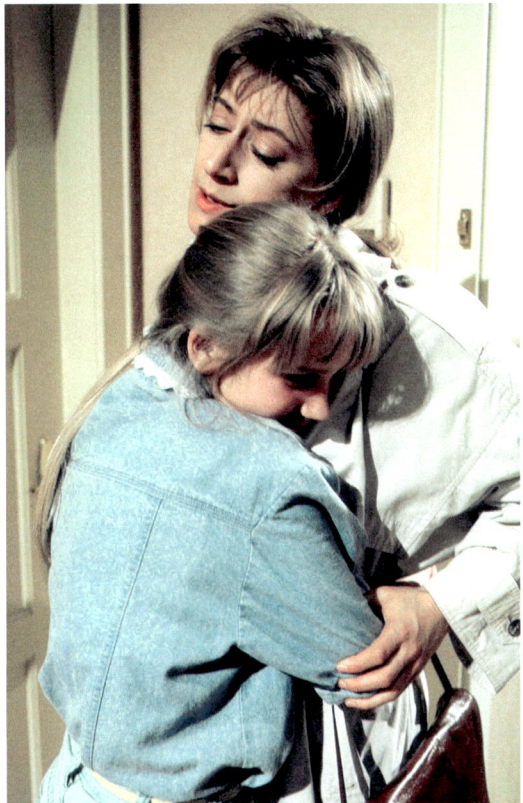

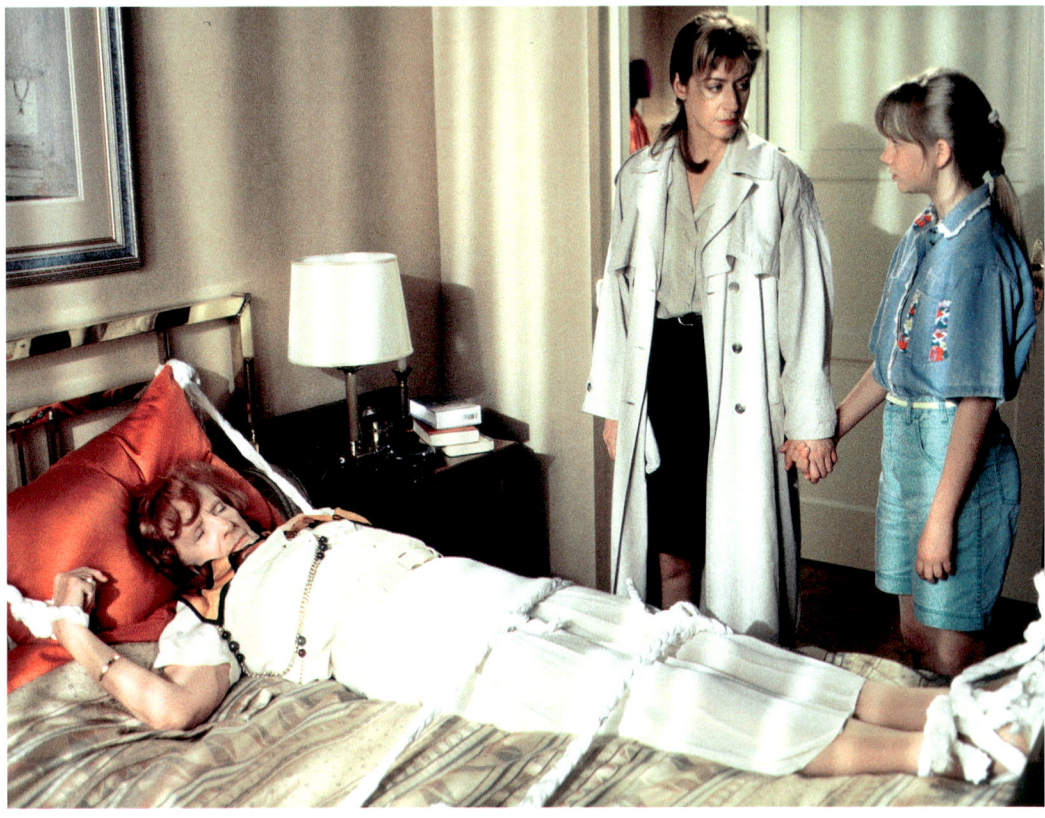

Buch: Maria Elisabeth Straub ∎ Regie: Peter Wekwerth ∎ Kamera: Dieter Christ ∎ Redaktion: Ronald Gräbe

398 | Zwänge

18. JUL 93

Olaf hat sich von seiner Frau getrennt und erzählt seiner Mutter, dass er ab sofort als Schnellschuster im Supermarkt arbeiten wird. Er besucht Claudia und lädt sie abends ins »Akropolis« ein. Dort fragt sie ihn, ob er wegen ihr in die Lindenstraße zurückgekehrt ist. Als Antwort bittet Olaf sie überraschend, seine Frau zu werden. ■ Lisa liegt mit Fieber im Bett. Hubert schafft es als einziger, ihr Vertrauen zu gewinnen. Sie zeigt ihm die gestohlenen Sachen und sagt ihm, dass sie böse sei. Hubert erzählt ihr von seiner Spielsucht und baut Lisa auf. ■ Hajo präsentiert Berta stolz den umgebauten Bus. Er soll als »Investigationsmobil« eingesetzt werden. Bei einer Testfahrt kommt es, nachdem Berta Tabletten eingenommen hat, zu spontanem Sex. Als die Wirkung nachlässt, durchsucht Berta später aufgelöst die Wohnung nach weiteren Tabletten.

Buch: Maria Elisabeth Straub ■ Regie: Peter Wekwerth ■ Kamera: Dieter Christ ■ Redaktion: Ronald Gräbe

399 | Abrechnungen

25. JUL 93

Olaf bringt Claudia Obst vom Biobauern. Sie freut sich sehr über sein Bemühen, dem Thema Heirat weicht sie jedoch aus. Auf Christophs Bitte hin versucht Benny, mit Claudia über eine Weiterbeschäftigung zu sprechen. Aber Claudia lässt sich nicht umstimmen. ■ Klaus, der als Aushilfe im Hotel seines Vaters arbeitet, führt sich dort unmöglich auf. Außerdem ist er nach der Mittagspause nicht mehr aufgetaucht. ■ Andy fährt mit seinen Töchtern zurück nach Spanien. Momo kommt für die Dauer der Ferien mit. Lisa befindet sich in therapeutischer Behandlung. Ihr Arzt meint, sie müsse in die Psychiatrie eingewiesen werden. Gabi schneidert ein Kleid für Lisas Puppe. Mit dem Kleid sieht die Puppe aus wie Lisa. Die will, dass die Puppe sofort verschwindet. Gabi versucht, mit ihr zu reden, kommt aber nicht an sie heran. Lisa will nur eines: weg von Gabi.

Buch: Maria Elisabeth Straub ■ Regie: Peter Wekwerth ■ Kamera: Dieter Christ ■ Redaktion: Ronald Gräbe

400 | Knalleffekte

1. AUG 93

Lisa geht ins Kinderheim. Traurig müssen sich Gabi und Amélie eingestehen, dass sie einiges falsch gemacht haben. Hubert bringt abends Lisas Puppe zu Amélie, die nun für vier Wochen zur Kur fährt. ■ Berta ist endlich geschieden. Ausgelassen beschließt sie, die Scheidung mit allen Freunden und Nachbarn gebührend im »Akropolis« zu feiern. ■ Helga und Erich freuen sich auf den bevorstehenden Urlaub. Klaus will jedoch nicht mehr im Hotel arbeiten und Helga möchte ihn nicht so lange gänzlich unbeaufsichtigt lassen. Christoph verabschiedet sich traurig von Helga. Er wird mit seiner Mutter nach Freising ziehen. Abends kommt es im »Akropolis« zu einem Streit zwischen Helga und Anna, woraufhin Helga das Lokal verlässt. Als Helga meint, Anna habe ihr den Mann weggenommen, verlässt Erich verletzt die Wohnung: Als Ersatzmann steht er nicht zur Verfügung.

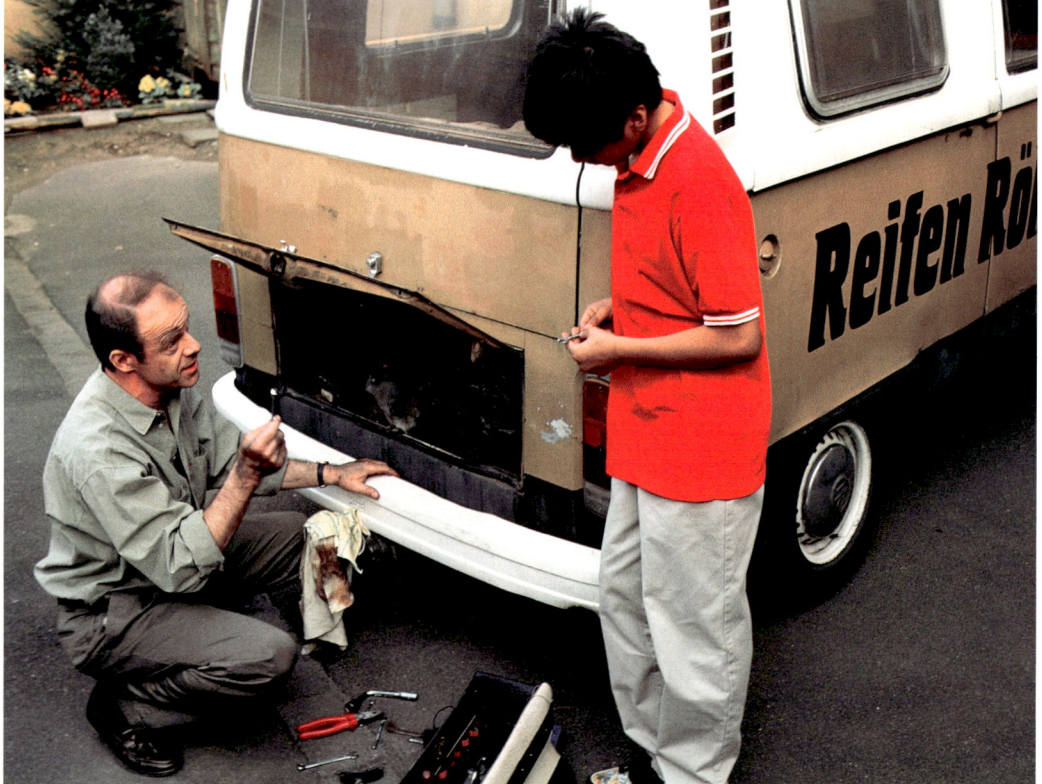

Buch: Martina Borger ■ Regie: Peter Wekwerth ■ Kamera: Dieter Christ ■ Redaktion: Ronald Gräbe

401 Verwirrung der Gefühle

8. AUG 93

Nach einer Woche Streit vertragen sich Helga und Erich wieder. Gemeinsam mit Klaus wollen sie nun nach Irland fahren. Hans findet es nicht richtig, dass Klaus für sein Verhalten belohnt wird. Aber Helga verbittet sich jede weitere Einmischung in ihre Erziehungsmethoden. ■ Rosi und Hubert reisen nach Rostock. Im Treppenhaus treffen sie Hajo. Der ist verwirrt, als Rosi nach seiner Hochzeit mit Berta fragt. Derweil verteidigt sich Berta gegenüber Ludwig, der sie auf ihre ständige gute Laune anspricht. Als Hajo abends klarstellt, dass er nichts von der Institution Ehe hält, will Berta entgeistert wissen, ob er sie nicht mehr liebt. ■ Dr. Dressler vertritt Eva in der Praxis. Egon ist erbost, weil Tanja ab sofort für Ludwig kocht. Else nervt indes die Nachbarn mit ihrem gestohlenen Portmonee. Dabei hat sie es Olaf zum Reparieren gegeben.

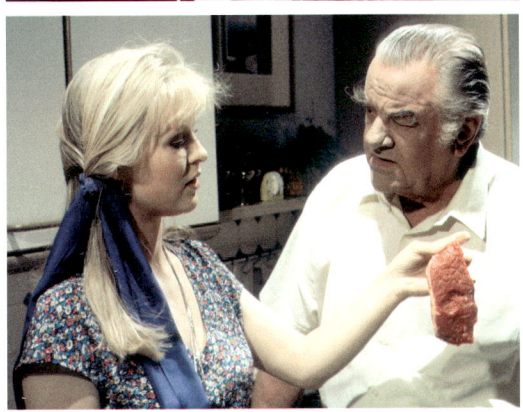

Buch: Martina Borger ■ Regie: Peter Wekwerth ■ Kamera: Dieter Christ ■ Redaktion: Ronald Gräbe

402 | Euphorie

15. AUG 93

Claudia will den Umsatz im Laden ankurbeln und wird ab nächster Woche Biogemüse von dem Bauern Boris Ecker im Laden anbieten. Als Olaf mit einer günstigen gebrauchten Waage auftaucht, bekommt er zur Belohnung ein zaghaftes Küsschen. ■ Bertas unregelmäßige Anfälle von Euphorie sind nicht länger zu verbergen. Dressler vermutet Alkohol- oder Tablettenmissbrauch und spricht sie darauf an. Im Laufe des Tages schlägt Bertas Hochstimmung in Depression um. Abends redet Ludwig im »Akropolis« mit Hajo über Berta. Aber der sieht keinen Grund zur Besorgnis. ■ Egon hält Dressler und Tanja unabhängig voneinander vor, dass Tanja sich am Doktor bereichert. Ludwig will Tanja helfen, weil er bei Franz versagt hat. Tanja hingegen ist durchaus zu Gegenleistungen bereit. Entsetzt verlangt Egon von Dressler, sich zwischen ihm und Tanja zu entscheiden.

Buch: Martina Borger ■ Regie: Peter Wekwerth ■ Kamera: Dieter Christ ■ Redaktion: Ronald Gräbe

403 | Vibrationen

Else ist gegen die Verbindung zwischen Claudia und Olaf. Eingeschüchtert meint Claudia, dass Olaf sich eine andere Frau suchen soll. Olaf will davon nichts wissen und lädt sie abends ins »Akropolis« ein. Als Else dort später ebenfalls auftaucht, verbittet Olaf sich weitere Einmischungen in sein Liebesleben. ■ Ludwig ist begeistert, als Egon auf Tanjas Bitte hin zurückkommt. Er hat ihm in der vergangenen Woche sehr gefehlt. Tanja möchte in Ludwigs Wohnung in Percha esoterische Seminare anbieten. Sobald sie damit Geld verdient, will sie auch Miete zahlen. Ludwig will die Sache mit Beate und Carsten besprechen, hat aber generell keine Einwände. ■ Urszula will ihre Lehre im Friseursalon nun doch beenden. Beate ist begeistert. Vasily hofft immer noch, dass Beate zu ihm zurückkehrt. Aber auch heute werden seine Hoffnungen enttäuscht.

Buch: Martina Borger ■ Regie: Peter Wekwerth ■ Kamera: Dieter Christ ■ Redaktion: Ronald Gräbe

404 | Liebe und Schmerz

29. AUG 93

Beate und Vasily versöhnen sich und holen nach, worauf sie solange verzichten mussten… ■ Iffi steht überraschend vor der Tür. Sie ist ohne Momo aus Spanien zurückgekehrt. Gabi und Urszula versuchen vergeblich zu erfahren, was vorgefallen ist. ■ Anna ist mit den Nerven am Ende. Als Dabelstein sie mit Blumen und Geschenken besucht und mit Sarah in den Zoo gehen will, weist sie ihm energisch die Tür. Er reagiert auf ihr abweisendes Verhalten mit Drohungen. Hans versteht Annas Reaktion absolut nicht und macht ein Treffen für den nächsten Tag mit seinem Chef aus. Anna fühlt sich übergangen und verlässt aufgebracht die Wohnung. Sie kommt erst spät zurück. Abends versucht Hans in Ruhe mit ihr zu reden, aber Anna reagiert wütend. Sie ist sicher, dass etwas Schlimmes passieren wird, wenn Dabelstein nicht aus ihrem Leben verschwindet.

Buch: Martina Borger ■ Regie: George Moorse ■ Kamera: Kurt Mikler ■ Redaktion: Ronald Gräbe

405 | Total egal

Als Dabelstein erneut Anna belästigt, will sie mit Hans reden. Der erzählt jedoch empört von der untreuen Ehefrau seines Kollegen – ein unpassender Moment für Anna. Sie geht zu Dabelstein, um einen Schlussstrich zu ziehen. Aber Dabelstein wird erneut aufdringlich. Anna bleibt nur die Flucht. ■ Iffi bereitet sich auf die Aufnahmeprüfung für das Gymnasium vor, als Momo zurück kommt. Abends versöhnen sie sich leidenschaftlich im Wohnwagen. Iffi hat schon wieder die Pille vergessen, glaubt aber nicht, dass etwas passieren kann. ■ Der Zwist zwischen Egon und Tanja eskaliert. Eine provozierende Bemerkung von Tanja bringt das Fass zum Überlaufen. Egon schlägt ihr seinen Putzlappen ins Gesicht. Tanja packt ihre Sachen. Ludwig erteilt Egon Hausverbot. Wie von Sinnen droht Egon, eher das Haus anzuzünden als zuzusehen, wie Tanja den Doktor ausbeutet.

Buch: Martina Borger ■ Regie: George Moorse ■ Kamera: Kurt Mikler ■ Redaktion: Ronald Gräbe

406 | Der Ernst des Lebens

12. SEP 93

Max kann seinen ersten Schultag kaum erwarten. Iffi rechnet aus, dass ihre letzte Menstruation 39 Tage her ist. Sie bringt eine Urinprobe in eine Apotheke und lässt einen Schwangerschaftstest machen. Kurz vor Ladenschluss erfährt sie von der Apothekerin, dass der Test positiv ist. Iffi kann das Ergebnis nicht wirklich deuten: Ist sie schwanger oder nicht? ■ Helga entdeckt in der Frühe eine Maus. Noch vor Büroschluss kehrt sie in die Wohnung zurück und macht sich auf die Jagd. Als Else klingelt, versucht Helga vergeblich den aufgekehrten Mäusekot hinter ihrem Rücken zu verbergen. Pflichtbewusst mahnt Else Helgas mangelnde Hygiene an. ■ Egon macht seine Arbeitslosigkeit schwer zu schaffen. Frank vermittelt zwischen ihm und seinem Vater. Egon gibt bei einem gemeinsamen Abendessen sein Fehlverhalten zu und die beiden versöhnen sich wieder.

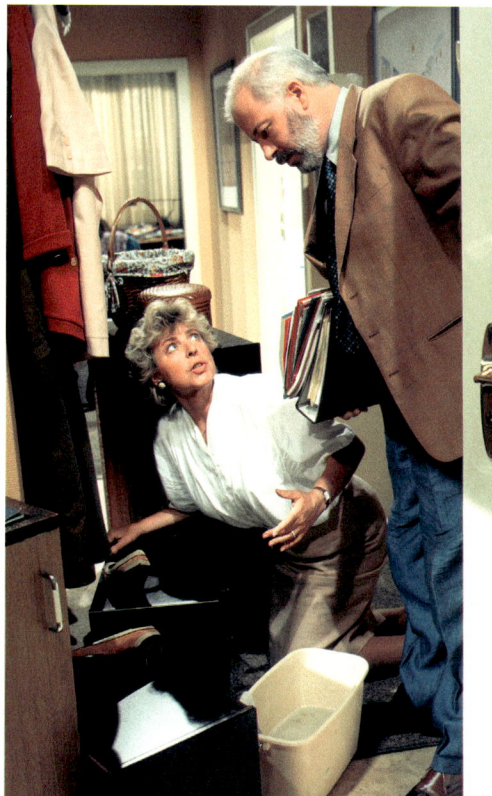

Buch: Martina Borger ■ Regie: George Moorse ■ Kamera: Kurt Mikler ■ Redaktion: Ronald Gräbe

407 | Die Falle

Iffi erfährt bei Pro Familia, dass sie für eine Abtreibung die Zustimmung eines Elternteils benötigt. Sie faxt Andy die Einverständniserklärung, aber der will mit ihr telefonieren. Momo reagiert liebevoll. Beide wissen nicht, was sie tun sollen. Die Abtreibung scheint derzeit die einzige Lösung zu sein. ■ Helga ist neugierig, ob Jessica für Klaus mehr ist als nur eine Schulkameradin. Ansonsten ist sie in Gedanken bei der Maus, die immer noch in der Wohnung ihr Unwesen treibt. ■ Anna soll abends zu Dabelstein kommen. Andernfalls will er Hans alles erzählen. Anna lässt sich darauf ein, kann Dabelsteins Zudringlichkeiten jedoch kaum ertragen. Als sie ihn heftig abwehrt, stürzt er die Treppe hinunter und bleibt regungslos liegen. Anna flüchtet. Hans ist besorgt, als er sieht in welchem Zustand seine Frau ist und spendet ihr Trost. Iffi will wissen, was los ist.

Buch: Martina Borger ■ Regie: George Moorse ■ Kamera: Kurt Mikler ■ Redaktion: Ronald Gräbe

408 | Krisensitzung

Andy kommt aus Spanien. Er verspricht Iffi, dass er Gabi gegenüber schweigen wird. Unterdessen vertraut sich Momo seinem Vater an. Obwohl auch Kurt verspricht, nichts zu sagen, reicht eine Andeutung und Eva reimt sich alles zusammen und sagt es Gabi. Daraufhin wird der Familienrat einberufen. Bis auf Gabi sind alle Erwachsenen für eine Abtreibung. Iffi ist sauer, weil niemand sich für ihre Meinung interessiert. ■ Da Anna krank ist, geht Hans allein zu Dabelsteins Beerdigung. Später bekommt Anna Besuch von Dabelsteins Mutter. Hans soll die Geschäfte ihres Sohnes weiterführen. Anna ist verzweifelt. ■ Hans trifft abends Berta und Hajo im »Akropolis«. Er berichtet vom mysteriösen Tod seines Chefs. Hajo will den Fall untersuchen, so kann er gleich seine neue Ausrüstung ausprobieren. Auch Berta ist begeistert, sie wittert ein Verbrechen aus Leidenschaft.

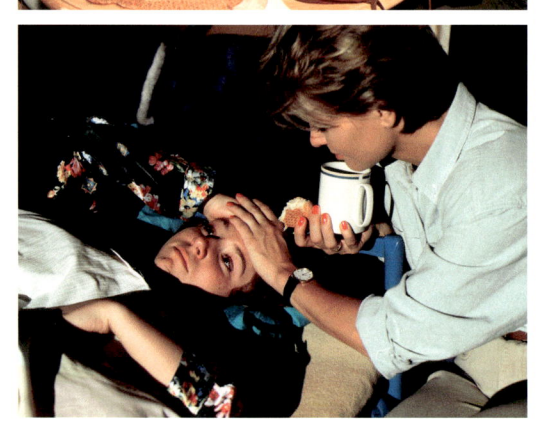

Buch: Martina Borger ■ Regie: George Moorse ■ Kamera: Kurt Mikler ■ Redaktion: Ronald Gräbe

409 Mit dem Kopf durch die Wand

3. OKT 93

Im letzten Moment entscheidet sich Iffi gegen eine Abtreibung und für ihr Kind. Momo ist wütend. Andy fährt zurück nach Spanien. Abends kriecht Iffi zu Gabi ins Bett und bittet sie, ihr in Sachen Schwangerschaft zu helfen. ■ Vasily ist verliebt, aber Beate möchte keine enge Beziehung. Egon betrinkt sich im »Akropolis«, bis Else ihn abholt. Tanja zieht nach Percha. Als Else über Tanja lästert und sie eine Hure nennt, verteidigt Egon das Mädchen plötzlich. Else ist fassungslos. ■ Hans ist begeistert von seinem neuen Aufgabengebiet im Hotel. Anna schlägt Helga als Geschenk zu Hans' 50. Geburtstag einen Unterhaltsverzicht vor, schließlich ist sie inzwischen selbstständige Unternehmerin. Eingeschnappt zieht Helga von dannen. Hans berichtet abends, dass die Polizei bei Dabelstein von Mord ausgeht. Anna fällt vor Schreck die Schüssel herunter.

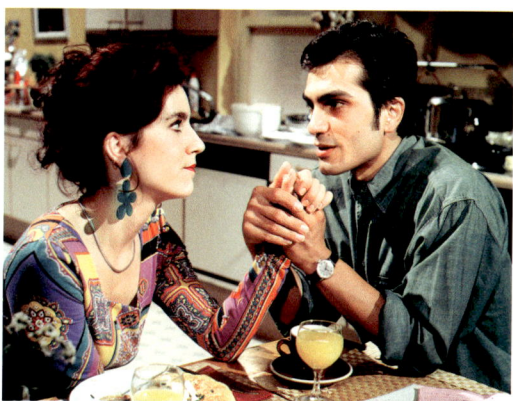

Buch: Hans W. Geißendörfer ■ Regie: George Moorse ■ Kamera: Kurt Mikler ■ Redaktion: Ronald Gräbe

410 | Die Aufgabe

10. OKT 93

Iffi und Momo versöhnen sich wieder. Momo gesteht, dass er Iffi seit ihrer Schwangerschaft noch mehr liebt als vorher. ■ Lydia macht sich Gedanken um ihre Tochter, die ihr fremd geworden ist. Aber weder Berta noch Hajo teilen ihre Sorgen. ■ Helga berät ihre erste Kundin, ohne den Mantel abzulegen. Auf Erichs Nachfrage reagiert sie nicht. Deshalb schaut er auch gar nicht hin, als sie unter dem Mantel ein Ballkleid präsentiert. Sauer über seine Nichtbeachtung rauscht sie hinaus. Erich, der die Überraschung erst jetzt versteht, läuft ihr hinterher. Mitten auf der Straße küssen sie sich. Klaus geht trotz Verbots zu einer Party am Starnberger See. Auf dem Steg wird er von anderen Jugendlichen wegen seiner rechtsradikalen Vergangenheit angegriffen und in den See geworfen. Derweil macht sich Helga zu Hause Sorgen, dass ihm etwas zugestoßen ist.

Buch: Hans W. Geißendörfer ■ Regie: George Moorse ■ Kamera: Kurt Mikler ■ Redaktion: Ronald Gräbe

411 Rote Schuhe

Isolde setzt das gesamte Personal an die Luft, weil Enrico erneut Freunde und Verwandte seiner »Mafia« eingeschleust hat. Enrico und seine Frau essen gerade, als die »Mafia« zur Tür hinein kommt. Sofort will Isolde wieder durchgreifen. Aber das Quartett stimmt ein Loblied auf sie an. Entwaffnet gibt sie nach. ■ Anna wird von Gewissensbissen geplagt. Sie kann ihre Schuld kaum noch tragen. Eine Beichte in der Kirche hilft ihr nicht weiter und auch Matthias kann ihr die Last nicht nehmen. ■ Else entdeckt ein Paar rote Stiefeletten in Olafs Werkstatt und glaubt, dass es sich um ihr Weihnachtsgeschenk handelt. Aber ihr Sohn hat die Schuhe für Claudia geschustert. Glücklich bedankt sie sich mit einem Kuss. Olafs Bemühungen tragen endlich Früchte – man landet im Bett. Nach dem Sex will Claudia wissen, ob ihm ihre Amputation nichts ausmacht.

Buch: Hans W. Geißendörfer ■ Regie: George Moorse ■ Kamera: Kurt Mikler ■ Redaktion: Ronald Gräbe

412 | Sirenen

Else fordert von Claudia die Bezahlung der roten Schuhe. Die setzt die alte Frau entrüstet vor die Tür. Auch Olaf stellt seine Mutter ungehalten zur Rede. Er ist außer sich vor Wut und kehrt der mütterlichen Wohnung endgültig den Rücken. ■ Klaus, der immer noch Probleme in der neuen Schule hat, lässt seine schlechte Laune an Helga aus. Uncharmant sagt er ihr, dass sie in ihrem Ballkleid fett und unnatürlich aussieht. Trotzdem sind Erich und Helga die strahlenden zweiten Sieger beim Tanzwettbewerb am Abend. ■ Amélie und Berta besuchen Lydia. Die beiden Damen wollen von Berta wissen, was mit ihr los ist. Aber Berta steht unter Druck, denn sie hat ihre Tabletten vergessen. Schließlich durchsucht sie heimlich den Medikamentenraum des Heims. Mit bloßer Faust zerschmettert sie die Glastür eines Schranks, um an die Medikamente zu kommen.

Buch: Hans W. Geißendörfer ■ Regie: George Moorse ■ Kamera: Kurt Mikler ■ Redaktion: Ronald Gräbe

413 | Träume

Unbeobachtet nimmt Berta in der Praxis einige gestempelte Rezeptblätter an sich. Eva redet weiter auf Iffi ein, das Kind nicht zu bekommen. Aber die will nichts davon wissen. Die Erwachsenen sollen ihre Entscheidung akzeptieren. Bei Kurt und Eva kriselt es. Sie wirft ihm Unsensibilität vor, während er meint, sie habe ihre Ideale verraten. Eva muss sich eingestehen, dass sie sich verändert hat. ■ Beate will eine Band gründen. Abends im »Akropolis« erzählt sie Vasily von ihren Ambitionen. Die Begeisterung des jungen Griechen hält sich in Grenzen. ■ Olafs Zwist mit Else weitet sich aus. Else will ihn nicht gehen lassen. So bittet sie Helga und Erich hinter seinem Rücken um den Hobbykeller. Als Olaf davon erfährt, entschuldigt er sich mit einem Blumenstrauß bei den Nachbarn. Die haben jedoch nichts dagegen, wenn er den Hobbykeller nutzt.

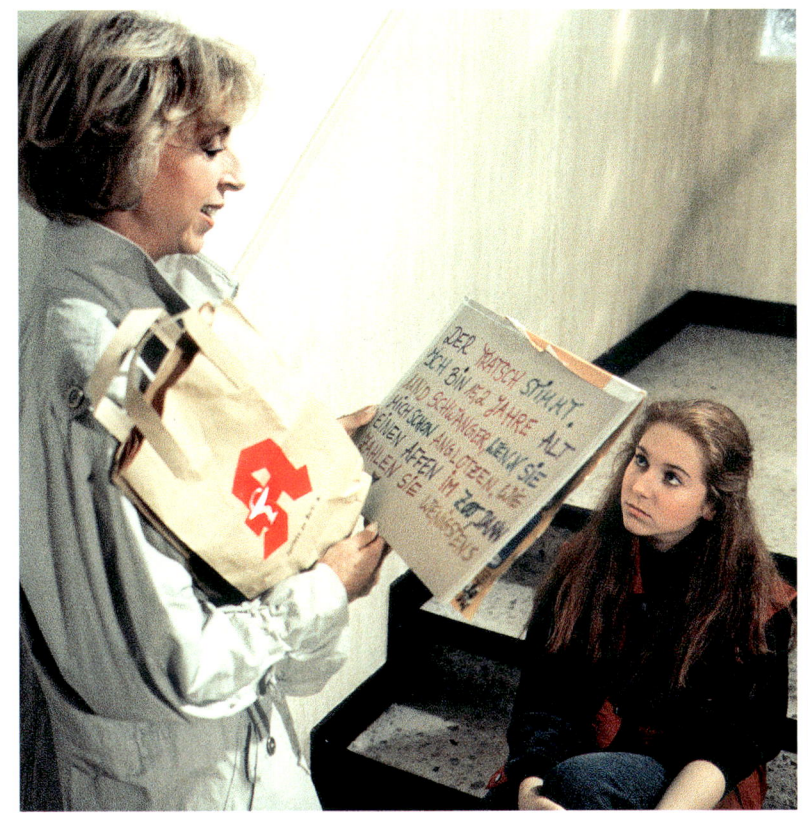

Buch: Hans W. Geißendörfer ■ Regie: George Moorse ■ Kamera: Kurt Mikler ■ Redaktion: Ronald Gräbe

414 | Im Schwitzkasten

7. NOV 93

Eva und Kurt haben sich wieder versöhnt. Iffi präsentiert Momo das erste Ultraschallbild. Er will es Kurt zeigen, aber das Foto wird vom Wind weggeweht. Momo überreicht Iffi als Ersatz ein Automatenbild von sich selbst – dem »stolzesten werdenden Vater«. ■ Frau Dabelstein bittet Hans, einen Detektiv einzuschalten, da die Polizei scheinbar nicht weiterkommt. Er übergibt Hajo den Fall. Beim Heimkommen küsst Anna ihn so leidenschaftlich wie schon lange nicht mehr. Doch plötzlich ekelt sie sich und sie muss sich übergeben. ■ Amélie hat Besuch von ihrem Kurschatten. Die beiden amüsieren sich für Onkel Franz' Geschmack zu laut und er beschwert sich. Als die Geräuschkulisse nicht verstummt, verschafft er sich Einlass bei Amélie und prügelt sich mit Herrn Kondi. Nachdem Onkel Franz ihn im Schwitzkasten hatte, bleibt der regungslos am Boden liegen.

Buch: Hans W. Geißendörfer ■ Regie: George Moorse ■ Kamera: Kurt Mikler ■ Redaktion: Ronald Gräbe

415 | Auf den Spuren der Wahrheit

Amélie fordert Onkel Franz im Namen ihres Kurschattens auf, die gleiche Summe, die der ans Krankenhaus bezahlt hat, für einen guten Zweck zu spenden. ■ Beate kehrt erst morgens von einem Auftritt mit ihrer Band zurück. Vasily beobachtet, wie sie sich küssend von zwei jungen Männern verabschiedet. Sofort will er wissen, wo sie war. Abends ist er mit Beate bei Dressler eingeladen. Dort erzählt er, dass er das »Akropolis« aufgeben möchte. Er hält die Situation mit Beate nicht länger aus. ■ Hajo beginnt mit seinen Befragungen im Fall Dabelstein. Nach Frau Moser, der ehemaligen Sekretärin von Dabelstein, sowie Helga will er mit Anna sprechen. Im Blumenladen möchte er einen Gesprächstermin mit ihr vereinbaren, aber Anna vertröstet ihn. Auch am Telefon will sie nicht mit ihm sprechen. Später geht sie jedoch zu ihm, um mit ihm zu reden.

Buch: Hans W. Geißendörfer ■ Regie: George Moorse ■ Kamera: Kurt Mikler ■ Redaktion: Ronald Gräbe

416 | Verdacht

21. NOV 93

Hajo spricht erneut mit Anna und wird misstrauisch, als sie Dabelsteins Haus sehr genau beschreibt. Anna merkt, dass sie sich um Kopf und Kragen redet und bricht das Gespräch ab. Dabelsteins Chauffeur glaubt, dass sein ehemaliger Chef unter Alkoholeinfluss gestorben ist. Derweil rätselt Frau Dabelstein in Hans' Büro, was der Buchstabe »A« im Kalender ihres Sohnes bedeutet. ■ Else steckt ihrem Sohn ein Pornoheft zu, damit er mal »richtige« Frauen sieht. Olaf ist wütend, Egon fassungslos. Aber Else lässt nicht locker. Im Blumenladen attackiert sie Claudia erneut, die ihr daraufhin Hausverbot erteilt. Abends verfasst Else eine Heiratsanzeige für ihren Sohn. ■ Berta kann nicht glauben, dass Hans oder Anna für den Mord an Dabelstein in Frage kommen. Falls sich die Beweise allerdings verdichten sollten, rät sie Hajo, die Polizei hinzuzuziehen.

Buch: Hans W. Geißendörfer ■ Regie: George Moorse ■ Kamera: Kurt Mikler ■ Redaktion: Ronald Gräbe

417 | Kapitulation

28. NOV 93

Hajo befragt Anna nochmals über ihr Alibi. Die erzählt dem geschockten Hajo die Wahrheit. Daraufhin will er nicht mehr zur Polizei gehen und vernichtet seine gesamten Unterlagen. ■ Iffi und Momo wollen den Schuldirektor in Iffis Schwangerschaft einweihen. Nachdem Momo nicht erscheint, spricht Iffi allein mit dem Direktor. Die Nachricht verbreitet sich schnell und es kommt deswegen zum Streit zwischen Iffi und Momo. Später versöhnen sich die beiden wieder. ■ Endlich gesteht Anna ihrem Mann, dass er wieder eingestellt wurde, weil sie mit Dabelstein geschlafen hat. Hans ist fassungslos. Frau Dabelstein teilt telefonisch mit, dass Scholz den Fall als Unfall unter Alkoholeinfluss abgeschlossen hat. Anna atmet auf. Hans verlässt die Wohnung, Annas Geständnis nagt an ihm. Sarahs Frage, ob er wiederkommt, kann Anna nicht beantworten.

Buch: Martina Borger ■ Regie: George Moorse ■ Kamera: Kurt Mikler ■ Redaktion: Ronald Gräbe

418 | Jenseits von Eden

5. DEZ 93

Hans ist immer noch verletzt von Annas Geständnis. Anna fühlt sich derweil von Hajo, den sie zufällig trifft, verfolgt und flüchtet. Wenig später beruhigt Hajo sie: Es gibt keinerlei Hinweise auf Fremdeinwirkung. ■ Im Reisebüro fragen zwei Männer nach »Passantenfrequenzen« und »Altersstrukturen«. Es stellt sich heraus, dass es sich um den Vermieter des Ladenlokals handelt. Er stellt Helga und Erich ihren Nachmieter vor. Helga verweist auf ihren Fünf-Jahres-Vertrag. Sie fühlt sich auf der sicheren Seite. Beim Abendessen gibt ihr Klaus jedoch die offizielle Kündigung der Geschäftsräume. Helga will sich das nicht gefallen lassen. ■ Urszula feiert Wiedersehen mit ihren Eltern. Die Freude wird getrübt, weil Jaruslav und Wanda arbeits- und wohnungslos sind. Urszula und Gung bieten ihnen an, bis Weihnachten in der Koch-Wohnung zu bleiben.

Buch: Maria Elisabeth Straub ■ Regie: George Moorse ■ Kamera: Kurt Mikler ■ Redaktion: Ronald Gräbe

419 | Wünsche

Da Helga und Erich das Reisebüro nicht freiwillig verlassen wollen, beginnen plötzlich Bauarbeiten in den Räumen über dem Ladenlokal. Erich erfährt von seinem Anwalt, dass diese Art der Geschäftsschädigung Grund genug sei, um die Miete zu kürzen. ■ Gabi sucht eine Unterkunft für Andy, der mit Valerie über Weihnachten zu Besuch kommt. Schließlich erklärt sich Olaf einverstanden, den Hobbykeller frei zu machen. Im Gegenzug darf er die Garage nutzen. Max hat nur einen Weihnachtswunsch: Andy soll für immer zurückkommen. ■ Auf dem Sozialamt erfährt Urszula, dass ihre Eltern lange auf eine Wohnung warten müssen. Vasilys Idee, Beate solle zu ihm ziehen, kommt für sie nicht in Frage. Nachmittags beobachtet Beate allerdings mit gemischten Gefühlen, wie Urszula sich mit einem langen Kuss für Vasilys Angebot bedankt, Wanda einzustellen.

Buch: Maria Elisabeth Straub ■ Regie: George Moorse ■ Kamera: Kurt Mikler ■ Redaktion: Ronald Gräbe

420 Heimkehrer

19. DEZ 93

Gabi verbringt ihre Mittagspause zu Hause. Äußerst reserviert begrüßt sie den Heimkehrer Andy. Valerie ist in Spanien geblieben, denn sie hat sich verliebt. Während Momo in den Ferien bei Iffi schlafen darf, muss Andy in den Hobbykeller. ■ Olaf zieht zu Claudia und macht ihr erneut einen Heiratsantrag. Spätabends holt er seine Sachen bei Else. Die droht verzweifelt, sich etwas anzutun, wenn es ihm ernst ist mit Claudia. ■ Lydia wohnt jetzt bei Amélie. Beim Frühstück besprechen sie die kommenden Festtage. Nachmittags besucht Lydia ihre Tochter. Die ist unter Tabletteneinfluss bester Laune. Abends im Bett lassen Lydia und Amélie die gute alte Schulzeit Revue passieren. Doch über ihre Erinnerungen geraten sie in Streit. Amélie will im Wohnzimmer schlafen, gibt dieses Vorhaben aufgrund ihrer Rückenprobleme jedoch bald wieder auf.

Buch: Maria Elisabeth Straub ■ Regie: George Moorse ■ Kamera: Kurt Mikler ■ Redaktion: Ronald Gräbe

421 | Mitgefühl

Da Rosi und Hubert aus Warnemünde zurückkommen, ziehen Winickis in eine Notunterkunft. Rosi erfährt von Iffis Schwangerschaft und wirft Gabi wütend Vertrauensbruch vor. Abends stehen Wanda und Jaruslav unerwartet vor Gabis Tür. Die überfüllte Notunterkunft ist unerträglich. Gabi regt sich über die Verhältnisse in Deutschland und die Politiker auf. ■ Iffis Erscheinen verdirbt Eva das Weihnachtsfest. Als Kurt mutmaßt, dass Eva Probleme mit ihrem Alter hat, ist das Fest gänzlich gelaufen. ■ Marion will eine Weihnachtsgans zubereiten. Gespannt warten Helga, Erich, Matthias, Hans und Anna in Klaus' Zimmer. Das Gespräch kommt auf Dabelstein, was bei Anna Magenkrämpfe verursacht. Als sie endlich zu Tisch gebeten werden, trauen sie ihren Augen nicht: Auf dem gedeckten Tisch steht ein Käfig mit einer quicklebendigen Gans. Anna muss sich übergeben.

Buch: Maria Elisabeth Straub ■ Regie: George Moorse ■ Kamera: Kurt Mikler ■ Redaktion: Ronald Gräbe

422 | Engpässe

Aufgebracht sucht Berta einen Katalog, in dem sie Tabletten versteckt hat. Als sie hört, dass Hajo ihn weggeworfen hat, durchwühlt sie hemmungslos den Altpapiercontainer. Der Katalog findet sich, aber die Tabletten bleiben verschwunden. Sie stürzt in die Praxis, um ein Rezept zu holen. Als Egon sie erwischt, hetzt sie heim, wo sie einen Nervenzusammenbruch erleidet. Amélie holt den Notarzt. ■ Claudia und Olaf werden an Ostern heiraten. Egon freut sich und Else trifft fast der Schlag. ■ Zwischen Iffi und Eva kracht es wieder einmal. Angesichts der angespannten Lage verbringen Iffi und Momo den Silvesterabend lieber bei Zenkers. Doch auch ohne die beiden kriselt es bei Sperlings. Eva lässt Kurt einfach sitzen. Daraufhin greift er zur Flasche. Betrunken spricht er von Iffi. Daraufhin droht Philipp auszuziehen, falls Iffi wieder einzieht.

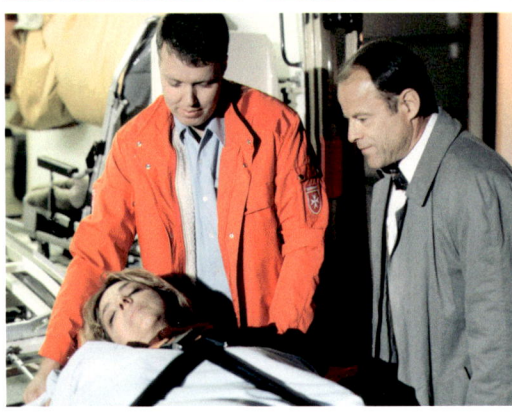

Buch: Maria Elisabeth Straub ■ Regie: George Moorse ■ Kamera: Kurt Mikler ■ Redaktion: Ronald Gräbe

423 | Schattenseiten

9. JAN 94

Rosi und Wanda geraten immer wieder aneinander. Andy versucht vergeblich, Gabi zurück zu gewinnen, und Momo streitet mit Philipp über Iffi, was ihm ein blaues Auge einbringt. Iffi genießt ihre Ferienzeit mit Momo, während Valerie frisch verliebt aus Spanien kommt und ein Foto von ihrem Freund Holger zeigt. ■ Manoel will von den Erwachsenen wissen, warum sie Bertas Tablettensucht nicht bemerkt haben. Dann fährt er mit Hajo zu Berta ins Krankenhaus. ■ Bei Amélie und Lydia kommt es zum ultimativen Streit, in dessen Verlauf Amélie die Erziehungsmethoden ihrer Freundin kritisiert. Aufgebracht verlässt Lydia die Wohnung. Vor der Tür erwartet sie bereits Onkel Franz. Er ist gerne bereit, sie vor Amélie zu beschützen. Die wiederum meint hämisch, dass die beiden gut zueinander passen. Sie schlägt die Tür zu, ohne sich weiter um Lydia zu kümmern.

Buch: Maria Elisabeth Straub ■ Regie: George Moorse ■ Kamera: Kurt Mikler ■ Redaktion: Ronald Gräbe

424 | Bedürfnisse

16. JAN 94

Gerade erst aus der Klinik entlassen, kommt es zu Auseinandersetzungen zwischen Berta und ihrer Mutter. Berta will mit Hilfe einer Therapie ihren eigenen Weg finden. Sie besucht Amélie, um sich auszusprechen. Die ältere Freundin rät ihr, sich mehr um sich selbst zu kümmern. ■ Valerie kennt kein anderes Thema mehr außer Holger. Ihrem enttäuschten Vater eröffnet sie, dass sie in München eine Ausbildung zur Steuerfachgehilfin machen möchte. Derweil hofft Gabi, dass Iffi zu Momo ziehen kann. ■ Auch Eva und Kurt diskutieren über die Zukunft ihres Ältesten. Es kommt wieder einmal zum Streit zwischen den beiden. Eva trifft Andy im Treppenhaus und fordert ihn auf, seine Medikamente in der Praxis abzuholen, was er auch tut. Es kommt zu spontanem Sex zwischen den beiden. Aber plötzlich steht Kurt vor der Tür und will Eva sprechen.

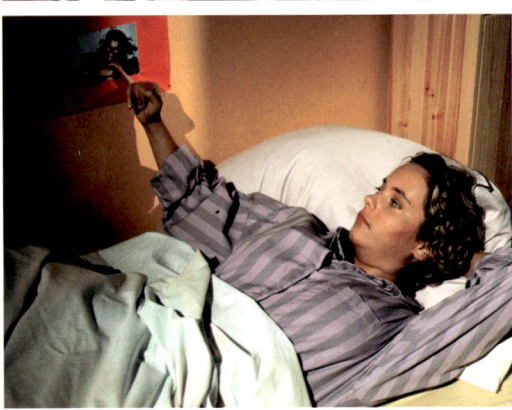

Buch: Maria Elisabeth Straub ■ Regie: George Moorse ■ Kamera: Kurt Mikler ■ Redaktion: Ronald Gräbe

425 | Impulse

23. JAN 94

Andy verabschiedet sich von Eva, die den Ausrutscher am liebsten vergessen würde. Gabi kümmert sich um den bestürzten Gung, der von einer Frau »perverses Schlitzauge« genannt wurde. Als Gabi realisiert, dass Andy im Begriff ist abzureisen, läuft sie auf die Straße. Der Abschiedskuss ist lang und innig. Die Kinder jubeln, als Andy seine Frau zurück ins Haus trägt. ■ Berta will zukünftig alleine wohnen. Betrübt siedelt Scholz in den Bus um. Währenddessen versöhnt sich Lydia mit Amélie und wird wieder aufgenommen. ■ Tanja erzählt Dressler angeregt von ihrer Arbeit mit den Frauengruppen in Percha. Zufällig sieht Egon abends durch ein erleuchtetes Fenster, wie Tanja tanzt. Er ist angeekelt und will sich lieber nicht vorstellen, was dort alles passiert. Derweil überreicht Dressler der überraschten Tanja eine Schatulle mit Elisabeths Perlenkette.

Buch: Maria Elisabeth Straub ■ Regie: George Moorse ■ Kamera: Kurt Mikler ■ Redaktion: Ronald Gräbe

426 | Realitäten

30. JAN 94

Egon liest heimlich einen Brief, den Tanja an Dressler geschrieben hat. Als er dann noch eine Liebeserklärung von Dressler an Tanja belauscht, versucht er Frank von der Telefonzelle aus zu erreichen. ■ Lydia und Amélie sprechen sich beim Frühstück im »Café Bayer« aus. Lydia fährt zurück nach Garmisch. Berta hat keine Zeit, ihre Mutter zu verabschieden. Auch Scholz wird von ihr abgewimmelt. Sie will nicht, dass er jetzt schon wieder bei ihr einzieht. Bei der Therapie berichtet Berta, dass sie für Lydia immer nur eine Marionette gewesen ist. ■ Kurt versucht Eva im »Akropolis« aufzumuntern. Er kippt einen Ouzo nach dem anderen und die Stimmung wird lockerer. Weit nach Mitternacht kommen sich die beiden zu Hause wieder etwas näher. Doch als Eva ihrem Mann den Ausrutscher mit Andy beichtet, hält Kurt dies für einen schlechten Witz.

Buch: Maria Elisabeth Straub ■ Regie: George Moorse ■ Kamera: Kurt Mikler ■ Redaktion: Ronald Gräbe

427 | Qualen

Eine Bemerkung von Kurt reicht aus, um sich von Andy einen Kinnhaken einzuhandeln. Derweil beschließt Panaiotis, sich für die Menschen in Georgien zu engagieren. ■ Dressler besucht Tanja spontan in Percha. Sie freut sich sehr über seinen Besuch. Die Stimmung zwischen ihnen ist spannungsgeladen. Ludwig fährt verwirrt wieder ab. Tanja versucht ihn anzurufen, legt aber immer auf, wenn Egon sich meldet. Nachdem sie Ludwig nicht erreicht, kommt sie persönlich nach München. Zur Begrüßung küsst sie ihn zärtlich auf die Wange. Ludwig hatte sich offensichtlich genau das gewünscht. ■ Helga erfährt von Claudia, dass Anna ihren kranken Vater zu sich holen möchte. Sie lädt Hans zum Abendessen ein, um ihre Hilfe anzubieten. Während Erich einen amüsanten Abend mit seiner Ex-Freundin verbringt, gerät Helga mit Hans aneinander. Er will ihre Hilfe nicht.

Buch: Maria Elisabeth Straub ■ Regie: George Moorse ■ Kamera: Kurt Mikler ■ Redaktion: Ronald Gräbe

428 | Pharao

Da Annas Vater im Gästezimmer einquartiert wurde, zieht Hans zähneknirschend zurück ins eheliche Schlafzimmer. Abends beginnt Annas Vater zu phantasieren und lässt sich nur schwer beruhigen. ■ Gabi, Andy und Valerie steigen zu Eva in den Lift. Gabi schwärmt vom Wochenende mit Andy. Die Sprache kommt auf sein verletztes Kinn, was Andy sichtlich peinlich ist. Valerie hat eine Lehrstelle in einem Steuerbüro bekommen. Gabi bietet ihr an, ihren Freund Holger am Wochenende einzuladen. Valerie aber erklärt, dass der keine Zeit habe. ■ Egon berichtet dem angewiderten Frank von der Beziehung seines Vaters zu Tanja. Ludwig ist glücklich mit ihr und will sich das nicht vermiesen lassen. Nachdem Frank abends hört, wie sein Vater Tanja einen Heiratsantrag macht, fängt er sie ab und bietet ihr Geld an, damit sie Ludwig in Ruhe lässt.

Buch: Maria Elisabeth Straub ■ Regie: George Moorse ■ Kamera: Kurt Mikler ■ Redaktion: Ronald Gräbe

429 | Anfragen

20. FEB 94

Als Iffi ihr Baby nicht mehr spürt, lässt sie sich besorgt von Eva untersuchen. Die kann sie jedoch beruhigen: Alles ist in Ordnung. Eva wird Iffi gegenüber immer zugänglicher. Wenn sie sich in die Familienregeln eingliedert, darf sie wieder bei Sperlings wohnen. Auch Philipp gibt seine Abwehrhaltung zunehmend auf. ■ Matthias arbeitet ehrenamtlich in einem Flüchtlingslager. Nachdem Helga ihn begleitet hat, berichtet sie Erich schockiert von den schrecklichen Schicksalen der Menschen. Sie will helfen. ■ Tanja versucht vergeblich, Frank von ihren echten Gefühlen für seinen Vater zu überzeugen. Unbeeindruckt erhöht der sein Angebot auf 15.000 Mark. Plötzlich steht Dominique mit der traurigen Nachricht vom Tod ihres Vaters vor der Tür. Abends bietet sie Tanja die Leitung einer römischen Galerie an, aber Tanja lehnt ab. Ist Ludwig der Grund?

Buch: Maria Elisabeth Straub ■ Regie: George Moorse ■ Kamera: Kurt Mikler ■ Redaktion: Ronald Gräbe

430 | Wetten daß?

27. FEB 94

Olaf und Claudia bereiten ihre Hochzeit vor. Claudia wird auch nach der Vermählung ihren Mädchennamen behalten. ■ Erich erfährt zufällig, dass ihr Konkurrent um die Geschäftsräume mittlerweile ein anderes Objekt gefunden hat. Abends kommt er mit Onkel Franz heim und findet unverhofften Familienzuwachs vor: Helga hat zwei Flüchtlingskinder aufgenommen. ■ Dominique bittet Dressler, Tanja nicht in München zu halten. Aber Tanja möchte scheinbar gar nicht weg. Derweil hat Egon von der Ausstellung von Franz' Bildern in Paris erfahren. Da er damals einige Werke aus dem Sperrmüll gerettet hat, spekuliert er über den heutigen Wert. Else findet seine Vorstellungen von 12.000 Mark pro Bild lächerlich und lässt sich auf eine Wette ein: Sollte er wirklich diese Summe bekommen, zieht sie, wie einst Franz, als Malerin in den Wohnwagen.

Buch: Maria Elisabeth Straub ■ Regie: Jens Hercher ■ Kamera: Dieter Christ ■ Redaktion: Ronald Gräbe

431 | Aug' um Auge

6. MÄR 94

Helga kümmert sich rührend um die beiden Flüchtlingskinder. Spontan schlägt sie ein Fest vor, zu dem sie auch Annas Kinder einlädt. Anna und Hans haben sich immer noch nicht richtig ausgesprochen. ■ Tanja geht nicht nach Rom. Sie hat sich definitiv für Ludwig entschieden, was sie sowohl Frank als auch Egon unmissverständlich klar macht. Tanja bittet ihren Liebhaber, mit ihr für immer fortzugehen, aber Ludwig kann sich nicht vorstellen, die Lindenstraße zu verlassen. ■ Else hat die Wette verloren. Egon hat viel Geld für die geretteten Schildknecht-Bilder bekommen, und Else fristet nun im Wohnwagen ihr Maler-Dasein. Nachdem Egon unbemerkt Tanja und Ludwig im Bett beobachtet hat, redet er sich bei Else im Wohnwagen niedergeschlagen seinen Frust von der Seele. Sein Leben scheint ihm sinnlos, wenn er nicht mehr für den Doktor sorgen kann.

Buch: Martina Borger ■ Regie: Jens Hercher ■ Kamera: Dieter Christ ■ Redaktion: Ronald Gräbe

432 | Vater unser

13. MÄR 94

Anna nickt am Bett ihres Vaters ein und verschläft seinen Tod. Die Kinder schmücken den toten Opa mit Blumen. Abends weint sich Anna in Hans' Armen aus. Sie hat nun niemanden mehr. ■ Statt zur Arbeit zu gehen, macht Jaruslav einen langen Spaziergang und denkt an seine Heimat. Urszula bittet Eva um ein Attest, damit ihr Vater seinen Job nicht verliert. Onkel Franz, der das zufällig mitbekommt, droht empört, mit rechtlichen Schritten gegen diesen Betrug vorzugehen. ■ Egon erfährt aus einem Brief, dass Ludwig mit Tanja in Dänemark ist. Derweil versucht Else gegen Claudia zu intrigieren. Sie erzählt, dass Olaf wieder regen Kontakt zu seiner Exfrau hat. Als Olaf davon hört, fordert er Claudia auf, seiner Mutter die Meinung zu sagen. Wild entschlossen macht sich Claudia auf den Weg. Im Hof sieht sie Flammen aus dem Wohnwagen aufsteigen.

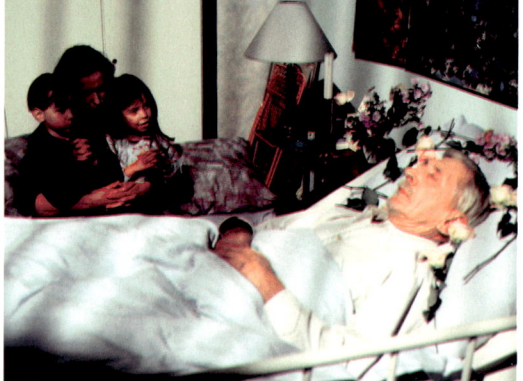

Buch: Martina Borger ■ Regie: Jens Hercher ■ Kamera: Dieter Christ ■ Redaktion: Ronald Gräbe

433 | Nah und fern

Claudia konnte Else aus dem brennenden Wohnwagen befreien. Während sie selbst mit einer Rauchvergiftung und einer verletzten Hand davongekommen ist, liegt Else mit Verbrennungen im Krankenhaus. Else ist wie gewandelt. Sie bietet Claudia das »Du« an und finanziert die Hochzeit und die Flitterwochen mit. Derweil intrigiert Egon gegen Tanja. Er lädt Ludwig aus Platzgründen ohne Begleitung zur Hochzeit ein. ■ Während Helga der Beerdigung von Annas Vater beiwohnt, wird der Flüchtlingsjunge Ivo unter Erichs Aufsicht von einem Auto angefahren. Das Kind kommt mit dem Schrecken davon. Helga macht Erich wütend Vorhaltungen. ■ Hajo kehrt von seiner Israelreise zurück und wird von Amélie gemahnt, Berta zu schonen. Er schafft es immerhin, abends mit Berta essen zu gehen. Als er anschließend bei ihr übernachten möchte, gerät Berta in Entscheidungsnot.

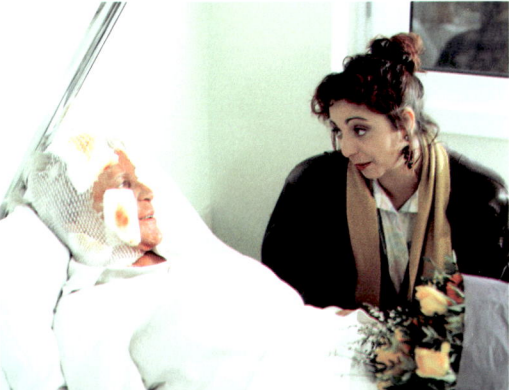

Buch: Martina Borger ■ Regie: Jens Hercher ■ Kamera: Dieter Christ ■ Redaktion: Ronald Gräbe

434 | Gruppendynamik

27. MÄR 94

Hajo hat letzte Woche die Nacht nicht bei Berta verbracht. Bei der Partnerschaftstherapie überhäuft Berta ihn mit Vorwürfen. Sie fühlt sich unverstanden, ausgenutzt und sexuell unbefriedigt. Hajo ist sprachlos. Anscheinend ist er die Ursache all ihrer Probleme. Berta zieht ernsthaft eine Trennung in Erwägung. ■ Helga verbringt ihren 54. Geburtstag im Kreise ihrer Lieben. Matthias holt die Flüchtlingskinder ab, um sie zu ihrer Mutter zurückzubringen. Anna und Hans schicken einen Blumenstrauß. ■ Claudia sieht dem Besuch ihrer Eltern, die zur Hochzeit anreisen, mit unguten Gefühlen entgegen. Ihre Befürchtungen werden wahr. Als die Sprache auf Claudias Brustamputation kommt, ist ihr Vater verletzt, weil sie ihm nichts davon erzählt hat. Er regt sich auf, dass er immer als Letzter in Dinge eingeweiht wird und will auf der Stelle abreisen.

Buch: Martina Borger ■ Regie: Jens Hercher ■ Kamera: Dieter Christ ■ Redaktion: Ronald Gräbe

435 | Treulich geführt

Vor der Trauung von Olaf und Claudia ist Else ganz aus dem Häuschen. Beim Ankleiden spricht Claudia mit ihrer Mutter über Ehe und Liebe. Als Olaf ins Zimmer schneit und Claudias Kleid sehen will, wehrt Margot ihn ab. Per Kutsche fahren die Brautleute zur Kirche. Beim anschließenden Hochzeitsfest im »Akropolis« schenkt Else ihrer frischgebackenen Schwiegertochter ihren eigenen Hochzeitsschmuck. Claudia ist gerührt. Während die Gäste im Lokal tanzen, sprechen sich Claudia und ihr Vater endlich aus. ■ Momo geht mit Iffi, die sich unwohl fühlt, aus dem »Akropolis«. Da das Thema Hochzeit in der Luft liegt, fragt Iffi nach Momos Meinung. Aber dem ist das viel zu bürgerlich. ■ Zufällig entdeckt Hubert während der Feier Irina unterm Tisch. Sie hat kräftig vom Eierlikör genascht. Urszula ist entsetzt, als Eva eine Alkoholvergiftung diagnostiziert.

Buch: Martina Borger ■ Regie: Jens Hercher ■ Kamera: Dieter Christ ■ Redaktion: Ronald Gräbe

436 | Unliebsame Gäste

10. APR 94

Irina hat durch die Alkoholvergiftung keine Schäden davongetragen. Rosi und Wanda buhlen allerdings um die Aufmerksamkeit der Kleinen. Jaruslav flieht vor den Frauen und findet mit Irina eine kranke Taube, die er gesund pflegen will. ■ Iffi erzählt Rosi von ihrer Salmonellenvergiftung. Einmal in Redefluss gekommen, jagt Rosi der werdenden Mutter mit ausführlichen Geburtsschilderungen Angst ein. Iffi flüchtet panisch und wartet auf Momo. ■ Im »Casarotti« werden Mitarbeiter der Zeitschrift »Besser essen« erwartet. Isolde, Francesco und Paolo entdecken zwei Herren, bei denen sie sicher sind, dass es sich um die Testesser handelt. Alle geben ihr Bestes. Als Isolde die Rechnung bringt, outen sich die vermeintlichen Restaurantkritiker als echte Mafiosi. Jetzt werden auch die Schutzgeldforderungen nicht mehr lange auf sich warten lassen.

Buch: Martina Borger ■ Regie: Jens Hercher ■ Kamera: Dieter Christ ■ Redaktion: Ronald Gräbe

437 | Kampfansage

17. APR 94

Isolde und Enrico haben Angst vor der Mafia. Skeptisch beobachtet Isolde die Gäste. Zwei Herren, die ihr verdächtig vorkommen, bedient sie weder schnell, noch freundlich. Diesmal sind es jedoch wirklich Testesser der Zeitschrift »Besser essen«. Deren Urteil ist hart: Zwar war das Essen hervorragend, der Service lässt jedoch zu wünschen übrig. Isolde ist bestürzt. ■ Endlich sprechen Hans und Anna auf einem Spaziergang über ihre verfahrene Situation. Zu Hause ziehen sie sogar eine Trennung in Erwägung. In diesem Augenblick erkennt Hans endlich, wie sehr er Anna noch liebt. Leidenschaftlich sinken sie sich in die Arme. ■ Momo ist von der Gesamtsituation überfordert. Er flüchtet zum Sport, was Iffi äußerst egoistisch findet. Als der Sportlehrer Momo wegen seiner werdenden Vaterrolle aufzieht, flippt Momo aus. Er gibt dem Lehrer eine Ohrfeige.

Buch: Martina Borger ■ Regie: Jens Hercher ■ Kamera: Dieter Christ ■ Redaktion: Ronald Gräbe

438 | Kehrtwendung

24. APR 94

Momo schwänzt seit einer Woche die Schule. Schließlich entschuldigt er sich bei seinem Lehrer. Der verspricht im Gegenzug, keine unpassenden Bemerkungen mehr zu machen. Erleichtert will Momo mit Iffi zum Tanzen. Sie hat keine Lust, fordert ihn aber auf, allein zu gehen. Momo verbringt den Abend jedoch lieber mit ihr und bleibt zu Hause – was Iffi besonders freut. ■ Während Wanda und Jaroslav von Heimweh geplagt sind, schwebt Anna im siebten Himmel. Sie wünscht sich sogar ein viertes Kind. Gabi kann diesen Wunsch nicht verstehen, sie selbst will Andy endlich zur Sterilisation überreden. Valerie schwärmt derweil von Holger. ■ Nach einem nächtlichen Liebesakt schneidet Gabi das Thema Sterilisation an. Andy ziert sich. Aber wenn Gabi es schafft, dass niemand etwas mitbekommt – inklusive Rosi –, würde der den Eingriff vornehmen lassen.

Buch: Martina Borger ■ Regie: Jens Hercher ■ Kamera: Dieter Christ ■ Redaktion: Ronald Gräbe

439 | Der Lauscher

Valerie liest Gabi und Rosi aus Holgers Brief vor. Er kann auch an diesem Wochenende nicht kommen. Iffis Hormone spielen verrückt. Erst lästert sie über Holger, dann macht sie Momo an, der diesmal richtig sauer wird. Abends gesteht er seinem Bruder, dass er sich von allem überfordert fühlt und für eine Weile abtauchen will. Unbeirrt von Philipps Einwänden verschwindet er. ■ Helga bekommt zufällig mit, dass Anna im Fall Dabelstein verdächtig ist. Sie bespricht sich mit Schiller, schließlich haben sie Anna an besagtem Abend gesehen. Helga meint, sie dürfe diese Information nicht für sich behalten. ■ Das »Casarotti« hat wegen des schlechten Service nur ein einziges »Goldenes Lorbeerblatt« verliehen bekommen. Trotzdem wird gefeiert – mit zwei Mafiosi als ungebetenen Gästen. Sie kommen vergeblich: Enrico will partout kein Schutzgeld bezahlen.

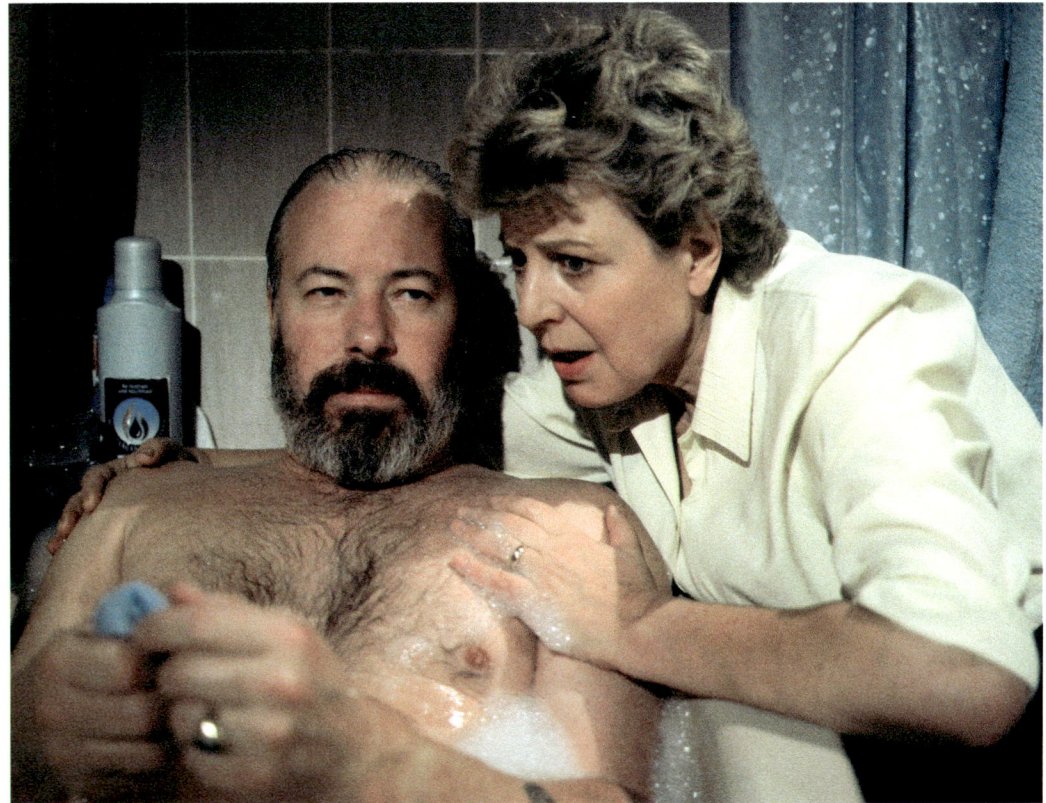

Buch: Martina Borger ■ Regie: Jens Hercher ■ Kamera: Dieter Christ ■ Redaktion: Ronald Gräbe

440 | Verrat

8. MAI 94

Iffi ist traurig und wütend zugleich. Alle rätseln über Momos Verbleib. Der meldet sich bei Philipp und verabredet sich mit ihm am Nachmittag. Er gibt ihm einen Brief für Iffi, braucht aber noch Zeit, um über alles nachzudenken. Nachdem Iffi den Brief gelesen hat, wirft sie ihn in die Toilette und zieht ab. Sie hat genug von Momo. ■ Isoldes eindringlicher Bitte zum Trotz bleibt Enrico hart. Er wird kein Schutzgeld bezahlen. Am Abend drohen die beiden Mafiosi, dass sie sich auf jeden Fall wieder melden werden. ■ Obwohl Erich ihr abrät, konfrontiert Helga ihren Ex-Mann mit den Verdächtigungen gegen Anna. Hans rastet aus und verbietet ihr, diesen unberechtigten Vorwurf zu verbreiten. Helga ist bestürzt. Anna gegenüber verhält er sich einsilbig. Er will München verlassen. Anna ahnt, dass nicht nur die Arbeit schuld an seiner üblen Laune ist.

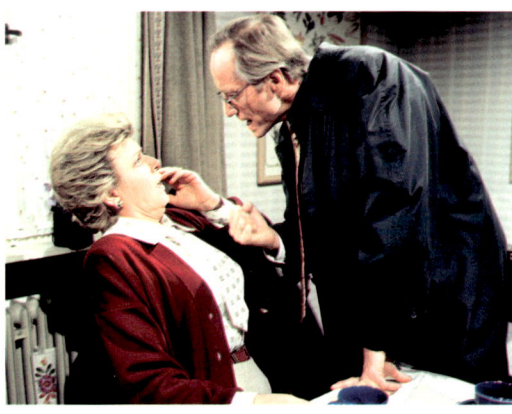

Buch: Martina Borger ■ Regie: Jens Hercher ■ Kamera: Dieter Christ ■ Redaktion: Ronald Gräbe

441 | Männertränen

Die Krise bei Hans und Anna ist überwunden. Als Anna jedoch zufällig hört, wie Helga sich bei Hans für ihre Verdächtigung entschuldigt, bricht für sie eine Welt zusammen. Sie stellt sicher, dass Gabi sich um die Kinder kümmert, falls ihr etwas zustößt. Dann stellt sie sich der Polizei. Mit dem Anwalt redet Hans im Präsidium auf sie ein, damit sie ihre Anzeige zurückzieht. Aber Anna reagiert nicht. Ein Polizist nimmt sie im Präsidium in die Mangel. Während Hans sich im Hof mit dem Anwalt bespricht, hält Anna es nicht mehr aus. In einem Akt der Verzweiflung stürzt sie sich aus dem Fenster. ■ Iffis Kind kommt eine Woche zu früh zur Welt. Momo erfährt es zufällig und kommt rechtzeitig zur Geburt ins Krankenhaus. Während sie ihr Baby bestaunen, stoßen die Großeltern miteinander an. Die beiden Opas sind sich allerdings immer noch nicht grün.

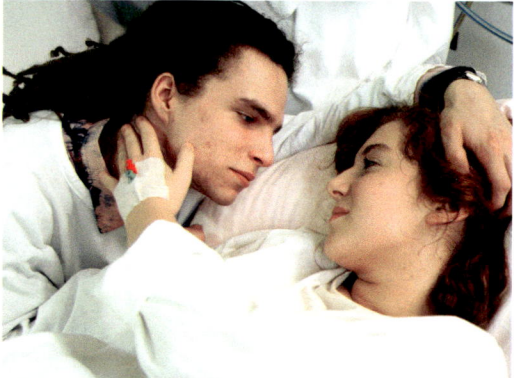

Buch: Martina Borger ■ Regie: Jens Hercher ■ Kamera: Dieter Christ ■ Redaktion: Ronald Gräbe

442 | Schock

Iffi und Momo kommen mit ihrem Sohn Nico heim. Alle sind gleich vernarrt in ihn. Wanda und Rosi streiten sich um den Winzling. Hubert arbeitet einen präzisen Plan aus, wer ihn zu welcher Zeit nimmt, wenn Iffi wieder zur Schule geht. ■ Else überreicht Isolde ein Päckchen. In dem Glauben, die bestellte Nudelmaschine sei eingetroffen, wickelt Isolde den Inhalt aus und bekommt einen Schreck. In dem Päckchen befindet sich ein »Gruß« der Mafia: ein abgetrennter menschlicher Finger. Doch Enrico bleibt auch jetzt eisern. Er wird nicht zahlen. ■ Anna liegt nach ihrem Sprung aus dem Fenster im Koma. Während Hans verzweifelt ist, sieht sich Helga in ihrem Verdacht bestätigt. Erich kann ihre Selbstgefälligkeit nicht mehr ertragen. Seine Aggressivität lässt in Helga die ängstliche Frage aufkeimen, ob sie am Ende Schuld an Annas Verzweiflungstat ist.

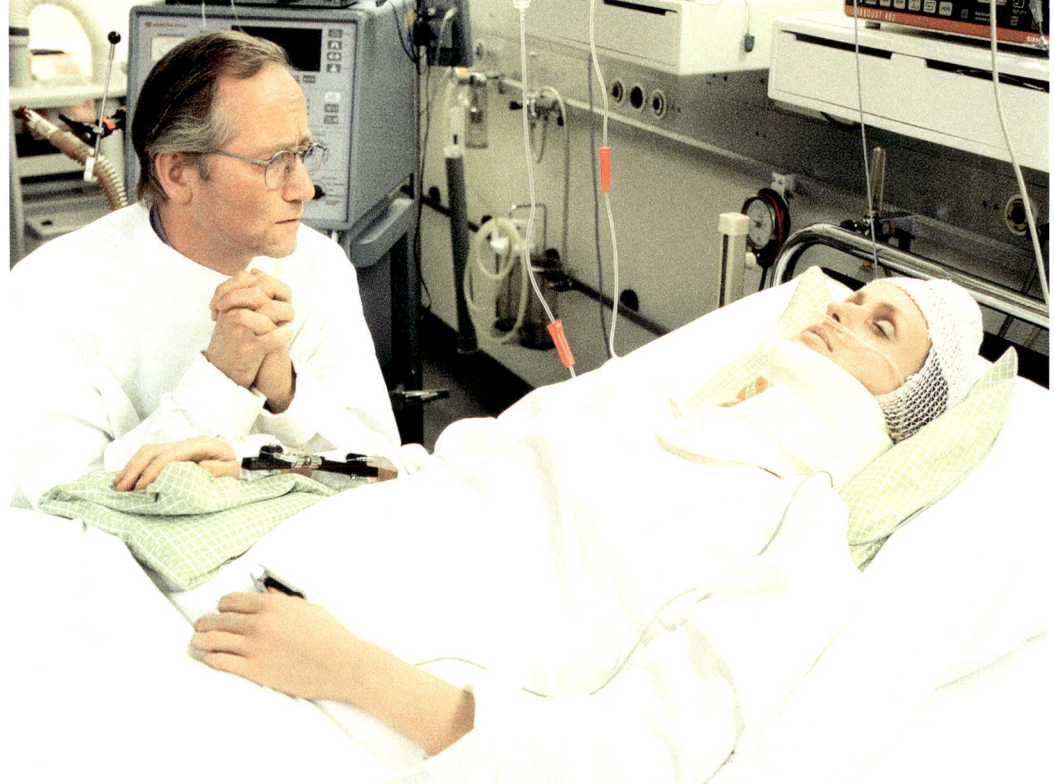

Buch: Martina Borger ■ Regie: Jens Hercher ■ Kamera: Dieter Christ ■ Redaktion: Ronald Gräbe

443 | Schutzsuche

Hans wird fristlos entlassen. Frau Dabelstein kann den Gedanken nicht ertragen, dass ausgerechnet der Mann der Mörderin ihres Sohnes Nutznießer sein soll. Resigniert nimmt Hans die Kündigung hin. ■ Isolde und Enrico lassen sich aus Angst vor der Mafia eine Alarmanlage einbauen. Isolde würde sich noch sicherer fühlen, wenn die Mafiosi wieder auftauchen würden, damit sie endlich zahlen können. Isolde ist gerade eingeschlafen, als die Alarmanlage losschrillt. Kerzengerade sitzt sie im Bett. ■ Helga beklagt sich bei Erich, dass Hans ihr die alleinige Schuld für Annas Verzweiflungstat gibt. Aber Erich verteidigt Hans, was Helga zur Weißglut bringt. Als er ihr abends auch noch von Hans' Kündigung erzählt, flippt sie endgültig aus und fragt, ob er sie dafür etwa ebenfalls verantwortlich machen will. Wütend sucht sie Zuflucht bei Onkel Franz.

Buch: Maria Elisabeth Straub ■ Regie: Christa Mühl ■ Kamera: Dieter Christ ■ Redaktion: Ronald Gräbe

444 | Dicke Luft

Pavarottis sind ratlos: Die Alarmanlage löst einen Fehlalarm nach dem anderen aus. ■ Ludwig und Tanja kehren als Ehepaar aus Dänemark zurück. Egon ist entsetzt. Vasily verträgt sich zwar mit Tanja, dennoch glauben er und Beate nicht an Liebe zwischen den beiden. Derweil scheitert Panaiotis in seinen Bemühungen um Hilfe für die georgischen Griechen an der Bürokratie. Nun will er selbst nach Georgien fahren. ■ Nach einer Woche bei Onkel Franz bittet Helga ihren Lebensgefährten um Verzeihung. Erich schafft es bei seinem Treffen mit Frau Dabelstein nicht, Hans' Job zu retten. Helga mutmaßt, dass er das auch gar nicht wollte, weil er immer noch eifersüchtig auf Hans ist. Wütend fordert Erich sie auf, wieder zu ihrem Onkel zu ziehen. Helga antwortet, dass überhaupt nur einer aus ihrer Wohnung zieht – und zwar er. Erich traut seinen Ohren nicht.

Buch: Maria Elisabeth Straub ■ Regie: Christa Mühl ■ Kamera: Dieter Christ ■ Redaktion: Ronald Gräbe

445 | Italienische Nacht

Aufgewühlt erklärt Egon, dass er unter den gegebenen Umständen nicht weiter für Dressler arbeiten kann. Ludwig soll sich eine neue Haushaltshilfe suchen, da Tanja zurück nach Percha zieht. Ihre Anregung, Ludwig solle seine Praxis wieder übernehmen, gefällt ihm. ■ Anna ist mittlerweile aus dem Koma erwacht. Die Anklage gegen sie wurde fallengelassen. Dr. Stern ermuntert Hans, der finanzielle Probleme hat, um eine Abfindung zu prozessieren. Anna beruhigt ihren Mann. Sie wird, schon wegen der Kinder, keinen weiteren Selbstmordversuch unternehmen. ■ Hajo feiert seinen Geburtstag im Hof. Else schenkt ihm einen Gutschein für die zehnmalige Nutzung ihrer Toilette. Helga und Erich, die sich wieder versöhnt haben, amüsieren sich beim Tanzen. Rolf und Bolle versuchen Hajo für ihre Reise ans Nordkap zu gewinnen – auch wenn Berta schmollt.

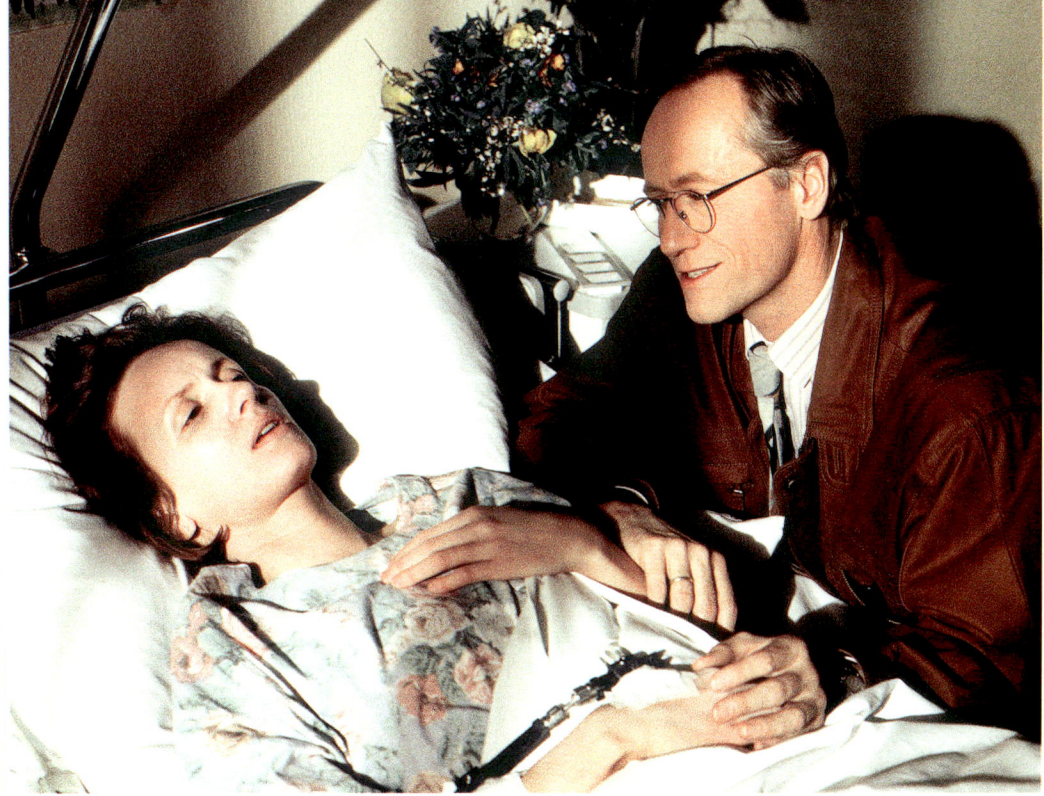

Buch: Maria Elisabeth Straub ■ Regie: Jens Hercher ■ Kamera: Dieter Christ ■ Redaktion: Ronald Gräbe

446 | Um die Wurst

19. JUN 94

Rosi und Wanda kümmern sich um Nico, während seine Eltern die Schulbank drücken. Lisa schaut seit langem mal wieder vorbei. Zu Valeries Enttäuschung interessiert sich niemand mehr für Holger. Abends besteht Gabi auf Andys Sterilisation. Der willigt ein, wenn Rosi nichts mitbekommt. ■ Paolo, Francesco, Giancarlo und Alfredo nehmen die Schutzgeldforderung der Mafia von 700 Mark wöchentlich entgegen. Da von Isolde keine Gehaltserhöhung zu erwarten ist, schlägt Paolo vor, die Summe auf 900 Mark heraufzusetzen und die Differenz durch vier zu teilen. Er bietet Isolde an, die Geldübergabe zu leiten. Erleichtert belohnt Isolde ihre Belegschaft mit einer Gehaltserhöhung. ■ Hajo lädt Berta zu einem festlichen Essen in seinen Bus. Berta befürchtet, dass er ihr einen Heiratsantrag machen will. Hajo aber möchte wissen, ob sie mit ihm ans Nordkap reist.

Buch: Maria Elisabeth Straub ■ Regie: Jens Hercher ■ Kamera: Dieter Christ ■ Redaktion: Ronald Gräbe

447 | Verordnungen

Nachdem Berta nicht mit ans Nordkap wollte, bleibt Hajo frustriert daheim. Auch Kurt stößt mit seinen Urlaubsplänen auf wenig Begeisterung. Eva ist entsetzt bei dem Gedanken, mit Momo, Iffi und Nico eine Bootstour auf der Themse zu machen. ∎ Rosi ist genervt von der polnischen Verwandtschaft. Hubert meint, sie solle mit ihm nach Warnemünde kommen. In der Hoffnung, dass jemand Winickis aufnehmen kann, schreiben Wanda und Urszula an Freunde in Danzig. Jaruslav, der starkes Heimweh hat, soll zunächst nichts davon erfahren. ∎ Bei Valerie scheint der Wohlstand ausgebrochen zu sein. Mittags wird eine neue HiFi-Anlage geliefert, die Andy in ihrem neuem Domizil, dem Hobbykeller, installiert. Er spricht seine Tochter auf Holger an. Er würde ihn gerne kennen lernen. Als Andy einen Familienausflug nach Nürnberg vorschlägt, zuckt Valerie zusammen.

Buch: Maria Elisabeth Straub ∎ Regie: Jens Hercher ∎ Kamera: Dieter Christ ∎ Redaktion: Ronald Gräbe

448 | Verträge

3. JUL 94

Gabi besucht Anna im Krankenhaus. Währenddessen erscheint der Schauspielschüler Jakob Grauvogel, den Valerie ihrer Familie als Holger präsentieren will, viel zu früh. Valerie ist sauer, schließlich muss sie ihn nach Stunden bezahlen. Die Vorstellung des angeblichen Freundes verläuft jedoch erfolgreich. ■ Panaiotis bricht nach Georgien auf. Egon, Vasily, Beate und Elena verabschieden ihn. Weinend fällt Elena ihrem Mann in die Arme. ■

Eva ist fassungslos, dass Ludwig ihr den Mietvertrag zum 30. September kündigt, um selber wieder zu praktizieren. Mit Berta mutmaßt sie, dass Tanja hinter Ludwigs Sinneswandel steckt. Abends macht sie ihrer Wut an Dresslers Tür Luft. Dabei kann sie sich einen Seitenhieb auf Tanja nicht verkneifen. Die knallt ihr daraufhin die Tür vor der Nase zu. Dressler kommen trotzdem Zweifel an seiner Entscheidung.

Buch: Maria Elisabeth Straub ■ Regie: Jens Hercher ■ Kamera: Dieter Christ ■ Redaktion: Ronald Gräbe

449 | Heimkehr

Eva ist frustriert: Die Aussichten auf eine neue Praxis stehen schlecht. Kurts Versuch, sie zu trösten, endet in einem erneuten Streit. Ludwig bleibt bei der Kündigung. Er kann Evas Enttäuschung aber gut nachvollziehen und will sie bei der Suche nach neuen Praxisräumen unterstützen. ■ Wanda bekommt einen Brief aus Polen. Freunde wollen sie und Jaruslav aufnehmen. Sie können zurück in ihr Heimatdorf ziehen und auf dem Hof der Freunde mitarbeiten. Glücklich feiern sie abends diese Wendung zum Guten. ■ Überraschend steht Manoel bei Berta vor der Tür. Der aufmüpfige Teenager ist aus dem Internat geflogen. Über die Gründe schweigt er sich allerdings aus. Als der Junge nachts im Traum laut stöhnt, will Berta ihn fürsorglich zudecken. Dabei entdeckt sie einen Beutel mit 2.000 Mark. In diesem Augenblick wacht Manoel auf und nimmt das Geld an sich.

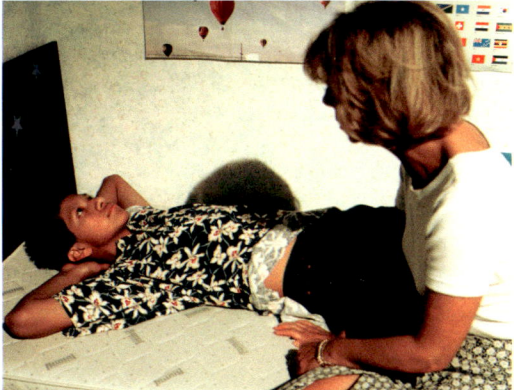

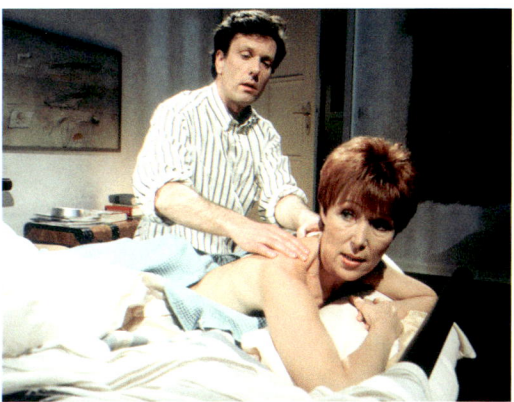

Buch: Maria Elisabeth Straub ■ Regie: Jens Hercher ■ Kamera: Dieter Christ ■ Redaktion: Ronald Gräbe

450 | Tränen

Anna wird aus dem Krankenhaus entlassen. Hans und die Kinder sind glücklich. Die gesamte Großfamilie bringt ihr ein Geburtstagsständchen. Zudem hat Hans erfahren, dass er von Frau Dabelstein eine Abfindung in Höhe von 230.000 Mark erhält. ■ Berta bemüht sich weiterhin vergebens, hinter Manoels Geheimnis zu kommen. Er will die Schule abbrechen, um Geld zu verdienen. Lydia zieht für einige Tage zu Amélie. Aber auch sie kommt nicht an Manoel heran. ■ Olli ist auf der Suche nach Klaus. Helga schickt ihn weg und sagt ihm, dass er unerwünscht ist. Dessen ungeachtet wartet Olli im Hausflur auf Klaus, was Helga ihm nicht verbieten kann. Obwohl Erich gerade einen Schwächeanfall im Reisebüro erlitten hat, will er sich um die Angelegenheit kümmern. Als er nicht zurückkommt wird Helga panisch und hat Angst, dass ihm etwas passiert sein könnte.

Buch: Maria Elisabeth Straub ■ Regie: Jens Hercher ■ Kamera: Dieter Christ ■ Redaktion: Ronald Gräbe

451 | Endstation

Winickis wollen ihre Heimreise antreten. Während alle am Kaffeetisch sitzen, träumt Jaroslav im Hof vor sich hin. Ganz friedlich entschläft er. Andy findet den Toten. ■ Panaiotis bereitet einen Informationsabend über die Lage in Georgien vor. Vasily ist einverstanden, Manoel als »kleinen Bruder« zu beschäftigen. Hajo gelingt es endlich, Manoels Geheimnis zu lüften. Er will zurück nach Mexiko, um dort als Bauer zu leben. Berta, Lydia und Amélie sind perplex. ■ Erich hat Olli in der vergangenen Woche bei ein paar Bierchen ins Gewissen geredet und meint, er würde keinen Ärger mehr machen. Doch bereits am Nachmittag steht er wieder vor der Tür. Klaus tritt ihn vors Schienbein. Olli stürzt und bleibt liegen. Onkel Franz findet den Verletzten und nimmt ihn mit zu sich in die Wohnung. Als Olli bei ihm übernachten will, zögert der alte Herr jedoch.

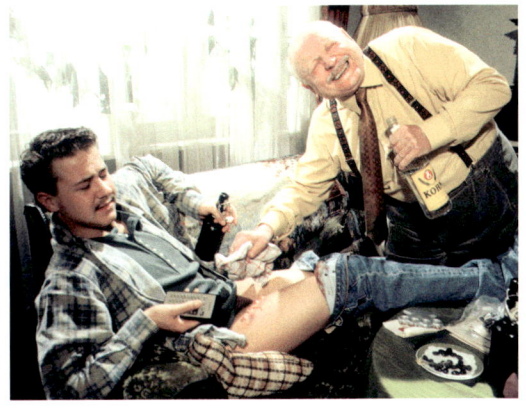

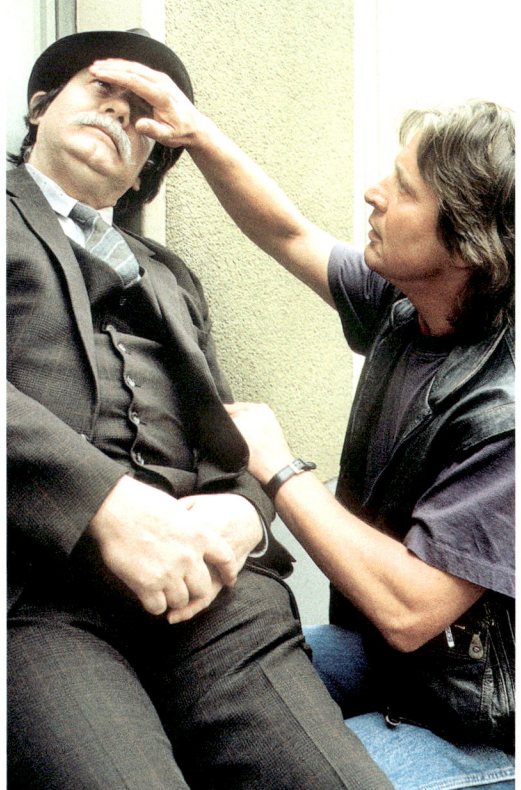

Buch: Maria Elisabeth Straub ■ Regie: Jens Hercher ■ Kamera: Dieter Christ ■ Redaktion: Ronald Gräbe

452 | Fernweh

Olli ist bei Onkel Franz eingezogen. Er hat einen eigenen Schlüssel und will sich mit 100 Mark an der Miete beteiligen. Abends verbrüdern sich die beiden sogar. Helgas Warnungen stoßen bei ihrem Onkel auf taube Ohren. Er mag Olli. ■ Hubert und Urszula begleiten die traurige Wanda nach Polen. Beate schenkt ihnen die letzten Fotos mit Jaruslav, die sie auf der Feier vor drei Wochen gemacht hat. Lisa kommt zu spät und kann Hubert nicht mehr verabschieden. Rosi ist noch immer sauer auf Lisa und lässt sie nicht in die Wohnung. ■ Weil sie sich auf kein Reiseziel einigen können, bucht Iffi auf eigene Faust einen Cluburlaub in Tunesien. Momo ist fassungslos. Auch Gabi, Andy und Valerie sind der Meinung, dass sowohl der Flug für Nico zu lang, als auch das Klima zu heiß sind. Iffi ist genervt und beschließt, den Urlaub allein mit ihrem Sohn zu verbringen.

Buch: Martina Borger ■ Regie: Jens Hercher ■ Kamera: Dieter Christ ■ Redaktion: Ronald Gräbe

453 | Fremde Heimat

Tanja bricht nach Percha auf. Eva bittet Ludwig erneut um eine Vertragsverlängerung für die Praxis. Aber er lehnt rigoros ab. ■ Hubert ist begeistert von der polnischen Gastfreundschaft. Er wird allerdings auch mit der Armut und den Vorurteilen gegen die Deutschen konfrontiert. Urszula wird einmal mehr bewusst, dass sie nicht mehr auf dem Land leben könnte. Sie ist einfach ein Stadtmensch. ■ Valerie erhält eine Postkarte von Iffi und Momo, die letztendlich gemeinsam an den Ammersee gereist sind. Sie lässt sich einen Dispokredit in Höhe von 2.000 Mark einrichten. Dann kauft sie eine Halskette für 400 Mark, die sie später als Geschenk von Holger präsentiert. Als Andy mit dem Jungen, der ihren Freund gespielt hat, vor der Tür steht, bekommt sie Panik. Das Täuschungsmanöver wird langsam zu teuer. Aber wie soll sie eine Trennung erklären?

Buch: Martina Borger ■ Regie: Jens Hercher ■ Kamera: Dieter Christ ■ Redaktion: Ronald Gräbe

454 | Theater

Rosis Abreise nach Warnemünde ist der Startschuss für Andys Gang zum Arzt: Er will sich sterilisieren lassen. Jakob alias Holger besucht Valerie unerwartet und kostenlos. Es kommt zu einer lautstarken Auseinandersetzung. Besorgt fragt Gabi nach, bekommt aber keine Antwort von Valerie. ■ Olli jagt Onkel Franz inzwischen nur noch Angst ein. Aber bei Helga findet er keine Unterstützung und von Else und Amélie erntet Franz nur Hohn und Spott. Olli stellt ihn wegen seiner Hilferufe zur Rede. Ängstlich schließt sich der alte Herr abends in seinem Zimmer ein. ■ Eva denkt über eine Rückkehr nach Afrika nach. Bei einem afrikanischen Abendessen weiht sie ihrer Familie in ihre Pläne ein. Unter vier Augen macht Kurt ihr klar, dass er mit ihrer Entscheidung nicht einverstanden ist. Eva erkennt, dass Kurt sie wahrscheinlich nicht begleiten wird.

Buch: Martina Borger ■ Regie: Jens Hercher ■ Kamera: Dieter Christ ■ Redaktion: Ronald Gräbe

455 Männerbesuch

Kurt hat sich noch immer nicht für Afrika entschieden. Als er von einer jungen Frau heimgebracht wird, stellt Eva ihn wütend zur Rede. Abends will sie sich im »Akropolis« versöhnen. Aber Kurt macht ihr klar, dass ihre Beziehung auf der Kippe steht. ■ Helga ist mit Vorbereitungen für die Irlandreise beschäftigt und bemerkt nicht, dass Erich immer wieder gegen Schwindelanfälle ankämpft. Onkel Franz bietet vergeblich an, sich um die Blumen zu kümmern, auch seine Klagen über Olli will Helga nicht hören. ■ Lydia kommt zum Tee zu Amélie. Herr von Salen-Priesnitz, der auch im »Haus Tannenhöhe« wohnt, hat sie mit nach München genommen. Amélie ist ihm gleich zugetan. Pikiert lässt Lydia die beiden allein. Als sie zurück kommt, kann Salen-Priesnitz nicht mehr fahren. Er wird bei Amélie bleiben, während Lydia vor die Tür gesetzt wird.

Buch: Martina Borger ■ Regie: Jens Hercher ■ Kamera: Dieter Christ ■ Redaktion: Ronald Gräbe

456 | Carpe diem

Else bringt Helga die Wäsche und entsorgt gleich die toten Fliegen in der Wohnung – nicht ahnend, dass es sich um Angelköder handelt. Erich erleidet erneut einen Schwindelanfall. Er erholt sich jedoch schnell wieder und bricht mit Helga in den Urlaub auf. Helga hat Onkel Franz ihre Schlüssel nicht gegeben. ■ Amélie verführt Herrn von Salen-Priesnitz. Trotz der Vertrautheit macht er weiterhin ein Geheimnis um den Inhalt seines Aktenkoffers. Beim anschließenden Sektfrühstück werden sie von Else beobachtet. Die meint zu Gabi, dass Sex ab einem gewissen Alter tabu sein sollte. Beim Abschied verspricht Priesnitz, Lydia nichts von ihrem Tête-à-tête zu verraten. Amélie kann den Mann noch immer nicht einschätzen. ■ Neben Valeries finanziellen Sorgen wird auch Jakob zum Problem. Er will seine Rolle weiterspielen, andernfalls wird er sie verraten.

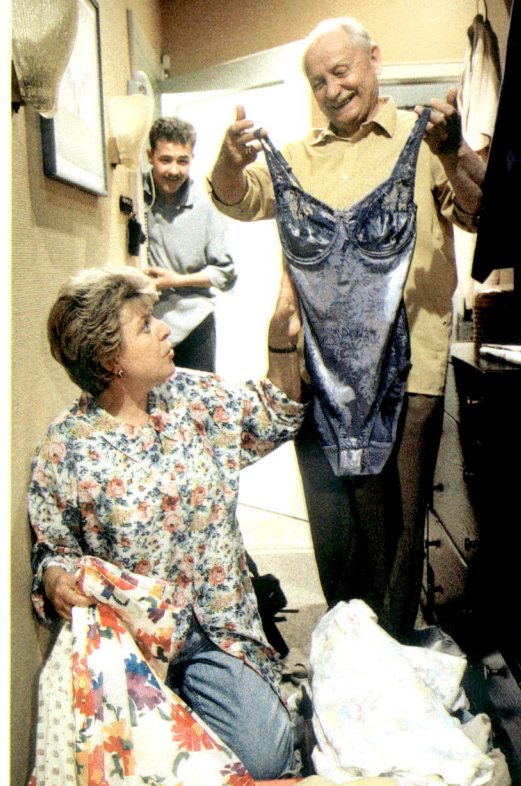

Buch: Martina Borger ■ Regie: Claus Peter Witt ■ Kamera: Dieter Christ ■ Redaktion: Ronald Gräbe

457 | Avancen

Valerie bekommt eine Pfändungsandrohung. Verzweifelt überlegt sie, was sie zu Geld machen kann. Jakob, der wieder einmal vorbeischaut, tröstet sie. ■ Anna sucht Evas ärztlichen Rat. Sie fühlt sich oft abgeschlagen und hat keine Lust auf Sex. Hans möchte für ein paar Tage mit ihr nach Paris fahren. Sofort bietet sich Carola an mitzufahren. Es ist offensichtlich, dass Hans ihr gefällt. Anna beäugt die beiden skeptisch. Während sie sich mit Gabi trifft, bietet Carola ihrem Chef an, sich bei ihr auszusprechen. Hans ist unschlüssig, was er tun soll. ■ Eva bekommt den Job in Afrika nicht. Obwohl Kurt sie tröstet, ist er doch froh über diese Entwicklung. Abends bespricht sie mit Ludwig die Kosten für die Praxisübernahme. Als er ihr nun doch eine ein- bis zweimonatige Vertragsverlängerung anbietet, lehnt sie ab. Mitleid braucht sie nicht.

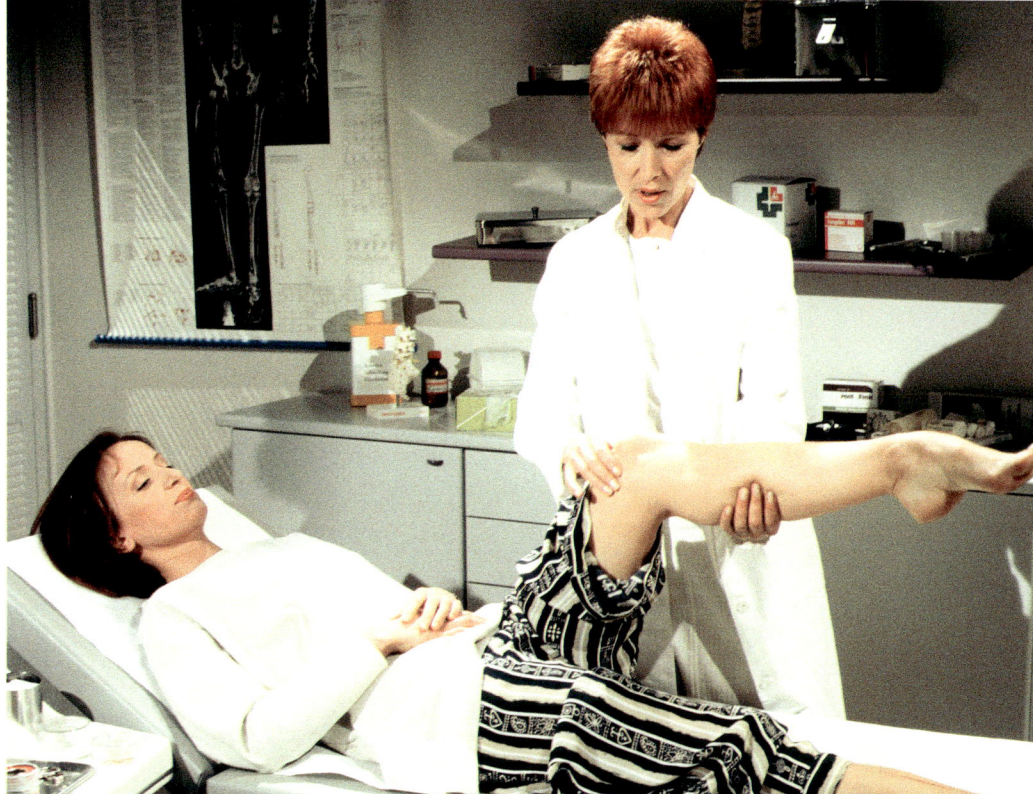

Buch: Martina Borger ■ Regie: Claus Peter Witt ■ Kamera: Dieter Christ ■ Redaktion: Ronald Gräbe

458 | Notbremsung

Carola versucht Hans während Annas Abwesenheit zu küssen. Aber Anna ist unbemerkt zurückkehrt und hört, wie Hans sich heftig wehrt. Kurzentschlossen wirft sie Carola hinaus. Hans ist beeindruckt von ihrer Konsequenz. Sie küssen sich innig. ■ Nachdem Valerie eine endgültige Zahlungsaufforderung von der Bank bekommt, gesteht sie Andy ihre Notlage. Der verspricht ihr zu helfen. Jakob sagt sie, dass sie ab jetzt ohne Lügen leben will. Sie verabschieden sich, was dann beiden doch schwer fällt. ■ Nach einem morgendlichen Schäferstündchen will Priesnitz einkaufen gehen. Er nimmt von Amélie unbemerkt einige Geldscheine aus seinem Aktenkoffer. Nachmittags stößt Amélie den Koffer versehentlich um. Der öffnet sich und es kommt sehr viel Geld zum Vorschein. Priesnitz erklärt seiner erstaunten Liebhaberin, dass es sich um Falschgeld handelt.

Buch: Martina Borger ■ Regie: Claus Peter Witt ■ Kamera: Dieter Christ ■ Redaktion: Ronald Gräbe

459 | Empfindlichkeiten

18. SEP 94

Berta spricht beim Frühstück im »Café Bayer« mit Amélie über Manoel. Amélie lädt die beiden zum Abendessen ins »Casarotti« ein. Zudem will sie die Kosten für Lisas Klavierstunden übernehmen. Manoel, der nicht mehr im »Akropolis« arbeitet, hätte das Geld für das Essen gerne in bar. Zu Bertas Verdruss gibt Amélie seinem Wunsch nach. ■ Das neue Kindermädchen Erika treibt Anna mit ihrer Schusseligkeit zur Verzweiflung. Aber im Umgang mit den Kindern ist sie unschlagbar. ■ Erich liegt mit einem Halswirbelbruch in einem Dubliner Krankenhaus. Helga will gleich wieder zurück nach Irland. Mit Matthias vereinbart sie, dass er während ihrer Abwesenheit zu Klaus zieht. Der muss derweil Olli abwimmeln, der ebenfalls zu ihm ziehen möchte. Als Matthias abends bei Klaus klingelt, lässt der ihn nicht in die Wohnung. Er braucht keinen Aufpasser.

Buch: Martina Borger ■ Regie: Claus Peter Witt ■ Kamera: Dieter Christ ■ Redaktion: Ronald Gräbe

460 | Duelle

25. SEP 94

Matthias wohnt nun doch bei Klaus. Die beiden schauen gemeinsam fern, als Olli klingelt. Klaus will ihn abwimmeln, woraufhin Olli handgreiflich wird. Matthias schreitet ein und schlägt den Angreifer nieder, wovon er selbst am meisten überrascht ist. ■ Claudia belastet die bevorstehende Krebsnachsorge sehr. Beim Abtasten hat sie wieder einen geschwollenen Lymphknoten entdeckt. Abends nimmt ihre Angst noch zu. Olaf versucht recht ungelenk, sie zu trösten. Er kommt auf das Thema »Metastasen« zu sprechen. Claudia befürchtet, dass sie nicht mehr lange leben wird. ■ Berta sitzt die Schulbehörde gewaltig im Nacken. Manoel weigert sich standhaft, wieder zur Schule zu gehen. Lydia glaubt, es fehle der Mann im Haus und schlägt Berta vor, Scholz wieder bei sich einziehen zu lassen. Lisa ist von Manoels Plan, nach Mexiko zu gehen, begeistert.

Buch: Susanne Fülscher ■ Regie: Claus Peter Witt ■ Kamera: Dieter Christ ■ Redaktion: Ronald Gräbe

461 | Blüten

2. OKT 94

Claudia hat Angst vor den Ergebnissen der Untersuchung. Schließlich ruft sie an und erfährt, dass alles in Ordnung ist. Erleichtert bricht sie in Tränen aus. Olaf verwöhnt sie mit einem Festessen und einer Tanzeinlage. Claudia ist überwältigt. ■ Beate fällt auf, dass Philipp mit einem falschen 50-Mark-Schein zahlt. Der geht zurück ins »Café Bayer« und verlangt wütend Ersatz. Gabi schlägt vor, zur Polizei zu gehen, die das Falschgeld prompt einbehält. Abends telefoniert Philipp, dem nun 50 Mark fehlen, mit einem Freund. Von dem weiß er, dass der Vater einen Farbkopierer hat. ■ Amélie und Priesnitz verwöhnen sich selbst mit einem Frühstück im Bett. Amélie glaubt noch immer nicht, dass das Geld im Aktenkoffer echt ist. Aber Salen-Priesnitz erklärt, dass er den Banken nicht traut. Er überreicht Amélie eine herrliche Brosche in Blütenform.

Buch: Susanne Fülscher ■ Regie: Claus Peter Witt ■ Kamera: Dieter Christ ■ Redaktion: Ronald Gräbe

462 | Falscher Fuffzger

9. OKT 94

Philipp hat tatsächlich 50 Mark kopiert und bezahlt damit bei Vasily. Der gibt den Schein an Egon weiter. Als Egon im »Café Bayer« bezahlt, bemerkt Hajo die Blüte. Er verfolgt die Spur zurück zu Philipp. Während Eva und Kurt gerade auf Evas neuen Job anstoßen, kommt Hajo, um mit Philipp zu sprechen. Dem wird Angst und Bange, als Hajo ihn mit der Blüte konfrontiert. ■ Olli lullt Onkel Franz mit der Mitleidsmasche immer wieder ein. Abends lädt der ihn ins »Akropolis« ein, wo sie Matthias und Klaus treffen. Olli vermutet, dass Matthias homosexuell ist. ■ Die Patienten sind froh, dass Dressler seine Praxis wieder eröffnet. Berta rät er wegen Manoel abzuwarten, das sei halt die Pubertät. Nachdem er Egon zu einer Diät verdonnert hat, lädt er ihn zum Essen ins »Akropolis« ein. Tanja unterstützt den Neubeginn ihres Mannes voll und ganz.

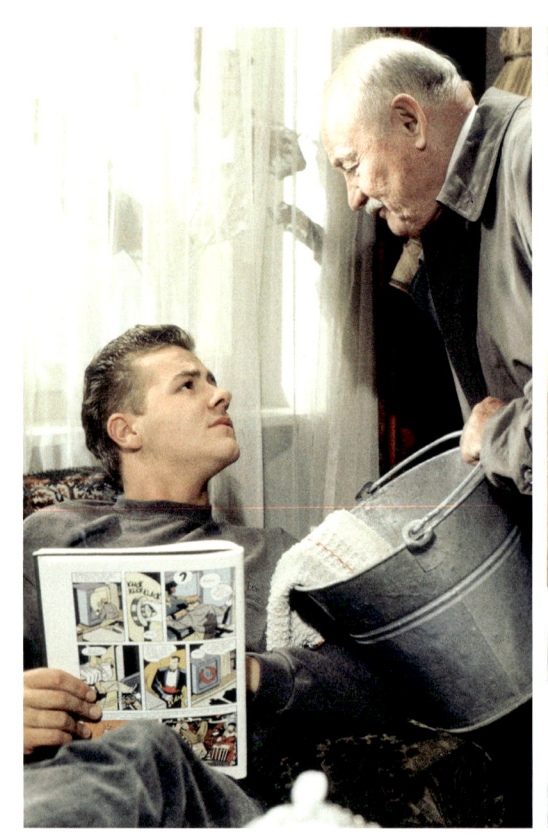

Buch: Susanne Fülscher ■ Regie: Claus Peter Witt ■ Kamera: Dieter Christ ■ Redaktion: Ronald Gräbe

463 | Die Anzeige

Hajo vermutet in Philipp den Kopf einer Geldfälscherbande. Vor dem Wahllokal sehen Berta und Hajo, wie Beate und Vasily mit Freunden für das Ausländerwahlrecht demonstrieren. Die Wahlsendung schaut Scholz bei Sperlings an. Als Philipp heimkommt, bietet Hajo ihm unter vier Augen an, 1.000-Mark-Scheine zu kopieren, die Philipp dann in Umlauf bringen soll. ■ Mehr als die Wahl bewegt Onkel Franz und Olli die Frage, ob Matthias schwul ist. Onkel Franz dringt schließlich in Begleitung von Else und Olli in die Beimersche Wohnung ein und findet Lederutensilien und einschlägige Magazine. Matthias kommt nichtsahnend heim und wird bereits von zwei Polizisten erwartet, die ihn mitnehmen. ■ Panaiotis interessiert sich nur noch für seine Hilfsaktion. Vasily muss Manoel endgültig entlassen, da ansonsten das Gewerbeaufsichtsamt eingeschaltet wird.

Buch: Hans W. Geißendörfer ■ Regie: Claus Peter Witt ■ Kamera: Dieter Christ ■ Redaktion: Ronald Gräbe

464 | Freiheit?

23. OKT.
94

Klaus hält Matthias davon ab, Helga über seine vorübergehende Verhaftung zu informieren. Nachdem Matthias erfahren hat, dass Onkel Franz ihn angezeigt hat, stürmt er zu ihm. Eva, die zufällig da ist, verhindert Schlimmeres. Als Hans dann versucht, mit Onkel Franz zu reden, wird der von Olli beschützt. ■ Philipp fährt der Bus vor der Nase weg. Hajo bietet ihm an, ihn im Auto mitzunehmen. Die beiden versöhnen sich wieder. ■ Lisa hört, wie ein Herr der Schulbehörde Berta mitteilt, dass er die Polizei einschaltet, wenn Manoel weiterhin der Schule fernbleibt. Entsetzt bietet sie Manoel ein Versteck in ihrem Heim an. Abends seilt Manoel seine gepackten Sachen aus dem Fenster ab. Berta sagt er, dass er kurz weg muss. Es wird immer später, aber Manoel kommt nicht zurück. Zu ihrem Schrecken stellt Berta fest, dass seine Sachen verschwunden sind.

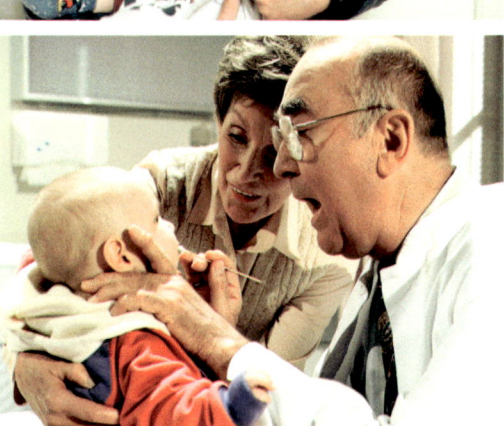

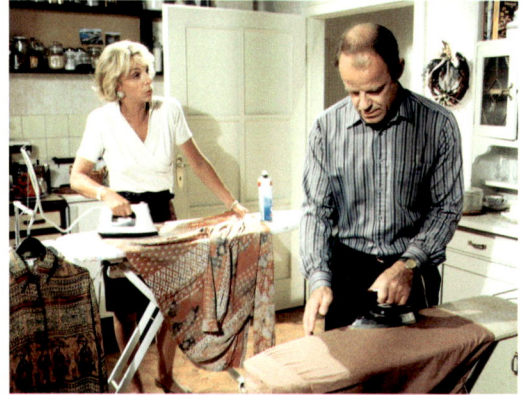

Buch: Hans W. Geißendörfer ■ Regie: Claus Peter Witt ■ Kamera: Dieter Christ ■ Redaktion: Ronald Gräbe

465 | Handschellen

Zufällig findet Onkel Franz von Olli verstecktes Pornomaterial. Der fesselt und knebelt ihn daraufhin und eilt fort. Während Ollis Abwesenheit wird Onkel Franz von Amélie, Else und Kurt befreit. Kurt drängt Onkel Franz sich bei Matthias zu entschuldigen. Aber der will nichts mit ihm zu tun haben. Bei seiner Rückkehr wird Olli verhaftet. Neben dem Pornomaterial wurde auch Falschgeld sichergestellt. ■ Lisa stiehlt Berta Geld und gibt es Manoel, der sich auf dem Dachboden ihres Heimes versteckt. Bis zu seiner Abreise nach Mexiko will Lisa ihm noch mehr Geld besorgen. ■ Da Manoel nun nicht mehr in der Wohnung ist, hat auch Hajo seine Schuldigkeit getan und kann gehen. Berta wirft ihn hinaus. Abends schleppt er eine Blondine ab. Er eilt zu Berta und kündigt an, dass er sie jetzt betrügen wird, wenn er nicht zurück in die Wohnung darf.

Buch: Hans W. Geißendörfer ■ Regie: George Moorse ■ Kamera: Kurt Mikler ■ Redaktion: Ronald Gräbe

466 | Der Paß

Berta sagt der Polizei, dass sie Manoels Aufenthaltsort nicht kennt. Der will später heimlich seinen Pass holen, wird aber von Hajo gestört. Lisa schafft es mit einem Trick, an das Dokument zu kommen. Im Heim zeigt sie Manoel ihre Beute inklusive gestohlener 100 Mark. Manoel fällt auf, dass Lisa inzwischen gut Spanisch spricht. ■ Mit einem Geburtstagskuchen für Hubert im Gepäck reist Rosi nach Warnemünde. Valerie will ihre Lehre in Aachen fortsetzen und auf Gabi wartet eine unangenehme Überraschung. Als sie sich mit Panaiotis über die Fortschritte seiner Georgien-Aktion unterhält, steht plötzlich Phil vor ihr. ■ Olaf hat einen Auftrag im Wert von 18.000 Mark für den Blumenladen an Land gezogen. Nach einem Telefonat mit Claudias Mutter bringt er Claudia bei, dass ihr Vater gestorben ist. Aufgelöst will sie gleich nach Borna aufbrechen.

Buch: Hans W. Geißendörfer ■ Regie: George Moorse ■ Kamera: Kurt Mikler ■ Redaktion: Ronald Gräbe

467 | Wunder

Zum Leidwesen von Gabi und Andy ist Phil zurück auf der Bildfläche. Unter vier Augen macht Gabi ihm klar, dass er sich von Max fernhalten soll. Derweil wird Gung im Krankenhaus von einem Filmproduzenten eine Rolle als Thailänder angeboten. ■ Mit Klaus und Matthias belädt Panatiotis jenen Transporter, mit dem er Hilfsgüter nach Georgien schaffen will. Als plötzlich die Hinterachse bricht, bittet er Phil, der im Rolls Royce vorbei kommt, um Hilfe. Mit Blick auf Gabi, die das alles mitbekommt, schenkt er Panaiotis seinen Wagen. Andy regt sich über Phils »Großkotzigkeit« auf. ■ Else will Olaf an dessen Geburtstag im Blumenladen helfen und lädt ihn außerdem zum Abendessen ein. Ihr Sohn lehnt jedoch beides ab. Nachdem er Claudia abends durch ihre Mutter ausrichten lässt, dass er früh ins Bett geht, versucht er, seine Ex-Frau Inge zu erreichen.

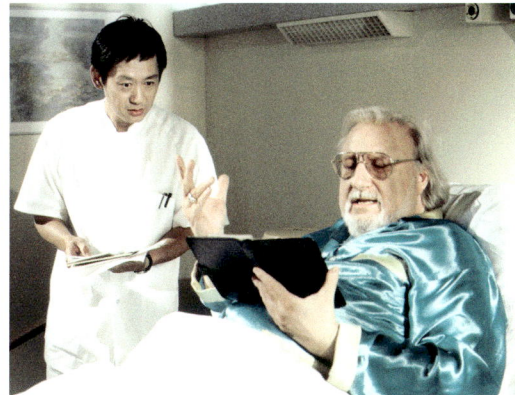

Buch: Hans W. Geißendörfer ■ Regie: George Moorse ■ Kamera: Kurt Mikler ■ Redaktion: Ronald Gräbe

468 | Der erste Vater

Valerie bereitet mit gemischten Gefühlen ihre Abfahrt nach Aachen vor. Max zeigt nach einem Besuch bei Phil stolz seine Geschenke. Vom Chauffeur erfährt Gabi allerdings, dass er den Tag ohne seinen Vater verbracht hat, weil der keine Zeit hatte. ■ Urszula will den aufgeregten Gung zu seinem Casting begleiten. Doch als der Fahrer der Produktionsfirma erscheint, ist Gung verschwunden. Er hat sich aus Angst im Schrank versteckt und sagt den Castingtermin schließlich ab. ■ Nachdem Olaf seine Ex-Frau vertröstet hat, begrüßt er Claudia, die mit einer Lungenentzündung aus Borna zurückkommt. Sie ist froh, dass Olaf nichts gegen einen Besuch ihrer Mutter einzuwenden hat. Ihren Bruder Dieter soll er jedoch abweisen, falls der auftaucht. Kurz darauf unterbricht die Türklingel Olafs Akkordeonspiel. Vor der Tür steht Dieter und begehrt Einlass.

Buch: Hans W. Geißendörfer ■ Regie: George Moorse ■ Kamera: Kurt Mikler ■ Redaktion: Ronald Gräbe

469 | Trost und Hilfe

Claudia will ihren arbeitslosen Bruder unterbringen. Ihre Geduld ist am Ende, als er einen Aushilfsjob im »Café Bayer« ausschlägt. Abends hockt Dieter niedergeschlagen mit einem Foto seiner Tochter im »Akropolis«. ■ Anna spricht sich auf dem Friedhof mit Frau Dabelstein aus. Nachmittags berät sie mit Hans über seine berufliche Zukunft. Er würde gern wieder im Sozialamt arbeiten. ■ Klaus und Matthias wollen Helga vorerst nichts von den jüngsten Ereignissen erzählen. Sie erfährt es jedoch von Else. Entrüstet stellt sie Matthias zur Rede. Klaus ärgert ihr Verhalten. Auch Erich, der mittlerweile in einem Münchner Spital liegt, kann ihre Aufregung nicht teilen. Er schlägt vor, Inka Fuchs als Aushilfe im Reisebüro einzustellen. Auch abends gibt Helga keine Ruhe. Klaus will daraufhin wissen, was sie machen würde, wenn er wirklich schwul wäre.

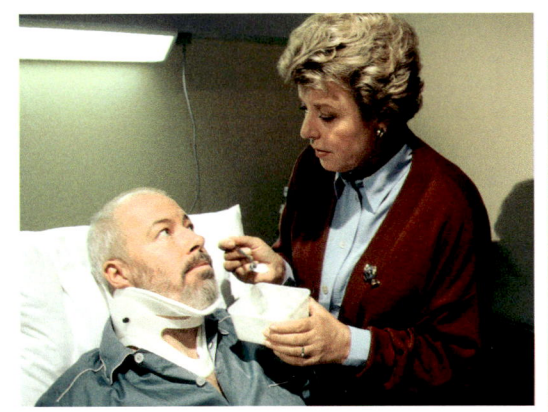

Buch: Martina Borger ■ Regie: George Moorse ■ Kamera: Kurt Mikler ■ Redaktion: Ronald Gräbe

470 | Schwache Nerven

Helga rätselt weiterhin, ob Matthias ihren Sohn verführt hat. Hans kann das nicht glauben. Überraschend kommt Marlene vorbei. Angetrunken schlägt sie vor, Klaus zu verkuppeln. Helga ist entsetzt. Für sie ist er immer noch ein kleiner Junge. ■ Hubert pocht darauf, dass Rosi zu ihm nach Warnemünde kommt. Iffi ist verzweifelt, weil sie dann niemanden hat, der auf Nico aufpasst. Phil trifft Andy und lädt ihn zum Essen ein, was Gabi überhaupt nicht gefällt. Als Phil weg ist, streiten Gabi und Andy. Später gelingt ihnen die Versöhnung. ■ Lisa versorgt Manoel in seinem Versteck mit Essen und stellt ihm viel Geld in Aussicht. Amélie will ihr ein gebrauchtes Klavier schenken. Das könnte man zu Geld machen: Genug für eine Reise zu zweit. Manoel wehrt ab, er will allein nach Mexiko. Aber Lisa hat vorsorglich seinen Pass in Verwahrung genommen.

Buch: Martina Borger ■ Regie: George Moorse ■ Kamera: Kurt Mikler ■ Redaktion: Ronald Gräbe

471 | Fluchten

Lisa und Manoel machen sich auf den Weg nach Mexiko. Während sie noch diskutieren, ob sie bis Hamburg den Zug nehmen oder trampen, werden sie vom Hausmeister erwischt. Manoel kann flüchten, Lisa wird geschnappt. Im Heim mimt sie die Unwissende. Erst nachmittags bei Berta verliert sie die Fassung. ■ Sarah muss wegen einer Prügelei aus der Schule abgeholt werden. Über Einzelheiten schweigt sie sich aus. Allerdings will sie nicht mehr zur Schule gehen. Da hilft auch Annas Angebot nicht viel, sie täglich hinzubringen und abzuholen. Kurzentschlossen ändert Sarah ihre Weihnachtswünsche. Sie möchte eine Pistole oder ein Messer, um sich besser wehren zu können. ■ Hubert kehrt überraschend heim, um Rosi abzuholen. Sie wollen noch heute abreisen. Iffi weiß keinen anderen Ausweg: Sie muss Eva bitten, sich in der nächsten Zeit um Nico zu kümmern.

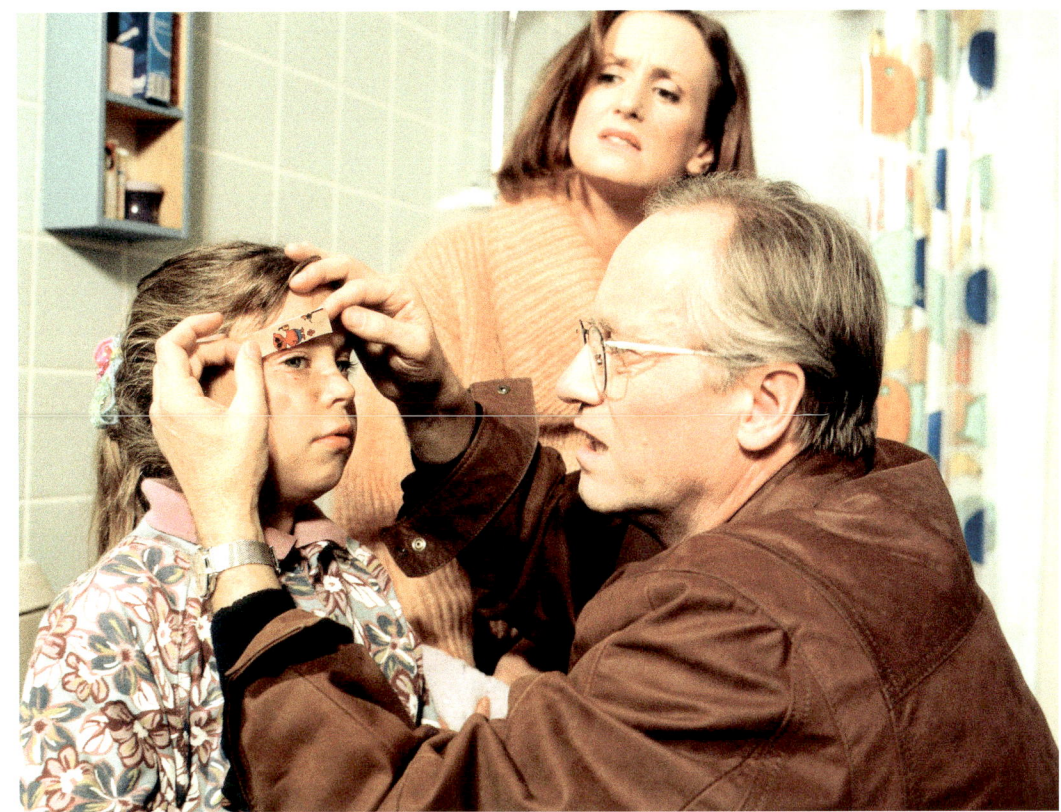

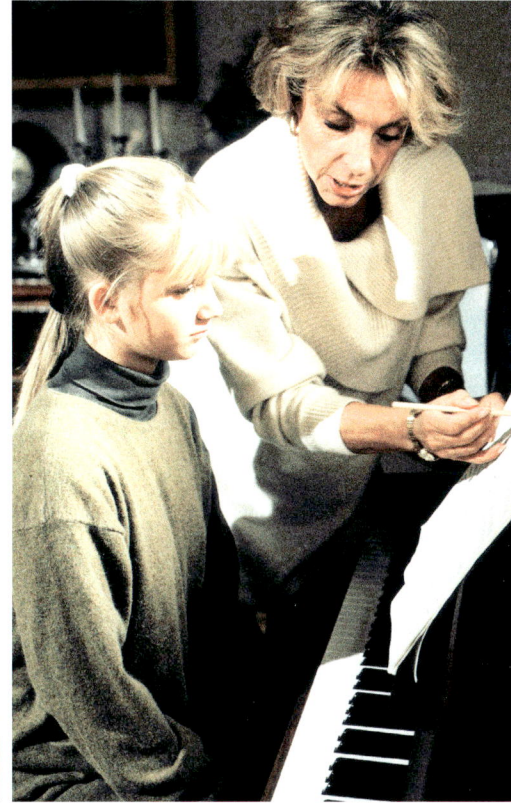

Buch: Martina Borger ■ Regie: George Moorse ■ Kamera: Kurt Mikler ■ Redaktion: Ronald Gräbe

472 | Daumenschrauben

Zwischen Eva und Kurt kommt es wieder einmal zum Streit. Stein des Anstoßes ist Iffi. Kurt nimmt sie stets in Schutz, weil er meint, sie sei die Schwächere. Eva findet er dagegen egoistisch. Abends bei einem Versöhnungsessen berichtet Kurt seiner Frau vom schlechten Zustand seiner Firma. ■ Iffi kann Nico weder bei Eva noch bei Andy lassen. Nach einem kurzen Gespräch mit Else zum Thema Enkelkinder lässt sie Nico als »Ersatz-Enkel« bei ihr. ■ Beate hat eine Skihütte in den Bergen gemietet. Zu Vasilys Ärger soll jedoch Urszula mit ihnen in die Ferien fahren. Er will Beate nicht ständig mit ihrer Freundin teilen. Mittags spricht Beate mit Elena über Panaiotis. Der hat sich immer noch nicht aus Georgien gemeldet. Kurz bevor Beate den Salon abends schließen will, kommt Vasily und fordert sie auf, sich zwischen ihm und Urszula zu entscheiden.

Buch: Martina Borger ■ Regie: George Moorse ■ Kamera: Kurt Mikler ■ Redaktion: Ronald Gräbe

473 | Schöne Bescherung

25. DEZ 94

Beate fährt allein mit Urszula in den Urlaub. Enttäuscht sitzt Vasily abends mit Elena im »Akropolis«. Hajo und einige andere einsame Herzen stoßen dazu. Gemeinsam verbringen sie den Weihnachtsabend. ■ Auch Klaus und Helga werden Weihnachten allein verbringen. Benny feiert mit seiner WG, Marion mit ihrem Freund in Paris und Erich liegt im Krankenhaus. Als Helga abends heimkommt, ist auch Klaus verschwunden. Schweren Herzens gestattet sie Onkel Franz, bei ihr zu bleiben. ■ Valerie kommt überraschend aus Aachen und wirkt sehr unglücklich. Phil wäre gerne bei der Bescherung dabei, aber davon will Gabi nichts wissen. Abends sind Andy und Gabi bei Sperlings eingeladen. Im Gegensatz zu den Männern versuchen die Frauen, miteinander klar zu kommen. Wieder daheim stellt Gabi fest, dass Max nicht da ist. Panisch vermutet sie, Phil habe ihn entführt.

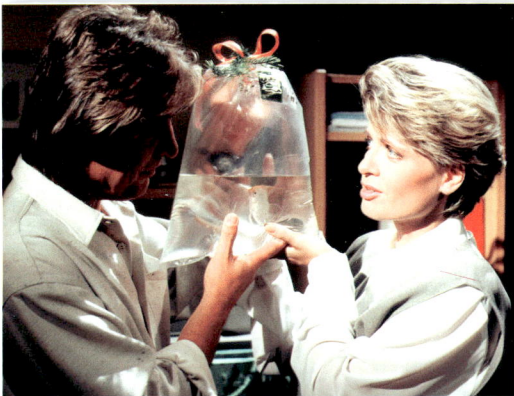

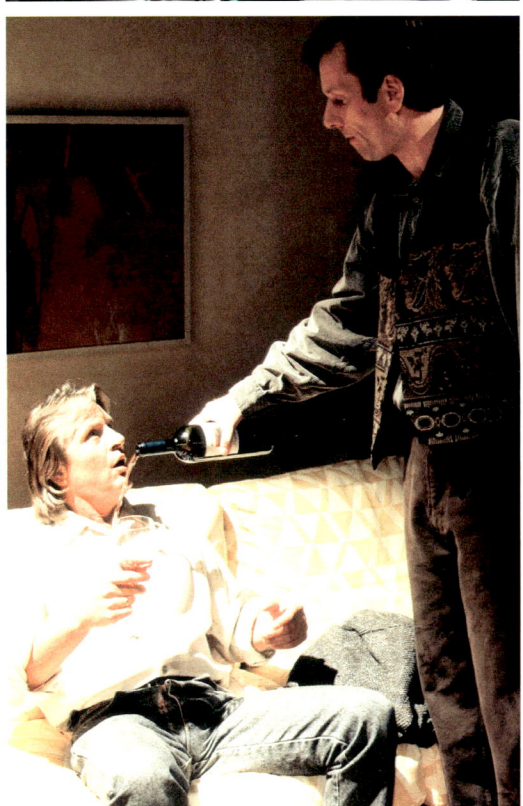

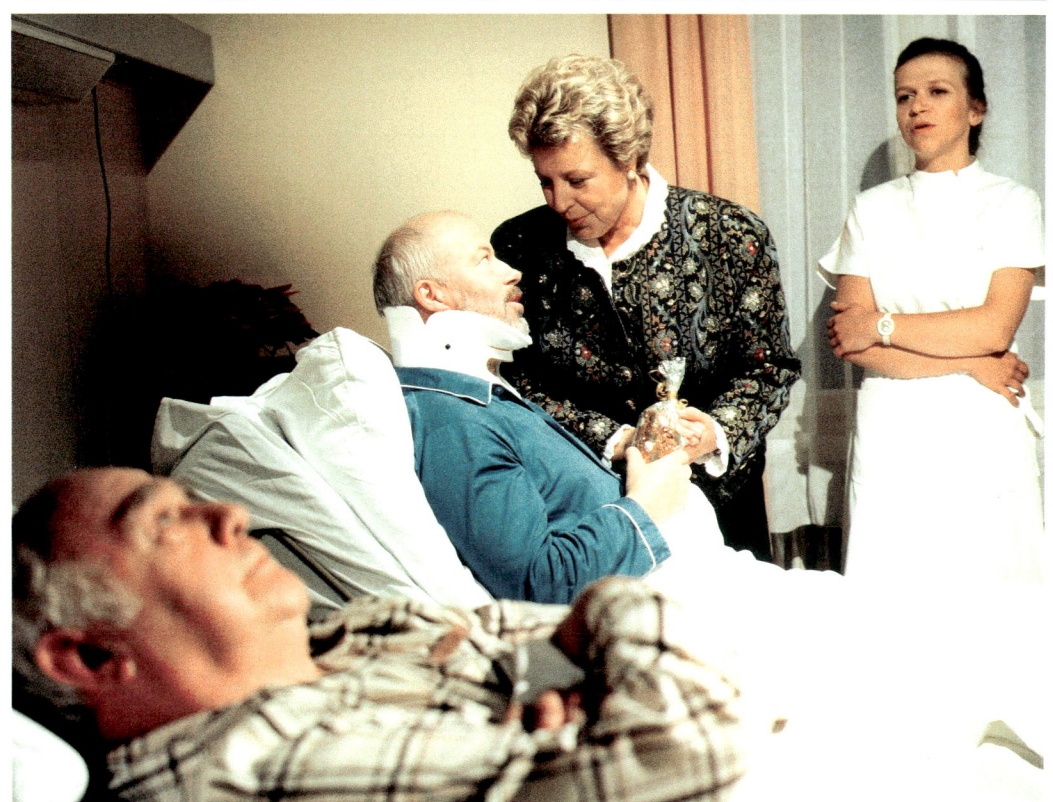

Buch: Martina Borger ■ Regie: George Moorse ■ Kamera: Kurt Mikler ■ Redaktion: Ronald Gräbe

474 | Fremde Welten

1. JAN 95

Phil gesteht seinem Sohn, keine Knaller gekauft zu haben. Max läuft daraufhin weinend davon. Nachdem Valerie ihrem Vater erzählt, dass sie wegen Diebstahls entlassen wurde, kommt es zum Streit. Fassungslos berichtet Andy seiner Frau davon. Valeries Verhalten macht ihm Angst. Max sagt Andy abends, dass er ihn als Vater bevorzugt. ■ Sonia, eine ehemalige Freundin von Frank, bittet Dressler, ihr regelmäßig Methadon zu verabreichen.

Tanja bestärkt Dressler, eine Fortbildung in Sachen Methadon zu absolvieren. ■ Beate und Urszula kehren aus dem Urlaub zurück. Beleidigt erteilt Vasily ihnen Lokalverbot. Als die Gäste zur Silvesterfeier im »Akropolis« eintreffen, versöhnen sich Beate und Vasily jedoch wieder. Kurz vor Mitternacht begeben sich die Lindensträßler auf die Straße. Claudia ist das Verhalten ihres volltrunkenen Bruders unangenehm.

Buch: Martina Borger ■ Regie: George Moorse ■ Kamera: Kurt Mikler ■ Redaktion: Ronald Gräbe

475 | Schwarzer Donnerstag

Eva weist Gabi mit Verdacht auf Hepatitis A ins Krankenhaus ein. Iffi und Valerie sind entsetzt und wollen gleich Rosi aus Warnemünde zu Hilfe rufen. Das aber kommt für Andy nicht in Frage. Er verlangt, dass niemand Rosi etwas verrät. ■ Ludwig ist glücklich, als Tanja plötzlich aus Percha zu Besuch kommt. Sie zweifelt am Sinn ihrer Arbeit mit den Frauen. Umso mehr begeistert sie das Methadon-Programm. Dressler lässt sich anstecken und beschließt, an den Zulassungskursen teilzunehmen. Sonia macht er klar, dass es ohne ihre intensive Mitarbeit nicht geht. ■ Berta erfährt am Telefon vom Tod ihrer Mutter und bricht zusammen. Sie macht sich Vorwürfe, weil sie am vergangenen Wochenende nicht zu ihr gefahren ist. Der kranke Hajo steht ihr in diesem schweren Augenblick bei. Dennoch zögert sie, ihn bei sich übernachten zu lassen.

Buch: Martina Borger ■ Regie: George Moorse ■ Kamera: Kurt Mikler ■ Redaktion: Ronald Gräbe

476 | Gute Zeiten, schlechte Zeiten

15. JAN 95

Amélie steht Berta in ihrer Trauer um die verstorbene Mutter zur Seite. Mit ihr kann sie über Lydia reden. Auch Hajo weicht nicht von ihrer Seite. An der Beerdigung nehmen viele Nachbarn teil. Nachmittags versöhnen sich Berta und Hajo im Bus. ■ Die Mafia erhöht das wöchentliche Schutzgeld für das »Casarotti« auf 1.000 Mark. Doch der Tag hält auch einen Lichtblick für die Pavarottis bereit. Das adlige Ehepaar von Schönborn bestellt eine Feier für 35 Personen. ■ Übernächtigt kehrt Eva von ihrer Arbeit zurück. Da sie nicht auf Nico aufpassen kann, nimmt Iffi ihn mit zur Schule. Das geht aber nicht lange gut. Kurt trifft sie weinend vor der Tür. Er nimmt sie mit in die Wohnung und schlägt vor, einen Krippenplatz für Nico zu suchen. Eva wundert sich, dass ihr Mann schon so früh zu Hause ist. Die Erklärung: Kurt hat seinen Job verloren.

Buch: Martina Borger ■ Regie: George Moorse ■ Kamera: Kurt Mikler ■ Redaktion: Ronald Gräbe

477 | Tabula rasa

22. JAN 95

Kurts Firma hat Konkurs angemeldet. Auch Valerie schreibt, während sie auf Nico aufpasst, Bewerbungen. Es fällt ihr schwer, Rosi am Telefon nichts von Gabi zu verraten. Nach einem Spaziergang mit Nico bespricht Kurt seine berufliche Zukunft mit Eva. ■ Amélie und Berta schauen Lydias Nachlass durch. Gabi bekommt einen Ring und ein Bett für Max. Berta berichtet Hajo, dass ihre Mutter ihr 39.000 Mark hinterlassen hat. Als sie den Wunsch äußert, Manoel mit dem Geld zu unterstützen, schlägt Hajo einfühlsam vor, ihren Adoptivsohn zu suchen. ■ Das Festmenü für die adligen von Schönborns war ein voller Erfolg. Doch noch am selben Abend erhält Isolde die Nachricht, dass die gesamte Festgesellschaft unter Vergiftungserscheinungen leidet. Sie weigern sich nicht nur, die Rechnung zu bezahlen, sondern drohen auch, das Gesundheitsamt einzuschalten.

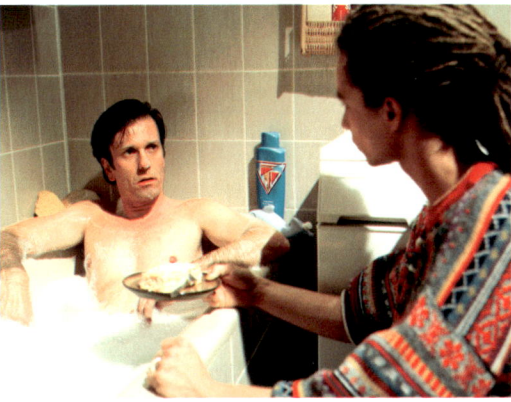

Buch: Martina Borger ■ Regie: George Moorse ■ Kamera: Kurt Mikler ■ Redaktion: Ronald Gräbe

478 | Selbst ist die Frau

29. JAN 95

Nachdem die Salmonellenvergiftung der von Schönborns in der Zeitung publik gemacht wurde, bleiben die Gäste aus. Isolde verdächtigt den Lieferanten Patrini. Hajo bietet an, ein wenig zu recherchieren. Enrico ist niedergeschmettert und möchte das Lokal verkaufen. Isolde ist entsetzt. Sie wird das »Casarotti« notfalls auch ohne Enrico weiterführen. ■ Nach einem erneuten Vorstellungsgespräch mit negativem Ausgang fragt Valerie im Reisebüro nach einer Aushilfsstelle – vergeblich. Hülsch kündigt Andy mit sofortiger Wirkung die Nutzung des Hobbyraums. Als Valerie vorschlägt, in Nicos Zimmer zu ziehen, kommt es zum Streit mit Iffi. Valerie ist am Boden zerstört. Scheinbar ist sie allen im Weg. Andy wächst langsam alles über den Kopf. Als dann auch noch Kurt klingelt, weil er Nico abholen möchte, bekommt er Andys Stress hautnah zu spüren.

Buch: Martina Borger ■ Regie: Claus Peter Witt ■ Kamera: Dieter Christ ■ Redaktion: Ronald Gräbe

479 | Handikaps

Valerie weigert sich, auf Nico aufzupassen. Dafür kümmert sich Kurt gerne um den Kleinen. Als er kurzfristig zu einem Vorstellungstermin muss, bringt er Nico doch zu Valerie. Die verzieht sich mit Kopfhörern in ihr Zimmer. So hört sie nicht, dass Nico schreit. Iffi ist außer sich vor Wut und unterstellt ihr, einen Tubendeckel in Nicos Windel getan zu haben. Valerie beteuert, dass sie ihn gar nicht gewickelt hat. ■ Da Enrico nur noch jammert, übernimmt Isolde die Regie im »Casarotti«. Zwischen Töpfen und unzufriedenen Gästen muss sie jedoch bald ihre Grenzen erkennen. Schließlich kommt Enrico doch ins Lokal. ■ Kurz bevor Erich aus der Klinik entlassen wird, erklärt Klaus seiner Mutter, dass er nichts gegen Erich hat. Er will nur seine Ruhe und »Klaus« genannt werden. Der Tag endet überraschend: Erich bittet Helga, seine Frau zu werden.

Buch: Martina Borger ■ Regie: Claus Peter Witt ■ Kamera: Dieter Christ ■ Redaktion: Ronald Gräbe

480 | Wie du mir, so ich dir

12. FEB 95

Nachdem Valerie ihren Aushilfsjob im Supermarkt verloren hat und sich zudem weigert, auf Max aufzupassen, stellt Andy sie entnervt vor die Wahl: Entweder ändert sich binnen vier Wochen ihre Einstellung oder sie fliegt raus. Um wieder einzulenken, bietet er ihr die Vorfinanzierung ihres Führerscheins an. ■ Hans muss Sarah erneut wegen einer Prügelei, die sie selbst angezettelt hat, aus der Schule abholen. Trotz eines eingehenden Gespräches schlägt Sarah noch am selben Abend auf ihren Bruder ein. Mitten in diesem Chaos erreicht Hans ein Jobangebot von Frau Dabelstein: allerdings in Schwerin. ■ Helga und Erich wollen sich Gründonnerstag das Ja-Wort geben. Marlene tut so, als könne sie nicht zur Hochzeit kommen, klärt den Scherz jedoch gleich wieder auf. Inka Fuchs informiert Helga im Reisebüro über Erichs große Verwandtschaft.

Buch: Susanne Fülscher, Hans W. Geißendörfer ■ Regie: Claus Peter Witt ■ Kamera: Dieter Christ ■ Redaktion: Ronald Gräbe

481 | Schmerzen

19. FEB 95

Dressler diagnostiziert bei Hajo ein Nierenleiden und überweist ihn an Tenge-Wegemann. Er stellt Berta später Sonia als erste Methadon-Patientin vor. Berta hingegen bietet Hajo besorgt an, wieder bei ihr zu wohnen. Beide bedauern, dass erst eine Krankheit die Annäherung ermöglicht. ■ Helga nervt Klaus und Erich mit den »verheimlichten Familienverhältnissen« ihres Zukünftigen. Erich erklärt, dass für ihn das Thema Verwandtschaft abgeschlossen sei. Letzten Endes versöhnen sie sich. ■ Dieter arbeitet inzwischen für eine »Drückerkolonne« und geht Olaf ziemlich auf die Nerven. Als Ausweichquartier gründet er im »Akropolis« einen Stammtisch. Egon ist gleich dabei, denn er erträgt Elses Zankereien nur schwer. Er denkt sogar an Scheidung. Als Claudia abends Olafs Zärtlichkeiten abwehrt, droht der aufgebracht, Dieter vor die Tür zu setzen.

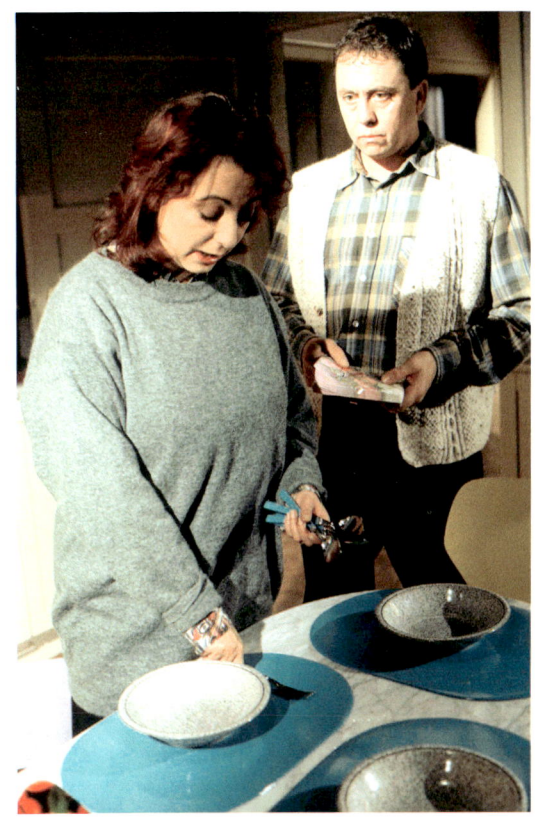

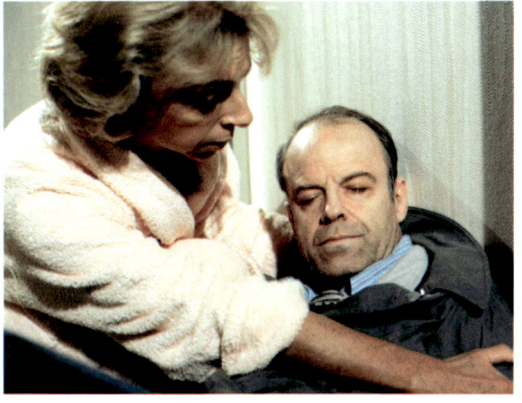

Buch: Hans W. Geißendörfer ■ Regie: Claus Peter Witt ■ Kamera: Dieter Christ ■ Redaktion: Ronald Gräbe

482 | Wunden

Sonia gibt nur widerwillig eine Urinprobe ab. Dressler ärgert sich darüber ebenso wie über ihre abfällige Bemerkung zu seiner dunkelhäutigen Putzfrau. Hajo bricht erneut zusammen: totales Nierenversagen. Er wird von Sanitätern aus dem Haus getragen. ■ Andy kümmert sich um Nico. Als er den Kinderwagen kurz aus den Augen lässt, nehmen Kurt und Philipp das Baby einfach mit. Mit Valerie sucht Andy verzweifelt nach dem Kind. Sie fragen auch Kurt, aber der stellt sich ahnungslos. Andy will gerade die Polizei rufen, da berichten Iffi und Momo, dass Nico bei Kurt ist. Wutentbrannt rennt Andy zu Kurt und schlägt zu. ■ Olaf und Dieter haben sich wieder versöhnt. Claudia fährt zu ihrer kranken Mutter gen Osten. ■ Hans entscheidet sich gegen den Job in Schwerin. Nachmittags erfährt er, dass Sarah von einem Schüler aus der 3. Klasse erpresst wird.

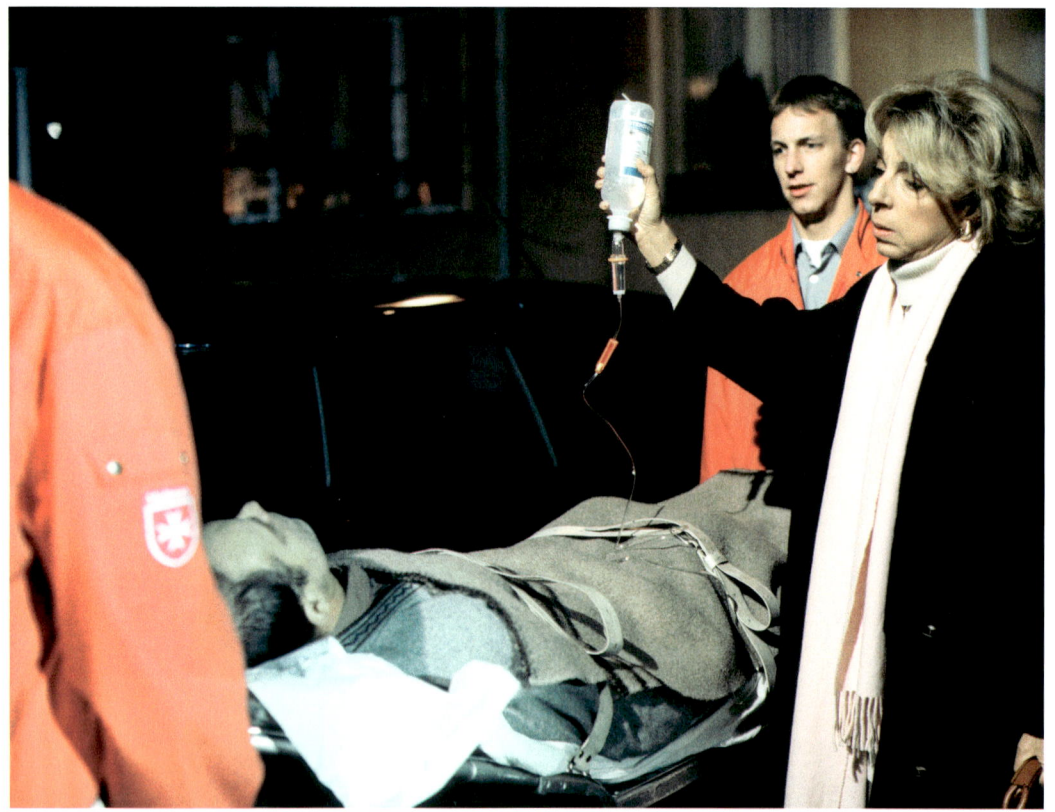

Buch: Hans W. Geißendörfer ■ Regie: Claus Peter Witt ■ Kamera: Dieter Christ ■ Redaktion: Ronald Gräbe

483 | Schiller oder Goethe?

5. MÄR 95

Hajo muss fortan zweimal wöchentlich zur Dialyse. Die Wartelisten für eine Spenderniere sind lang. Wegen seiner Krankheit sagt er seinen Detektivjob bei Isolde ab. ■ Olli verlangt Geld von Lisa, das sie ihm zu seiner großen Überraschung ohne Widerrede gibt. Onkel Franz händigt Amélie einen Brief ihrer Enkelin Julia aus, der versehentlich bei ihm gelandet war. Auch von Salen-Priesnitz erhält Amélie endlich ein Lebenszeichen. Er hat sich von seinen Angehörigen losgesagt und seine Tochter enterbt. ■ Valerie stößt versehentlich den Kinderwagen samt Nico die Treppe hinunter. Nico passiert zwar nichts, aber Iffi ist außer sich. Sie unterstellt Valerie Vorsatz. Nachdem Eva es ablehnt, sie in ihre Wohnung aufzunehmen, fordert Iffi bei Andy den Auszug ihrer Schwester. Andernfalls wird sie mit Nico auf Evas Kosten ins teuerste Hotel ziehen.

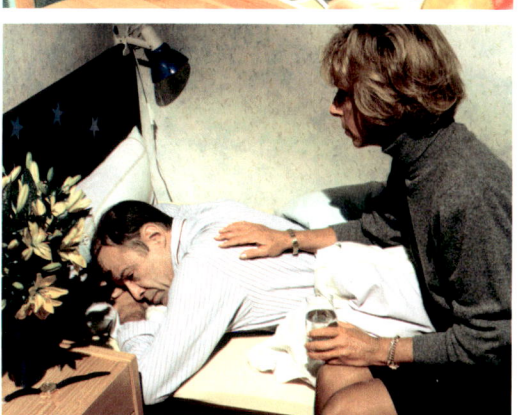

Buch: Hans W. Geißendörfer ■ Regie: Claus Peter Witt ■ Kamera: Dieter Christ ■ Redaktion: Ronald Gräbe

484 — Reis aus der Dose

12. MÄR 95

Sowohl Hajos Mutter als auch Berta sind zu alt für eine Organspende. Auch das Gespräch mit Dressler macht wenig Mut. Hajo quält der Gedanke, dass jemand sterben muss, damit er leben kann. Zu allem Übel wird Berta vom vermummten Olli ihrer Handtasche beraubt. ■ Julia zieht zu ihrer Großmutter Amélie. Im Treppenhaus trifft sie Klaus, und bereits am Abend hocken die beiden sehr vertraut beisammen. ■ Hans hat ein Vorstellungsgespräch im Städtischen Jugendreferat und Anna besucht ihre Cousine im Krankenhaus. Gabi macht sich Sorgen wegen des Zwistes zwischen Iffi und Valerie. Daheim erzählt Sarah weinend von einer neuen Schlägerei mit Daniel. Bödefeld teilt Hans mit, dass er gute Aussichten auf den Job hat. Abends erwägen Hans und Anna ein Gespräch mit der Lehrerin und Daniels Mutter. Sarah weint, sie will nie wieder zur Schule gehen.

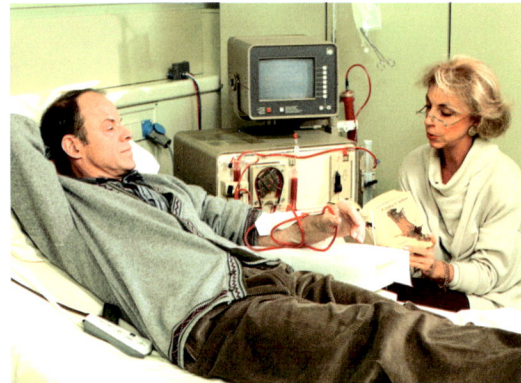

Buch: Susanne Fülscher, Hans W. Geißendörfer ■ Regie: Claus Peter Witt ■ Kamera: Dieter Christ ■ Redaktion: Ronald Gräbe

485 | Arbeitsscheu?

19. MÄR 95

Hans und Anna treffen Daniels Eltern, die selber nicht mit ihrem Sohn klarkommen. Abends liest Hans einen Entschuldigungsbrief von Daniel vor. Sarah hat Mitleid mit ihm, da er vermutlich in ein Heim kommt. Nachdem Anna erfahren hat, dass Valerie ihre Führerscheinprüfung nicht bestanden hat, bietet sie ihr an, als Kindermädchen für Anna zu arbeiten. ■ Dieter erzählt Olaf im Blumenladen von seiner Scheidung und seiner siebenjährigen Tochter Natascha. Olaf, der selber gern ein Kind hätte, hat nichts gegen einen Besuch von Natascha einzuwenden. Glücklich umarmt Dieter seinen Schwager. ■ Zufällig erfahren Iffi und Momo von einer frei werdenden Wohnung im Nebenhaus. Hülsch dämpft die Freude. Die Wohnung wird nicht mehr vermietet, sondern soll in Eigentum umgewandelt werden. Doch Iffi gibt nicht auf. Sie will die Wohnung mit Momo besetzen.

Buch: Susanne Fülscher, Hans W. Geißendörfer ■ Regie: Claus Peter Witt ■ Kamera: Dieter Christ ■ Redaktion: Ronald Gräbe

486 | Glück

26. MÄR 95

Iffi und Momo ziehen tatsächlich in die leer stehende Wohnung. Schriftlich bitten sie Hülsch um einen Mietvertrag. Die Erwachsenen zeigen sich hilfsbereit. Da Momo lernt und Nico schläft, stoßen Kurt und Iffi abends allein auf die neue Wohnung an. Kurt scheint sehr angetan von Iffi. ■ Claudia ist genervt von Olafs ständigen Anspielungen auf Kinder. Sie findet das Risiko wegen ihrer Veranlagung zu Krebs zu hoch. Olaf hat kein Verständnis für diese Argumentation. Dieter hingegen ist frustriert, weil seine Tochter nun doch nicht zu Besuch kommt. ■ Erich und Philipp spielen am Stammtisch Tavli. Matthias, Scholz, Egon, Dieter und Vasily schauen ihnen dabei über die Schulter. Onkel Franz und Hilmar ärgern sich, dass man sie nicht dabei haben will. Eine rege Diskussion über die Umwelt und die Verantwortung der Generationen beginnt.

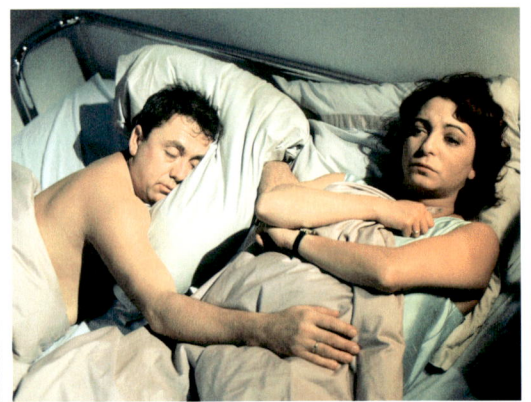

Buch: Maria Elisabeth Straub ■ Regie: Claus Peter Witt ■ Kamera: Dieter Christ ■ Redaktion: Ronald Gräbe

487 | Kontakte

Dieters Idee, das Tavli-Turnier fortzusetzen, wird begeistert aufgegriffen. Siegesprämie soll ein Abo für eine Computerzeitschrift sein. Auf Amélies Anregung hin soll das Turnier beim kranken Hajo zuhause stattfinden; Berta aber ist dagegen. Philipp verliert und nimmt Dieter ein Zeitschriftenabo ab. In der Sperling-Wohnung tauschen Iffi und Kurt einen langen Blick aus. ■ Berta spricht mit Dressler über einen Artikel von einem Dr. Enkmann über Organtransplantationen. Obwohl Dressler angesichts möglicher dubioser Praktiken abrät, wendet sich Berta an diesen Arzt. Der will jedoch mit dem Artikel nichts zu tun haben und weist sie ab. In ihrer Not wendet Berta sich abends ein zweites Mal an Dr. Enkmann und bittet um eine Kontaktadresse. ■ Nachdem Corinna einen Wattebausch aus Matthias Ohr entfernt hat, lädt der sie dankbar zum Essen ein.

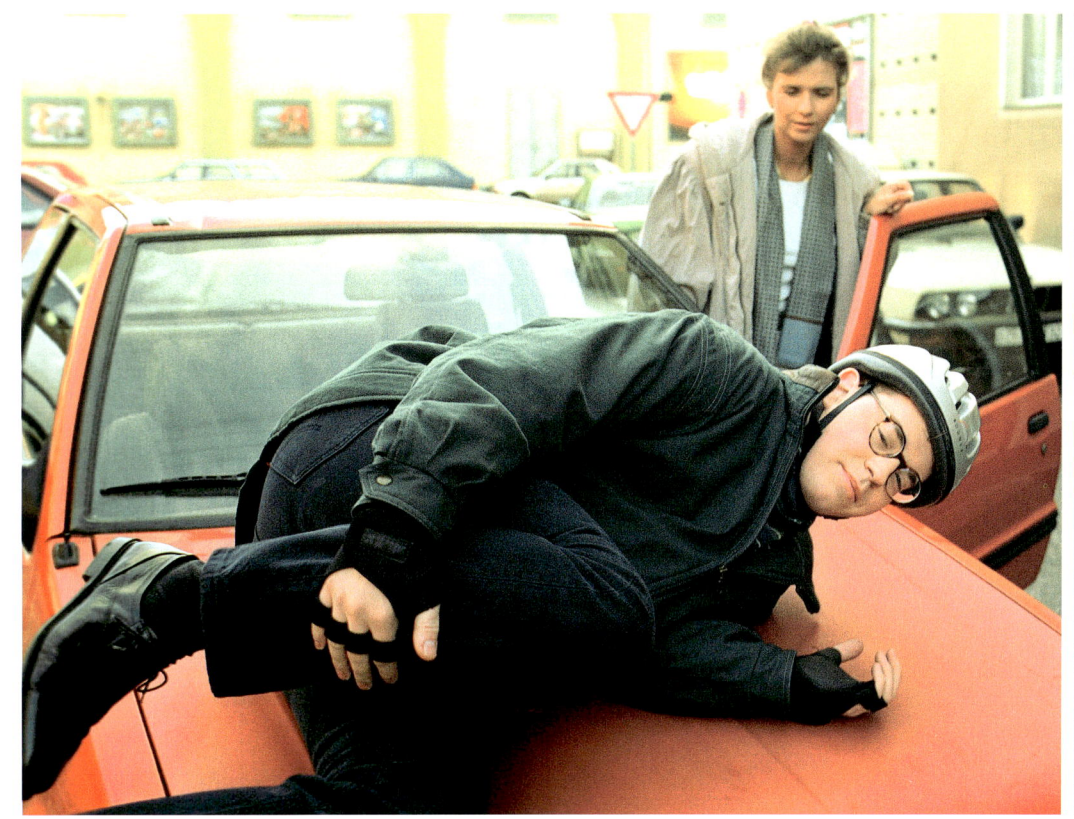

Buch: Maria Elisabeth Straub ■ Regie: Claus Peter Witt ■ Kamera: Dieter Christ ■ Redaktion: Ronald Gräbe

488 | Auf eigene Faust

9. APR 95

Kurt überrascht Iffi und Momo mit einem selbst gebackenen Kuchen. Hülsch droht, die Wohnung notfalls von der Polizei räumen zu lassen. Aber weder seine Drohung noch Andys Bitte, nachzugeben, bringen Iffi zur Vernunft. Im Lift trifft sie Kurt. Die beiden sind sichtlich voneinander angetan. ■ Nach Matthias kommt Lösch unverhofft zu Besuch ins Reisebüro. Helga wimmelt ihn ab und geht mit Marlene zur Anprobe ihres Hochzeitskleides. ■ Während Amélie, Julia und Lisa den nierenkranken Hajo versorgen, reist Berta mit 33.000 Mark im Gepäck nach Wien. Dort trifft sie Kontaktleute in Sachen Spenderniere. Nachdem sie einem zwielichtigen Ungarn Hajos medizinische Daten gegeben hat, soll sie sich wegen der Geldübergabe mit einer Frau treffen. Nach einer längeren Autofahrt ist Berta nicht mehr sicher, ob sie der fremden Frau ihr ganzes Geld geben soll.

Buch: Maria Elisabeth Straub ■ Regie: Claus Peter Witt ■ Kamera: Dieter Christ ■ Redaktion: Ronald Gräbe

489 | Mit Pauken und Trompeten

16. APR 95

Hajo weiß, dass Berta 33.000 Mark von der Bank geholt hat und nimmt einen seltsamen Anruf aus Wien entgegen. Berta erzählt ihm, dass sie Lydias Erbe in Österreich angelegt hat. Sie ärgert sich über den verpassten Anruf, denn sie kann den Kontaktmann anders nicht erreichen. ■ Iffis und Momos Wohnung wird von der Polizei geräumt. Notgedrungen kommen sie bei Sperlings unter. Allen Ratschlägen zum Trotz beschließt Iffi, zurück in die geräumte Wohnung zu ziehen. ■ Auf dem Weg zum Standesamt stürmt eine junge Frau auf Erich zu und gratuliert »ihrem Vater« zur Hochzeit. Helga, die nichts von einer Tochter wusste, erstarrt und läuft zurück ins Haus. Erich schickt seine Tochter Pat ins Reisebüro und eilt Helga nach. Derweil versucht Marlene, ihre aufgelöste Freundin mit Cognac zu beruhigen und fertigt Erich kühl ab. Die Hochzeit ist abgeblasen.

Buch: Maria Elisabeth Straub ■ Regie: Claus Peter Witt ■ Kamera: Dieter Christ ■ Redaktion: Ronald Gräbe

490 | Stur

23. APR 95

Hülsch kommt mit zwei Handwerkern zu Iffi und Momo. Eine Mietrechtsdiskussion erstickt er im Keim. Momo büffelt abends bei seinen Eltern. Allein in der Wohnung, hört Iffi plötzlich unheimliche Geräusche. Sie bewaffnet sich mit einem Messer, aber es ist nur Kurt. Besorgt will er Iffi zur Aufgabe überreden. ■ Gabi bittet Hans, durch Bödefeld herausfinden zu lassen, ob auch für das Haus Nr. 3 eine Sanierung geplant ist. Verblüfft liest Hans in den Unterlagen, dass ein entsprechender Bauantrag erst abgelehnt und nun doch genehmigt wurde. Auf Hans' Nachfrage antwortet Bödefeld nur vage. ■ Helga bleibt unversöhnlich und überreicht Erich die Kündigung. Trotzdem nimmt sie Kontakt zu Pat auf. Von ihr erfährt sie, dass ihre Eltern sich bereits vor ihrer Geburt getrennt haben. Pat schlägt vor, eine Aussprache herbeizuführen. Helga ist sich unsicher.

Buch: Maria Elisabeth Straub ■ Regie: Claus Peter Witt ■ Kamera: Dieter Christ ■ Redaktion: Ronald Gräbe

491 | Bewußtseinsbildung

Momo hat die schriftlichen Abiturprüfungen hinter sich, während Philipp total in seinem »Jugend forscht«-Projekt versinkt. Valerie hingegen lernt den Biobauern Boris kennen und verabredet sich mit ihm. ■ Hans versucht herauszubekommen, was es mit den Baugenehmigungen auf sich hat. Er vermutet, dass Bödefeld von Phil bestochen wurde, und droht seinem Freund mit offiziellen Schritten. ■ Olaf entschuldigt sich bei Claudia, nachdem er seinen Frust an Dieter ausgelassen hatte. Dessen ständige Anwesenheit macht Olaf für ihre Kinderlosigkeit verantwortlich. Als ihn Claudia abends mit demonstrativer Einnahme der Antibaby-Pille provoziert, rastet Olaf erneut aus. Es kommt zu gegenseitigen Handgreiflichkeiten. Nachdem er versucht, Claudia zu ihren »ehelichen Pflichten« zu zwingen, flüchtet sie aus der Wohnung. Kurz darauf hört Olaf Unfallgeräusche.

Buch: Maria Elisabeth Straub ■ Regie: Claus Peter Witt ■ Kamera: Dieter Christ ■ Redaktion: Ronald Gräbe

492 | Mitten im Leben

Beim Besuch am Grab der tödlich verunglückten Claudia bricht Dieter zusammen. Um ihn seelisch aufzubauen, bietet ihm Olaf eine Zusammenarbeit im Blumenladen an. ■ Hans fordert Bödefeld auf, die korrupten Geschäfte mit Phil zu beenden, und kündigt ihm die Freundschaft. Bödefeld, der tatsächlich eine Eigentumswohnung angenommen hat und nun erpresst wird, trifft sich mit Phil im »Akropolis«. Momo und Iffi, die den Sachverhalt zufällig mitbekommen, nutzen ihr Wissen, um von Phil einen Mietvertrag zu fordern. Iffi ist sehr stolz auf ihren Momo. Währenddessen befragt Philipp die Nachbarn zu seinem »Jugend forscht«-Projekt. Nachdem ihm jeder einen Drink spendiert, kommt er abends angeheitert ins »Casarotti«. ■ Boris lädt Valerie ins »Akropolis« ein. Valerie wundert sich und ist sich nicht sicher, ob er wirklich Interesse an ihr hat.

Buch: Maria Elisabeth Straub ■ Regie: Kaspar Heidelbach ■ Kamera: Kurt Mikler ■ Redaktion: Ronald Gräbe

493 | Ressentiments

Helga trifft sich mit Schiller. Er gibt zu, ihr nichts von seiner unehelichen Tochter Pat erzählt zu haben. Allerdings habe er von Pat seit Jahren nichts mehr gehört, so dass er davon ausging, dass sie in seinem Leben keine Rolle mehr spielt. Das Geständnis beseitigt bei Helga nicht das Gefühl, hintergangen worden zu sein. ■ Auch Klaus steckt in einem Dilemma, mit dem er sich an Julia wendet. Olli hat ihm von seiner Verurteilung zu einem Jahr auf Bewährung geschrieben und sucht erneut Klaus' Freundschaft. Bei dieser Gelegenheit gesteht der junge Beimer seiner Freundin alles über die »Faschogruppe«. ■ Berta weiß sich nicht mehr zu helfen. Sie muss 15.000 Mark für die Transplantation aufbringen und wendet sich an Amélie. Dann erzählt sie Scholz die Wahrheit über die Wienreise und stellt ihm eine baldige Operation in Aussicht.

Buch: Maria Elisabeth Straub ■ Regie: Kaspar Heidelbach ■ Kamera: Kurt Mikler ■ Redaktion: Ronald Gräbe

494 | Verzicht

21. MAI 95

Schlechter Start für Valeries Fahrprüfung: Sie ist ohnehin nervös und hört dann noch zufällig mit, wie Gabi ihrer Cousine Anna von Valeries Problemen erzählt. Nur Boris Ecker sagt sie anschließend, dass sie wieder durchgefallen ist. Nach einem spontanen Kinobesuch fragt sie Boris, ob er mit ihr schlafen will. ■ Keine Spenderniere: Heimlich informiert Scholz vor seiner Abfahrt zur Klinik die Polizei. Er sagt Berta nichts, und so muss sie hilflos mit ansehen, wie Chefarzt Dr. Pauli noch während des Gesprächs abgeführt wird. ■ Kurt und Iffi bleiben im Lift stecken. Sie halten die unausweichliche Nähe kaum aus. Eva versucht später, an Kurt heranzukommen. Hinter seiner Zerstreutheit vermutet sie eine »Krise« wegen seiner Arbeitslosigkeit und dem Status als Opa. Iffi wirft sich vor Momo weinend aufs Bett, der die Launen auf Überlastung schiebt.

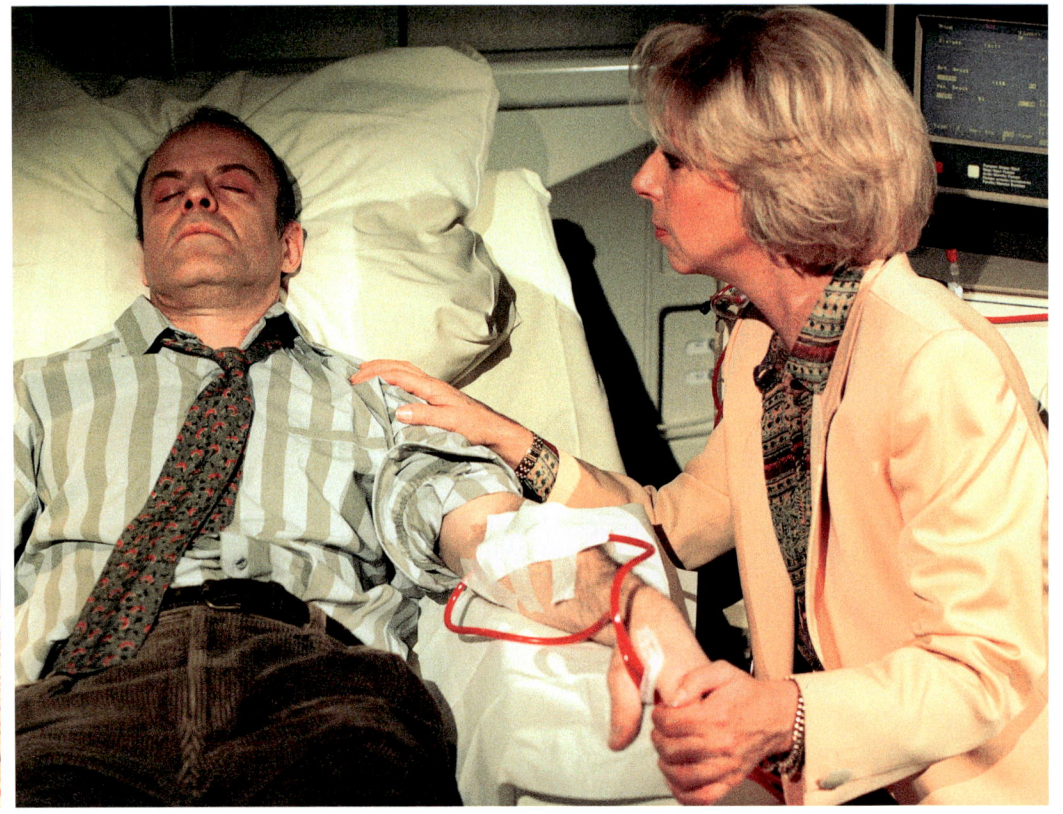

Buch: Maria Elisabeth Straub ■ Regie: Kaspar Heidelbach ■ Kamera: Kurt Mikler ■ Redaktion: Ronald Gräbe

495 | Ungeziefer

Vatertag: Valerie führt erstmals Boris in die Familie Zenker ein. Ständige Unruhe lässt die beiden bald ein lauschigeres Plätzchen suchen. Auf einer Lichtung kommt es zum ersten Kuss. ■ Phil will seinen Sohn zu einem Ausflug einladen, beißt bei Max aber auf Granit. Verärgert schiebt er Gabi die Schuld an der ablehnenden Haltung seines Sohnes zu. ■ Auch das Picknick von Hans und Anna kommt nicht zustande, weil Anna bei Sarah und auch später bei Hans Läuse entdeckt. Dafür steht Bödefeld vor der Tür und will sich mit Hans wieder versöhnen. Hans nimmt an. Nach einem gemeinsamen Besuch im »Akropolis« zieht Bödefeld mit Phil weiter. Phil will Bödefeld für seine zwielichtigen Zwecke einspannen. ■ Amélie tröstet Berta. Die schafft es immerhin, einen Teil des an die Organ-Mafia verlorenen Geldes auszugleichen – mit dem Honorar für ein Interview.

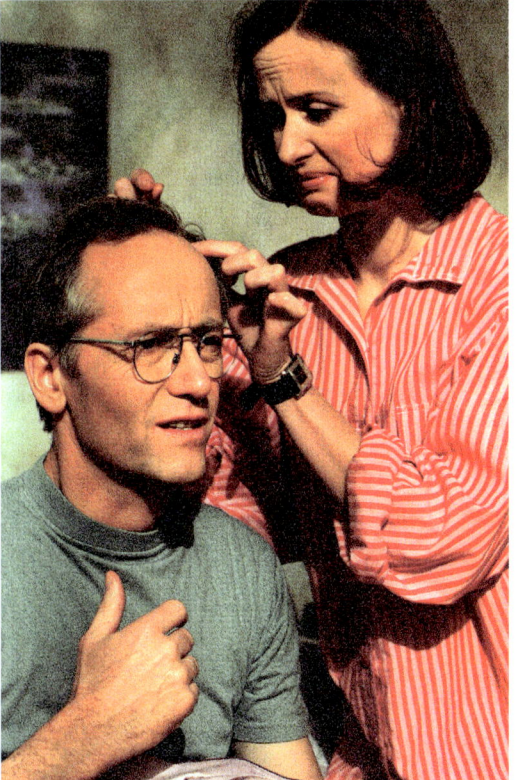

Buch: Martina Borger ■ Regie: Kaspar Heidelbach ■ Kamera: Kurt Mikler ■ Redaktion: Ronald Gräbe

496 | Irrwege

4. JUN 95

Gelöste Stimmung bei Hans und Anna. Sie planen einen Kurzurlaub am Chiemsee. Tagsüber verirrt sich ein junges Mädchen namens Anja Herrlinger in sein Büro und Hans gibt höflich Auskunft – ein Vorgang, der Folgen haben wird. Abends erhalten Hans und Anna erneut Besuch von Bödefeld. ■ Ohne Schiller wächst Helga die Arbeit über den Kopf. Ständig sucht sie Unterlagen und schließlich verlässt sie entnervt das Reisebüro. Ihre Verunsicherung wächst, als sie versucht, Schiller telefonisch unter Tante Bettys Nummer in Kanada zu erreichen. Ein Mann dieses Namens sei dort unbekannt. ■ Während Momo seine Abiturprüfung ablegt, erfährt Rosi, dass Hubert in Leipzig in den falschen Zug gestiegen ist. Später wird seine Brieftasche in einer Telefonzelle gefunden. Abends fährt Andy zum Bahnhof, um ihn abzuholen. Doch Hubert ist verschwunden.

Buch: Martina Borger ■ Regie: Kaspar Heidelbach ■ Kamera: Kurt Mikler ■ Redaktion: Ronald Gräbe

497 | Schöne Ferien

11. JUN 95

Als Hans, Anna und die Kinder gerade in den Urlaub aufbrechen wollen, wird Hans ins Büro gerufen. Dort eröffnet ihm sein Chef, dass gegen ihn der Vorwurf sexueller Übergriffe besteht. Durch eine Zeitung, die das Thema aufgreift, erfährt auch Anna davon. ■ Seltenen Besuch erhält Helga im Reisebüro. In einer Anzeige ist Else auf ein besonders günstiges Angebot von »Collins Reisen« gestoßen. Sie will ihrem Olaf eine Reise in die Karibik spendieren, damit er eine neue Frau findet. Helga organisiert das Geschäft unter Druck. Dann taucht ein Araber auf, der sich schließlich als Erich entpuppt. Doch anstatt zu lachen, wirft sie ihn erneut hinaus. ■ Hubert wird immer vergesslicher – Grund für die Irrfahrt vergangene Woche durch München. Noch findet er jedes Mal Ausflüchte, warum er Schlüssel oder Geldbörse verlegt. ■ Momo hat sein Abitur bestanden.

Buch: Martina Borger ■ Regie: Kaspar Heidelbach ■ Kamera: Kurt Mikler ■ Redaktion: Ronald Gräbe

498 | Rosige Zeiten

18. JUN 95

Hans, Anna und die Kinder kehren vorzeitig aus dem Urlaub zurück. Mit seinem Anwalt Dr. Stern stattet Hans einen Besuch bei Anja Herrlinger ab. Doch ihr Plan, das Mädchen mit Hilfe eines heimlich mitlaufenden Bandes zu überführen, scheitert. Die heftigen Anschuldigungen können nicht einfach widerlegt werden. Hans will resignieren, doch jetzt erwacht Annas Kampfgeist. Sie ist sich sicher, dass Hans in eine Falle gelockt wurde. ■ Momo und Iffi verschönern die gemeinsame Wohnung. Das macht Sinn, wird doch seit einigen Tagen deutlich, dass das Haus Nr. 1 offensichtlich wieder vermietet werden soll. Momo und Iffi wollen sich sofort um einen Mietvertrag kümmern. ■ Kurt sieht für sich keine Perspektive in München. Er eröffnet Eva, dass er schnellstmöglich zurück nach Afrika will. Zwischen den beiden kommt es zu einer ernsthaften Auseinandersetzung.

Buch: Martina Borger ■ Regie: Kaspar Heidelbach ■ Kamera: Kurt Mikler ■ Redaktion: Ronald Gräbe

499 Letzte Versuche

25. JUN 95

Hans wurde von seinem Job freigestellt. Die Indizien sind erdrückend, denn Anja Herrlinger hat intime Details gewusst wie die Farbe seiner Unterhose und eine Blinddarmnarbe. Hans will mit Anja reden, trifft in deren Wohnung aber nur auf den erbosten Vater. ■ Gabi überrascht Momo und Iffi mit einem Mietvertrag für ihre Wohnung. Mit Andy und den Sperlings will sie sich die Miete teilen. Kurt, der sich Sorgen um Momos Zukunft macht, schlägt ein Studium vor, aber Momo ist mit seinem Job als Kurier zufrieden. Philipp fühlt sich vernachlässigt und findet erst bei Priesnitz und Amélie Unterstützung für sein Stauprojekt. ■ Elena und Vasily erhalten einen Anruf von »amnesty international«. Panaiotis sitzt in einem türkischen Gefängnis. Es geht ihm sehr schlecht, weil er gefoltert wurde. Vasily und Elena brechen auf, um Panaiotis zu holen.

Buch: Martina Borger ■ Regie: Kaspar Heidelbach ■ Kamera: Kurt Mikler ■ Redaktion: Ronald Gräbe

500 | Das Jubiläum

2. JUL 95

Panaiotis trägt Folterspuren und ist psychisch am Ende. Am Nachmittag bricht er im »Akropolis« zusammen und wird ins Krankenhaus eingeliefert. Vasily will diesem Elend nicht länger tatenlos zuschauen. ■ Helga ist noch im Morgenrock, als Schiller mit einer Flasche Champagner in der Hand klingelt. Übermütig legen sie einen Tango aufs Parkett, der in Helgas Schlafzimmer endet. ■ Anna ergreift die Initiative und sucht Anja auf – ohne Erfolg. Anna vermutet, dass es Hintermänner gibt. Sie hat Bödefeld im Verdacht. Hans bittet Scholz zu ermitteln. Der will Anja beschatten, soweit es seine Dialyse zulässt. ■ Else und Egon haben sich einen Videorekorder gekauft. Beim Anschließen verstellt sich der Fernseher – Totalausfall. So eilt Else durchs Haus auf der Suche nach einem Plätzchen, wo sie die Jubiläumsfolge ihrer Lieblingsserie doch noch sehen kann.

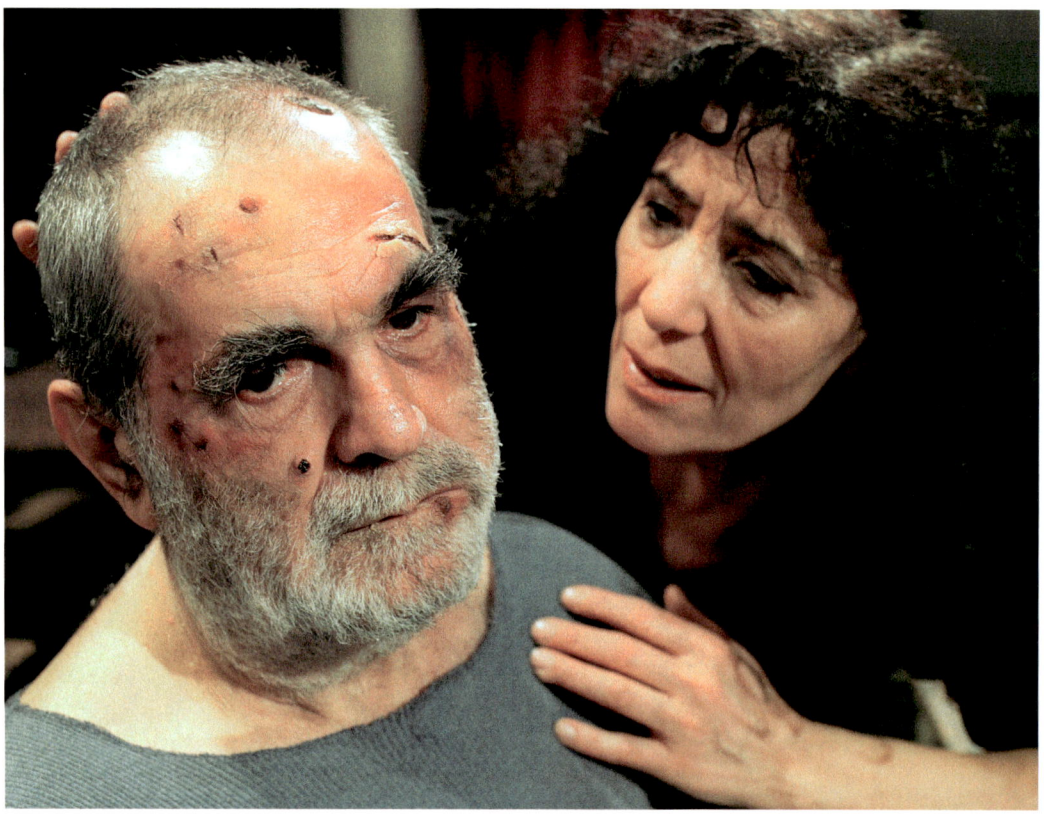

Buch: Martina Borger ■ Regie: Kaspar Heidelbach ■ Kamera: Kurt Mikler ■ Redaktion: Ronald Gräbe

501 Druckmittel

Panaiotis' Schicksal bringt Konflikte. Erich bittet Vasily, Prospekte im »Akropolis« auslegen zu dürfen. Vasily wird wütend, als er entdeckt, dass ausgerechnet für eine Reise in die Türkei geworben wird. Damit nicht genug. Vasily platziert ein Schild »Türken werden hier nicht bedient«. Zudem Zudem weigert er sich, die 5,03 Mark an Wahlgebühren zu bezahlen, die ihm als nichtwahlberechtigtem Ausländer vom Finanzamt abgezogen werden sollen. ■ Ärger um Sonia: Wieder wurde Cannabis in ihrer Urinprobe nachgewiesen. Tanja wirbt um Verständnis für Sonia. Doch Dressler will sich in seine Behandlung nicht hereinreden lassen. ■ Einzig Lisa hat ein offenes Ohr für Olli. Sie verabredet sich mit ihm für die kommende Woche. Berta stellt fest, dass ihre Warnungen nichts nützen. Lisa erklärt ihre Zuneigung, dass Olli wie sie ohne Mutterliebe aufgewachsen sei.

Buch: Martina Borger ■ Regie: Kaspar Heidelbach ■ Kamera: Kurt Mikler ■ Redaktion: Ronald Gräbe

502 | Gefühlsqualen

16. JUL 95

Kurt steckt in einer Krise. Momo glaubt, sein Vater habe sich neu verliebt. Zufällig begegnen sich Iffi und Kurt in der Waschküche. Iffi verlässt fluchtartig den Raum. Sie schreibt Kurt, dass sie ihn nie mehr sehen will. ■ Olli zeigt sich bei der Arbeit im Supermarkt von der besten Seite. Berta erzählt er, dass er Lisas Klavierunterricht lauschen möchte, und Else trägt er die Einkäufe nach Hause. Abends bekommt Lisa von Olli einen Kuss. Lisa vertraut sich Amélie an, die Bedenken wegen Olli hat. Lisa verteidigt sich: Auch ihr sei verziehen worden. ■ Lautstark mischt Sonia einmal mehr die »Praxis Dressler« auf. Sie verlangt bevorzugte Behandlung, obwohl schon andere Patienten warten. Ein abendliches Gespräch soll alles klären, doch der Arzt ist so aufgebracht, dass er seine schwierige Patientin an der Tür abfertigt. Tanja läuft Sonia nach.

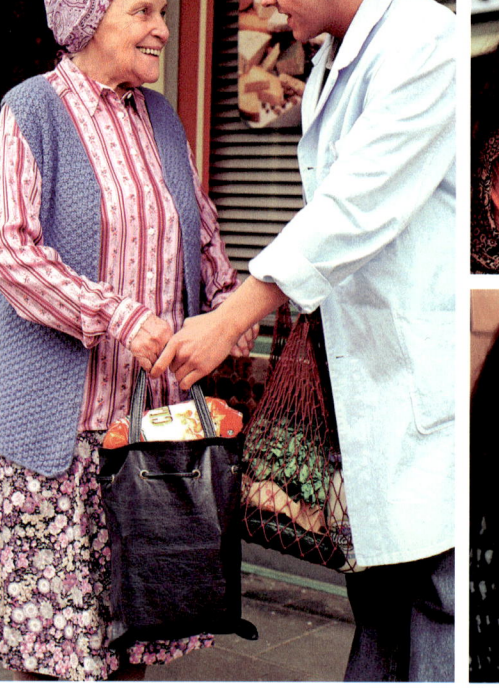

Buch: Martina Borger ■ Regie: Kaspar Heidelbach ■ Kamera: Kurt Mikler ■ Redaktion: Ronald Gräbe

503 | Nie wieder

23. JUL 95

Iffi gibt es auf, einen Abschiedsbrief an Kurt zu formulieren. Kurt verpasst fast einen Vorstellungstermin, weil er mit Eva schläft. Die Gefühle spielen bei Iffi und Kurt weiter verrückt. Als sie sich zufällig im Park treffen, küssen sie sich leidenschaftlich. ■ Anna klagt Gabi, dass es in der Affäre um Hans keinen Fortschritt gibt. Hans wird derweil zu Scholz gerufen. Der hat herausgefunden, dass sich Anja in einem teuren Hotel in Köln aufhält. Hans beschließt, die Überwachung selbst in die Hand zu nehmen. An der Rezeption in Köln erfährt er, dass Anja mit unbekanntem Ziel abgereist ist. ■ Erstmals gibt Karin Atter im »Café Bayer« einen Vorgeschmack auf ihre Arbeitseinstellung. Sie maßregelt Gabi, weil diese Privatgespräche mit Anna führt und Hubert Brot verkauft, obwohl er zu wenig Geld dabei hat. Max bekommt das mit und sinnt auf Rache.

Buch: Martina Borger ■ Regie: Kaspar Heidelbach ■ Kamera: Kurt Mikler ■ Redaktion: Ronald Gräbe

504 | Showdown

30. JUL 95

Hans verfolgt Anja Herrlinger bis zum Flughafen. Dort trifft sich Anja mit Phil. Hans wird klar: Seegers ist der Drahtzieher. Hans schafft es nicht, den Widersacher am Abflug nach New York zu hindern. Hans fliegt zurück nach München und sucht Bödefeld auf. Er droht seinem alten Freund mit einer Anzeige. Der zeigt sich unbeeindruckt. ■ Überraschend reist Iffi mit Nico nach Warnemünde. Momo will in zwei Wochen nachkommen. Philipp beginnt seine Verkehrsumfrage an einer Raststätte. Kurt, Julia und Klaus helfen ihm dabei. Die Ausbeute fällt indes mager aus. Abends entdeckt Kurt die Rufnummer Iffis in Warnemünde. ■ Gabi und die Aushilfe Karin Atter liegen sich ständig in den Haaren. Karin wirft Gabi mangelnde Hygiene im »Café Bayer« vor. Ausgerechnet jetzt mischt sich Max ein, indem er Vogelmist auf einem Kuchen platziert, den Karin Atter serviert.

Buch: Martina Borger ■ Regie: Kaspar Heidelbach ■ Kamera: Kurt Mikler ■ Redaktion: Ronald Gräbe

505 | Fata morgana

Schiller lockt Helga ins »Akropolis«, damit Klaus und Julia ungestört sein können. Auf der Flucht vor Else, deren Wäschegeld er nicht zahlen will, dringt Onkel Franz in die Beimer-Wohnung ein. Julia verdrückt sich zu Amélie, und als Helga mit Erich nach Hause kommt, ist die Tür von innen verbarrikadiert. ■ Iffi und Nico spielen am Strand. Iffi meint, eine Erscheinung zu haben: Kurt joggt am Wasser entlang. Iffi gibt Nico bei ihrer Wirtin ab und kehrt zurück an den Strand, wo sie tatsächlich auf Kurt trifft. In den Dünen schlafen die beiden miteinander. Dabei verliert Iffi ihre Momo-Kette im Sand. ■ Hans und Anna wollen gegen Seegers prozessieren. Im »Café Bayer« trifft Hans auf Hülsch und lässt an ihm seine Wut aus. Wenig später erscheint Hülsch mit einem dicken Aktenordner unter dem Arm. Er will offen legen, was er über die Intrige weiß.

Buch: Maria Elisabeth Straub ■ Regie: Ilse Hofmann, Dominikus Probst ■ Kamera: Kurt Mikler ■ Redaktion: Ronald Gräbe

506 | Schlüsselerlebnisse

Lisa kümmert sich um Iffis und Momos Blumen. Für ein Treffen mit Olli lässt sie den Schlüssel nachmachen und bereitet das Essen vor. Hinein platzt Hubert, der die Blumen gießen will. Hubert wundert sich, dass die Erde nass, der Tisch gedeckt ist und die Kartoffeln noch warm sind. Als er Rosi davon erzählt, schüttelt sie den Kopf. ■ Iffi holt Momo am Bahnhof ab. Momo ist zu erschöpft, um Iffis Beklommenheit zu bemerken. Ihn zieht es an die See. Nach einem Schäferstündchen steht Iffi nicht der Sinn. Sie redet sich heraus und beginnt zu weinen, als Momo entdeckt, dass sie seine Kette verloren hat. ■ Weil Vasily sich weigert, seinen Wahlanteil in Höhe von 5,03 Mark zu bezahlen, kommt die Gerichtsvollzieherin. Pech für Matthias: Corinna Marx lässt ihn sitzen. Später sieht Matthias die knutschenden Lisa und Olli. Er geht dazwischen und droht Olli.

Buch: Maria Elisabeth Straub ■ Regie: Ilse Hofmann, Dominikus Probst ■ Kamera: Kurt Mikler ■ Redaktion: Ronald Gräbe

507 | Laufpass

Wie Vasily und Elena reagiert auch Beate mit Unverständnis auf die Absage des Internationalen Gerichtshofs in Den Haag wegen Panaiotis. Im »Akropolis« fühlt sich ein türkischer Gast beleidigt, es kommt zu Handgreiflichkeiten mit Vasily. Beate gießt einen Eimer Wasser über die beiden Kampfhähne. ■ Matthias holt sich gleich zweimal eine Abfuhr von Corinna. Später beobachtet er, wie Olli und Lisa im Haus Nr.1 verschwinden. Trotz Lisas Widerstand öffnet Olli ihm die Tür. Voller Zorn stürzt sich Matthias auf Olli und würgt ihn. In ihrer Not greift Lisa zu einer Bratpfanne und haut sie Matthias über den Schädel. Der bleibt leblos am Boden liegen. Sie verfrachten den Toten auf die Bahngleise, um einen Selbstmord vorzutäuschen. ■ Helga macht Erich einen Heiratsantrag. Strahlend sagt Schiller »Ja«. Abends planen beide die Hochzeitsfeier im November.

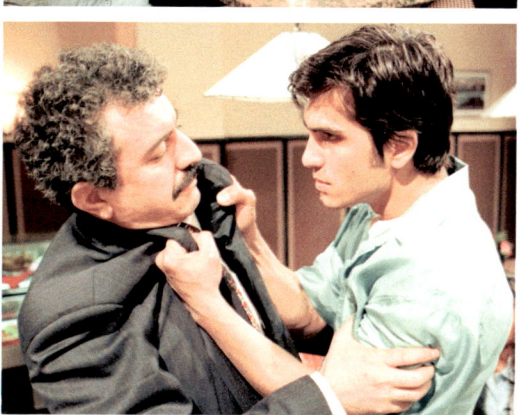

Buch: Maria Elisabeth Straub ■ Regie: Ilse Hofmann ■ Kamera: Kurt Mikler ■ Redaktion: Ronald Gräbe

508 | Scham

27. AUG 95

Iffi und Nico kehren aus Warnemünde zurück. Momo besteht darauf, Eva nachträglich zum Geburtstag zu gratulieren. Dort erfährt sie, dass Kurt eine Stelle in Bahrein angeboten wurde. Vor dem Supermarkt stellt sie Kurt zur Rede. Das Gespräch wird unterbrochen, als Andy mit dem Taxi vorfährt. ■ Olli macht auf cool. Als Corinna ihn nach Gründen für Matthias' Selbstmord fragt, schiebt er die Schuld auf sie, weil sie Matthias eine Abfuhr erteilt hat. Die Sorge um Lisa treibt ihn zu Berta und Hajo. Während der Klavierstunde bedauert Scholz, dass Steinbrück ihm vor dem Selbstmord nicht noch eine Niere zugedacht hat. ■ Seegers ist im Gefängnis, Hans wieder in Amt und Würden, und Hülsch führt Phils Geschäfte weiter. Gabi erwirkt, dass Karin in eine andere Filiale versetzt wird. Mit Unbehagen hört sie abends, dass Max seinen Vater im Knast besuchen will.

Buch: Maria Elisabeth Straub ■ Regie: Ilse Hofmann ■ Kamera: Kurt Mikler ■ Redaktion: Ronald Gräbe

509 | Konfusionen

3. SEP 95

Hubert wird immer vergesslicher. Morgens legt er einen Hausschuh auf die heiße Herdplatte. Gung kann im letzten Moment Schlimmeres verhindern. Dressler rät dem Ehepaar, Hubert von einem Neurologen auf Alzheimer untersuchen zu lassen. ■ Tanja hat Besuch von den Trauzeugen aus Dänemark. Später wechselt die muntere Gesellschaft ins »Akropolis«. Dressler will abends ebenfalls dazu stoßen. Als er die Praxis abschließen will, hält ein Unbekannter ihm von hinten den Mund zu. ■ Kurt und Eva feiern Hochzeitstag. Von roten Rosen über Brillianten bis zu Champagner fährt Kurt das ganze Programm des schlechten Gewissens auf. Zwischendurch findet Kurt Gelegenheit, kurz mit Iffi zu reden. Er drängt auf eine Trennung. Ausgerechnet jetzt schenkt Momo seiner Iffi eine neue Kette. Abends wird die familiäre Tafelrunde im »Casarotti« durch zwei Mafiosi gestört.

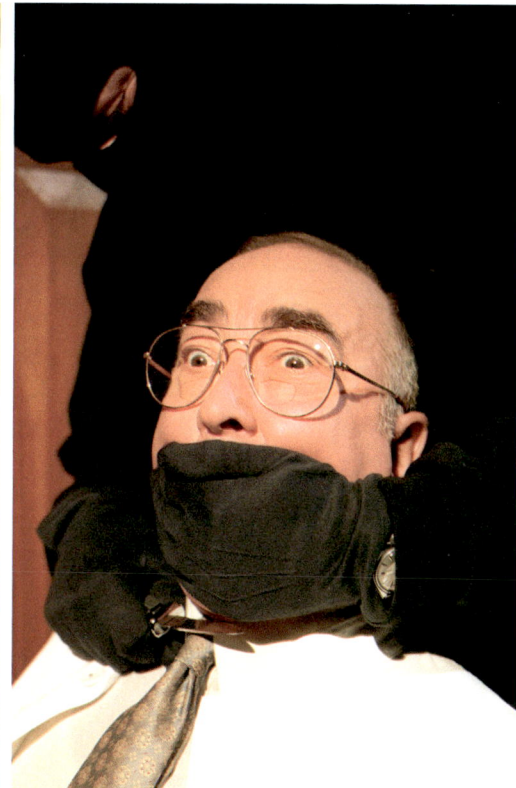

Buch: Maria Elisabeth Straub ■ Regie: Ilse Hofmann ■ Kamera: Kurt Mikler ■ Redaktion: Ronald Gräbe

510 | Fettnäpfe

10. SEP 95

Klaus im Glück: Julia erklärt ihm, dass sie ihren Freund in Bremen verlassen habe. Als die beiden miteinander schlafen, platzt Helga hinein. Klaus ist wütend und verlässt später die Wohnung. Erich will Helga beruhigen. Sie spricht ihm aber jegliche Erziehungs-Erfahrung ab. Erich behauptet, er wisse Bescheid — schließlich habe er drei Söhne. ■ In der Praxis Dressler rätseln der Doktor, Tanja, Corinna, Berta, Else und Chromo, wer der Vermummte gewesen sein könnte. Rasch fällt der Name Sonia. Die reagiert verletzt und beschimpft Dressler. Carstens Rückkehr bringt Entspannung. Er will sein 3. Examen in München machen und wohnt vorerst bei Dressler. ■ Isolde ist am Boden zerstört. Sie fühlt sich alt und verbraucht. Zu Hause konsultiert sie ihren Spiegel. Spät in der Nacht teilt sie Enrico mit, sie wolle sich einer Schönheitsoperation unterziehen.

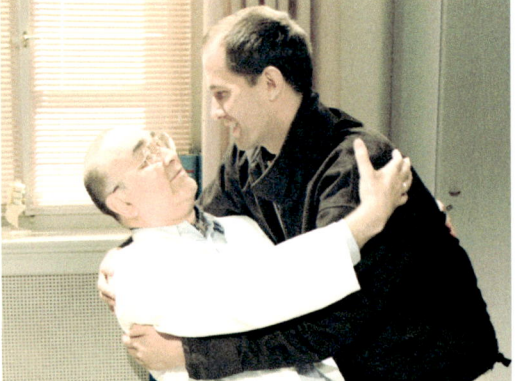

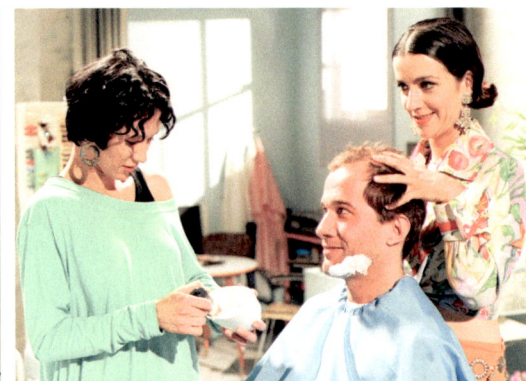

Buch: Maria Elisabeth Straub ■ Regie: Ilse Hofmann ■ Kamera: Kurt Mikler ■ Redaktion: Ronald Gräbe

511 Versuchungen

Helga ist sauer, weil Erich angeblich drei Söhne hat. Auf Marlenes Rat will sie einen Detektiv einschalten. Scholz aber lehnt es ab, hinter Nachbarn her zu schnüffeln. Schiller kritisiert, dass Helga für Klings eine Reise ohne Sicherungsschein gebucht hat. Abends geht es erneut um Schillers Familienverhältnisse — bis ihm der Kragen platzt und er geht. ■ Enrico bemüht sich vergeblich, Isolde von einer Schönheitsoperation abzuhalten. Sie hat bereits einen Termin vereinbart. ■ Tanja kommt ins »Akropolis« und trifft Panaiotis allein an. Sie nutzt die Gelegenheit und entschuldigt sich für alles. Abends beschäftigen sich die Gäste mit der heutigen »Stattrundfahrt« und der Antwort des Straßburger Anti-Folter-Komitees. Als Beate vorliest, dass die Organisation keine Klagen bearbeitet, ist die Empörung groß. Enttäuscht zerstört Panaiotis seine Gitarre.

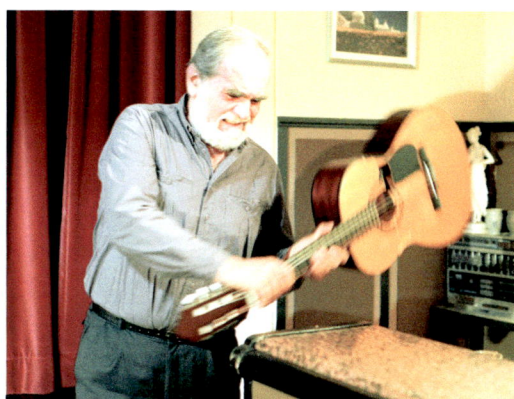

Buch: Maria Elisabeth Straub ■ Regie: Ilse Hofmann ■ Kamera: Kurt Mikler ■ Redaktion: Ronald Gräbe

512 | Herzeleid

24. SEP 95

Kurz vor seiner Abreise nach Bahrein lässt sich Kurt von Dressler impfen. Zur gleichen Zeit ist Iffi beim Doktor, weil sie sich nicht wohl fühlt. Im Wartezimmer treffen sie aufeinander, können aber nicht in Ruhe reden. Zu Hause sieht Momo, wie sich Iffi übergibt. Seinen Vorschlag, Evas ärztlichen Rat einzuholen, lehnt sie ab. Lieber würde sie sterben. ■ Vasily ist entschlossen, Panaiotis als lebenden Folter-Beweis zur türkischen Botschaft mit zu nehmen und notfalls in Bonn zu demonstrieren. Carsten kommt ins »Akropolis« und schenkt Panaiotis eine neue Gitarre. Das veranlasst Panaiotis, spontan ein griechisches Widerstandslied zu singen. ■ Lisa versucht, ihr schlechtes Gewissen mit einem Besuch an Matthias' Grab zu erleichtern. Abends wartet sie vergeblich auf der Bank vor dem Supermarkt auf Olli. Er hat heute keine Lust, sie zu sehen.

Buch: Maria Elisabeth Straub ■ Regie: Ilse Hofmann ■ Kamera: Kurt Mikler ■ Redaktion: Ronald Gräbe

513 | Neue Hoffnung

1. OKT 95

Iffi ist am Blinddarm operiert worden. In der Klinik erreicht sie Kurts Abschiedsbrief. Momo überreicht Kurt zum Abschied einen Umschlag mit Fotos seiner kleinen Familie. Auf dem Flughafen öffnet Kurt den Brief und wird nachdenklich. Wenig später steht er bei Eva vor der Tür. Er will hier bleiben. ■ Andy soll als erster Taxifahrer in München künftig mit einem Elektro-Mobil unterwegs sein. Nachmittags kommt Boris, um offiziell bei Andy um Valeries Hand anzuhalten. Abends feiert die Familie in der Zenker-Küche Verlobung. Mutmaßungen werden laut: Ob Valerie wohl schwanger ist? ■ Helga tischt Schiller auf, sie müsse zum Augenarzt — eine Notlüge. In Wahrheit beauftragt sie einen Privatdetektiv mit der Erforschung von Schillers Vergangenheit. Dann taucht Onkel Franz auf, der erneut auf der Flucht vor Else ist. Helga weist ihm erneut die Tür.

Buch: Maria Elisabeth Straub ■ Regie: Ilse Hofmann ■ Kamera: Kurt Mikler ■ Redaktion: Ronald Gräbe

514 | Moral

Andy hält nichts von einer offiziellen und teuren Verlobungsfeier. Valerie denkt schon einige Schritte weiter, wie sie Anna anvertraut. Sie will ihren Job aufgeben und künftig in der Landwirtschaft mithelfen. Und eigene Kinder will sie auch. ■ Freudestrahlend bringt Helga eine Hochzeitseinladung für Onkel Franz. Weil er der Tischnachbar von Else wird, muss er sich mit ihr versöhnen. Helga freut sich, dass Onkel Franz ihr die Kette seiner Dora schenken will. Für Else kauft er erst einmal ein Usambaraveilchen. Doch Else bleibt störrisch. Onkel Franz regt sich so darüber auf, dass sein Herz aussetzt; er sinkt Else zu Füßen. ■ Iffi bricht in Begleitung von Hubert, Rosi und Nico zum ersten Spaziergang nach ihrer Genesung auf. Für den Abend verabredet sie sich mit Kurt in der Waschküche. Iffi erklärt, nicht weiter mit einer Lüge leben zu können.

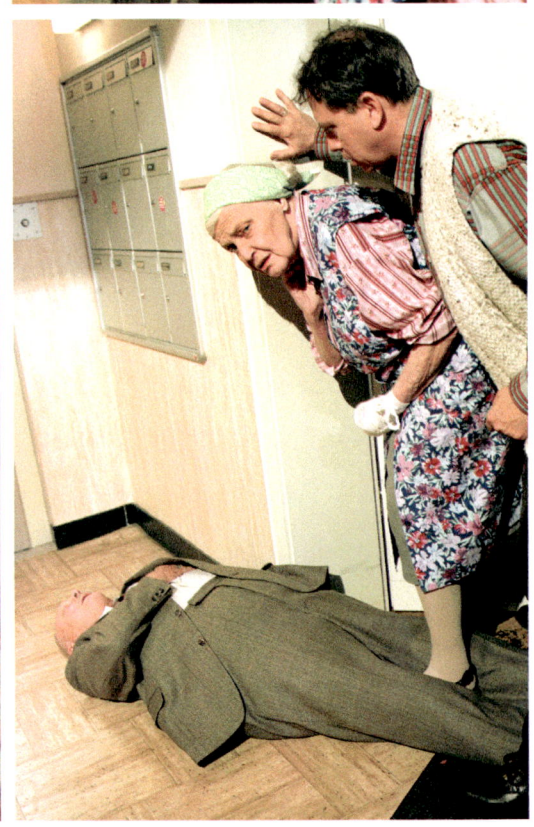

Buch: Maria Elisabeth Straub ■ Regie: Ilse Hofmann ■ Kamera: Kurt Mikler ■ Redaktion: Ronald Gräbe

515 | Leichenteile

Helga besucht Onkel Franz, der nach einem Herzinfarkt im Krankenhaus liegt. Auf dem Gang trifft sie Carsten, der hier als Pfleger arbeitet. So erfährt er, dass der alte Mann aus seiner Wohnung ausziehen will. Doch auch Urszula bemerkt die Aufräumarbeiten in der Behausung und bittet Helga um Vermittlung. Zu spät: Carsten erhält den Mietvertrag. ■ Valerie macht die Runde, um zu ihrer Verlobung einzuladen. Dabei zeigt sich, dass sie sich den Tag ausgesucht hat, an dem Helga und Erich heiraten wollen. ■ Iffi und Kurt treffen sich unerkannt zu einem Schäferstündchen im Hotel »Gloria«. Um ein Haar werden sie von Eva erwischt, die sich dort zeitgleich mit einem Kollegen verabredet hat. ■ Ungewöhnliche Bitte: Klaus verspricht seiner Mutter, zur Hochzeit zu kommen, wenn sie im Gegenzug bereit ist, ihm einen Besuch im Schlachthof zum Geburtstag zu schenken.

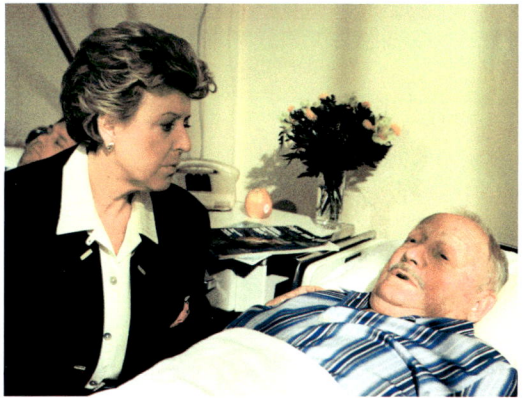

Buch: Hans W. Geißendörfer ■ Regie: Ilse Hofmann ■ Kamera: Kurt Mikler ■ Redaktion: Ronald Gräbe

516 | Das Brüllen der Tiere

22. OKT 95

Julia und Klaus kümmern sich um die Auflösung von Onkel Franz' Wohnung. Helga löst ihr Versprechen ein, das sie Klaus zum Geburtstag gegeben hat: Ein Besuch im Schlachthof. Dort weist sie der Pförtner jedoch ab. Noch während sie unschlüssig auf dem Hof stehen, fährt ein Viehtransporter vor. Kurzentschlossen springen Julia und Klaus auf die Ladefläche. Abends werden Helga und Erich telefonisch von der Verhaftung der beiden unterrichtet. ■ Enrico bringt Isolde in die Klinik nach Bad Wörishofen, wo sie sich einem Facelifting unterziehen will. Seine Abwesenheit nutzen die Angestellten zu einem Trinkgelage. ■ Urszula ärgert sich, dass Carsten als Nachfolger in die Wohnung von Onkel Franz zieht. Doch dann kommt die Überraschung: Carsten bietet ihr an, mit Irina in Onkel Franz' ehemaligem Schlafzimmer zu wohnen. Urszula ist überglücklich.

Buch: Hans W. Geißendörfer ■ Regie: Ilse Hofmann ■ Kamera: Kurt Mikler ■ Redaktion: Ronald Gräbe

517 | Der Wahrheit ins Auge schauen

29. OKT 95

Julia und Klaus droht eine Geldstrafe wegen Hausfriedensbruch. Klaus entlockt Helga das Versprechen, sich abends ein Video der radikalen Tierschützer zum Thema Schlachthof anzuschauen. Helga und Amélie sind entsetzt von dem, was sie da zu sehen bekommen. ■ Im Reisebüro sorgt Else für Ärger. Sie hat sich beim Rechtsanwalt erkundigt und verlangt ihre 6.250 Mark für die Karibikreise zurück. Falls sie nicht bis 12 Uhr am nächsten Tag ihr Geld hat, will sie die Presse einschalten. ■ Isolde hat nach der Schönheitsoperation ein ungutes Gefühl. Das bestätigt sich, als probeweise der Verband abgenommen wird: Ihr Gesicht besteht nur aus Narben und Schwellungen. ■ Dr. Dressler ist versöhnlich gestimmt, weil Sonia mit dem Überfall auf seine Praxis nichts zu tun hatte. Noch besser gefällt ihm, dass Sonias Urinprobe diesmal frei von Rauschgiftspuren ist.

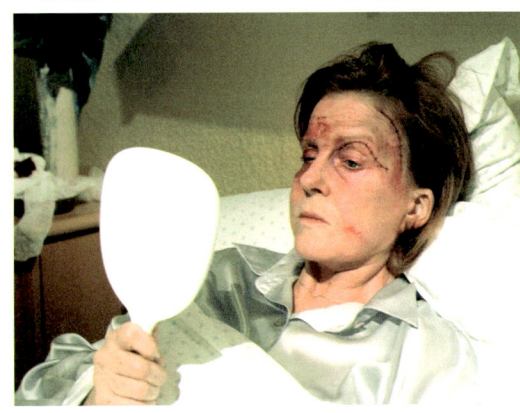

Buch: Hans W. Geißendörfer ■ Regie: Ilse Hofmann ■ Kamera: Kurt Mikler ■ Redaktion: Ronald Gräbe

518 | Blauäugig

5. NOV 95

Beate, Vasily und Panaiotis fahren nach Bonn. In der türkischen Botschaft werden sie nicht vorgelassen. So schlagen sie ihr Zelt auf, um friedlich zu demonstrieren, bis Panaiotis angehört wird. ■ Während Huberts Familie die Geburtstagsfeier zu seinem 70. vorbereitet, wirkt der Jubilar verwirrt. Er behauptet, man habe sich im Datum geirrt und gibt vor, seine Besucher nicht zu erkennen. ■ Else protestiert: Demonstrativ zerreißt sie ihre Einladung zur Hochzeit. Dann klettert sie auf eine Leiter und übersprüht das Schild über dem Eingang des Reisebüros. Jetzt steht dort »Betrüger-Reisen«. ■ Im Wartezimmer von Dressler trifft Anna auf Chromo und ihre Freundin Mary. Anna erfährt, dass Marys zweiter Asylantrag trotz Schwangerschaft und Krankheit abgelehnt wurde. Nun droht Mary die Abschiebung. Anna schlägt Hans vor, Mary als Kindermädchen einzustellen.

Buch: Hans W. Geißendörfer ■ Regie: George Moorse ■ Kamera: Kurt Mikler ■ Redaktion: Ronald Gräbe

519 | Mary

Weil nun Mary als Kindermädchen arbeitet, musste Valerie gehen. Gabi reagiert sauer. Else wird Zeugin der Auseinandersetzung. So zählt sie eins und eins zusammen, als Chromo und Mary bei Anna klingeln. ■ Beate und Elena brechen in Richtung Bonn auf. Von einem Angestellten der türkischen Botschaft werden sie mit Kaffee versorgt. Doch die gute Stimmung gerät ins Wanken, als ein Reporter erscheint. Der hält die Demonstration für Gefühlsduselei. ■ Helga besucht Onkel Franz. Er präsentiert ihr den Vertrag für ein Seniorenheim in Pasing. Helga soll monatlich 1600 Mark zuschießen. Wenig erfreulich ist auch ihr Besuch in der Detektei. Die Rechnung wird immer höher. Derweil bevorstehende Hochzeit mit Helga zu verwenden. Aus Wut sprayt sie das Wort »Diebe« ans Schaufenster.

Buch: Hans W. Geißendörfer ■ Regie: George Moorse ■ Kamera: Kurt Mikler ■ Redaktion: Ronald Gräbe

520 | Die zweite Chance

19. NOV 95

Helga und Erich wollen zum zweiten Hochzeitsversuch starten, als Erich bemerkt, dass er die Ringe vergessen hat. Bei der Suche stößt er auf die Rechnung des Detektivs. Erich traut seinen Augen nicht und beschimpft Helga. Die Hochzeit hat sich für Erich damit erledigt. ■ Die Hochzeitsgäste werden mit einem Bus zur Feier gebracht. Kurt und Iffi fahren mit dem eigenen Wagen und machen vorher einen Abstecher in »ihr« Hotel. Als sie endlich in Berchtesgaden eintreffen, erfahren sie, dass der Bus verunglückt ist. Iffi wird kreidebleich, schließlich waren auch Nico und Momo in dem Bus. ■ Francesco, Paolo, Giancarlo und Alfredo wollen Isolde nach ihrer Schönheitsoperation in der Klinik besuchen. Da Isolde niemanden sehen will, werfen sie nur einen Blick durchs Fenster. Isolde sieht erschreckend aus. Sie beschließen, Enrico nichts davon zu erzählen.

Buch: Hans W. Geißendörfer ■ Regie: George Moorse ■ Kamera: Kurt Mikler ■ Redaktion: Ronald Gräbe

521 Wen die Götter lieben

Benny und Dieter haben den Unfall nicht überlebt. Während Dieter bereits in Borna beigesetzt wurde, findet Bennys Beerdigung heute statt. Alle Nachbarn, denen es einigermaßen gut geht, nehmen am Begräbnis teil. ■ Die engen Familienangehörigen es nicht über sich, am Leichenschmaus im »Café Bayer« teilzunehmen. Sie versammeln sich in der Beimer-Wohnung. Als Bennys Freunde einen Adventskalender vorbei bringen, den Benny gebastelt hat, bricht Helga zusammen. ■ Einige Hochzeitsgäste liegen noch im Krankenhaus. Während jeder auf seine Weise versucht, mit der Situation fertig zu werden, gibt Else keine Ruhe. Sie ruft Helga an und gibt ihr die Schuld an dem Unglück. Helga ist unfähig sich zu wehren. Marion gibt Else die passende Antwort und legt wütend auf. Als Erich gehen will, bittet Helga ihn inständig, sie nicht alleine zu lassen.

Buch: Maria Elisabeth Straub ■ Regie: George Moorse ■ Kamera: Kurt Mikler ■ Redaktion: Ronald Gräbe

522 | Leidenschaft

3. DEZ 95

In ihrer Trauer unterschreibt Helga unbedacht einen Vertrag für Onkel Franz' Seniorenheim. Währenddessen verlangt Else im Reisebüro Schmerzensgeld von Erich. ■ Im »Casarotti« wird billiger Wein in Flaschen mit exklusiver Etikettierung umgefüllt. Die Mafia entzieht dem Restaurant vorübergehend ihren Schutz. Überglücklich kommt Paolo abends in den Frisörsalon. Verliebt fällt er Urszula in die Arme. ■ Panaiotis erzählt einem Türken, der gerade die Türkische Botschaft verlässt, seine Geschichte. Berührt entschuldigt sich der Mann für sein Land. Als er gehen will, packt Panaiotis ihn plötzlich. Er glaubt, es sei einer seiner Folterer. Weder Beate, noch Elena oder Vasily können ihn beruhigen. Die herbei gerufenen Polizeibeamten werden Zeuge, wie Panaiotis unter Mordandrohungen versucht, dem Türken ein schriftliches Geständnis abzupressen.

Buch: Maria Elisabeth Straub ■ Regie: George Moorse ■ Kamera: Kurt Mikler ■ Redaktion: Ronald Gräbe

523 | Menschenrechte

Panaiotis ist nicht verhaftet worden. Eine Therapie will er nicht antreten. Beate hat schlechte Laune und ist genervt von Urszulas Heimlichtuerei um ihren neuen Liebhaber. Abends treffen sich Urszula und Paolo, während Carsten auf Irina aufpasst. ■ Anna besucht Sarah und Lisa im Krankenhaus. Rosi bricht aus Sorge um Hubert zusammen und Hans erleidet einen Schwächeanfall im Amt. Mary steht Anna bei, hat jedoch eigene Nöte. Sie spürt ihr Baby nicht und von John hat sie auch nichts gehört. Abends fällt die erschöpfte Anna ihrem Mann weinend in die Arme. ■ Iffi lässt sich trotz schlechten Gewissens zu einem weiteren Sex-Treffen mit Kurt hinreißen. Sie beschließen, sofort nach Evas Entlassung mit ihren jeweiligen Partnern zu sprechen. Als Momo abends nach drei Wochen Abstinenz wieder eine Abfuhr bekommt, will er wütend den Grund erfahren.

Buch: Maria Elisabeth Straub ■ Regie: George Moorse ■ Kamera: Kurt Mikler ■ Redaktion: Ronald Gräbe

524 | Macht hoch die Tür

An Bennys Geburtstag schwelgen Hans und Helga an dessen Grab in Erinnerungen. Anna besucht Helga nachmittags, um sie und die Familie zu sich zum Weihnachtsessen einzuladen. Doch nichts kann Helga aus ihrer Trauer reißen. Auch Klaus vermisst seinen Bruder schmerzlich. ■ Versteckt hinter Sonnenbrille und Schal besucht Isolde ihren Mann im Krankenhaus. Sie weint fassungslos um Enrico, der seit dem Unfall im Koma liegt. Da niemand im »Casarotti« kochen kann, bittet Isolde abends Enricos Zwillingsbruder Natale aus Ischia nach München zu kommen. Natale ist einverstanden. ■ Obwohl sie beide leiden, kommen Iffi und Kurt gegen ihre Gefühle nicht an. Abends sitzen Iffi und Momo schweigsam in der Zenkerschen Küche, als Valerie ihren Hochzeitstermin an Ostern bekannt gibt. Sie versucht vergeblich, Iffi und Momo für eine Doppelhochzeit zu begeistern.

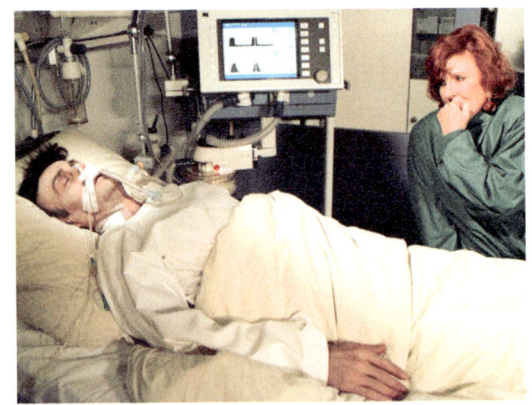

Buch: Maria Elisabeth Straub ■ Regie: George Moorse ■ Kamera: Kurt Mikler ■ Redaktion: Ronald Gräbe

525 | Halleluja

Else beschimpft Helga nach der Kirche als Mörderin und Betrügerin. Egon reicht es. Er packt seine Sachen und will Else verlassen. Den Weihnachtsabend verbringt er lieber mit anderen Alleinstehenden im »Akropolis«. Als Else nach ihrem Besuch bei Olaf im Lokal auftaucht, um Egon abzuholen, eröffnet er ihr, dass er die Scheidung will. Aber Else glaubt, ihr betrunkener Mann sei selbst zum Einreichen der Scheidung zu blöd. Egon will sie vom Gegenteil überzeugen. ■ Gabi und Andy bescheren als Weihnachtsmann und Knecht Ruprecht verkleidet ihre im Krankenhaus liegenden Nachbarn und Freunde. Den Abend verbringen sie im Kreise ihrer Familie. ■ Traurige Weihnachten für die Patchwork-Familie Beimer-Ziegler. Das Essen ist Anna misslungen, Erich bringt Mary ungewollt in Verlegenheit und Klaus verkrümelt sich früh. Helga ist nach wie vor teilnahmslos.

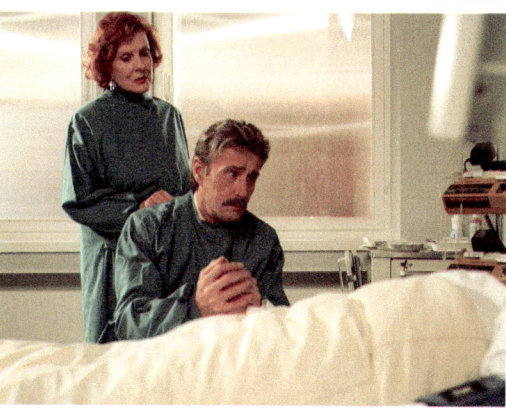

Buch: Maria Elisabeth Straub ■ Regie: George Moorse ■ Kamera: Kurt Mikler ■ Redaktion: Ronald Gräbe

526 | Kracher

Zu Lisas Freude besucht Hajo sie im Krankenhaus. Olli erzählt sie, wie sehr sie sich einen wirklichen Vertrauten wünscht. Egon hat inzwischen eine Scheidungsanwältin engagiert, er will sich wirklich scheiden lassen. ■ Beate steckt in einer Lebenskrise und ist auf der Suche nach neuen Zielen. Vasily fühlt sich angegriffen und ist eingeschnappt. Auf der Silvesterparty im »Casarotti« bietet Beate der überraschten Urszula an, den Salon zu übernehmen. Auch Carsten hat eine Überraschung. Er hat sich in Paolo verliebt und bittet Urszula ihn eine Nacht mit Paolo allein zu lassen. ■ Das »Casarotti« wird mit einer großen Silvesterfeier wiedereröffnet. Zwischen Isolde und Helga kommt es zum Disput. Helga verlässt daraufhin das Lokal. Erich folgt ihr. Sie spazieren nach Hause und tanzen alleine auf der ausgestorbenen Lindenstraße ins neue Jahr.

Buch: Maria Elisabeth Straub ■ Regie: George Moorse ■ Kamera: Kurt Mikler ■ Redaktion: Ronald Gräbe

527 | In einem fremden Land

Mary ist überglücklich: Am Abend soll sie John treffen. Doch als Hans sie zum Treffen in Chromos Wohnung fährt, müssen sie mit ansehen, wie zwei Polizeibeamte John auf der Straße verhaften.
■ Berta ist besorgt über Hajos schlechten Gesundheitszustand. An Lisas Krankenhausbett trifft sie Olli, der für den Abend seinen Besuch bei Hajo ankündigt. Hajo ist tatsächlich froh, mit jemandem über seine Krankheit reden zu können. Olli scheint die Lösung parat zu haben: Er bietet Scholz eine seiner Nieren an.
■ Beate übergibt Urszula offiziell den Friseursalon. Sie wird den Nachtzug nach Berlin nehmen. Vasily schafft es nicht sie zum Bleiben zu überreden. Im »Akropolis« geht Panaiotis auf einen südländisch aussehenden Gast los, in dem er einen seiner Folterer zu erkennen glaubt. Mit einem Biss in seine Hand kann Urszula Schlimmeres verhindern.

Buch: Maria Elisabeth Straub ■ Regie: George Moorse ■ Kamera: Kurt Mikler ■ Redaktion: Ronald Gräbe

528 | Absolution

14. JAN 96

Berta misstraut Ollis Angebot, Hajo eine Niere zu spenden. Als er es jedoch wiederholt und betont, dass er kein Geld dafür möchte, entschuldigt sie sich bei Lisa für ihre Zweifel. Hajo aber hat moralische Bedenken. Schließlich könnte Olli irgendwann beide Nieren brauchen. ■ Else bittet Helga und Erich um Verzeihung. Sie braucht eine schriftliche Absolution, damit Egon sieht, dass sie sich geändert hat und von der Scheidung absieht. Davon will Egon aber nichts wissen. Isolde entschuldigt sich bei Helga für ihr unsensibles Verhalten an Silvester. Sie weiß jetzt, was Trauer bedeutet, denn Enrico wird sterben. ■ Mary sorgt sich um John, Anna wiederum macht sich Gedanken um Marys schlechten Gesundheitszustand. Derweil steigt die Telefonrechnung wegen Marys häufiger Anrufe nach Nigeria ins Astronomische. Hans bangt um die häuslichen Finanzen.

Buch: Maria Elisabeth Straub ■ Regie: George Moorse ■ Kamera: Kurt Mikler ■ Redaktion: Ronald Gräbe

529 Konsequenzen

Da die Presse im Münchener Zoo nicht gern gesehen ist, geben Julia und Klaus sich als Mitarbeiter der Schülerzeitung aus und fotografieren die Lamas »Gunnel« und »Akthelt«. Julia wird in den zum Appartement umgebauten Hobbykeller ziehen. Helga kann ihre Trauer nicht ablegen und weist Erichs Annäherungsversuche zurück. ■ Beate kommt aus Berlin und lässt Vasily abblitzen. Der ist gekränkt. Carsten erklärt sie, dass sie die Wohnung in Percha als Probenraum für ihre Band braucht. Tanja ist bestürzt, dass ihr gekündigt werden soll und auch Dresslers Vermittlungsversuche scheitern. ■ Urszula ist schwanger. Während im »Casarotti« ein Anti-Mafia-Plan, die »Operatione Carpaccio« besprochen wird, kann sie Paolo heimlich zuflüstern, dass er Vater wird. Nachts kommt Paolo zu ihr, aber er kann ihre Vorfreude auf das gemeinsame Kind nicht teilen.

Buch: Maria Elisabeth Straub ■ Regie: George Moorse ■ Kamera: Kurt Mikler ■ Redaktion: Ronald Gräbe

530 | Verantwortung

28. JAN 96

Während Tanja neue Praxisräume sucht, streiten Dressler und Sonia, weil in Sonias Urin Drogen nachgewiesen wurden. Tanja besucht Sonia daraufhin bei der Arbeit und bringt sie dazu, sich bei Dressler zu entschuldigen. ■ Beate rät Urszula zu einem Schwangerschaftsabbruch, aber sie will das Kind bekommen. Sie ist überzeugt, dass Paolo seine Frau verlassen wird. Derweil versucht Francesco den Kindsvater zu überzeugen, Urszula aufzugeben. Abends verlangt Paolo von der bestürzten Urszula eine Abtreibung. Das als Abschied gedachte Treffen endet jedoch in einer leidenschaftlichen Umarmung. ■ Eva überrascht Kurt mit einem Urlaub. Er will die Zeit nutzen, um ihr die Wahrheit zu sagen. Iffi treibt Momo mit ihrer schlechten Laune aus dem Haus. Der erzählt Kurt wütend von seiner Vermutung, dass Iffi einen anderen hat. Kurt ist wie versteinert.

Buch: Maria Elisabeth Straub ■ Regie: George Moorse ■ Kamera: Kurt Mikler ■ Redaktion: Ronald Gräbe

531 | Heiliger Zorn

Julia berichtet Klaus, dass die beiden Lamas aus dem Zoo verschwunden sind. Angeblich wurden die Tiere an den »Privatzoo Falkenau« verkauft. Klaus und Julia machen sich auf den Weg dorthin und erfahren, dass die Lamas tot sind. In einem Gasthof schöpfen sie bei einer Schlachtplatte Verdacht. Julia wird schlecht. Klaus nimmt geistesgegenwärtig die Würstchen mit. Helga und Erich kommen sich währenddessen wieder näher. ■

Iffi und Kurt werden kurz vor seiner Abreise von Gabi im Waschkeller erwischt. Gabi ist geschockt. Sie will aber schweigen, wenn Iffi dieses Verhältnis sofort beendet. Andy überzeugt eine Dame vom Jugendamt, seinen Adoptionsantrag für Max zu befürworten. ■ Else versucht verbissen schön Wetter bei Egon zu machen. Bei einem gemeinsamen Essen mit Olaf blockt er jeden Konversationsversuch von Else ab, bis sie schließlich geht.

Buch: Hans W. Geißendörfer ■ Regie: Daniel Anderson ■ Kamera: Andreas König ■ Redaktion: Ronald Gräbe

532 | Operazione Carpaccio

11. FEB 96

Gabi fordert Iffi erneut auf, die Affäre mit Kurt zu beenden. Abends will sie Momo sprechen. Iffi wird unruhig. Aber Gabi bietet nur an, Nico für ein Wochenende zu nehmen, damit Iffi und Momo gemeinsam wegfahren können. Andy erhält vom Amt die Zustimmung, Max zu adoptieren. ■ Da in der Wurst tatsächlich Lamafleisch war, wenden sich Klaus und Julia an die Presse. Julia gibt ohne Rücksicht auf berufliche Konsequenzen ihren Namen preis. Als sie dies rückgängig machen möchte, ist die Abendausgabe bereits erschienen. ■ Isolde soll die Tochter des Mafia-Bosses vor einem fingierten Unfall retten. Die Hoffnung ist, dass der aus Dankbarkeit künftig auf Forderungen verzichtet. Doch der Anti-Mafia-Plan geht schief. Prompt erscheinen zwei Mafiosi im Restaurant und kassieren wie gewohnt ab. Einem weiteren Plan von Natale steht Isolde skeptisch gegenüber.

Buch: Hans W. Geißendörfer ■ Regie: Daniel Anderson ■ Kamera: Andreas König ■ Redaktion: Ronald Gräbe

533 | Mafia gegen Mafia

Kurt und Eva hat der gemeinsame Urlaub gut getan. Während Iffi im »Hotel Gloria« wartet, schüttet Momo seinem Vater sein Herz bezüglich Iffi aus. Im Hotel will Kurt die Beziehung zu Iffi beenden, bleibt aber nicht standhaft. Um Kurt an sich zu binden, sagt Iffi ihrem entsetzen Lover, dass sie schwanger von ihm ist. ■ Anti-Mafia-Plan Numero due: Diesmal soll die Tochter des Mafiosi entführt und von Paolo gerettet werden. Doch der landet mit dem Motorrad im Graben. Widerwillig gibt Isolde das Mädchen wieder frei. Im »Casarotti« demonstrieren die Mafiosi später, was Amateuren blüht. ■ Dressler ist mit Sonias Fortschritten zufrieden und verzichtet auf die tägliche Urinuntersuchung. Tanja zeigt Sonia ihre neuen Praxisräume. Sie findet Gefallen an ihr. Als Tanja ihrem Mann davon berichtet, warnt er sie, Sonia zu nahe an sich heranzulassen.

Buch: Hans W. Geißendörfer ■ Regie: Daniel Anderson ■ Kamera: Andreas König ■ Redaktion: Ronald Gräbe

534 | Der Schrei

Sonia missachtet Dresslers Bitte um mehr Abstand zu Tanja, woraufhin er sie wütend aus der Wohnung wirft. Kurz darauf entschuldigt er sich bei Tanja für seine Überreaktion. ■ Iffi teilt dem erleichterten Kurt mit, dass sie nicht schwanger ist. Aber sie hat sich für ihn entschieden und will sich von Momo trennen. Abends wäscht Gabi ihm gehörig den Kopf. Er soll sofort mit Iffi Schluss machen. Aufgewühlt stürzt Kurt an Iffi vorbei und braust mit seinem Motorrad zur Baustelle. Mit entrücktem Blick klettert er auf die Spitze eines Baukrans. ■ Hajos Gesundheitszustand wird immer kritischer. Er zieht Ollis Spenderniere nun doch in Betracht. Dressler erklärt Berta, dass nur Blutsverwandte spenden dürfen. Aber er deutet auch den rettenden Ausweg an, Olli könnte sich als unehelicher Sohn von Hajo ausgeben. Er wird mit Tenge-Wegemann sprechen.

Buch: Hans W. Geißendörfer ■ Regie: Daniel Anderson ■ Kamera: Andreas König ■ Redaktion: Ronald Gräbe

535 Kranke Herzen

Chromo berichtet Anna, dass John in Port Harcourt sofort verhaftet wurde. Sie beschließen, Mary erst einmal nichts davon zu erzählen. Aber Mary hat die schlimme Neuigkeit bereits telefonisch erfahren. ■ Kurt beichtet Eva sein Verhältnis mit Iffi. Eva rastet völlig aus. Iffi versucht vergeblich von Philipp zu erfahren, wie die Lage zwischen seinen Eltern aussieht. Sie beschließt, auch Momo reinen Wein einzuschenken. Als er kommt interessiert sie jedoch nur, ob sich Kurt und Eva scheiden lassen. ■ Hajo und Olli kommen mit der Geschichte des unehelichen Sohnes durch. Die Operation wird für den 14. März anberaumt. Nach einer kleinen Feier verzieht sich Olli mit Lisa in Hajos Bus. Sie werden von Else, die Egon endlich im Hof gefunden hat gestört. Else will wissen, ob er nach seinem 70. Geburtstag nächste Woche doch wieder zu ihr ziehen will.

Buch: Hans W. Geißendörfer ■ Regie: Daniel Anderson ■ Kamera: Andreas König ■ Redaktion: Ronald Gräbe

536 — Die Würde des Menschen

10. MÄR 96

Die schlechten Nachrichten von Johns Tod lösen bei Mary die Wehen aus. Eva weist sie ins Krankenhaus ein. Die Ärzte können jedoch nur noch den Tod des Babys feststellen. Anna steht ihr bei. Abends läuten zwei Beamte der Ausländerbehörde bei Anna und Hans. ■ Egon ist begeistert von Elses selbstverfasstem Gedicht und der Blaskapelle zu seinem 70. Geburtstag. Sie verbringen den ganzen Tag miteinander. Als Egon abends trotzdem zu Olaf geht, ist Else maßlos enttäuscht. ■ Kurt und Eva einigen sich darauf, getrennt zu leben, Momo aber nichts von Kurts und Iffis Affäre zu erzählen. Iffi ist entsetzt und droht, Momo alles zu sagen. Kurz entschlossen packt sie ihre und Nicos Koffer und eröffnet Momo, dass sie Kurt liebt und ihn verlässt. Wie von Sinnen stürzt Momo in die elterliche Wohnung. Mit einem Messer bewaffnet wartet er auf Kurt.

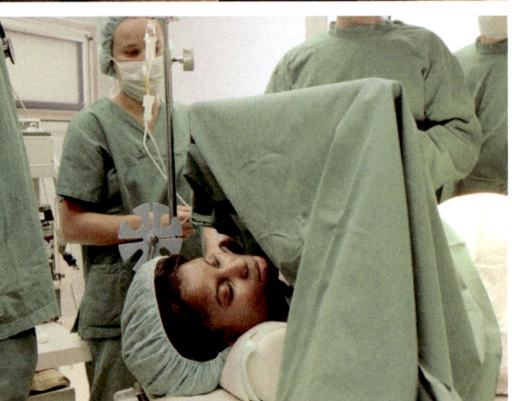

Buch: Hans W. Geißendörfer ■ Regie: Daniel Anderson ■ Kamera: Andreas König ■ Redaktion: Ronald Gräbe